SPORT
VERLAG
BERLIN
横浜

FUSSBALL
WM 2002
SÜDKOREA UND JAPAN 31. MAI BIS 30. JUNI
HERAUSGEGEBEN VON
WOLF-DIETER POSCHMANN
SPORTVERLAG BERLIN

ZDF
sport
WM studio
ZDF

Wolf-Dieter Poschmann
Fußball war weltumfassend, jetzt ist er global 6

WM 2002 in Südkorea und Japan
Spielorte und Stadien in Südkorea 10
Spielorte und Stadien in Japan 12
Spielplan 14
Schiedsrichter 16

Tagebuch der deutschen Mannschaft
von Jürgen Bitter 200

Das Team hinter dem Team 214

Zwischen Berlin und Copacabana – Das Medienereignis 218

Statistik
Das WM-Spieler-ABC 222
Alle Qualifikationsspiele zur WM 2002 233

VORRUNDE

Gruppe A
Sturz ins Bodenlose 20
Die Ergebnisse 27
Team Frankreich 28
Team Senegal 30
Team Uruguay 32
Team Dänemark 34

Gruppe B
Man spricht spanisch 36
Die Ergebnisse 43
Team Spanien 44
Team Slowenien 46
Team Paraguay 48
Team Südafrika 50

Gruppe C
Eleganz und Emotionen 52
Die Ergebnisse 61
Team Brasilien 62
Team Türkei 64
Team China 66
Team Costa Rica 68

Gruppe D
Südkoreas erfüllter Traum 70
Die Ergebnisse 77
Team Südkorea 78
Team Polen 80
Team USA 82
Team Portugal 84

Gruppe E
Ein Stern geht auf 86
Die Ergebnisse 95
Team Deutschland 96
Team Saudi-Arabien 98
Team Irland 100
Team Kamerun 102

Gruppe F
Maradonas Erben weinten 104
Die Ergebnisse 111
Team Argentinien 112
Team Nigeria 114
Team England 116
Team Schweden 118

Gruppe G
Fiesta Mexicana 120
Die Ergebnisse 127
Team Italien 128
Team Ekuador 130
Team Kroatien 132
Team Mexiko 134

Gruppe H
Die Fußball-Samurai 136
Die Ergebnisse 143
Team Japan 144
Team Belgien 146
Team Russland 148
Team Tunesien 150

FUSSBALL ALS BOTSCHAFT

JEAN-PIERRE LABOUREIX, Gesandter der Französischen Republik 29
PAUL BADJI, Botschafter der Republik Senegal 31
DR. ZULMA GUELMAN, Botschafterin der Republik Uruguay 33
GUNNAR ORTMANN, Botschafter des Königreichs Dänemark 35
JOSÉ-PEDRO SEBASTIÁN DE ERICE, Botschafter des Königreichs Spanien 45
ALFONZ NABERZNIK, Botschafter der Republik Slowenien 47
SYLVA FRANKE, Honorarkonsulin der Republik Paraguay 49
PROF. DR. SIBUSISO MANDLENKOSI BENGU, Botschafter der Republik Südafrika 51
JOSÉ ARTUR DENOT MEDEIROS, Botschafter der Förderativen Republik Brasilien 63
OSMAN KORUTÜRK, Botschafter der Republik Türkei 65
CANRONG MA, Botschafter der Volksrepublik China 67
PROF. DR. RAFAEL ÁNGEL HERRA, Botschafter von Costa Rica 69
HWANG WON-TAK, Botschafter der Republik Korea 79
DR. JERZY KRANZ, Botschafter der Republik Polen 81
DANIEL R. COATS, Botschafter der Vereinigten Staaten von Amerika 83
JOAO DIEGO NUNES BARATA, Botschafter der Republik Portugal 85
GERHARD SCHRÖDER, Bundeskanzler der Bundesrepublik Deutschland 97
MAHMOUD BAMANIE, Botschaftsrat des Königreichs Saudi-Arabien 99
NOEL FAHEY, Botschafter der Republik Irland 101
JEAN MELAGA, Botschafter der Republik Kamerun 103
ENRIQUE J. A. CANDIOTI, Botschafter der Republik Argentinien 113
MATTHEW HARUNA, Chef des Informationszentrums der Bundesrepublik Nigeria an der Botschaft in Berlin 115
JEREMY CRESSWELL, Gesandter und Stellvertretender Missionsleiter der Britischen Botschaft 117
LEIF H. SJÖSTRÖM, Generalkonsul des Königreichs Schweden 119
SILVIO FAGIOLO, Botschafter der Italienischen Republik 129
WERNER MOELLER-FREILE, Botschafter der Republik Ekuador 131
PROF. DR. MILAN RAMLJAK, Botschafter der Republik Kroatien 133
JORGE EDUARDO NAVARRETE, Botschafter der Vereinigten Mexikanischen Staaten 135
ISSEI NOMURA, Botschafter Japans 145
DOMINIQUE STRUYE DE SWIELANDE, Botschafter des Königreichs Belgien 147
SERGEJ B. KRYLOW, Botschafter der Russischen Föderation 149
ANOUAR BERRAIES, Botschafter der Tunesischen Republik 151

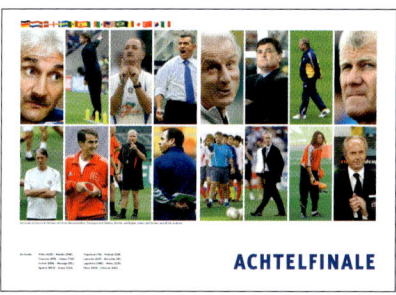

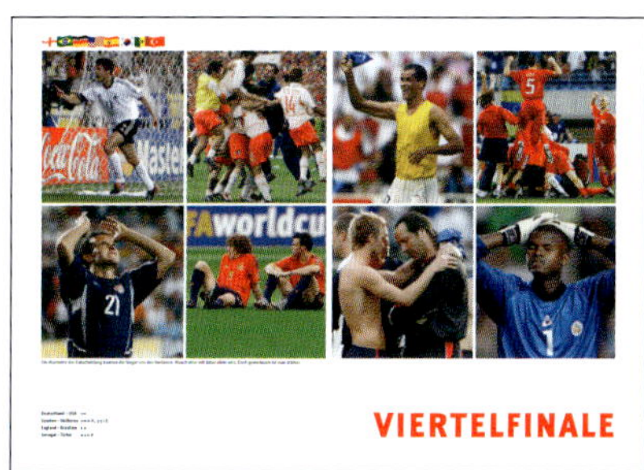

Die Spiele 154
Die Ergebnisse 164

Die Spiele 168
Die Ergebnisse 176
Pfiffe, die ganze Nationen erschüttern 177

Die Spiele 178
Die Ergebnisse 184
Michael Ballack: Ein Held zwischen Jubel und Tränen 185

Spiel um Platz 3 186

DAS FINALE

Das Spiel 192
Der Star der Weltmeisterschaft: Ronaldo 197

Wolf-Dieter Poschmann

FUSSBALL WAR WELTUMFASSEND, JETZT IST ER GLOBAL

»Wahnsinn«, »Das gibt's doch gar nicht« – mit wem auch immer man sprach, ungläubiges Kopfschütteln war die Reaktion auf das sensationelle Abschneiden der deutschen Fußball-Nationalmannschaft bei dieser Weltmeisterschaft 2002. Geradezu mitleidig hatte man sie aus Deutschland verabschiedet in der Gewissheit, der Aufenthalt in Korea und Japan werde wohl nur von kurzer Dauer sein. Das Team von Rudi Völler könne froh sein, wenn es den Einzug ins Mannschaftshotel unfallfrei übersteht, bemerkten Zyniker, der Einzug ins Achtelfinale werde – wenn überhaupt – das Optimum bleiben.

Und dann marschierten sie durch, die als Rumpelfüßler verspotteten Auserwählten – vorher schon reduziert durch den Ausfall einiger verletzter Schlüsselspieler. Sebastian Deisler, Jens Nowotny, Mehmet Scholl nicht dabei, der Rest angeschlagen oder ausgelaugt nach einer langen Saison mit zum Teil mehr als sechzig Pflichtspielen, mit Spielern – insbesondere der Münchner Bayern –, die nicht gerade geglänzt hatten in der abgelaufenen Saison, und von Bayer Leverkusen, schwer angezählt angesichts dreier verpasster Titelchancen.

Nie ist eine deutsche Auswahlmannschaft mit weniger Erfolgsaussichten zu einer WM gereist. Um so erstaunter registrierten die fachlichen Begleiter die Auftritte dieser Mannschaft. Konzentriert, sachlich, ohne großen Glanz zu verbreiten, rief sie das ab, was ihr zur Verfügung stand: Kampfgeist, Einsatz, Disziplin und vor allem Teamgeist, der Begriff »mannschaftliche Geschlossenheit« ist vielleicht deshalb treffend, weil man das Gefühl hatte, dass tatsächlich einer für den anderen rackerte und so recht keiner herausragte – bis auf einen: Oliver Kahn. Nur ein Gegentreffer in den sechs Spielen vor dem Finale, das allein sagt schon alles – Weltklasse, kein Zweifel. Das wirklich Außergewöhnliche war die Besessenheit, mit der dieser Mann ein Ziel verfolgte und die Mannschaft mitriss. Wo man Führungsspieler suchte und laute Kommandos vermisste, war der Torhüter des FC Bayern bis zum gegnerischen Strafraum zu hören, und er beeindruckte durch eine Körpersprache, die allen signalisierte, dass er und seine Mitstreiter allen Kritikern und sportlichen Gegnern zeigen wollten, was möglich ist mit den eingeschränkten spielerischen Möglichkeiten. Am Ende des Turniers hatte die deutsche Mannschaft den Respekt der Weltöffentlichkeit zurückgewonnen. Was seit 1994 an Ansehen verspielt worden war, hatte ausgerechnet die Mannschaft der WM 2002 in sieben Auftritten Spiel für Spiel wiedergewonnen.

Verspieltes Ansehen wurde in sieben Auftritten wiedergewonnen.

Freilich profitierte das Team um den immer gelassenen Rudi Völler von der Auslosung, die die vielleicht leichteste Gruppe bescherte und wirklich große Fußballnationen wie Brasilien, England, Frankreich von vornherein fernhielt, die schlimmstenfalls erst als mögliche Finalgegner drohten. Natürlich profitierte sie vom frühen Stolpern der favorisierten Portugiesen, Spanier und Italiener, die allesamt Gastgeber Südkorea aus dem Weg räumte, um dann, ermattet von der Großwildjagd, vergleichsweise leichte Beute der deutschen Mannschaft zu werden.

Überhaupt hat das Turnier gezeigt, dass die Mannschaften näher zusammengerückt sind, dass der Fußball in Technik und Spielweise ähnlich geworden ist, dass die Globalisierung der Sportart früher auffällige Spezialitäten und Eigenheiten hat nahezu verschwinden lassen. Die Tatsache, dass gerade in den europäischen Top-Ligen Spieler aller Kontinente unter Vertrag stehen und sich dem modernen Zweckfußball, der den Erfolg als oberste Maxime ausruft, unterworfen haben, hat auch in Nationalmannschaften seine Wirkung hinterlassen. So vermissten Fußball-Ästheten die einst unberechenbaren Kabinettstückchen afrikanischer Mannschaften, den Zauber und gepflegten Egoismus südamerikanischer Ballkünstler.

Die Fußball-Ästheten vermissten die unberechenbaren Kabinettstückchen von einst.

* * *

Aus Mediensicht war die Fußball-WM 2002 ein Einschnitt in der Geschichte des Championats. Zum ersten Mal waren die Fernsehzuschauer mit der Tatsache konfrontiert, dass nicht alle 64 Spiele unverschlüsselt zu empfangen waren. ARD und ZDF hatten vom Rechteinhaber nur 24 Spiele zur freien Ausstrahlung genehmigt bekommen. Wenngleich die bedeutendsten Begegnungen damit abgedeckt waren, machte sich schnell Frust breit.

Nicht nur die Tatsache, dass mehr als zwölf Millionen Zuschauer die Halbfinalbegegnung zwischen Brasilien und der Türkei verfolgten, zeigt das Interesse der Fußball-Anhänger auch an Partien ohne Beteiligung der deutschen Mannschaft.

Für die Medien gilt es, bei der nächsten WM eine publikumsfreundliche Lösung herbeizuführen.

Der Aufschrei in der Öffentlichkeit war größer als vermutet. Es gilt für die nächste WM, eine publikumsfreundliche Lösung herbeizuführen. Nicht, dass es verachtenswert ist, mit der Ware Fußball am Markt das Optimale herauszuholen, nicht, dass es unanständig ist, mit Fußball Geschäfte zu machen, den Markt auszureizen und den größtmöglichen Profit zu erzielen. Nur, wenn der Fußball dabei in den Hintergrund gerät und nur noch als Wirtschaftsgut gesehen wird, droht der Sport Schaden zu nehmen. Wer verhindern will, dass

Fußball als Volkssport an Geltung und Beachtung verliert und nur Besserverdienenden in seiner kompletten Form vorbehalten sein soll, dem sei ein energisches Handeln empfohlen.

Der Reiz der WM liegt dann auch in einer Partie Irland gegen Saudi-Arabien, darauf sollte der Zuschauer nicht bis zum Abend warten müssen, wenn er sich keinen Decoder leisten kann oder möchte. Der geringe Erfolg der abendlichen Zusammenfassungen sollte ein deutlicher Fingerzeig sein. Überhaupt haben die Skeptiker nicht Recht behalten, was ihre Prognose vor Beginn der Titelkämpfe in Südkorea und Japan betrifft: Die Fußball-WM war auch ein großer Fernseherfolg.

25 Millionen sahen das Endspiel – Triumph der deutschen Mannschaft. Dass die Einschaltquoten ansonsten leicht hinter denen der letzten WM 1998 und der EURO 2000 blieben, war aufgrund der Anstoßzeiten zu erwarten. Dass allerdings 18,39 Millionen Zuschauer morgens um 8.30 Uhr das Spiel der deutschen Mannschaft im Achtelfinale gegen Paraguay verfolgen würden – wer hätte das allen Ernstes vorher vermutet?

Die WM 2002 hat auch das übliche Sehverhalten verändert – schon wegen der ungewöhnlichen Spielzeiten. 13.30 Uhr – das verlangte von vielen Firmen Zugeständnisse an Arbeitnehmer, phantasievolle Alternativen waren gefragt: Fernseher am Arbeitsplatz, in Kantinen, verlängerte Mittagspausen, Fehlzeiten auch in Schulen und Universitäten. Und noch eines war auffällig: die Lust am gemeinsamen Genuss der Spiele. Großbildschirme und Videowände waren

Das deutsche Aufgebot für Südkorea und Japan.
Obere Reihe von links: Carsten Ramelow, Sebastian Kehl,Marko Rehmer, Christoph Metzelder, Oliver Bierhoff, Michael Ballack, Dietmar Hamann, Carsten Jancker
Mittlere Reihe von links: Assistenztrainer Erich Rutemöller, Torwarttrainer Sepp Maier, Jens Jeremies, Christian Ziege, Marco Bode, Frank Baumann, Gerald Asamoah, Thomas Linke, Bundestrainer Michael Skibbe, Teamchef Raudi Völler
Untere Reihe von links: Torsten Frings, Miroslav Klose, Bernd Schneider, Hans-Jörg Butt, Oliver Kahn, Jens Lehmann, Lars Ricken, Oliver Neuville, Jörg Böhme

umgeben von so vielen Menschen wie nie zuvor. Das Sony-Center, eines der ZDF-WM-Studios, entwickelte sich schnell zur Kultstätte für Fußball-Anhänger, an Gruppenspieltagen wechselten je nach Spielpaarung die Farben und Nationalitäten – der Platz unter dem Zeltdach nahm einen Arena-Charakter an, immer sehr emotional, stimmgewaltig, aber immer auch friedlich.

* * *

Die Weltmeisterschaft 2002 war ein Turnier, das große Spannung auch aus der Frage entnahm, wer als nächster der Großen Federn lassen würde. Nie zuvor mussten so viele hoch dekorierte und hoch gewettete Teams so früh die Heimreise antreten. Es war trotz der großen Rolle, die der Physis im modernen Fußball zukommt, ein faires Turnier. Schade nur, dass die FIFA spät erst erkannte, dass die Auswahl der Schiedsrichter einzig nach Kriterien der Leistungsfähigkeit erfolgen sollte – Italien fühlte sich zu Recht verschaukelt.

Es war auch das Turnier der Gastgeber, die sich ins Rampenlicht der Öffentlichkeit spielten und vor allem wegen ihres nimmermüden Einsatzes, Kampfeswillens und ihrer offensiven Spielweise viele Freunde gewannen.

Das Experiment allerdings, eine WM in zwei so unterschiedliche Länder zu vergeben, wird ein Einzelfall bleiben, alle Beteiligten stöhnten über die hohen Kosten und die weiten und aufwändigen Reisewege. Dennoch: Den Gastgebern Südkorea und Japan gebührt ein Kompliment für eine perfekte Organisation. Und: Es war ein Turnier ohne Hooligans, ohne Ausschreitungen.

Danke Südkorea, danke Japan, danke Rudi Völler.

Die Ankunft des Vizeweltmeisters. Auf dem Balkon des Frankfurter Römers zeigt sich die deutsche Nationalmannschaft fröhlich und feiert verdient mit den angereisten Fans. Mehr als 20 000 sind auf den Römerberg gekommen.

Strahlende Eröffnungsfeier im Seoul World Cup Stadium

Wenn's laut wird im Land der Morgenstille ... Der Name hat etwas Beruhigendes, von sanfter Meditation. Land der Morgenstille nennt man Korea, und es ist, als hörte man Blätterrauschen, Vogelgezwitscher und fallende Wassertropfen. Die Nationalflagge symbolisiert den Wunsch des Volkes, in Harmonie mit dem Universum zu leben. Der Kreis in der Mitte, in eine rote und blaue Hälfte geteilt, soll Yang und Eum als die großen kosmischen Kräfte darstellen. Sie stehen sich gegenüber, sind aber auch eine Einheit – wie Feuer und Wasser, Tag und Nacht, Hitze und Kälte. Wie Morgenstille und schier grenzenlose, laute Begeisterung. Die lösten die Fußballer des zu den zwölf größten Industriemächten der Welt gehörenden Landes bei der WM aus. Noch sind die Namen der Kicker gewöhnungsbedürftig, aber sie können bald so populär sein wie der des Ex-Bundesliga-Profis Bum Kun Cha, der in Mitteleuropa noch immer als Synonym für koreanischen Fußball gilt. Als im Achtelfinale Italien ausgeschaltet wurde, stand das Land Kopf und wurde zu einem »Meer in Rot«. Und sogar der Norden des geteilten Korea wurde einbezogen in die Glücksgefühle: »1966 again« verkündete ein Transparent in Anspielung auf das Aus der Azzurri gegen die kommunistischen Brüder beim Championat vor 36 Jahren. Die Fußballer wurden so etwas wie die sportliche Bestätigung für das wirtschaftliche »Wunder am Han-Fluss«. 1962 lag das Pro-Kopf-Einkommen der 47 Millionen Südkoreaner noch bei 86 Dollar, aktuell sind es 8850. Pro Jahr werden drei Millionen Autos produziert, Korea ist damit Nummer 5 in der Welt. Tempo ist angesagt in der Republik in Südostasien. Tempo und Stille. Ganz im Sinne von Konfuzius, dessen Lehren das geistige Leben bestimmen. »Der Weg ist das Ziel«, hat der Philosoph gesagt. Auf dem Weg sind die Koreaner längst, vielleicht auch bald am Ziel. Sogar im Fußball.

SEOUL WORLD CUP STADIUM
Seoul: über 10 Mio. Einwohner
Fassungsvermögen: 63.961
Fertigstellung: Dezember 2001
Baukosten: 180 Mio. €

WM-Spiele 2002

Freitag, 31.05.02 · Vorrunde Gruppe A	
Frankreich – Senegal 0:1 (0:1)	**62.561 Zuschauer**
Donnerstag, 13.06.02 · Vorrunde Gruppe C	
Türkei – China 3:0 (2:0)	**43.605 Zuschauer**
Dienstag, 25.06.02 · Halbfinale	
Deutschland – Südkorea 1:0 (0:0)	**65.625 Zuschauer**

BUSAN ASIA MAIN STADIUM

Busan: 3, 8 Mio. Einwohner
Fassungsvermögen: 55.982
Fertigstellung: Juli 2001
Baukosten: 195 Mio. €

WM-SPIELE 2002
Sonntag, 02.06.02 · Vorrunde Gruppe B
Paraguay – Südafrika 2:2 (1:0) 25.186 Zuschauer
Dienstag, 04.06.02 · Vorrunde Gruppe D
Südkorea – Polen 2:0 (1:0) 48.760 Zuschauer
Donnerstag, 06.06.02 · Vorrunde Gruppe A
Frankreich – Uruguay 0:0 38.289 Zuschauer

GWANGJU WORLD CUP STADIUM

Gwangju: über 1 Mio. Einwohner
Fassungsvermögen: 42.880
Fertigstellung: September 2001
Baukosten: 136 Mio. €

WM-Spiele 2002
Sonntag, 02.06.02 · Vorrunde Gruppe B
Spanien – Slowenien 3:1 (1:0) 28.598 Zuschauer
Dienstag, 04.06.02 · Vorrunde Gruppe C
China – Costa Rica 0:2 (0:0) 27.217 Zuschauer
Samstag, 22.06.02 · Viertelfinale
Spanien – Südkorea 3:5 i.E. (0:0) 42.114 Zuschauer

JEJU WORLD CUP STADIUM

Seogwipo: 85.000 Einwohner
Fassungsvermögen: 42.256
Fertigstellung: Dezember 2001
Baukosten: 109 Mio. €

WM-Spiele 2002
Samstag, 08.06.02 · Vorrunde Gruppe C
Brasilien – China 4:0 (3:0) 36.750 Zuschauer
Mittwoch, 12.06.02 · Vorrunde Gruppe B
Slowenien – Paraguay 1:3 (1:0) 30.176 Zuschauer
Samstag, 15.06.02 · Achtelfinale
Deutschland – Paraguay 1:0 (0:0) 25.176 Zuschauer

DAEGU WORLD CUP STADIUM

Daegu: 2,5 Mio. Einwohner
Fassungsvermögen: 68.014
Fertigstellung: Mai 2001
Baukosten: 257 Mio. €

WM-Spiele 2002
Donnerstag, 06.06.02 · Vorrunde Gruppe A
Dänemark – Senegal 1:1 (1:0) 43.500 Zuschauer
Samstag, 08.06.02 · Vorrunde Gruppe B
Südafrika – Slowenien 1:0 (1:0) 47.226 Zuschauer
Montag, 10.06.02 · Vorrunde Gruppe D
Südkorea – USA 1:1 (0:1) 60.778 Zuschauer
Samstag, 29.06.02 · Spiel um Platz 3
Südkorea – Türkei 2:3 (1:3) 63.483 Zuschauer

INCHEON MUNHAK STADIUM

Incheon: 2,5 Mio. Einwohner
Fassungsvermögen: 52.179
Fertigstellung: Dezember 2001
Baukosten: 216 Mio. €

WM-Spiele 2002
Sonntag, 09.06.02 · Vorrunde Gruppe C
Costa Rica – Türkei 1:1 (0:0) 42.299 Zuschauer
Dienstag, 11.06.02 · Vorrunde Gruppe A
Dänemark – Frankreich 2:0 (1:0 48.100 Zuschauer
Freitag, 14.06.02 · Vorrunde Gruppe D
Portugal – Südkorea 0:1 (0:0) 50.239 Zuschauer

SUWON WORLD CUP STADIUM

Suwon: 950.000 Einwohner
Fassungsvermögen: 43.188
Fertigstellung: Mai 2001
Baukosten: 219 Mio. €

WM-Spiele 2002
Mittwoch, 05.06.02 · Vorrunde Gruppe D
USA – Portugal 3:2 (3:1) 37.306 Zuschauer
Dienstag, 11.06.02 · Vorrunde Gruppe A
Senegal – Uruguay 3:3 (3:0) 33.681 Zuschauer
Donnerstag, 13.06.02 · Vorrunde Gruppe C
Costa Rica – Brasilien 2:5 (1:3) 38.524 Zuschauer
Sonntag, 16.06.02 · Achtelfinale
Spanien – Irland 3:2 i.E. (1:1 n.V., 1:1 (1:0)) 38.926 Zuschauer

DAEJEON WORLD CUP STADIUM

Daejeon: 950.000 Einwohner
Fassungsvermögen: 40.407
Fertigstellung: September 2001
Baukosten: 128 Mio. €

WM-Spiele 2002
Mittwoch, 12.06.02 · Vorrunde Gruppe B
Südafrika – Spanien 2:3 (1:2) 31.024 Zuschauer
Freitag, 14.06.02 · Vorrunde Gruppe D
Polen – USA 3:1 (2:0) 26.482 Zuschauer
Dienstag, 18.06.02 · Achtelfinale
Südkorea – Italien 2:1 i.V. Golden Goal (1:1 (0:1)) 38.588 Zuschauer

JEONJU WORLD CUP STADIUM

Jeonju: 620.000 Einwohner
Fassungsvermögen: 42.391
Fertigstellung: September 2001
Baukosten: 126 Mio. €

WM-Spiele 2002
Freitag, 07.06.02 · Vorrunde Gruppe B
Spanien – Paraguay 3:1 (0:1) 24.000 Zuschauer
Montag, 10.06.02 · Vorrunde Gruppe D
Portugal – Polen 4:0 (1:0) 31.000 Zuschauer
Montag, 17.06.02 · Achtelfinale
Mexiko – USA 0:2 (0:1) 36.380 Zuschauer

MUNSU FUSSBALL-STADION

Ulsan: über 1 Mio. Einwohner
Fassungsvermögen: 43.550
Fertigstellung: Mai 2001
Baukosten: 132 Mio. €

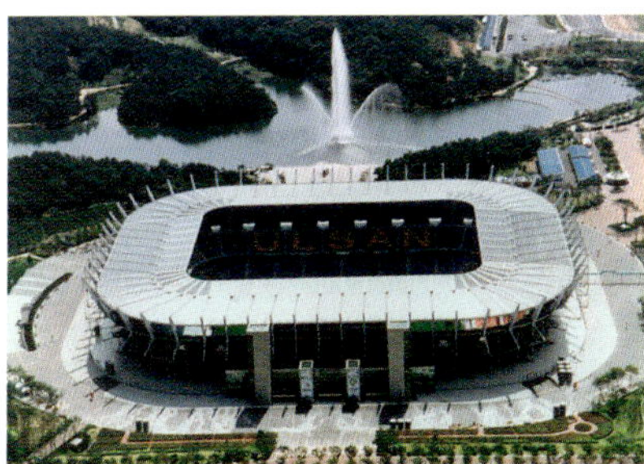

WM-Spiele 2002
Samstag, 01.06.02 · Vorrunde Gruppe A
Uruguay – Dänemark 1:2 (0:1) 30.157 Zuschauer
Montag, 03.06.02 · Vorrunde Gruppe C
Brasilien – Türkei 2:1 (0:1) 33.842 Zuschauer
Freitag, 21.06.02 · Viertelfinale
Deutschland – USA 1:0 (1:0) 37.337 Zuschauer

IBARAKI KASHIMA-STADION

Ibaraki/Kashima: 63.000 Einwohner
Fassungsvermögen: 42.000
Fertigstellung: Mai 2001
Baukosten: 213 Mio. €

WM-Spiele 2002
Sonntag, 02.06.02 · Vorrunde Gruppe F
Argentinien – Nigeria 1:0 (0:0) 34.050 Zuschauer
Mittwoch, 05.06.02 · Vorrunde Gruppe E
Deutschland – Irland 1:1 (1:0) 35.854 Zuschauer
Samstag, 08.06.02 · Vorrunde Gruppe G
Italien – Kroatien 1:2 (0:0) 36.472 Zuschauer

NIIGATA STADIUM BIG SWAN

Niigata: 530.000 Einwohner
Fassungsvermögen: 42.300
Fertigstellung: März 2001
Baukosten: 269 Mio. €

WM-Spiele 2002
Samstag, 01.06.02 · Vorrunde Gruppe E
Irland – Kamerun 1:1 (0:1) 33.679 Zuschauer
Montag, 03.06.02 · Vorrunde Gruppe G
Kroatien – Mexiko 0:1 (0:0) 32.239 Zuschauer
Samstag, 15.06.02 · Achtelfinale
Dänemark – England 0:3 (0:3) 40.582 Zuschauer

SAITAMA STADIUM 2002

Saitama/Urawa: 478.000 Einwohner
Fassungsvermögen: 63.000
Fertigstellung: Juli 2001
Baukosten: 319 Mio. €

WM-Spiele 2002
Sonntag, 02.06.02 · Vorrunde Gruppe F
England – Schweden 1:1 (1:0) 52.721 Zuschauer
Dienstag, 04.06.02 · Vorrunde Gruppe H
Japan – Belgien 2:2 (0:0) 55.256 Zuschauer
Donnerstag, 06.06.02 · Vorrunde Gruppe E
Kamerun – Saudi-Arabien 1:0 (0:0) 52.328 Zuschauer
Mittwoch, 26.06.02 · Halbfinale
Brasilien – Türkei 1:0 (0:0) 61.058 Zuschauer

KOBE WING STADIUM

Kobe: 1,5 Mio. Einwohner
Fassungsvermögen: 42.000
Fertigstellung: Oktober 2001
Baukosten: 206 Mio. €

WM-Spiele 2002
Mittwoch, 05.06.02 · Vorrunde Gruppe H
Russland – Tunesien 2:0 (0:0) 30.957 Zuschauer
Freitag, 07.06.02 · Vorrunde Gruppe F
Schweden – Nigeria 2:1 (1:1) 36.194 Zuschauer
Montag, 17.06.02 · Achtelfinale
Brasilien – Belgien 2:0 (0:0) 40.440 Zuschauer

OITA STADIUM BIG EYE

Oita: 400.000 Einwohner
Fassungsvermögen: 43.000
Fertigstellung: März 2001
Baukosten: 225 Mio. €

WM-Spiele 2002
Montag, 10.06.02 · Vorrunde Gruppe H
Tunesien – Belgien 1:1 (1:1) 37.900 Zuschauer
Donnerstag, 13.06.02 · Vorrunde Gruppe G
Mexiko – Italien 1:1 (1:0) 39.291 Zuschauer
Sonntag, 16.06.02 · Achtelfinale
Schweden – Senegal 1:2 i.V./Golden Goal (1:1 (1:1)) 39.747 Zuschauer

SAPPORO DOME

Sapporo: 1,8 Mio. Einwohner
Fassungsvermögen: 42.000
Fertigstellung: Mai 2001
Baukosten: 379 Mio. €

WM-Spiele 2002
Samstag, 01.06.02 · Vorrunde Gruppe E
Deutschland – Saudi-Arabien 8:0 (4:0) 32.218 Zuschauer
Montag, 03.06.02 · Vorrunde Gruppe G
Italien – Ekuador 2:0 (2:0) 31.081 Zuschauer
Freitag, 07.06.02 · Vorrunde Gruppe F
Argentinien – England 0:1 (0:1) 35.927 Zuschauer

MIYAGI STADIUM

Miyagi/Sendai: 920.000 Einwohner
Fassungsvermögen: 49.000
Fertigstellung: März 2000
Baukosten: 269 Mio. €

WM-Spiele 2002
Sonntag, 09.06.02 · Vorrunde Gruppe G
Mexiko – Ekuador 2:1 (1:1) 45.610 Zuschauer
Mittwoch, 12.06.02 · Vorrunde Gruppe F
Schweden – Argentinien 1:1 (0:0) 45.777 Zuschauer
Dienstag, 18.06.02 · Achtelfinale
Japan – Türkei 0:1 (0:1) 45.666 Zuschauer

OSAKA NAGAI-STADION

Osaka: 2,5 Mio. Einwohner
Fassungsvermögen: 50.000
Fertigstellung: Mai 1996
Baukosten: 360 Mio. €

WM-Spiele 2002
Mittwoch, 12.06.02 · Vorrunde Gruppe F
Nigeria – England 0:0 44.864 Zuschauer
Freitag, 14.06.02 · Vorrunde Gruppe H
Tunesien – Japan 0:2 (0:0) 45.213 Zuschauer
Samstag, 22.06.02 · Viertelfinale
Senegal – Türkei 0:1 i.V./Golden Goal (0:0) 44.233 Zuschauer

SHIZUOKA-STADION ECOPA

Shizuoka: 142.000 Einwohner
Fassungsvermögen: 50.600
Fertigstellung: März 2001
Baukosten: 269 Mio. €

WM-Spiele 2002
Dienstag, 11.06.02 · Vorrunde Gruppe E
Kamerun – Deutschland 0:2 (0:0) 47.085 Zuschauer
Freitag, 14.06.02 · Vorrunde Gruppe H
Belgien – Russland 3:2 (1:0) 46.640 Zuschauer
Freitag, 21.06.02 · Viertelfinale
England – Brasilien 1:2 (1:1) 47.436 Zuschauer

Land der aufgehenden Fußball-Sonne Seltsam und anziehend ist es, dieses Japan. Fremd und fesselnd. Man denkt anPuccinis »Madame Butterfly«, an den schneebedeckten Fujijama, an Ikebana, Tee-Zeremonien, lächelnde Geishas im Kimono, Sumo-Kolosse oder Sushi-Häppchen. Auf all das besitzt das fernöstliche Kaiserreich so etwas wie einen Alleinvertretungsanspruch. Nicht so beim Fußball. Mit dem wussten die Japaner sogar lange Zeit recht wenig anzufangen. Trotz der 1993 gebildeten J-League, in der Berühmtheiten wie der Brasilianer Zico und der o-beinige Pierre Littbarski kickten. Die WM 2002, die erste in der 72-jährigen Geschichte des Championats in Asien und auch die erste in zwei Staaten, hat aus dem Land der aufgehenden Sonne das der aufgehenden Fußball-Sonne gemacht. Die zehn neuen Stadien des Inselstaates, für die die zweitstärkste Wirtschaftsmacht der Welt 3,07 Milliarden Euro investiert hat, repräsentieren eine neue Generation der Arenen. Futurismus und Hightech auf der einen, Tradition und Geschichte auf der anderen Seite. Lebendig aber wurde die kalte Architektur erst durch die Begeisterung der Menschen, die sich erobern ließen vom temperamentvollen Spiel ihrer Landsleute in Blau. Erst sie und dann all die anderen Könner aus den 32 Teilnehmerländern machten die Weltmeisterschaft zu einer ungeahnten Erfolgsgeschichte. Nach zurückhaltendem Start lernten die zunächst asiatisch höflich applaudierenden Gastgeber schnell die echte Fußball-Begeisterung – die sich nicht in Riten, Etikette oder Verhaltensnormen pressen ließ. 126 Millionen Japaner waren am Ende missioniert. Sie feierten in Anzug und Kimono, mit Sushi und Sake, mit Musik und Gesängen – und am Ende der WM war Japan immer noch fern und anziehend, aber viel weniger fremd und rätselhaft. Dem Fußball sei Dank.

INTERNATIONAL STADIUM YOKOHAMA
Yokohama: 3,4 Mio. Einwohner
Fassungsvermögen: 70.000
Fertigstellung: Oktober 1997
Baukosten: 538 Mio. €

WM-Spiele 2002
Sonntag, 09.06.02 · Vorrunde Gruppe H
Japan – Russland 1:0 (0:0) **66.108 Zuschauer**
Dienstag, 11.06.02 · Vorrunde Gruppe E
Saudi-Arabien – Irland 0:3 (0:1) **65.320 Zuschauer**
Donnerstag, 13.06.02 · Vorrunde Gruppe G
Ekuador – Kroatien 1:0 (0:0) **65.862 Zuschauer**
Sonntag, 30.06.02 · Finale
Deutschland – Brasilien 0:2 (0:0) **69.029 Zuschauer**

Abschlussfeier vor dem großen Finale im International Stadium Yokohama

GRUPPE A

Frankreich – Senegal	0:1 (0:1)
Uruguay – Dänemark	1:2 (0:1)
Dänemark – Senegal	1:1 (1:0)
Frankreich – Uruguay	0:0 (0:0)
Dänemark – Frankreich	2:0 (1:0)
Senegal – Uruguay	3:3 (3:0)

GRUPPE F

Argentinien – Nigeria	1:0 (0:0)
England – Schweden	1:1 (1:0)
Schweden – Nigeria	2:1 (1:1)
Argentinien – England	0:1 (0:1)
Schweden – Argentinien	1:1 (0:0)
Nigeria – England	0:0

VORRUNDE · GRUPPE A (Abschlusstabelle)

Land	Spiele	S	U	N	Tore	Diff	Pkte
Dänemark	3	2	1	0	5:2	3	7
Senegal	3	1	2	0	5:4	1	5
Uruguay	3	0	2	1	4:5	-1	2
Frankreich	3	0	1	2	0:3	-3	1

VORRUNDE · GRUPPE F (Abschlusstabelle)

Land	Spiele	S	U	N	Tore	Diff	Pkte
Schweden	3	1	2	0	4:3	1	5
England	3	1	2	0	2:1	1	5
Argentinien	3	1	1	1	2:2	0	4
Nigeria	3	0	1	2	1:3	-2	1

Schweden aufgrund der mehr erzielten Treffer Gruppensieger

VORRUNDE · GRUPPE C (Abschlusstabelle)

Land	Spiele	S	U	N	Tore	Diff	Pkte
Brasilien	3	3	0	0	11:3	8	9
Türkei	3	1	1	1	5:3	2	4
Costa Rica	3	1	1	1	5:6	-1	4
China	3	0	0	3	0:9	-9	0

Die Türkei aufgrund der besseren Tordifferenz auf Platz 2

VORRUNDE · GRUPPE H (Abschlusstabelle)

Land	Spiele	S	U	N	Tore	Diff	Pkte
Japan	3	2	1	0	5:2	3	7
Belgien	3	1	2	0	6:5	1	5
Russland	3	1	0	2	4:4	0	3
Tunesien	3	0	1	2	1:5	-4	1

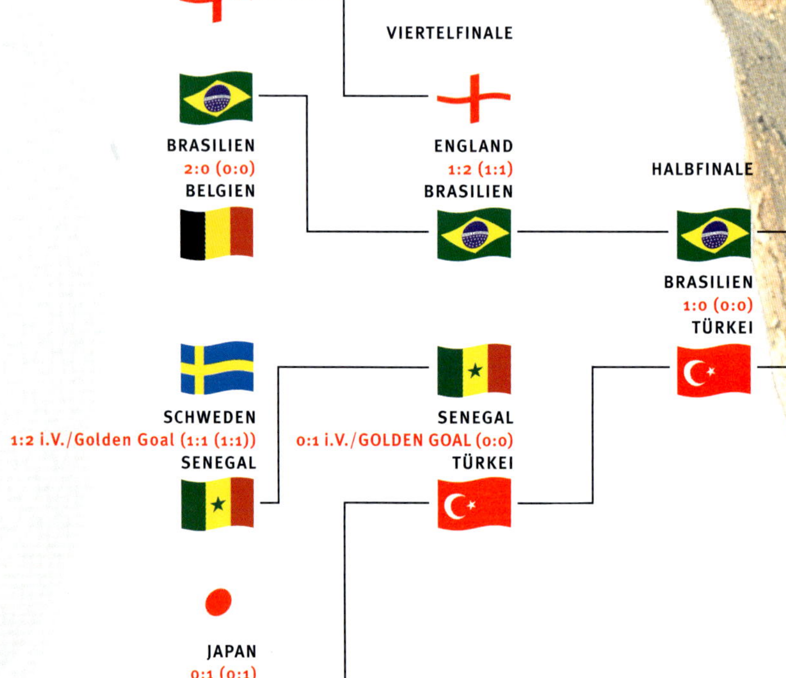

GRUPPE H

Japan – Belgien	2:2 (0:0)
Russland – Tunesien	2:0 (0:0)
Japan – Russland	1:0 (0:0)
Tunesien – Belgien	1:1 (1:1)
Tunesien – Japan	0:2 (0:0)
Belgien – Russland	3:2 (1:0)

GRUPPE C

Brasilien – Türkei	2:1 (0:1)
China – Costa Rica	0:2 (0:0)
Brasilien – China	4:0 (3:0)
Costa Rica – Türkei	1:1 (0:0)
Costa Rica – Brasilien	2:5 (1:3)
Türkei – China	3:0 (2:0)

GRUPPE B

Paraguay – Südafrika	2:2 (1:0)
Spanien – Slowenien	3:1 (1:0)
Spanien – Paraguay	3:1 (0:1)
Südafrika – Slowenien	1:0 (1:0)
Südafrika – Spanien	2:3 (1:2)
Slowenien – Paraguay	1:3 (1:0)

GRUPPE E

Irland – Kamerun	1:1 (0:1)
Deutschland – Saudi-Arabien	8:0 (4:0)
Deutschland – Irland	1:1 (1:0)
Kamerun – Saudi-Arabien	1:0 (0:0)
Kamerun – Deutschland	0:2 (0:0)
Saudi-Arabien – Irland	0:3 (0:1)

ACHTELFINALE

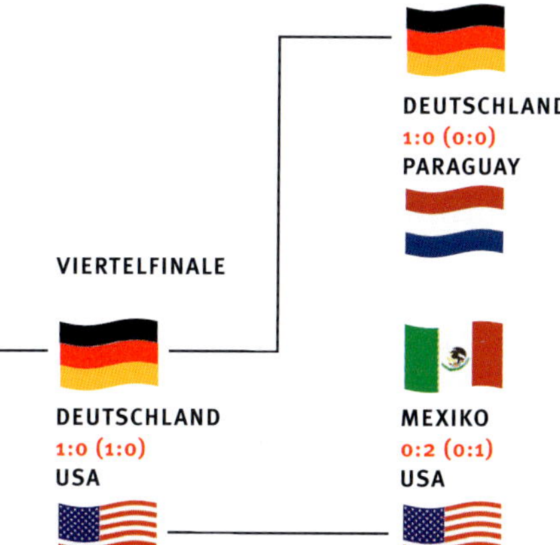

DEUTSCHLAND
1:0 (0:0)
PARAGUAY

MEXIKO
0:2 (0:1)
USA

SPANIEN
3:2 i.E. (1:1 n.V., 1:1 (1:0))
IRLAND

SÜDKOREA
2:1 i.V./Golden Goal (1:1 (0:1))
ITALIEN

VIERTELFINALE

DEUTSCHLAND
1:0 (1:0)
USA

SPANIEN
3:5 i.E. (0:0)
SÜDKOREA

HALBFINALE

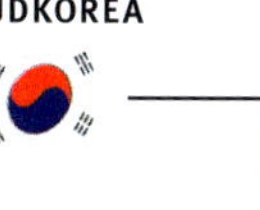

DEUTSCHLAND
1:0 (0:0)
SÜDKOREA

2:0 (0:0)

DEUTSCHLAND

3:2 (3:1)

SÜDKOREA

Vorrunde · Gruppe E (ABSCHLUSSTABELLE)

Land	Spiele	S	U	N	Tore	Diff	Pkte
Deutschland	3	2	1	0	11:1	10	7
Irland	3	1	2	0	5:2	3	5
Kamerun	3	1	1	1	2:3	-1	4
Saudi-Arabien	3	0	0	3	0:12	-12	0

VORRUNDE · GRUPPE B (Abschlusstabelle)

Land	Spiele	S	U	N	Tore	Diff	Pkte
Spanien	3	3	0	0	9:4	5	9
Paraguay	3	1	1	1	6:6	0	4
Südafrika	3	1	1	1	5:5	0	4
Slowenien	3	0	0	3	2:7	-5	0

Paraguay aufgrund der mehr erzielten Treffer auf Platz 2

VORRUNDE · GRUPPE G (Abschlusstabelle)

Land	Spiele	S	U	N	Tore	Diff	Pkte
Mexiko	3	2	1	0	4:2	2	7
Italien	3	1	1	1	4:3	1	4
Kroatien	3	1	0	2	2:3	-1	3
Ekuador	3	1	0	2	2:4	-2	3

VORRUNDE · GRUPPE D (Abschlusstabelle)

Land	Spiele	S	U	N	Tore	Diff	Pkte
Südkorea	3	2	1	0	4:1	3	7
USA	3	1	1	1	5:6	-1	4
Portugal	3	1	0	2	6:4	2	3
Polen	3	1	0	2	3:7	-4	3

GRUPPE D

Südkorea – Polen	2:0 (1:0)
USA – Portugal	3:2 (3:1)
Südkorea – USA	1:1 (0:1)
Portugal – Polen	4:0 (1:0)
Portugal – Südkorea	0:1 (0:0)
Polen – USA	3:1 (2:0)

GRUPPE G

Kroatien – Mexiko	0:1 (0:0)
Italien – Ekuador	2:0 (2:0)
Italien – Kroatien	1:2 (0:0)
Mexiko – Ekuador	2:1 (1:1)
Mexiko – Italien	1:1 (1:0)
Ekuador – Kroatien	1:0 (0:0)

UBALDO AQUINO
Nationalität Paraguay
Geburtsdatum 02.05.1958
Muttersprache Spanisch
Hobbies Naturdokumentationen ansehen, Reisen mit der Familie, Musik
Schiedsrichter seit 01.01.1994
Erstes Länderspiel 16.06.1995: Chile – Neuseeland
Verband CONMEBOL
WM 2002 Deutschland – Saudi-Arabien 8:0 (4:0)
Schweden – Senegal 1:2 i.V./ Golden Goal (1:1 (1:1))

CARLOS BATRES
Nationalität Guatemala
Geburtsdatum 02.04.1968
Muttersprache Spanisch
Hobbies Sport, Lesen
Schiedsrichter seit 01.01.1996
Erstes Länderspiel 27.10.1996: Panama – Kanada
Verband COMCACAF
WM 2002 Dänemark – Senegal 1:1 (1:0)
Deutschland – Paraguay 1:0 (0:0)

ALI BUJSAIM
Nationalität Vereinigte Arabische Emirate
Geburtsdatum 09.09.1959
Muttersprache Arabisch
Hobbies Wassersport
Schiedsrichter seit 01.01.1990
Erstes Länderspiel 10.04.1988: Pakistan – Jordanien
Verband AFC
WM 2002 Frankreich – Senegal 0:1 (0:1)
Schweden – Argentinien 1:1 (0:0)

COFFI CODJIA
Nationalität Benin
Geburtsdatum 09.12.1967
Muttersprache Fon
Hobbies Radfahren
Schiedsrichter seit 01.01.1994
Erstes Länderspiel 23.04.1995: Ghana – Niger
Verband CAF
WM 2002 Costa Rica – Türkei 1:1 (0:0)

AFC – Asian Football Confederation
CAF – Confédération Africaine de Football
COMCACAF – Confederation of North, Central American and Caribbean Association Football
CONMEBOL – Confederaación Sudamericana de Fútbol
OFC – Oceania Football Confederation
UEFA – Union des Associations Européennes de Football

PIERLUIGI COLLINA
Nationalität Italien
Geburtsdatum 13.02.1960
Muttersprache Italienisch
Hobbies Lesen, Basketball, Internet
Schiedsrichter seit 01.01.1995
Erstes Länderspiel 24.04.1996: Niederlande – Deutschland
Verband UEFA
WM 2002 Argentinien – England 0:1 (0:1)
Japan – Türkei 0:1 (0:1)
Deutschland – Brasilien 0:2 (0:0)

MOURAD DAAMI
Nationalität Tunesien
Geburtsdatum 15.08.1962
Muttersprache Arabisch
Hobbies Musik, Schwimmen
Schiedsrichter seit 01.01.1996
Erstes Länderspiel 13.06.1999: Togo – Südafrika
Verband CAF
WM 2002 Mexiko – Ekuador 2:1 (1:1)

HUGH DALLAS
Nationalität Schottland
Geburtsdatum 26.10.1957
Muttersprache Englisch
Hobbies Fitness
Schiedsrichter seit 01.01.1993
Erstes Länderspiel 26.03.1994: USA – Bolivien
Verband UEFA
WM 2002 Portugal – Polen 4:0 (1:0)
Deutschland – USA 1:0 (1:0)

ANDERS FRISK
Nationalität Schweden
Geburtsdatum 18.02.1963
Muttersprache Schwedisch
Hobbies Sport, Filme
Schiedsrichter seit 01.01.1991
Erstes Länderspiel 17.07.1991: Island – Türkei
Verband UEFA
WM 2002 Brasilien – China 4:0 (3:0)
Spanien – Irland 3:2 i.E. (1:1 n.V., 1:1 (1:0))

GAMAL GHANDOUR
Nationalität Ägypten
Geburtsdatum 12.06.1957
Muttersprache Arabisch
Hobbies Schwimmen, Lesen
Schiedsrichter seit 01.01.1993
Erstes Länderspiel 24.07.1993: Uganda – Sudan
Verband CAF
WM 2002 Spanien – Paraguay 3:1 (0:1)
Costa Rica – Brasilien 2:5 (1:3)
Spanien – Südkorea 3:5 i.E. (0:0)

MOHAMED GUEZZAZ
Nationalität Marokko
Geburtsdatum 01.10.1962
Muttersprache Arabisch
Hobbies Sport, Reisen, Lesen
Schiedsrichter seit 01.01.1997
Erstes Länderspiel 20.08.1999: Eritrea – Senegal
Verband CAF
WM 2002 Spanien – Slowenien 3:1 (1:0)

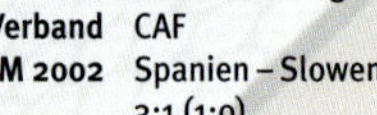

BRIAN HALL
Nationalität USA
Geburtsdatum 05.06.1961
Muttersprache Englisch
Hobbies Fotografie, Fußballtrainer
Schiedsrichter seit 01.01.1992
Erstes Länderspiel 13.12.1992: Costa Rica – St. Vincent/Grenadines
Verband COMCACAF
WM 2002 Italien – Ekuador 2:0 (2:0)
Nigeria – England 0:0

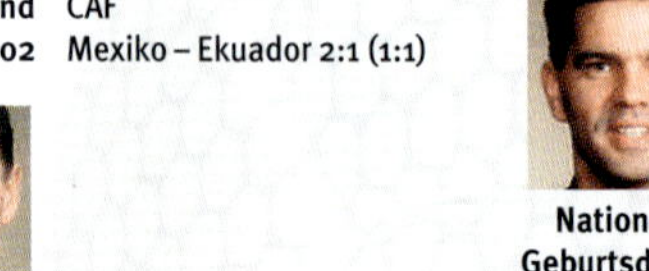

TERJE HAUGE
Nationalität Norwegen
Geburtsdatum 05.10.1965
Muttersprache Norwegisch
Hobbies Sport, Angeln, Musik
Schiedsrichter seit 01.01.1993
Erstes Länderspiel 12.10.1994: Schottland – Färöer
Verband UEFA
WM 2002 Kamerun – Saudi-Arabien 1:0 (0:0)

TORU KAMIKAWA
Nationalität Japan
Geburtsdatum 08.06.1963
Muttersprache Japanisch
Hobbies Lesen, Musik
Schiedsrichter seit 01.01.1998
Erstes Länderspiel 30.11.1998: Hongkong – Oman
Verband AFC
WM 2002 Irland – Kamerun 1:1 (0:1)

YOUNG JOO KIM
Nationalität Südkorea
Geburtsdatum 30.12.1957
Muttersprache Koreanisch
Hobbies Musik
Schiedsrichter seit 01.01.1994
Erstes Länderspiel 11.09.1994: Republik Korea – Ukraine
Verband AFC
WM 2002 Brasilien – Türkei 2:1 (0:1)

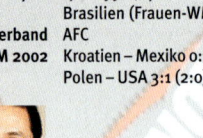

ANTONIO LOPEZ NIET
Nationalität Spanien
Geburtsdatum 25.01.1958
Muttersprache Spanisch
Hobbies Korbball, Musik, Lesen
Schiedsrichter seit 01.01.1993
Erstes Länderspiel 07.09.1994: England – USA
Verband UEFA
WM 2002 Kamerun – Deutschland 0:2 (0:0)

JUN LU
Nationalität China
Geburtsdatum 19.03.1959
Muttersprache Chinesisch
Hobbies Fußball
Schiedsrichter seit 01.01.1991
Erstes Länderspiel 17.11.1991: Japan – Brasilien (Frauen-WM)
Verband AFC
WM 2002 Kroatien – Mexiko 0:1 (0
Polen – USA 3:1 (2:0)

SAAD MANE
Nationalität Kuwait
Geburtsdatum 06.01.1963
Muttersprache Arabisch
Hobbies Fußball, Schwimmen, Tennis
Schiedsrichter seit 01.01.1994
Erstes Länderspiel 17.03.1996: Kasachstan – China
Verband AFC
WM 2002 Uruguay – Dänemark 1:2 (0:1)
Südafrika – Spanien 2:3 (1:2)
Südkorea – Türkei 2:3 (1

WILLIAM MATTUS
Nationalität Costa Rica
Geburtsdatum 17.04.1964
Muttersprache Spanisch
Hobbies Leichtathletik, Musik, Fußball
Schiedsrichter seit 01.01.1997
Erstes Länderspiel 05.02.1997: Costa Rica – Slowakei
Verband COMCACAF
WM 2002 Japan – Belgien 2:2 (0:
Ekuador – Kroatien 1:0 (0:0)

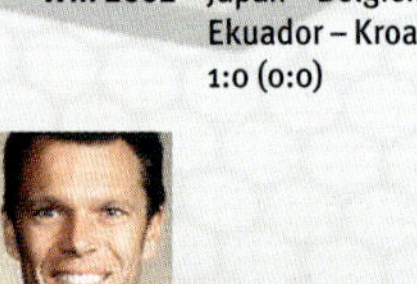

URS MEIER
Nationalität Schweiz
Geburtsdatum 22.01.1959
Muttersprache Deutsch
Hobbies Skifahren, Motorradfahren, Lesen
Schiedsrichter seit 01.01.1994
Erstes Länderspiel 19.07.1994: Georgien – Malta
Verband UEFA
WM 2002 Südkorea – USA 1:1 (0:
Deutschland – Südkore 1:0 (1:0)
Deutschland – Südkore 1:0 (0:0)

VITOR MELO PEREIRA

Nationalität Portugal
Geburtsdatum 21.04.1957
Muttersprache Portugiesisch
Hobbies Sport
Schiedsrichter seit 01.01.1992
Erstes Länderspiel 08.09.1993: Spanien – Chile
Verband UEFA
WM 2002 Dänemark – Frankreich 2:0 (1:0)
Mexiko – USA 0:2 (0:1)

MARKUS MERK

Nationalität Deutschland
Geburtsdatum 15.03.1962
Muttersprache Deutsch
Hobbies Marathon, Triathlon, Skilanglauf, Reisen
Schiedsrichter seit 01.01.1992
Erstes Länderspiel 28.04.1992: Schweiz – Bulgarien
Verband UEFA
WM 2002 Japan – Russland 1:0 (0:0)
Dänemark – England 0:3 (0:3)

LUBOS MICHEL

Nationalität Slowakei
Geburtsdatum 16.05.1968
Muttersprache Slowakisch
Hobbies Tennis, Lesen
Schiedsrichter seit 01.01.1993
Erstes Länderspiel 11.10.1995: Liechtenstein – Nordirland
Verband UEFA
WM 2002 Paraguay – Südafrika 2:2 (1:0)

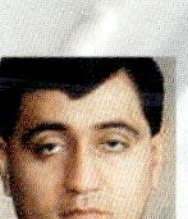

BYRON MORENO

Nationalität Ekuador
Geburtsdatum 23.11.1969
Muttersprache Spanisch
Hobbies Lesen, Fußball, Basketball
Schiedsrichter seit 01.01.1996
Erstes Länderspiel 12.06.1997: Bolivien – Venezuela
Verband CONMEBOL
WM 2002 USA – Portugal 3:2 (3:1)
Südkorea – Italien 2:1 i.V. Golden Goal (1:1 (0:1))

FALLA NDOYE

Nationalität Senegal
Geburtsdatum 04.03.1960
Muttersprache Oulof
Hobbies Musik, Fußball
Schiedsrichter seit 01.01.1993
Erstes Länderspiel 06.01.1995: Algerien – Ägypten
Verband CAF
WM 2002 Saudi-Arabien – Irland 0:3 (0:1)

KIM MILTON NIELSEN

Nationalität Dänemark
Geburtsdatum 03.08.1960
Muttersprache Dänisch
Hobbies Tennis
Schiedsrichter seit 01.01.1988
Erstes Länderspiel 30.10.1989: Kuwait – Libanon
Verband UEFA
WM 2002 Deutschland – Irland 1:1 (1:0)
Belgien – Russland 3:2 (1:0)
Brasilien – Türkei 1:0 (0:0)

RENÉ ORTUBE

Nationalität Bolivien
Geburtsdatum 26.12.1964
Muttersprache Spanisch
Hobbies Reisen, Musik, Lesen
Schiedsrichter seit 01.01.1992
Erstes Länderspiel 10.11.1996: Peru – Venezuela
Verband CONMEBOL
WM 2002 Schweden – Nigeria 2:1 (1:1)

GRAHAM POLL

Nationalität England
Geburtsdatum 29.07.1963
Muttersprache Englisch
Hobbies Golf
Schiedsrichter seit 01.01.1996
Erstes Länderspiel 02.04.1997: Aserbeidschan – Finnland
Verband UEFA
WM 2002 Italien – Kroatien 1:2 (0:0)

PETER PRENDERGAST

Nationalität Jamaika
Geburtsdatum 23.09.1963
Muttersprache Englisch
Hobbies Fußballspiele schauen, Squash
Schiedsrichter seit 01.01.1994
Erstes Länderspiel 09.06.1996: USA – Irland
Verband COMCACAF
WM 2002 Russland – Tunesien 2:0 (0:0)
Brasilien – Belgien 2:0 (0:0)

FELIPE RAMOS RIZO

Nationalität Mexiko
Geburtsdatum 10.03.1963
Muttersprache Spanisch
Hobbies Filme, Computer
Schiedsrichter seit 01.01.1997
Erstes Länderspiel 30.05.1998: USA – Schottland
Verband COMCACAF
WM 2002 Frankreich – Uruguay 0:0
Slowenien – Paraguay 1:3 (1:0)
England – Brasilien 1:2 (1:1)

OSCAR RUIZ

Nationalität Kolumbien
Geburtsdatum 01.11.1969
Muttersprache Spanisch
Hobbies Musik, Lesen
Schiedsrichter seit 01.01.1995
Erstes Länderspiel 12.07.1995: Paraguay – Venezuela
Verband CONMEBOL
WM 2002 Südkorea – Polen 2:0 (1:0)
Türkei – China 3:0 (2:0)
Senegal – Türkei 0:1 i.V./ Golden Goal (0:0)

ANGEL SANCHEZ

Nationalität Argentinien
Geburtsdatum 03.03.1957
Muttersprache Spanisch
Hobbies Fußball
Schiedsrichter seit 01.01.1994
Erstes Länderspiel 28.12.1996: Argentinien – Jugoslawien
Verband CONMEBOL
WM 2002 Südafrika – Slowenien 1:0 (1:0)
Portugal – Südkorea 0:1 (0:0)

MARK SHIELD

Nationalität Australien
Geburtsdatum 02.09.1973
Muttersprache Englisch
Hobbies Squash, Angeln
Schiedsrichter seit 01.01.1999
Erstes Länderspiel 22.01.1997: Neuseeland – Norwegen
Verband OFC
WM 2002 Tunesien – Belgien 1:1 (1:1)

CARLOS SIMON

Nationalität Brasilien
Geburtsdatum 03.09.1965
Muttersprache Portugiesisch
Hobbies Lesen
Schiedsrichter seit 01.01.1998
Erstes Länderspiel 29.06.2000: Ekuador – Peru
Verband CONMEBOL
WM 2002 England – Schweden 1:1 (1:0)
Mexiko – Italien 1:1 (1:0)

KYROS VASSARAS

Nationalität Griechenland
Geburtsdatum 01.02.1966
Muttersprache Griechisch
Hobbies Wassersport, Malen
Schiedsrichter seit 01.01.1998
Erstes Länderspiel 28.04.1999: Österreich – San Marino
Verband UEFA
WM 2002 China – Costa Rica 0:2 (0:0)

GILLES VEISSIERE

Nationalität Frankreich
Geburtsdatum 18.09.1959
Muttersprache Französisch
Hobbies Pferde, Familie
Schiedsrichter seit 01.01.1992
Erstes Länderspiel 29.03.1995: Tschechische Republik – Weißrussland
Verband UEFA
WM 2002 Argentinien – Nigeria 1:0 (0:0)
Tunesien – Japan 0:2 (0:0)

JAN WEGEREEF

Nationalität Niederlande
Geburtsdatum 17.01.1962
Muttersprache Niederländisch
Hobbies Sport, Musik
Schiedsrichter seit 01.01.1993
Erstes Länderspiel 24.04.1996: Dänemark – Schottland
Verband UEFA
WM 2002 Senegal – Uruguay 3:3 (3:0)

ASSISTIERENDE SCHIEDSRICHTER

Ali Al Traifi	KSA	AFC
Mat Lazim Awang Hamat	MAS	AFC
Awni Hassouneh	JOR	AFC
Haidar Koleit	LIB	AFC
Visva Krishnan	SIN	AFC
Mohamed Saeed	MDV	AFC
Komaleeswaran Sankar	IND	AFC
Taoufik Adjengui	TUN	CAF
Dramane Dante	MLI	CAF
Wagih Farag	EGY	CAF
Brighton Mudzamiri	ZIM	CAF
Ali Tomusange	UGA	CAF
Curtis Charles	ATG	CONCACAF
Vladimir Fernandez	SLV	CONCACAF
Michael Ragoonath	TRI	CONCACAF
Hector Vergara	CAN	CONCACAF
Bomer Fierro	ECU	CONMEBOL
Miguel Giacomuzzi	PAR	CONMEBOL
Jorge Oliveira	BRA	CONMEBOL
Jorge Rattalino	ARG	CONMEBOL
Elise Doriri	VAN	OFC
Paul Smith	NZL	OFC
Evzen Amler	CZE	UEFA
Frederic Arnaul	FRA	UEFA
Egon Bereuter	AUT	UEFA
Yuri Dupanov	BLR	UEFA
Jens Larsen	DEN	UEFA
Leif Lindberg	SWE	UEFA
Carlos Matos	POR	UEFA
Heiner Müller	GER	UEFA
Jaap Pool	NED	UEFA
Philip Sharp	ENG	UEFA
Igor Sramka	SVK	UEFA
Ferenc Szekely	HUN	UEFA
Roland van Nylen	BEL	UEFA
Maciej Wierzbowski	POL	UEFA

Südkorea	GRUPPE A	Frankreich · Senegal · Uruguay · Dänemark	Japan	GRUPPE E	Deutschland · Saudi-Arabien · Irland · Kamerun
	GRUPPE B	Spanien · Slowenien · Paraguay · Südafrika		GRUPPE F	Argentinien · Nigeria · England · Schweden
	GRUPPE C	Brasilien · Türkei · China · Costa Rica		GRUPPE G	Italien · Ekuador · Kroatien · Mexiko
	GRUPPE D	Südkorea · Polen · USA · Portugal		GRUPPE H	Japan · Belgien · Russland · Tunesien

VORRUNDE

Am Ende freuen sich die Anderen: Frankreichs Spieler-Frauen sahen schönen Spielen entgegen, die auch Zidane nicht auf den Rasen zaubern konnte

Sturz ins Bodenlose

**Kaum hat das Turnier be-
;onnen, ist der Weltmeister am Ende und nimmt nach
rei Spielen seinen torlosen Abschied. Dänemark Gruppenerster, Senegal überrascht als Zweiter.**

Die WM begann für Frankreich mit der Niederlage gegen Senegal im Eröffnungsspiel gleich mit großer Frustration und endete nach dem ersten Ausscheiden eines Weltmeisters seit dem Sturz der Brasilianer vor 36 Jahren mit einer kleinen Staatsaffäre. »Tief enttäuscht« sei er, erklärte Staatspräsident Jacques Chirac zum Desaster der »Equipe Tricolore«. Den Niedergang einer großen Mannschaft, die nach dem Titelgewinn von 1998 auch bei der Europameisterschaft 2000 dominiert hatte, registrierten die Experten mit einem ungläubigen Kopfschütteln. Dass sich eine als Titelverteidiger angetretene Elf, die zudem als großer

Der Senegal tanzt.
Das erste Spiel, das erste Tor, die erste Überraschung dieser WM: Papa Bouba Diop, der Mann mit der Nummer 19, ist zur Stelle, Djorkaeff, (6), Petit (17) und Torhüter Barthez haben das Nachsehen. Kapitän Aliou Cissé, sonst für Montpellier im Einsatz, mit der Geste des Stärkeren. Roger Lemerre, Frankreichs Trainer (rechte Seite unten), glaubt noch zu wissen, wie die Wende zu schaffen ist. Doch alles Beten und Flehen hilft nichts. Auf das Ergebnis wissen die Fans zu reagieren.

Favorit galt, ohne Sieg und ohne Tor verabschiedete, hatte es noch nie gegeben. 0:1 gegen Senegal, 0:0 gegen Uruguay, 0:2 gegen Dänemark – die Zeitung »Le Monde« schrieb, Frankreich habe nach »kleinen Aufwärmspielen gegen mittelmäßige Mannschaften seinen Weltpokal im Fundbüro abgegeben«. Das Team von Trainer Roger Lemerre verkraftete den Ausfall der verletzten Leistungsträger Zinedine Zidane und Robert Pires, die Sperre für Thierry Henry und den Rücktritt von Laurent Blanc nicht. Die große Sportzeitung »L'Equipe« diagnostizierte noch einen anderen Grund. Eine gewisse Arroganz, eine zur Schau gestellte Selbstsicherheit habe das Scheitern der »Blauen« forciert. Hochnäsigkeit kannten die Dänen nicht. Der Gruppensieger präsentierte sich konzentriert und kampfstark. Die Senegalesen, erstmals für eine WM qualifiziert, spielten sich als beste afrikanische Mannschaft in die Herzen der WM-Betrachter.

FRANKREICH – SENEGAL 0:1

Die Franzosen betrachteten das WM-Eröffnungsspiel als lockeren Aufgalopp. Natürlich wussten die Stars, dass die Senegalesen scharf darauf waren, sie zu Fall zu bringen. 42 Jahre, nachdem der Senegal die Unabhängigkeit von Frankreich erhalten hatte, wollten es die Afrikaner ihrer ehemaligen Kolonialmacht zeigen. Alle Nationalspieler des afrikanischen Vizemeisters standen bei französischen Vereinen unter Vertrag. Wenige Sorgen machten sich die Franzosen erst, als »Zizou« Zidane, ihr Spielmacher, ihr Denker und Lenker, verletzt seine Teilnahme an der Partie absagen musste. Aus den Träumen gerissen wurden »Les Bleus«, als Papa Bouba Diop in der 30. Minute die Führung erzielte. Der alte Weltmeister schaffte es nicht, die vielen Chancen in Tore umzumünzen, David Trezeguet und Thierry Henry trafen nur den Pfosten. Die Senegalesen wurden beflügelt durch die sich anbahnende Sensation. Sie war perfekt, als der arabische Schiedsrichter Ali Bujsaim das erste von 64 WM-Spielen abpfiff.

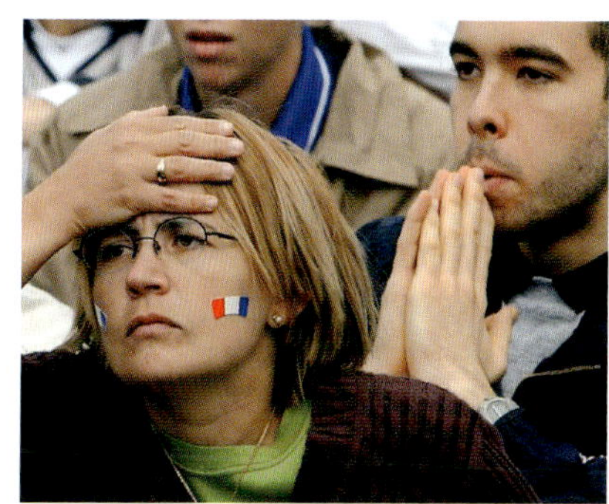

URUGUAY – DÄNEMARK 1:2

Die Buchmacher führten die Südamerikaner als Favoriten dieser packenden Partie mit vielen Torszenen. Doch die Dänen, optimal von Trainer Morten Olsen auf den Gegner eingestellt, boten gegen die technisch überlegenen Uruguayer eine ausgezeichnete Leistung. Das Team funktionierte als ideales Kollektiv, aus dem Jon Dahl Tomasson als zweifacher Torschütze herausragte. Kurz vor der Halbzeit brachte er die Skandinavier in Front. Der Weltmeister von 1930 und 1950 kam durch einen Volleyschuss von Dario Rodriguez aus zwanzig Metern nach der Pause zum 1:1. Es entwickelte sich ein Duell, das als »offener Schlagabtausch« bezeichnet wird. Beide Teams agierten offensiv, suchten die Entscheidung. Sie gelang den Dänen, als Tomasson mit einem Kopfball das 2:1 erzielte. Olsen war sehr zufrieden. Seine Elf kämpfe um Platz zwei, sagte der frühere Weltklasse-Libero, da der erste Platz für die Franzosen reserviert sei. Nicht nur der frühere Profi des 1. FC Köln sollte sich gewaltig irren.

DÄNEMARK – SENEGAL 1:1

Die Begegnung der beiden Sieger der ersten Gruppenspiele, zunächst nur als Außenseiter eingestuft, hatte großes zusätzliches Interesse ausgelöst. Die Mannschaft des französischen Trainers Bruno Metsu aus dem Senegal enttäuschte in der ersten Halbzeit. Die Dänen, die sich wieder taktisch bestens präpariert darstellten, gingen durch Tomasson in Führung. Beim Ausgleichstor in der 52. Minute lieferten die Afrikaner einen herrlichen Nachweis ihrer außergewöhnlichen Klasse. Nach einer tollen Passkombination über fünf Stationen, fliegenden Seitenwechseln der sich frei laufenden Angreifer war die dänische Abwehr entblößt. Khalilou Fadiga spielte den Ball in den Lauf des heranstürmenden Salif Diao, der die Kugel mit dem rechten Außenrist vorbei an Torhüter Thomas Sörensen in die linke untere Ecke streichelte. Es war Fußball-Poesie, was die Senegalesen in der Gluthitze vorführten. Dänemark, der Europameister von 1992, war heilfroh, das 1:1 im Daegu World Cup Stadium über die Zeit zu retten.

FRANKREICH – URUGUAY 0:0

Beide Mannschaften benötigten einen Sieg, um dem Achtelfinale näher zu rücken. Die Franzosen, bei denen Zidane erneut fehlte, mussten weitere Nackenschläge einstecken. Abwehrspieler Frank Leboeuf schied in der 16. Minute verletzt aus, Stürmer Thierry Henry sah in der 26. Minute die Rote Karte. Trotzdem bestimmte der Europameister das Geschehen, die Uruguayer blieben aber mit Kontern stets brandgefährlich. Das temporeiche, hochklassige Match wurde von beiden Seiten überhart geführt und bot wenige Torchancen. Kurz vor Schluss

Die Dänen wollten um Gruppenplatz zwei kämpfen, dann wundern sie sich über Frankreich und schließlich über sich selbst. In ihrem ersten Spiel gegen Uruguay macht Jon Dahl Tomasson (9) erst den Führungstreffer kurz vor der Pause, ehe er dann später den Siegtreffer per Kopf erzielt. Im offenen Schlagabtausch, wie zwischen Martin Jörgensen und Gustavo Varela (links unten) oder Dario Silva und Martin Laursen, dahinter Sebastian Abreu (rechte Seite), behielten die Skandinavier die Oberhand.

Im Spiel der Außenseiter ein Unentschieden: Papa Bouba Diop (Senegal) scheitert an Dänemarks Keeper Thomas Sörensen.

Wer trägt die Schuld an Frankreichs Versagen? Im Spiel gegen Uruguay suchen die Spieler vergeblich den Torerfolg, Uruguays Verteidiger Paolo Montero sieht sich das ebenso entspannt an wie der mexikanische Schiedsrichter Felipe Ramos Rizo.

stand der französische Torhüter Fabien Barthez im Blickpunkt, der großartig die zweite Niederlage der »Blauen« verhinderte. Das Remis war für beide Seiten eine Enttäuschung, doch es ließ jedem noch die Aussicht auf das Achtelfinale.

SENEGAL – URUGUAY 3:3

Bereits zur Halbzeit schien die hochdramatische Partie entschieden, weil Senegal nach Treffern von Fadiga (Foulelfmeter) und zweimal Papa Bouba Diop bereits mit 3:0 in Führung lag. Doch nur zwanzig Sekunden nach dem Wiederanpfiff eröffnete Richard Morales mit dem 1:3 die Aufholjagd. Diego Forlán und Alvaro Recoba in der 88. Minute (Foulelfmeter) schürten die Hoffnung der »Urus«. Ein Tor fehlte, um Senegals Träume zu zerstören und selbst noch in das Achtelfinale zu kommen. In der Nachspielzeit wäre dieser Treffer beinahe gefallen. Die Punkteteilung brachte schließlich den WM-Neuling weiter. Uruguay musste die Heimreise antreten.

DÄNEMARK – FRANKREICH 2:0

Das Fiasko der Franzosen fand in Incheon seinen Höhepunkt. Nach dem frühen Tor von Dennis Rommedahl stand das Team extrem unter Druck. Auch Zidane, der mit einem bandagierten Oberschenkel aufgelaufen war, konnte die Wende nicht herbeiführen. Für die Dänen, die ein taktisches Meisterstück vollbrachten, machte Tomasson mit seinem vierten WM-Tor den Gruppensieg klar. Frankreich, das einen Sieg mit zwei Toren Unterschied benötigt hätte, griff immer wieder mit dem Mut der Verzweiflung an. Mehr als zwei Pfostenschüsse sprangen für den gerupften gallischen Hahn nicht heraus.

ZUM AUSSCHEIDEN DER »EQUIPE TRICOLORE«

»Zu viel Ruhm, zu viel Geld, zu viele Spiele, zu viele Schlagzeilen, zu viele Verträge, zu viele Speichellecker, zu viel Werbung, zu viele Sponsoren, zu viele Manager.«
L'HUMANITÉ

»Das ist auch das Scheitern von Lemerre. Die Spieler wollen nichts mehr von ihm.«
LE PARISIEN

»Dänisches Dynamit sprengt den Weltmeister aus der WM.«
AFTONBLADET, Stockholm

»Das ist der größte Schock der WM-Geschichte. Der Weltmeister ist total abgestürzt.«
DONG-A ILBO, Südkorea

Vorrunde Gruppe A · Spiel 1
Freitag, 31.05.2002
20:30 Uhr (13.30 Uhr MESZ) in Seoul (KOR)

FRANKREICH – SENEGAL
0:1 (0:1)

Frankreich: Barthez – Thuram, Leboeuf, Desailly, Lizarazu – Vieira, Petit – Djorkaeff (60. Dugarry) – Wiltord (81. Cisse), Henry, Trezeguet
Senegal: Sylva – Coly, Diatta, P. M. Diop, Daf – Cissé – Moussa Ndiaye, Diao, P. B. Diop, Fadiga – Diouf
Tore: 0:1 P. B. Diop (30.)
Ecken: 10:0
Schiedsrichter: Ali Bujsaim (Vereinigte Arabische Emirate)
Zuschauer: 62.561
Gelbe Karten: Petit – Cissé
Gelb/Rote Karten: keine
Rote Karten: keine

Vorrunde Gruppe A · Spiel 3
Samstag, 01.06.2002
18:00 Uhr (11.00 Uhr MESZ) in Ulsan (KOR)

URUGUAY – DÄNEMARK
1:2 (0:1)

Uruguay: Carini – Sorondo, Montero – Mendez, Rodriguez (86. Magallanes) – Garcia, Guigou – Recoba (80. Regueiro) – Varela – Silva, Abreu (88. Morales)
Dänemark: Sörensen – Helveg, Laursen, Henriksen, Heintze (57. N. Jensen) – Töfting, Gravesen – Tomasson – Rommedahl, Grönkjaer (70. Jörgensen), Sand (88. Poulsen)
Tore: 0:1 Tomasson (45.), 1:1 Rodriguez (46.), 1:2 Tomasson (82.)
Ecken: 8:7
Schiedsrichter: Saad Mane (Kuwait)
Zuschauer: 30.157
Gelbe Karten: Mendez – Heintze, Laursen
Gelb/Rote Karten: keine
Rote Karten: keine

Vorrunde Gruppe A · Spiel 20
Donnerstag, 06.06.2002
15:30 Uhr (8.30 Uhr MESZ) in Daegu (KOR)

DÄNEMARK – SENEGAL
1:1 (1:0)

Dänemark: Sörensen – Helveg, Laursen, Henriksen, Heintze – Töfting, Gravesen (62. Poulsen) – Tomasson – Rommedahl (89. Lövenkrands), Grönkjaer (50. Jörgensen), Sand
Senegal: Sylva – Coly, Diatta, P. M. Diop, Daf – Diao – Sarr (46. H. Camara), P. B. Diop – M. Ndiaya (46. S. Camara, 83. Beye), Fadiga, Diouf
Tore: 1:0 Tomasson (16., Foulelfmeter), 1:1 Diao (52.)
Ecken: 4:8
Schiedsrichter: Carlos Batres (Guatemala)
Zuschauer: 43.500
Gelbe Karten: Sand, Tomasson, Helveg, Poulsen – Diao, Fadiga
Gelb/Rote Karten: keine
Rote Karten: Diao (80.)

Vorrunde Gruppe A · Spiel 18
Donnerstag, 06.06.2002
20:30 Uhr (13.30 Uhr MESZ) in Busan (KOR)

FRANKREICH – URUGUAY
0:0

Frankreich: Barthez – Thuram, Leboeuf (16. Candela), Desailly, Lizarazu – Micoud, Vieira, Petit – Wiltord (90+3. Dugarry), Trezeguet (81. Cisse), Henry
Uruguay: Carini – Lembo, Montero, Sorondo – Varela, Garcia, Romero (70. de los Santos), Rodriguez (72. Guigou) – Recoba – Silva (59. Magallanes), Abreu
Tore: keine
Ecken: 8:4
Schiedsrichter: Felipe Ramos Rizo (Mexiko)
Zuschauer: 38.289
Gelbe Karten: Petit – Garcia, Abreu, Romero, Silva
Gelb/Rote Karten: keine
Rote Karten: Henry (25.)

Vorrunde Gruppe A · Spiel 33
Dienstag, 11.06.2002
15:30 Uhr (8.30 Uhr MESZ) in Incheon (KOR)

DÄNEMARK – FRANKREICH
2:0 (1:0)

Dänemark: Sörensen – Helveg, Laursen, Henriksen, N. Jensen – Töfting (79. Nielsen), Poulsen (76. Bögelund), Gravesen – Rommedahl, Jörgensen (46. Grönkjaer) – Tomasson
Frankreich: Barthez – Candela, Thuram, Desailly, Lizarazu – Makelele, Vieira (71. Micoud) – Wiltord (83. Djorkaeff), Zidane, Dugarry (54. Cisse) – Trezeguet
Tore: 1:0 Rommedahl (21.), 2:0 Tomasson (67.)
Ecken: 0:6
Schiedsrichter: Vitor Melo Pereira (Portugal)
Zuschauer: 48.100
Gelbe Karten: Poulsen, N. Jensen – Dugarry
Gelb/Rote Karten: keine
Rote Karten: keine

Vorrunde Gruppe A · Spiel 34
Dienstag, 11.06.2002
15:30 Uhr (8.30 Uhr MESZ) in Suwon (KOR)

SENEGAL – URUGUAY
3:3 (3:0)

Senegal: Sylva – Coly (63. Beye), P. M. Diop, Diatta, Daf – Ndour (76. Faye), Cissé, P. B. Diop – Fadiga – H. Camara (67. Moussa Ndiaye), Diouf
Uruguay: Carini – Lembo, Sorondo (32. Regueiro), Montero – Varela, Romero (46. Forlán), Garcia, Rodriguez – Recoba – Silva, Abreu (46. Morales)
Tore: 1:0 Fadiga (20., Foulelfmeter), 2:0 P. B. Diop (26.), 3:0 P. B. Diop (38.), 3:1 Morales (46.), 3:2 Forlán (69.), 3:3 Recoba (88., Foulelfmeter)
Ecken: 4:7
Schiedsrichter: Jan Wegereef (Niederlande)
Zuschauer: 33.681
Gelbe Karten: Diouf, H. Camara, Daf, Coly, P. B. Diop, Fadiga, Beye – Romero, Carini, Garcia, Rodriguez, Montero
Gelb/Rote Karten: keine
Rote Karten: keine

Vorrunde · Gruppe A (Abschlusstabelle)

Land	Spiele	S	U	N	Tore	Diff	Pkte
Dänemark	3	2	1	0	5:2	3	7
Senegal	3	1	2	0	5:4	1	5
Uruguay	3	0	2	1	4:5	-1	2
Frankreich	3	0	1	2	0:3	-3	1

FRANKREICH

Hauptstadt	Paris
Bevölkerung (2000)	59.329.691
Fläche (qkm)	547.030
Währung	Euro
Regierungschef	Jacques Chirac (Präsident)
Sprache/n	Französisch

DER VERBAND

Name	Fédération Française de Football
Postanschrift	60 bis, Avenue d´Iéna, 75783 Paris Cedex 16 / Frankreich
Telefon	+33-1-44317300
Telefax	+33-1-47208296
Internet	www.fff.fr
Gründungsjahr	1919
Präsident	Claude Simonet
Vereine	19.835
Fußballprofis	1.331
Dachverband	Union des Associations Européennes de Football (UEFA)
Weltranglistenplatz	1
WM-Teilnahmen	11
Größter WM-Erfolg	Weltmeister 1998
Spielkleidung	Trikot: blau – Hose: weiß – Stutzen: rot

DER TRAINER

Name	Roger Lemerre
Nationalität	Frankreich
Geburtsdatum	18.06.1941
Trainerstationen	
Frankreich	Red Star 07/1975 – 06/1978
Frankreich	Lens 07/1978 – 06/1979
Frankreich	Paris FC 07/1979 – 06/1981
Frankreich	Strasbourg 07/1981 – 06/1983
Tunesien	Esperance 07/1983 – 06/1984
Frankreich	Red Star 07/1985 – 06/1986
Frankreich	Lens 03/1997 – 06/1997
Frankreich	Nationalmannschaft seit August 1998

QUALIFIKATION

Als Titelverteidiger automatisch qualifiziert

WM 2002

GA	Senegal	0:1 (0:1)	31.05.2002	Seoul (KOR)
GA	Uruguay	0:0	06.06.2002	Busan (KOR)
GA	Dänemark	0:2 (0:1)	11.06.2002	Incheon (KOR)

GA = Vorrundenspiele Gruppe A

16 FABIEN BARTHEZ
Tor

14 ALAIN BOGHOSSIAN
Mittelfeld

2 VINCENT CANDELA
Abwehr

5 PHILIPPE CHRISTANVAL
Abwehr

9 DJIBRIL CISSE
Angriff

23 GRÉGORY COUPET
Tor

8 MARCEL DESAILLY
Abwehr

6 YOURI DJORKAEFF
Mittelfeld

21 CHRISTOPHE DUGARRY
Angriff

12 THIERRY HENRY
Angriff

18 FRANK LEBOEUF
Abwehr

3 BIXENTE LIZARAZU
Abwehr

7 CLAUDE MAKELELE
Mittelfeld

22 JOHAN MICOUD
Mittelfeld

17 EMMANUEL PETIT
Mittelfeld

1 ULRICH RAMÉ
Tor

19 WILLY SAGNOL
Abwehr

13 MIKAEL SILVESTRE
Abwehr

15 LILIAN THURAM
Abwehr

20 DAVID TREZEGUET
Angriff

4 PATRICK VIEIRA
Mittelfeld

11 SYLVAIN WILTORD
Angriff

10 ZINEDINE ZIDANE
Mittelfeld

Fußball à la Frankreich La Grande Nation – so wird Frankreich von denen, die es wegen seiner Geschichte, seiner Kultur, seinem besonderen Charme und seiner Gabe des ›Laissez faire, laissez aller‹ schätzen, oft genannt. Im Fußball waren wir das lange nicht, eine grande nation. Das freilich hat sich seit den achtziger Jahren mit dem wunderbaren Team um das magische Mittelfeld-Dreieck Michel Platini, Jean Tigana und Alain Giresse gründlich geändert. Frankreich ist 1984 und 2000 Europameister geworden, hat 1998 im eigenen Land den Weltmeister-Titel gewonnen. Und wieder standen Ausnahmekönner in den Reihen der Equipe Tricolore. Allen voran Zinedine Zidane, aber auch Thuram, Desailly, Deschamps oder Petit. Millionen haben den Triumph auf den Champs-Elysées gefeiert, auch Präsident Jacques Chirac, der ein Mannschaftstrikot mit der zusätzlichen Nummer 23 über der Staatsmann-Etikette trug.

Dass Fußball nach den Erfolgen der vergangenen Jahre seine Position als Nummer 1 unter den Sportarten noch ausgebaut hat, liegt auf der Hand. Wenn eine eh schon ungemein populäre Disziplin solche Helden hat, dann entsteht daraus eine regelrechte Sogwirkung in den Medien, bei den Fans und den Kids, die kleine Zidanes, Barthez' oder Henrys sein wollen. Fußball hat damit etwas, was zum Beispiel dem in Frankreich ebenfalls sehr populären Radsport im Moment fehlt. Und so ist das ganze Land eben fußballverrückt, obwohl garantiert mehr Franzosen Rad fahren, als den Ball treten. Die Nationalmannschaft hat das Image unseres Landes auf phantastische Weise bestätigt und vertieft. Da war Esprit, da war Leichtigkeit, da war Genie und da war Hingabe. Und vor allem war das Team mit Spielern ganz unterschiedlicher Herkunft ein Symbol für Frankreich und für Toleranz. Sozusagen eine Mannschaft fußballernder Botschafter, die auf einzigartige Weise überzeugt.

Ich habe Fußball von klein auf gespielt, garantiert mit der gleichen Leidenschaft wie die großen Stars. Mein erster Ball war ein Geschenk der Firma Karamba – ich habe Flaschenverschlüsse gesammelt, so viele, bis ich dafür als Prämie den Ball bekam. In der Schulmannschaft, dann im Uni-Team war ich mit leidlicher Begabung einer der Besten. Erst als Mittelfeld-Akteur, dann als Verteidiger, schließlich als Stürmer und in einem Jahr sogar als Torschützenkönig. Das hatte schon was, den Ball dem gegnerischen Torwart ins Netz zu hämmern. Die Glücksgefühle, die manchmal totale Losgelassenheit nach einem Treffer, die man sich heute im Fernsehen manchmal staunend anschaut, kann ich gut nachvollziehen, wenn ich an meine Volltreffer zurückdenke.

Worin das Geheimnis von Frankreichs Fußball-Aufstieg besteht, müssen Experten beantworten. Ich denke, dass eine der Ursachen darin liegt, dass die große Mehrheit unserer besten Spieler bei den stärksten Klubmannschaften Europas spielt. In Italien, England, Deutschland und natürlich auch in Frankreich. Das schult den Willen, befördert das Können, verlangt Durchsetzungsvermögen und bringt Erfahrung. Nicht immer zahlt es sich sofort aus, aber langfristig macht es eben im besten Sinne des Wortes konkurrenzfähig. Ich selbst bin letzteres heute sicher nicht mehr – meine sportlichen Aktivitäten haben sich aufs Wandern und Radfahren verlagert. Meinen letzten Auftritt als Fußballer hatte ich vor einigen Jahren mit meinem ehemaligen Universitätsteam im Pariser WM-Stadion. Vor 50 Zuschauern gab es ein 1:1 – ich bin also ungeschlagen abgetreten.

»Unser Team ist ein Symbol für Frankreich und für Toleranz«

JEAN-PIERRE LABOUREIX
Gesandter der Französischen Republik

Trotz meiner inzwischen eher passiven Rolle ist meine Fußball-Begeisterung ungebrochen. Drei Jahre lang war ich als Diplomat in Rom und habe da das Thema Leidenschaft für Fußball noch einmal auf die ganz spezielle heißblütige italienische Art kennen gelernt. In Deutschland geht es da schon ein wenig gedämpfter zu, selbst bei Spielen wie Hertha BSC gegen Bayern München, das ich im Stadion erlebt habe. Aggressivität aber habe ich hier wie dort kaum feststellen müssen. So war es auch bei der Weltmeisterschaft 1998 in Frankreich. Das war ein richtig großes Fest in wunderbarer Stimmung. Ohne Gewalt, dafür aber familienfreundlich, fröhlich, herzlich und tolerant. Ich glaube, der Fußball kann da eine noch viel größere Rolle spielen als bisher. Auch die Akteure selbst, weil sie ja für Millionen von Kids Vorbilder sind. Mein Fußball-Held als Jugendlicher war übrigens Johan Cruyff, der geniale Holländer. Einer, der zur Fußball-Geschichte gehört. Wie auch ein paar Franzosen – Gottseidank!

JEAN-PIERRE LABOUREIX, Jahrgang 1956. Verheiratet, drei Kinder. Seit Januar 2000 Gesandter und Leiter der Finanzabteilung der Französischen Botschaft in Berlin.

21
HABIB BEYE
Abwehr

7
HENRI CAMARA
Angriff

9
SOULEYMANE CAMARA
Angriff

6
ALIOU CISSÉ
Abwehr

22
KALIDOU CISSOKHO
Tor

17
FERDINAND COLY
Abwehr

2
OMAR DAF
Abwehr

16
OMAR DIALLO
Tor

15
SALIF DIAO
Mittelfeld

13
LAMINE DIATTA
Abwehr

19
PAPA BOUBA DIOP
Mittelfeld

4
PAPA MALICK DIOP
Abwehr

11
EL HADJI DIOUF
Angriff

10
KHALILOU FADIGA
Mittelfeld

12
AMDY FAYE
Mittelfeld

23
MAKHTAR NDIAYE
Mittelfeld

14
MOUSSA NDIAYE
Mittelfeld

20
SYLVAIN NDIAYE
Mittelfeld

5
ALASSANE NDOUR
Abwehr

3
PAPA SARR
Mittelfeld

1
TONY SYLVA
Tor

18
PAPE THIAW
Angriff

8
AMARA TRAORÉ
Angriff

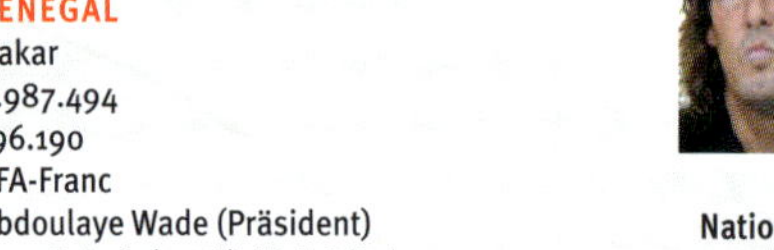

SENEGAL

Hauptstadt	Dakar
Bevölkerung (2000)	9.987.494
Fläche (qkm)	196.190
Währung	CFA-Franc
Regierungschef	Abdoulaye Wade (Präsident)
Sprache/n	Französisch (amtl.), Wolof, Pulaar, Jola, Mandinka

DER VERBAND

Name	Fédération Sénégalaise de Football
Postanschrift	Stade L. S. Senghor, Route de l´Aéroport L. S. Senghor, B.P. 13021 Dakar/Senegal
Telefon	+221-827 29 35
Telefax	+221/8 27 35 24
Internet	–
Gründungsjahr	1960
Präsident	El Hadji Malick Sy
Vereine	82
Fußballprofis	50
Dachverband	Confédération Africaine de Football (CAF)
Weltranglistenplatz	44
WM-Teilnahmen	1
Größter WM-Erfolg	Qualifikation zur WM 2002
Spielkleidung	Trikot: grün – Hose: gelb – Stutzen: rot

DER TRAINER

Name	Bruno Metsu
Nationalität	Frankreich
Geburtsdatum	28.01.1954
Trainerstationen	
Frankreich	Beauvais 06/1988 – 05/1992
Frankreich	Lille 06/1992 – 05/1993
Frankreich	Valenciennes 06/1993 – 05/1994
Frankreich	Sedan 06/1995 – 05/1998
Frankreich	Valence 06/1998 – 05/1999
Senegal	Nationalmannschaft seit Oktober 2000

QUALIFIKATION

Spiele in der 1. Runde der Afrika-Qualifikation

A	Benin	1:1 (1:1)	09.04.2000	Cotonou
H	Benin	1:0 (0:0)	23.04.2000	Dakar

Gruppenspiele in der 2. Runde der Afrika-Qualifikation

A	Algerien	1:1 (1:1)	16.06.2000	Annaba
H	Ägypten	0:0 (0:0)	09.07.2000	Dakar
A	Marokko	0:0 (0:0)	24.02.2001	Rabat
H	Namibia	4:0 (2:0)	10.03.2001	Dakar
H	Algerien	3:0 (1:0)	21.04.2001	Dakar
A	Ägypten	1:0 (0:0)	06.05.2001	Kairo
H	Marokko	1:0 (1:0)	14.07.2001	Dakar
A	Namibia	0:5 (0:3)	21.07.2001	Windhuk

Sieger der Afrika-Gruppe C (15 Punkte, 14:2 Tore)

WM 2002

GA	Frankreich	1:0 (1:0)	31.05.2002	Seoul (KOR)
GA	Dänemark	1:1 (0:1)	06.06.2002	Daegu (KOR)
GA	Uruguay	3:3 (3:0)	11.06.2002	Suwon (KOR)
AF	Schweden	2:1 i.V./Golden Goal (1:1 (1:1))	16.06.2002	Oita (JPN)
VF	Türkei	0:1 i.V./Golden Goal (0:0)	22.06.2002	Osaka (JPN)

GA = Vorrundenspiele Gruppe A, AF = Achtelfinale, VF = Viertelfinale

»Man nannte mich Pelé«

PAUL BADJI
Botschafter der Republik Senegal

Fußball à la Senegal Senegal bei der Fußball-Weltmeisterschaft, welch ein Fest! Wir haben schon vor dem Beginn des Championats einige Freuden-Salti geschlagen, schließlich sind wir zum ersten Mal dabei. Wer sich ein bisschen auskennt im afrikanischen Fußball, wird freilich weniger überrascht sein als diejenigen, die uns in Japan und Korea erstmals zur Kenntnis nehmen. Wir gehören schon seit längerem zu den Besten des Kontinents, haben zuletzt im Finale der Afrika-Meisterschaften gegen Kamerun erst nach Elfmeterschießen verloren. Fußball hat Tradition in Senegal, wobei viele Einflüsse aus Frankreich kommen. Schon vor der Unabhängigkeit 1960 war das Spiel sehr populär, danach erst recht – denn jetzt waren Siege der Auswahl Siege für Senegal. Und schon damals waren ein paar beachtliche Erfolge darunter. So zum Beispiel, als wir in den frühen Sechzigern im Halbfinale der Sportspiele der frankophonen Staaten Frankreich besiegt haben. Solche Siege haben Fußball bei uns noch populärer gemacht. Nur das Ringen, wo wir zu den Top-Nationen Afrikas gehören und schon viele Medaillen gewonnen haben, kann da annähernd Schritt halten.
Dass alle Jungs in ihrer Kindheit dem Ball nachjagen, ist eine Selbstverständlichkeit. Erstens ist das fast überall und mit geringem Aufwand möglich, zweitens sind die Erfolgserlebnisse häufiger – es müssen nur genügend Tore erzielt werden. Und was mir besonders wichtig erscheint, die Freude kann mit anderen geteilt und damit potenziert werden. Ich kenne diese Situation sehr gut, denn als Kind war ich ein leidenschaftlicher Fußballer und in meiner Schulmannschaft ein kleiner Star. Jede Menge Tore haben mir nicht nur die Bewunderung der Mädchen, was ich natürlich genoss, sondern auch den Beinamen Pelé eingebracht. Pelé, Beckenbauer, Maradona – das waren die Ballartisten, die ich am meisten verehrt habe. Mein Favoritenteam war immer Jeanne d'Arc Dakar, das seinen Namen nach einer katholischen Schule erhalten hat und oft Meister Senegals war. Jeden Sonntag zog ich ins Stadion, und später brachte ich es mit meinem Talent sogar so weit, dass ich eine Spielerlizenz für den Verein hatte. Aber meine Eltern sagten mir, Junge, die Schule zuerst, und dann alles andere. Womit sie wohl nicht unrecht haben.
Gerade im Fußball haben wir von letzteren eine ganze Menge. Und es werden immer mehr. Es ist die Politik der Regierung, in jeder unserer Provinzen Möglichkeiten für den Nachwuchs zu schaffen. Außerdem werden in vielen Dörfern und Distrikten spontane Straßenmeisterschaften gespielt, bei denen schon viele der heutigen Stars entdeckt worden sind. Dort herrschen keine taktischen Zwänge, da ist Spielfreude pur angesagt. Natürlich müssen wir andererseits in vielen Dingen noch professioneller werden. Das geht nur Schritt für Schritt, aber wir sind dabei. Nützlich für unser Land ist auch, dass inzwischen viele Profiklubs aus Frankreich in Senegal Schulen eröffnet haben, in denen Fußball und Bildung verbunden werden. Einige der Auswahlspieler von heute haben bereits dort ihre Grundausbildung erhalten. Obwohl die französischen Vereine vor allem im eigenen Interesse handeln und unsere besten Talente frühzeitig an sich binden wollen, profitieren wir davon doch gewaltig. Nicht nur die Franzosen haben uns bei der Entwicklung unseres Fußballs geholfen. Deutsche Trainer wie Otto Pfister, der eine Zeitlang die Auswahl betreute, haben ebenfalls Anteil daran, dass wir heute für Schlagzeilen sorgen können.
Wenn die Nationalmannschaft auf dem Platz steht, dann ist das ganze Land im Ausnahmezustand. Dann kann es schnell passieren, dass die Arbeit ruht und sich alle 90 Minuten frei nehmen. Das sind ganz spezielle Momente für die Nation. Die sonstigen Differenzen und Streitigkeiten werden vergessen, alle rücken zusammen. Und der Stolz nach Siegen wird selbstverständlich richtig ausgelebt. Inzwischen werden wohl nur noch ewige Ignoranten behaupten, Afrikas Fußball sei schwach. Der Kontinent hat sich gewaltig verändert. Nicht nur im Fußball, nicht nur im Sport, sondern auf allen Feldern. Deshalb ist das senegalesische Team auch mit hohen Erwartungen nach Asien gereist. Die Nationalmannschaft wird auch die »Löwen von Teranga« genannt, und Löwen sind bekannterweise keine furchtsamen Tiere. Teranga bedeutet in etwa »Land, in dem der Fremde kein Fremder« ist – und das gekennzeichnet die freundschaftliche Art, mit der wir Senegalesen allen anderen Bewohnern unserer Erde begegnen. Im Fußball natürlich, da wollen wir gewinnen – und nichts anderes.

PAUL BADJI, Jahrgang 1952. Seit 1977 im Auswärtigen Dienst. Als Diplomat u.a. bei der UNO in New York und in verschiedenen Funktionen im Außenministerium. Seit 21. März 2002 Botschafter in Deutschland.

13
ABREU
Angriff

19
JOE BIZERA
Abwehr

1
FABIAN CARINI
Tor

22
GONZALO DE LOS SANTOS
Mittelfeld

23
FEDERICO ELDUAYEN
Tor

21
DIEGO FORLÁN
Angriff

5
PABLO GARCIA
Mittelfeld

7
GIANNI GUIGOU
Mittelfeld

3
ALEJANDRO LEMBO
Abwehr

11
FEDERICO MAGALLANES
Angriff

2
GUSTAVO MENDEZ
Abwehr

4
PAOLO MONTERO
Abwehr

18
RICHARD MORALES
Angriff

12
GUSTAVO MUNUA
Tor

15
NICOLAS OLIVERA
Mittelfeld

10
FABIAN O'NEILL
Angriff

20
ALVARO RECOBA
Angriff

17
MARIO REGUEIRO
Angriff

6
DARIO RODRIGUEZ
Abwehr

16
MARCELO ROMERO
Mittelfeld

9
DARIO SILVA
Angriff

14
GONZALO SORONDO
Abwehr

8
GUSTAVO VARELA
Angriff

URUGUAY

Hauptstadt	Montevideo
Bevölkerung (2000)	3.334.074
Fläche (qkm)	176.220
Währung	Uruguayischer Peso
Regierungschef	Jorge Batlle (Präsident)
Sprache/n	Spanisch

DER VERBAND

Name	Asociación Uruguaya de Fútbol
Postanschrift	Guayabo 1531, 11200 Montevideo / Uruguay
Telefon	+598-2-400 7101/06
Telefax	+598-2-409 0550
Internet	–
Gründungsjahr	1900
Präsident	Eugenio Figueredo Aguerre
Vereine	1.100
Fußballprofis	1.000
Dachverband	Confederaación Sudamericana de Fútbol (CONMEBOL)
Weltranglistenplatz	22
WM-Teilnahmen	10
Größter WM-Erfolg	Weltmeister 1930 und 1950
Spielkleidung	Trikot: hellblau – Hose: schwarz – Stutzen: schwarz

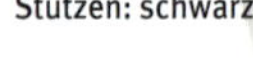

DER TRAINER

Name	Victor Pua
Nationalität	Uruguay
Geburtsdatum	31.03.1956
Trainerstationen	
Uruguay	River Plate Montevideo 01/1990 – 12/1992
Uruguay	Nationalmannschaft U 20 01/1997 – 12/1999
Uruguay	Nationalmannschaft 12/1997 – 01/1998
Uruguay	Nationalmannschaft 07/1999 – 08/1999
Uruguay	Nationalmannschaft seit Februar 2001

QUALIFIKATION

Gruppenspiele in der Südamerika-Qualifikation

H	Bolivien	1:0 (1:0)	29.03.2000	Montevideo
A	Paraguay	1:0 (1:0)	26.04.2000	Asuncion
H	Chile	2:1 (2:1)	03.06.2000	Montevideo
A	Brasilien	1:1 (0:1)	28.06.2000	Rio de Janeiro
H	Venezuela	3:1 (1:1)	18.07.2000	Montevideo
H	Peru	0:0 (0:0)	26.07.2000	Montevideo
A	Kolumbien	1:0 (0:0)	15.08.2000	Bogota
H	Ekuador	4:0 (2:0)	03.09.2000	Montevideo
A	Argentinien	2:1 (2:0)	08.10.2000	Buenos Aires
A	Bolivien	0:0 (0:0)	15.11.2000	La Paz
H	Paraguay	0:1 (0:0)	28.03.2001	Montevideo
A	Chile	0:1 (0:1)	24.04.2001	Santiago de Chile
H	Brasilien	1:0 (1:0)	01.07.2001	Montevideo
A	Venezuela	2:0 (0:0)	14.08.2001	Maracaibo
A	Peru	0:2 (0:2)	04.09.2001	Lima
H	Kolumbien	1:1 (1:0)	07.10.2001	Montevideo
A	Ekuador	1:1 (0:1)	07.11.2001	Quito
H	Argentinien	1:1 (1:1)	14.11.2001	Montevideo

Play-Off-Spiele

A	Australien	1:0 (0:0)	20.11.2001	Melbourne
H	Australien	3:0 (1:0)	25.11.2001	Montevideo

Fünfter der Südamerika-Qualifikation, Play-Off-Sieger gegen Australien (Sieger der Ozeanien-Qualifikation)

WM 2002

GA	Dänemark	1:2 (0:1)	01.06.2002	Ulsan (KOR)
GA	Frankreich	0:0 ( )	06.06.2002	Busan (KOR)
GA	Senegal	3:3 (0:3)	11.06.2002	Suwon (KOR)

GA = Vorrundenspiele Gruppe A

Fußball à la Uruguay Ein Uruguayer, der sich nicht für Fußball interessiert, der muss wohl erst noch geboren werden. Ob Mann, ob Frau, ob Kind – bei allen dreht sich alles ums runde Leder. Entweder sie spielen selbst auf Straßen, Plätzen, Hinterhöfen, Wiesen und in Stadien, oder sie debattieren jeden Spielzug, jedes Tor, jedes Abseits und jedes Foul leidenschaftlich in Kaffeehäusern, an Bushaltestellen, in Supermärkten. Einfach überall, wo man geht und steht, ist der Ball entweder tatsächlicher oder unsichtbarer Begleiter. Der Sonntag ist der Fußballtag in Uruguay, da zieht man in die Stadien – und zum Feiern oder zum Trauern danach. Am Montag werden dann die Resultate ausgewertet, die Liga hinauf und hinunter. Das will gründlich erledigt sein und braucht Zeit. So ist kein es Zufall, dass dank König Fußball die Produktivität in den Fabriken und Büros Uruguays zu Wochenbeginn erst einmal kräftig nach unten geht. Und bei einer Weltmeisterschaft wie der in Japan und Südkorea droht das sogar zum Dauerzustand zu werden. Erst recht, wenn Uruguay nach zwölf Jahren WM-Pause endlich wieder im Konzert der Besten mitspielt.
Zweimal waren wir Weltmeister, das allerdings ist lange her – 1930 und 1950.
Die relativ lange Erfolglosigkeit hat der Popularität des Fußballs aber keinen Abbruch getan. Immerhin hat Uruguay im Südamerika-Cup weiter eine wichtige Rolle gespielt, und das Abschneiden gegen die Rivalen vom eigenen Kontinent ist für die Fans von jeher besonders wichtig. Zu Hause war Fußball das Thema, das wie kein anderes die Alten und die Jungen aufregte. Und natürlich haben auch wir Mädchen draußen mitgebolzt. Selbst, wenn uns die Jungs oft nicht dabei haben wollten. Wohl, weil wir manchmal schneller und wendiger waren als sie – und das verletzte ihren Stolz. Auch später gehörte bei uns Fußball immer zur Familienkultur. Meine beiden Söhne konnten noch gar nicht stehen, da lagen sie schon auf dem Ball, fielen darüber und kullerten ihn durch die Gegend. Selbstverständlich haben sie später »richtig« Fußball gespielt, und genauso selbstverständlich sind sie heute fanatische Fans. Damit haben sie meine Leidenschaft noch mehr angefacht. Wenn wir uns sehen, dann rollt auch der Ball.
Und wann immer Zeit bleibt, bin ich im Stadion. Nur dort gibt es die Emotion pur. Nur dort mittendrin spürt man den ganzen Zauber. Dann, wenn die Menge jauchzt oder stöhnt, flucht oder spottet. Im Stadion wird nur auf dem Rasen »gespielt«, drumherum ist alles echt – Jubel und Wut, Lust und Frust. Das ist das Schöne, und das unterscheidet den Fußball von vielen anderen Dingen in der Gesellschaft. Vielleicht mag ich diesen Sport deshalb so, auch wenn ich ihn selbst nie ausgeübt habe. Stattdessen habe ich mich im Turnen und Schwimmen versucht. Heute sind es Walking und Radfahren, mit denen ich mich fit halte. Manchmal kann das Zuschauen beim Fußball, bei dem ich daheim vor allem Nacional Montevideo und in Deutschland Bayern München die Daumen halte, fast genauso anstrengend sein wie die körperlichen Mühen per pedes oder per Rad.
Wenn Uruguays Nationalmannschaft spielt, dann ruht das Leben für neunzig Minuten. Ist das Spiel aber abgepfiffen, dann schnellt der Puls dafür um so stärker in die Höhe. Dann geht es raus auf die Straße, rein in die Autos – Hauptsache, die Hupe funktioniert! Je schöner und wichtiger der Sieg, um so lautstärker die Freude. Die Anlässe sind zuletzt etwas rar geworden, aber jede Durststrecke geht einmal zu Ende. Das jedenfalls ist die bleibende Hoffnung aller Fans in Uruguay. Das größte und schönste Erlebnis unserer Fußballgeschichte war auf jeden Fall der Weltmeistertitel von 1950 – vor allem deshalb, weil er im Nachbarland Brasilien gegen die hoch favorisierten Gastgeber errungen wurde. 1950, das war eine schwierige Zeit voller Umbrüche und Probleme, die jedem Einzelnen harte Entscheidungen abverlangte. Der Erfolg auf dem Fußballplatz lieferte dabei sozusagen seelsorgerischen Beistand. Auch heute kann das Abschneiden des Nationalteams in einer schwierigen politischen und finanziellen Lage des Landes für gute Stimmung sorgen. Das gilt im Übrigen nicht nur für alle Landsleute in der Heimat, sondern genauso für die Mitarbeiter der Botschaft in Deutschland. Denn wie gesagt: Ein Uruguayer, der sich nicht für Fußball interessiert, der muss erst geboren werden.

»Dank Fußball sinkt montags die Produktivität im Land«

DR. ZULMA GUELMAN
Botschafterin der Republik Uruguay

DR. ZULMA GUELMAN, Jahrgang 1945, geschieden, zwei Söhne. Seit 1967 im Auswärtigen Dienst. Als Diplomatin in Australien, bei der UNO in New York, in Kanada, Österreich und in Japan. Seit 1999 Botschafterin in Deutschland.

20
KASPER BÖGELUND
Abwehr

22
JESPER CHRISTIANSEN
Tor

7
THOMAS GRAVESEN
Mittelfeld

8
JESPER GRÖNKJAER
Angriff

5
JAN HEINTZE
Abwehr

6
THOMAS HELVEG
Abwehr

3
RENE HENRIKSEN
Abwehr

14
CLAUS JENSEN
Mittelfeld

12
NICLAS JENSEN
Abwehr

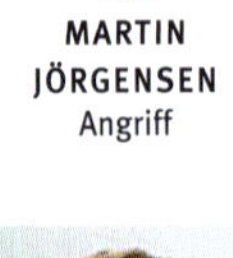

10
MARTIN JÖRGENSEN
Angriff

16
PETER KJAER
Tor

4
MARTIN LAURSEN
Abwehr

18
PETER LÖVENKRANDS
Angriff

13
STEVEN LUSTU
Abwehr

21
PETER MADSEN
Angriff

15
JAN MICHAELSEN
Mittelfeld

23
BRIAN NIELSEN
Mittelfeld

17
CHRISTIAN POULSEN
Mittelfeld

19
DENNIS ROMMEDAHL
Angriff

11
EBBE SAND
Angriff

1
THOMAS SÖRENSEN
Tor

2
STIG TÖFTING
Mittelfeld

9
JON DAHL TOMASSON
Angriff

DÄNEMARK

Hauptstadt	Kopenhagen
Bevölkerung (2000)	5.336.394
Fläche (qkm)	43.094
Währung	Dänische Krone
Regierungschef	Anders Fogh Rasmussen (Premierminister)
Sprache/n	Dänisch

DER VERBAND

Name	Dansk Boldspil-Union
Postanschrift	Idraettens Hus, Bröndby Stadion 20, 2605 Bröndby / Dänemark
Telefon	+45-43-262222
Telefax	+45-43-262245
Internet	www.dbu.dk
Gründungsjahr	1889
Präsident	Poul Hyldgaard
Vereine	1.000
Fußballprofis	940
Dachverband	Union des Associations Européennes de Football (UEFA)
Weltranglistenplatz	19
WM-Teilnahmen	3
Größter WM-Erfolg	Viertelfinale 1998
Spielkleidung	Trikot: rot – Hose: weiß – Stutzen: rot

DER TRAINER

Name	Morten Olsen
Nationalität	Dänemark
Geburtsdatum	14.08.1949
Trainerstationen	
Dänemark	Bröndby 01/1990 – 05/1992
Deutschland	1. FC Köln 04/1993 – 08/1995
Niederlande	Ajax Amsterdam 07/1997 – 12/1998
Dänemark	Nationalmannschaft seit Juli 2000

QUALIFIKATION

Spiele in der Europa-Gruppe 3

A	Island	1:2	(1:1)	02.09.2000	Reykjavik
A	Nordirland	1:1	(1:0)	07.10.2000	Belfast
H	Bulgarien	1:1	(0:0)	11.10.2000	Kopenhagen
A	Malta	0:5	(0:1)	24.03.2001	Valletta
A	Tschechien	0:0	(0:0)	28.03.2001	Prag
H	Tschechien	2:1	(1:1)	02.06.2001	Kopenhagen
H	Malta	2:1	(1:1)	06.06.2001	Kopenhagen
H	Nordirland	1:1	(1:0)	01.09.2001	Kopenhagen
A	Bulgarien	0:2	(0:0)	05.09.2001	Sofia
H	Island	6:0	(4:0)	06.10.2001	Kopenhagen

Sieger der Europa-Gruppe 3 (22 Punkte, 22:6 Tore)

WM 2002

GA	Uruguay	2:1	(1:0)	01.06.2002	Ulsan (KOR)
GA	Senegal	1:1	(1:0)	06.06.2002	Daegu (KOR)
GA	Frankreich	2:0	(1:0)	11.06.2002	Incheon (KOR)
AF	England	0:3	(0:3)	15.06.2002	Niigata (JPN)

GA = Vorrundenspiele Gruppe A, AF = Achtelfinale

Fußball à la Dänemark Sind wir eine Fußballnation? Ich weiß es nicht. Die meisten Leute würden da wohl eher an England, Brasilien, Italien oder Deutschland denken. Aber all die hat der Fußballzwerg Dänemark inzwischen schon mehrfach das Fürchten gelehrt. Wir sind ganz schön gewachsen, haben uns Respekt erarbeitet. Nicht nur durch die Resultate bei Europa- und Weltmeisterschaften, sondern vor allem durch die Art und Weise, wie diese zustande kamen. Und durch die Persönlichkeiten der Spieler und unsere Fans, die eine wunderbare Sympathiewerbung für unser Land betreiben. Das Größte war natürlich der EM-Titel 1992, als wir durch die Sanktionen gegen Jugoslawien erst zwei Wochen vor dem Turnier zum Teilnehmer wurden und die Spieler aus dem Urlaub holen mussten. Wir hatten nichts zu verlieren, aber alles zu gewinnen – genauso haben wir gespielt. Das »We are red, we are white, we are Danish Dynamite!«, das uns auf dem Weg zum Champion begleitete, hat das dänische Team in den Jahren danach trotz manchem Auf und Ab kultiviert und zum Markenzeichen gemacht.

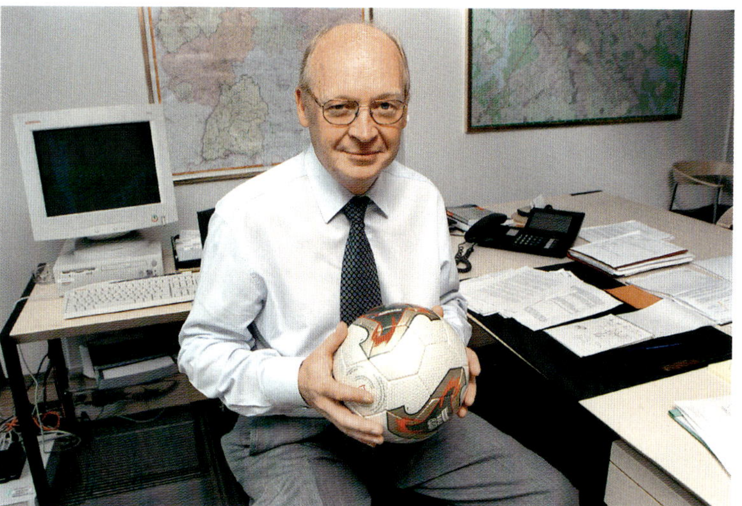

»We are red, we are white, we are Danish Dynamite!«

GUNNAR ORTMANN
Botschafter des Königreichs Dänemark

Ich bin kein Fußballexperte, aber wenn mit so viel Herz und Spielfreude agiert wird, dann reißt mich das mit. Wenn große Spiele anstehen, ist eh jeder Däne Fußball-Fan. Dann ist niemand man mehr auf den Straßen, stattdessen sitzen alle vor den Fernsehern und wollen ihre Lieblinge siegen sehen. Na klar, Fußball ist der Nationalsport Nummer 1 in Dänemark. Zwar sind Frauen-Handball und Badminton erfolgreich und populär zugleich, aber sie sorgen nicht annähernd für soviel Massenauflauf und Gesprächsstoff. Das wird bei der Weltmeisterschaft in Japan und Korea nicht anders sein. Da lebt wieder die ganze Nation jede dänische Fußball-Minute mit. Vor der Abreise nach Asien herrschte allgemeiner Optimismus – mindestens Viertelfinale, so hieß es. Dabei ist den Dänen eigentlich jeder Gegner gleich lieb. Hauptsache, er verliert. Eine besondere Rivalität, die aus der historischen Entwicklung der Staaten herrührt, gibt es vielleicht mit den Schweden. Wir sind sozusagen »Erbfeinde«. Gegen Schweden zu gewinnen, das macht dann eben noch ein bisschen mehr Freude. Was aber nicht heißt, dass man die Nachbarn nicht dann unterstützt, wenn es nicht gegeneinander geht. Oder man selbst schon ausgeschieden oder gar nicht bei einem Turnier dabei ist. Wenn schon nicht die Dänen siegen, dann sollen es eben andere Skandinavier tun. Am liebsten sind uns selbstverständlich eigene Triumphe. Spanien, Italien, Deutschland zu schlagen – das ist für jeden Dänen ein Erlebnis. Und ein Fest, das man fröhlich, ausgelassen und ohne Verbissenheit feiert. Dafür braucht man keinen Aggressionsabbau wie Hooligans, das ist pure Freude. Die große dänische Mannschaft der achtziger und frühen neunziger Jahre mit Assen wie Morten Olsen, Sören Lerby, Preben Elkjaer-Larsen oder den Laudrup-Brüdern ist zum Vorbild für viele Kids geworden, die Fangemeinde ist danach immer größer geworden. Heute gibt es auch im kleinsten Ort ein Stadion, in dem gebolzt werden kann. Ich habe in der Schule auch gekickt, allerdings mehr schlecht als recht. Mein Ruhm als Verteidiger hielt sich in Grenzen, meine Chancen bei den Mädchen verbesserten sich damit jedenfalls nicht. Heute bescheide ich mich deshalb mit Tennis, Walking und Radfahren.

Die Fußball-Stars von heute sind auch in Dänemark Nationalhelden, ihre Karrieren werden aufmerksam verfolgt. Wenn ein Däne bei Schalke 04 ein Tor schießt, dann löst das daheim ein Wir-Gefühl aus: Wir haben einen Treffer erzielt, wir haben ein Spiel gewonnen! Sozialneid auf die gut verdienenden Fußball-Profis gibt es nicht. Wer sein Geld als Spitzensportler macht, der hat es – so Volkes Meinung – wirklich verdient. Wenn man aber im normalen Tagesgeschäft zu relativem Reichtum gelangt, dann ist man ein Kapitalist! Rufe wie »Scheiß-Millionäre!«, die es in deutschen Stadien schon gegeben haben soll, kann ich mir im dänischen Fußball nicht vorstellen.

Dass wir eine gute Weltmeisterschaft spielen, kann ich mir umso besser vorstellen. Bei uns ist der Star die Mannschaft, Teamgeist ist der größte Trumpf der Dänen. Damit haben wir unsere Siege errungen – und uns als Rächer der Kleinen die Sympathien vieler Nicht-Dänen erobert. Logisch, dass ich das als Botschafter sehr gerne sehe. Man hat auf Dänemark geschaut, viele haben gesagt, da fahr' ich mal hin. Eine bessere Außenwerbung kann man sich nicht wünschen.

GUNNAR ORTMANN, Jahrgang 1947, seit 1975 im Auswärtigen Dienst. Verheiratet. Als Diplomat tätig u.a. in Jeddah, Schweden und der Bundesrepublik. Botschafter in Berlin seit 2001.

Man spricht spa

Im Spiel gegen Spanien wechselten die Paraguayer in die Indianersprache Guarani. Es nutzte nichts. Danach verstand Raul den Glückwunsch.

Spanien, der Favorit, überstand souverän die Vorrunde. Drei Spiele, drei Siege. Paraguay mit dem Glück eines geschossenen Tores mehr. Slowenien war vorzeitig ausgeschieden, Südafrika kämpfte bis zum Schluss.

Ein Spiel kann Wunder tun. Es löst Bremsen im Kopf. Oder macht die Beine bleiern, wenn ein schlechtes Resultat die latenten Selbstzweifel nährt. Spaniens Kicker kennen sich damit aus. Sie sind oft als Favoriten gestartet und waren diese Rolle fast ebenso oft bereits nach dem ersten Spiel wieder los. Vor der WM wurden die Schützlinge von José Antonio Camacho vielleicht deshalb nur selten zum Kreis der Titelaspiranten gezählt. Doch das tat den Stars offenbar gut. Sie gewannen das erste Match gegen Slowenien mit 3:1 – und beendeten eine 52-jährige schwarze Serie ohne WM-Auftaktsieg. Camachos Kommentar nach dem Pflichterfolg gegen den WM-Debütanten bewies, wie schwer das auf Spaniens Fußballseele gelastet hatte. »Diese Serie war eine Schmach für den gesamten spanischen Fußball. Der Erfolg ist eine große Freude für unser gesamtes Volk.« Klingt nach Erleichterung, und so spielte das Team auch in den weiteren Gruppenmatches. Der spanische Stier war endlich einmal so wild, wie er sich vorher gab – und nicht sofort handzahm, sobald sich Widerstand regte. Spanien spulte die Vorrunde souverän ab, war auch gegen Paraguay (3:1) und die mutigen Südafrikaner (3:2) der Herr auf dem Platz. Drei Siege, drei Tore pro Spiel – mit starker Offensive wurden die Spanier folgerichtig Gruppensieger. Spannender war der Kampf um Rang zwei, der erst in einem echten Finalthriller zwischen Paraguay und Südafrika entschieden wurde. Die Mannschaft vom Kap hatte nach dem 2:2 gegen Paraguay und dem ersten WM-Sieg überhaupt gegen Slowenien (1:0) gegenüber Chilavert & Co. die bessere Ausgangsposition. Das blieb bis Minute 84 der zeitgleich ausgetragenen Schlusspartien so. Dann schoss Paraguay das 3:1 gegen Slowenien, hatte vier Zähler und 6:6 Tore – und schickte die punktgleichen, aber mit »nur« 5:5 Treffern notierten Südafrikaner nach Hause.

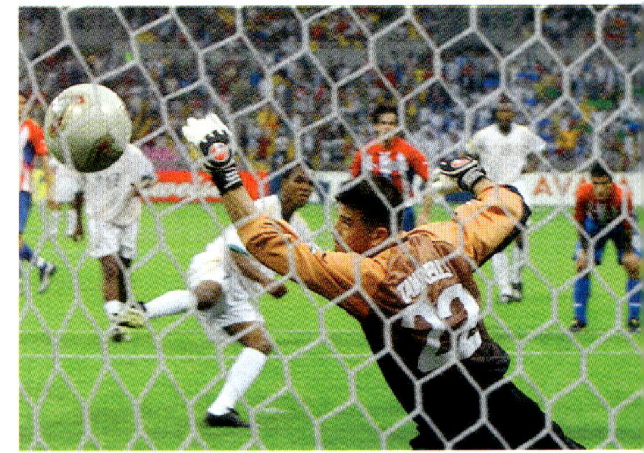

PARAGUAY – SÜDAFRIKA 2:2

Das Spiel sollte Weichen stellen für den Gruppenplatz hinter dem Favoriten Spanien. Dem Sieger der Partie versprach es eine glänzende Ausgangsposition, dem Verlierer fast schon das Ende aller Hoffnungen. Lange Zeit schienen die Parts klar verteilt. Paraguay spielte auch ohne seinen Torwart-Paradiesvogel Jose Luis Chilavert, der noch gesperrt war, weil er in der Qualifikation Brasiliens Roberto Carlos angespuckt hatte, überlegen. Und setzte das in Tore um: Bayern-Stürmer Roque Santa Cruz und Freistoß-Künstler Arce besorgten die 2:0-Führung. Doch nach einer Stunde wurden die Südafrikaner durch einen von Paraguays Verteidiger Struway ins eigene Tor abgefälschten Ball wiederbelebt. Sie setzten nun alles auf eine Karte und erreichten durch einen in der Schlussminute verwandelten Foulstrafstoß von Quinton Fortune das 2:2. Das Mittelfeld-As von Manchester United machte seinem Namen alle Ehre. Paraguays Trainer Cesare Maldini resümierte enttäuscht: »Wir haben 45 Minuten sehr gut gespielt und verdient mit 2:0 geführt. Dann sind wir zusammengebrochen. Wir waren mental kaputt.« Das sah sein Gegenüber Jomo Sono ganz anders: »Die haben uns nicht für voll genommen.«

SPANIEN – SLOWENIEN 3:1

Irgendwie war es ein ganz normales Auftaktmatch für die Spanier, aber irgendwie auch ein ganz besonderes. Seit 1950 hatten die Ballkünstler aus Südeuropa kein solches mehr gewonnen. Das schafft Druck, und der war dem Favoriten anzumerken. Zunächst nämlich gaben die Slowenen bei ihrer WM-Premiere den Takt an, spielten gefälliger und ohne Angst vor großen Namen. Doch nachdem der Ex-Freiburger Miran Pavlin eine Großchance vergeben hatte, drehte Real Madrids Superstar Raul mit einer einzigen Weltklasse-Aktion Rhythmus und Takt der Partie um. Sein 1:0 in der 44. Minute gab den Spaniern Sicherheit, die fortan das Match dominierten. Zwar schaffte der eingewechselte Cimirotic nach Valerons 2:0 (74.) acht Minuten vor Abpfiff den 1:2-Anschluss für den Außenseiter, aber Hierros Elfmeter (88.) stellte das auf dem Feld tatsächlich vorhandene Kräfteverhältnis wieder her. Nach der Partie und dem gebannten Fluch meinte Trainer Camacho denn auch zuversichtlich: »Es scheint, als seien wir verpflichtet, die Weltmeisterschaft zu gewinnen.«

SPANIEN – PARAGUAY 3:1

Das Schlüsselspiel der Gruppe bedeutete für Spanien die Chance, sich vorzeitig für das Achtelfinale zu qualifizieren. Für die Paraguayer dagegen würde mit einer Niederlage das WM-Aus näher rücken. Entsprechend zugespitzt waren die verbalen Vorspiele des Duells. Torhüter Chilavert, nach Sperre wieder in Paraguays Kasten, höhnte, die Spanier hätten die WM-Teilnahme nicht verdient. Schließlich seien sie nur dabei, weil sie sich gegen Mann-

'araguay gegen Südafrika.
ie wollten ihrem Gegner im ersten Gruppen-
piel die Zähne zeigen, doch die Südafrikaner
agen bald mit 0:2 im Rückstand. Südafrikas
orhüter Andre Arendse (16) streckt sich vergeb-
ch gegen den Freistoß von Francisco Arce.
orge Campos (oben links gegen Cyril Nzama
nd, Mitte links, gegen MacDonald Mukasi)
owie der schöne Roque Santa Cruz (rechts unten
egen Lucas Radebe) sind einfach eher am Ball.
och als Quinton Fortune in der letzten Spiel-
inute einen Foulelfmeter unhaltbar gegen
araguays Torhüter Ricardo Tavarelli verwandelt
inks, 2. Bild von oben), da können sie das
emis wie einen Sieg feiern: Nzama bringt seinen
ainer Jomo Sono in Bewegung (oben Mitte) und
ukasi (9) und Teboho Mokoena (unten links)
oplaudieren ihren Fans im Trikot des Gegners.

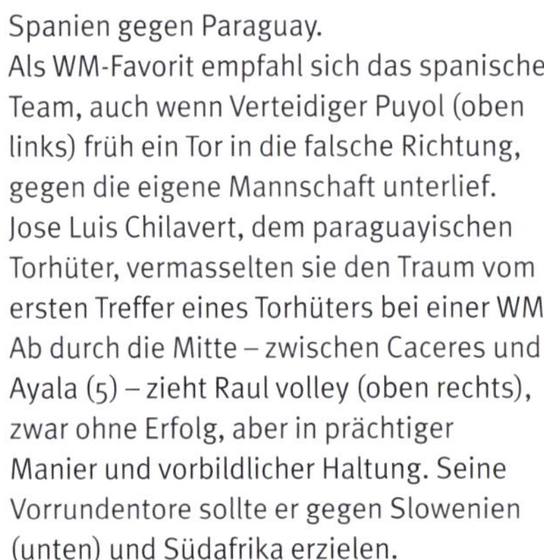

Spanien gegen Paraguay.
Als WM-Favorit empfahl sich das spanische Team, auch wenn Verteidiger Puyol (oben links) früh ein Tor in die falsche Richtung, gegen die eigene Mannschaft unterlief. Jose Luis Chilavert, dem paraguayischen Torhüter, vermasselten sie den Traum vom ersten Treffer eines Torhüters bei einer WM. Ab durch die Mitte – zwischen Caceres und Ayala (5) – zieht Raul volley (oben rechts), zwar ohne Erfolg, aber in prächtiger Manier und vorbildlicher Haltung. Seine Vorrundentore sollte er gegen Slowenien (unten) und Südafrika erzielen.

schaften wie Liechtenstein und Israel qualifiziert hätten. Die neue spanische Souveränität zeigte sich in gelassener Reaktion zuvor und in Klasse auf dem Platz. Hatte Spanien 1998 in Frankreich nach einem 0:0 gegen Paraguay nach der Vorrunde noch die Koffer packen müssen, so bedeutete diesmal das 3:1 den vorzeitigen Einzuge in die Runde der besten 16. Und das, obwohl das Spiel mit einem Eigentor von Puyol eher unglücklich begonnen hatte. Zwei Treffer von Stürmer Fernando Morientes und ein Elfmeter von Kapitän Hierro korrigierten den Halbzeit-Rückstand deutlich. Spanien avancierte zum WM-Favoriten.

SÜDAFRIKA – SLOWENIEN 1:0

»Bafana Bafana«, die »Jungs«, sind erwachsen geworden. Im insgesamt fünften Weltmeisterschaftsspiel schafften die Südafrikaner gegen Slowenien den ersten Sieg. Das historische Tor für das Team von Trainer Jomo Sono, der einst selbst Spieler gewesen war und der Mannschaft nach erfolglosen Vorgängern wieder Leben eingehaucht hatte, schoss Stürmer Siyabonga Nomvethe schon nach vier Minuten. Auch danach blieben die Afrikaner spielbestimmend. Slowenien war bemüht, aber limitiert. Erst recht, nachdem sie zuvor ihren Mittelfeld-Star Zlatko Zahovic nach Hause geschickt hatten. Der Mann von Benfica Lissabon hatte sich mit Coach Srecko Katanec angelegt, ihn rüde beschimpft. Eine Trotzreaktion setzte das aber nicht frei. Die Slowenen brachten wenig zustande, hatten erst nach dem Seitenwechsel Chancen und besiegelten mit der zweiten Turnierniederlage bereits das WM-Aus. Südafrika dagegen, das gegen Slowenien noch einige hochkarätige Möglichkeiten ausließ, hatte nach dem ersten WM-Sieg das Achtelfinale vor Augen.

SÜDAFRIKA – SPANIEN 2:3

Es war die Stunde der Rechner. Südafrika hat gegen den Favoriten Spanien alles gegeben, sein bestes WM-Spiel abgeliefert – und am Ende doch das Achtelfinale knapp verpasst. Weil die Slowenen im Parallel-Mach gegen Paraguay keine Schützenhilfe leisteten und 1:3 verloren, standen die Afrikaner am Ende trotz des respektablen 2:3 gegen Spanien mit leeren Händen da. Ein

Spanien gegen Slowenien.
Freude über den Gewinn eines WM-Auftaktspiels nach 52 Jahren. Die spanische Mannschaft, »die im Laufe der Begegnung mit dem WM-Neuling von einer Gruppe Individualisten zu einer Auswahl mit kollektiven Ansätzen fand« (FAZ), lässt Sloweniens Torhüter Marko Simeunovic ebenso frustriert zurück wie sie sich von keinem gegnerischen Spieler, auch nicht von Zlatko Zahovic (Mitte), das Fell über die Ohren ziehen lässt. Selbst über Hierros Elfmetererfolg sieben Minuten vor dem Ende können sich die spanischen Profis um Raul und Morientes unbändig freuen (unten).

Links: Schon nach dem zweiten Spiel, gegen Südafrika, sind die Slowenen in Gedanken beim Kofferpacken. Ganz anders Paraguay. Außer Rand und Band feiern Chilavert (1) und Celso Ayala den Einzug ins Achtelfinale – durch einen Treffer mehr im Vergleich zu Südafrika.

geschossener Treffer mehr entschied bei gleichem Punkte- und auch Torverhältnis zugunsten der Südamerikaner. Das Lob für ihren couragierten Auftritt konnte die »Bafana Bafana« nicht trösten, die alles versucht hatten. Sogar zwei so genannte Sangomas, Zauberer, hatte Trainer Sono mitgenommen nach Asien, um die Schicksalmächte gütig zu stimmen. Es half nichts, am Ende hatten die Spanier das letzte Wort. Zweimal glichen McCarthy und Radebe die Führung des Gruppensiegers durch Raul und Mendieta aus, dann hatten sie auf Rauls zweiten Treffer keine Antwort mehr.

SLOWENIEN – PARAGUAY 1:3

Zur Halbzeit durften Paraguays Spieler von Chilavert bis Santa Cruz schon mal übers Kofferpacken nachdenken. Da hatte man ein Pünktchen auf dem WM-Konto, lag gegen Slowenien 0:1 zurück und hatte nach dem Platzverweis von Paredes einen Mann weniger auf dem Feld. Nach einer Stunde hatte sich das Bild nicht verändert. Dann wechselte Trainerfuchs Maldini den 22-jährigen Stürmer Nelson Cuevas von River Plate Buenos Aires ein – und der wieselflinke Techniker bedankte sich auf seine Weise. Sechs Minuten später schoss er das 1:1, das den Südamerikanern die »zweite Luft« bescherte. Nur weitere sieben Minuten später besorgte Jorge Campos das 2:1, und sechs Minuten vor Ultimo war es wieder Cuevas, der mit seinem Knaller unter die Latte zum 3:1 jenes Tor erzielte, das den Paraguayern doch noch den Achtelfinal-Einzug bescherte. Oscar Harrison, Präsident des Fußballverbandes von Paraguay, war nicht mehr zu halten und traf die Euphorie des Moments genau: »Sie sind Helden, Helden sind sie! Sie haben Geschichte geschrieben. Sie haben unser ganzes Land glücklich gemacht.«

O-TON:
CESARE MALDINI, TRAINER DER MANNSCHAFT VON PARAGUAY, FRÜHER ITALIEN

»Sie haben gewonnen, nicht wir das Spiel verloren.« (nach der Begegnung mit Spanien)
»Jedes Spiel ist wie ein Krieg.«
»Fußball ist Leiden.«

O-TON:
JOSÉ ANTONIO CAMACHO, TRAINER DER SPANISCHEN MANNSCHAFT

»Ich bin froh, dass wir diesen armseligen Rekord gebrochen haben.« (nach dem WM-Auftaktspiel gegen Slowenien)
»Wichtig ist, dass mich die Spieler entspannt sehen.«

Vorrunde Gruppe B · Spiel 6
Sonntag, 02.06.2002
16:30 Uhr (9.30 Uhr MESZ) in Busan (KOR)

PARAGUAY – SÜDAFRIKA
2:2 (1:0)

Paraguay: Tavarelli – Caceres, Ayala, Gamarra – Arce, Struway (86. Franco), Caniza – Acuna – Alvarenga (66. Gavilan), Campos (72. Morinigo) – Santa Cruz
Südafrika: Arendse – A. Mokoena, Issa (27. Mukasi), Radebe, Carnell – Sibaya – Nzama, Fortune – T. Mokoena – McCarthy (78. Koumantarakis), Zuma
Tore: 1:0 Santa Cruz (39.), 2:0 Arce (55.), 2:1 T. Mokoena (63.), 2:2 Fortune (90+1., Foulelfmeter)
Ecken: 4:3
Schiedsrichter: Lubos Michel (Slowakei)
Zuschauer: 25.186
Gelbe Karten: Caceres, Caniza, Tavarelli, Franco – A. Mokoena, Issa, McCarthy, Zuma
Gelb/Rote Karten: keine
Rote Karten: keine

Vorrunde Gruppe B · Spiel 8
Sonntag, 02.06.2002
20:30 Uhr (13.30 Uhr MESZ) in Gwangju (KOR)

SPANIEN – SLOWENIEN
3:1 (1:0)

Spanien: Casillas – Puyol, Hierro, Nadal, Juanfran (82. Romero) – Baraja – Luis Enrique (74. Helguera), Valeron, de Pedro – Raul – Tristan (67. Morientes)
Slowenien: Simeunovic – Galic – Milinovic, Knavs – Novak (77. Gajser), A. Ceh, Pavlin, Karic – Zahovic (63. Acimovic) – Osterc (56. Cimirotic), Rudonja
Tore: 1:0 Raul (44.), 2:0 Valeron (74.), 2:1 Cimirotic (82.), 3:1 Hierro (88., Foulelfmeter)
Ecken: 5:5
Schiedsrichter: Mohamed Guezzaz (Marokko)
Zuschauer: 28.598
Gelbe Karten: Valeron – Karic, Cimirotic
Gelb/Rote Karten: keine
Rote Karten: keine

Vorrunde Gruppe B · Spiel 22
Freitag, 07.06.2002
18:00 Uhr (11.00 Uhr MESZ) in Jeonju (KOR)

SPANIEN – PARAGUAY
3:1 (0:1)

Spanien: Casillas – Puyol, Hierro, Nadal, Juanfran – Baraja – Luis Enrique (46. Helguera), de Pedro – Valeron (85. Xavi) – Raul, Tristan (46. Morientes)
Paraguay: Chilavert – Caceres, Ayala, Gamarra – Arce, Paredes, Caniza (78. Struway) – Acuna – Gavilan, Santa Cruz, Cardozo (62. Campos)
Tore: 0:1 Puyol (10., Eigentor), 1:1 Morientes (53.), 2:1 Morientes (69.), 3:1 Hierro (83., Foulelfmeter)
Ecken: 5:3
Schiedsrichter: Gamal Ghandour (Ägypten)
Zuschauer: 24.000
Gelbe Karten: Baraja – Arce, Gavilan, Santa Cruz
Gelb/Rote Karten: keine
Rote Karten: keine

Vorrunde Gruppe B · Spiel 24
Samstag, 08.06.2002
15:30 Uhr (8.30 Uhr MESZ) in Daegu (KOR)

SÜDAFRIKA – SLOWENIEN
1:0 (1:0)

Südafrika: Arendse – Nzama, A. Mokoena, Radebe, Carnell – Zuma, Sibaya, T. Mokoena, Fortune (86. Pule) – Nomvethe (72. Buckley), McCarthy (81. Koumantarakis)
Slowenien: Simeunovic – Vugdalic – Milinovic, Knavs (61. Bulajic) – Novak, A. Ceh, Pavlin, Karic – Acimovic (61. N. Ceh) – Cimirotic (42. Osterc), Rudonja
Tore: 1:0 Nomvethe (4.)
Ecken: 6:6
Schiedsrichter: Angel Sanchez (Argentinien)
Zuschauer: 47.226
Gelbe Karten: Radebe, T. Mokoena – Milinovic, A. Ceh, Pavlin, Vuydalic
Gelb/Rote Karten: keine
Rote Karten: keine

Vorrunde Gruppe B · Spiel 39
Mittwoch, 12.06.2002
20:30 Uhr (13.30 Uhr MESZ) in Daejeon (KOR)

SÜDAFRIKA – SPANIEN
2:3 (1:2)

Südafrika: Arendse – Nzama, Radebe (80. Molefe), A. Mokoena, Carnell – Zuma, Fortune (85. Lekgetho), Sibaya, T. Mokoena – Nomvethe (74. Koumantarakis), McCarthy
Spanien: Casillas – Romero, Xavi, Nadal, Torres – Mendieta, Helguera, Albelda (53. Sergio), Joaquin – Morientes (78. Luque), Raul (81. Luis Enrique)
Tore: 0:1 Raul (4.), 1:1 McCarthy (31.), 1:2 Mendieta (45+1.), 2:2 Radebe (53.), 2:3 Raul (56.)
Ecken: 3:7
Schiedsrichter: Saad Mane (Kuwait)
Zuschauer: 31.024
Gelbe Karten: Nzama, Carnell, Nomvethe, A. Mokoena
Gelb/Rote Karten: keine
Rote Karten: keine

Vorrunde Gruppe B · Spiel 40
Mittwoch, 12.06.2002
20:30 Uhr (13.30 Uhr MESZ) in Seogwipo (KOR)

SLOWENIEN – PARAGUAY
1:3 (1:0)

Slowenien: Dabanovic – Bulajic, Tavcar, Milinovic, Karic – Novak, A. Ceh, Acimovic (63. N. Ceh), Cimirotic – Pavlin (40. Rudonja), Osterc (78. Tiganj)
Paraguay: Chilavert – Gamarra, Ayala, Caceres – Arce, Alvarenga (54. Campos), Paredes, Acuna, Caniza – Santa Cruz, Cardozo (61. Cuevas, 90+3. Franco)
Tore: 1:0 Acimovic (45+1.), 1:1 Cuevas (66.), 1:2 Campos (73.), 1:3 Cuevas (84.)
Ecken: 1:9
Schiedsrichter: Felipe Ramos Rizo (Mexiko)
Zuschauer: 30.176
Gelbe Karten: Pavlin, Karic, Rudonja, Milinovic
Gelb/Rote Karten: Paredes (22.)
Rote Karten: N. Ceh (81.)

Vorrunde · Gruppe B (Abschlusstabelle)

Land	Spiele	S	U	N	Tore	Diff	Pkte
Spanien	3	3	0	0	9:4	5	9
Paraguay	3	1	1	1	6:6	0	4
Südafrika	3	1	1	1	5:5	0	4
Slowenien	3	0	0	3	2:7	-5	0

Paraguay aufgrund der mehr erzielten Treffer auf Platz 2

SPANIEN

Hauptstadt	Madrid
Bevölkerung (2000)	39.996.671
Fläche (qkm)	504.782
Währung	Euro
Regierungschef	Juan Carlos I (König)/ Jose Maria Aznar (Ministerpräsident)
Sprache/n	Kastilisches Spanisch (amtl.) Katalanisch

DER VERBAND

Name	Real Federación Espanola de Fútbol
Postanschrift	Calle Alberto Bosch 13, Apartado de Correos 347, 28014 Madrid / Spanien
Telefon	+34-9-14201362
Telefax	+34-9-14202094
Internet	www.futvol.com
Gründungsjahr	1913
Präsident	Angel Maria Villar Llona
Vereine	33.555
Fußballprofis	1.362
Dachverband	Union des Associations Européennes de Football (UEFA)
Weltranglistenplatz	7
WM-Teilnahmen	11
Größter WM-Erfolg	WM-Vierter 1950
Spielkleidung	Trikot: rot – Hose: blau – Stutzen: blau mit rot-gelbem Umschlag

DER TRAINER

Name	José Antonio Camacho
Nationalität	Spanien
Geburtsdatum	08.06.1955
Trainerstationen	
Spanien	Rayo Vallecano 02/1992 – 06/1993
Spanien	Espanyol Barcelona 07/1993 – 06/1996
Spanien	FC Sevilla 07/1996 – 02/1997
Spanien	Espanyol Barcelona 07/1997 – 06/1998
Spanien	Nationalmannschaft seit September 1998

QUALIFIKATION

Spiele in der Europa-Gruppe 7

A	Bos.-Herzegow.	1:2	(1:1)	02.09.2000	Sarajevo
H	Israel	2:0	(1:0)	07.10.2000	Madrid
A	Österreich	1:1	(1:1)	11.10.2000	Wien
H	Liechtenstein	5:0	(2:0)	24.03.2001	Alicante
H	Bos.-Herzegow.	4:1	(1:1)	02.06.2001	Oviedo
A	Israel	1:1	(1:0)	06.06.2001	Tel Aviv
H	Österreich	4:0	(1:0)	01.09.2001	Valencia
A	Liechtenstein	0:2	(0:1)	05.09.2001	Vaduz

Sieger der Europa-Gruppe 7 (20 Punkte, 21:4 Tore)

WM 2002

GB	Slowenien	3:1 (1:0)	02.06.2002	Gwangju (KOR)
GB	Paraguay	3:1 (0:1)	07.06.2002	Jeonju (KOR)
GB	Südafrika	3:2 (2:1)	12.06.2002	Daejeon (KOR)
AF	Irland	3:2 i.E. (1:1 n.V., 1:1 (1:0))	16.06.2002	Suwon (KOR)
VF	Südkorea	3:5 i.E. (0:0)	22.06.2002	Gwangju (KOR)

GB = Vorrundenspiele Gruppe B, AF = Achtelfinale, VF = Viertelfinale

14 ALBELDA
Mittelfeld

8 BARAJA
Mittelfeld

1 IKER CASILLAS
Tor

23 PEDRO CONTRERAS
Tor

4 IVAN HELGUERA
Mittelfeld

6 FERNANDO HIERRO
Abwehr

22 JOAQUIN
Mittelfeld

3 JUANFRAN
Abwehr

21 LUIS ENRIQUE
Mittelfeld

12 ALBERT LUQUE
Angriff

16 GAIZA MENDIETA
Mittelfeld

9 FERNANDO MORIENTES
Angriff

20 NADAL
Abwehr

11 FRANCISCO DE PEDRO
Mittelfeld

5 PUYOL
Abwehr

7 RAUL
Angriff

13 RICARDO
Tor

15 ROMERO
Abwehr

18 SERGIO
Mittelfeld

2 CURRO TORRES
Abwehr

10 DIEGO TRISTAN
Angriff

17 JUAN CARLOS VALERON
Mittelfeld

19 XAVI
Abwehr

»Real Madrid mejor equipo del siglo«

JOSÉ-PEDRO SEBASTIÁN DE ERICE
Botschafter des Königreichs Spanien

Fußball à la Spanien Eine Institution für die ganze Gesellschaft. Dem Nicht-Fan mag es etwas hochgehängt klingen, aber wer sich vorurteilsfrei mit dem inzwischen auch von den Frauen als Aktive eroberten Sport beschäftigt, der wird zu dem Schluss kommen: Fußball ist längst ein fester Begriff der Kultur und der Zivilgesellschaft. Er spielt eine Rolle bei der nationalen Identitätsfindung, er schult Gemeinschaftssinn und Charakter, er schafft Persönlichkeiten, die oft auch in ihrer nachsportlichen Karriere eine herausragende Rolle spielen können.

In Spanien ohne Ball aufzuwachsen, ist praktisch unmöglich. Einen »Verrückten«, der alle ansteckt, gibt es in jeder Familie. Ich war vier Jahre alt, als ich von meinem Vater den ersten Ball geschenkt bekam. Eine simple Kuller, nichts Besonderes. Aber das Gefühl, damit zu jonglieren, zu tricksen, ihn das machen zu lassen, was ich wollte, das war wunderbar. In der Schulmannschaft habe ich einen passablen offensiven Mittelfeldmann abgegeben. Mit der Trikotnummer 10, die dann später in den großen Teams stets als eine besondere galt. Da ich groß gewachsen war, habe ich viele Tore per Kopf gemacht – aber von genial, wie bei meinen 10er-Kollegen Maradona, Platini, Rivaldo oder Zidane, konnte bei mir keine Rede sein. Zumal meine Kicker-Karriere bald endete, nachdem ich beschlossen hatte, ein ernsthafterer Mensch zu werden und nur noch zu lernen, lernen und nochmals zu lernen. Als Zuschauer bin ich bis heute bereit, ausgelassen mitzumachen.

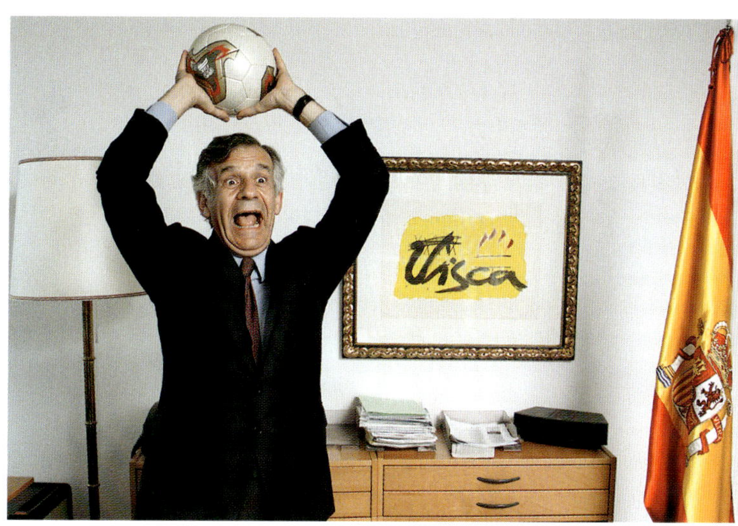

Vor allem, wenn Real Madrid spielt. Das ist von Kindes Beinen an mein Team. Jeden Sonntag war ich im Stadion. Journalisten, die auch nur ein kritisches Wort über die »Königlichen« schreiben, drohe ich mit dem Abbruch der diplomatischen Beziehungen. Und denen, die danach noch bezweifeln, dass es nur ein perfektes Fußball-Ballett gibt, gebe ich es schriftlich: Real Madrid mejor equipo del siglo, Real ist die beste Mannschaft der Welt. In Barcelona allerdings sollte man sich diesen Satz verkneifen. Wer einmal im Leben ein Spiel im Bernabeu-Stadion erlebt hat, der kommt davon nicht mehr los. Real ist viel mehr als ein großes Unternehmen, dass sich den Erfolg zusammenkauft, wie Kritiker gerne behaupten. Die wissen nichts wirklich von dem Klub oder sind auf einem Auge blind. Denn wo kommen Raul oder Morientes her – aus dem eigenen Nachwuchs! Man kümmert sich intensiv um die Jungen. Die kleine Real-Sportstadt, in der an Wochenenden Hunderte, ja Tausende von Kindern von fünf, sechs Jahren aufwärts ihre ersten Tricks üben, ist eine großartige Einrichtung. Natürlich hat man auch extrem viel Geld für Top-Stars wie Zidane oder Figo ausgegeben. Zu viel, wie manche meinen. Auch ich glaube, dass im Profi-Fußball zuviel bezahlt wird. Andererseits: Wenn man die Erfolge sieht, kann man nicht sagen, dass Real unrentabel investiert hat.

Selbstverständlich ist es auch ein Real-Spieler, der mein größtes Fußball-Idol aller Zeiten ist. Alfredo di Stefano hing als Poster über meinem Kinderbett, an seinem Spiel kann ich mich auch noch heute bei alten Aufzeichnungen berauschen. Was für ein intelligenter Spieler, welch wunderbare Technik aus dem Fußgelenk, welche Schönheit und Ästhetik in den Aktionen, die heute oft nur noch pure Athletik sind! Einen von der Güte hat es nur noch einmal gegeben – Pelé. Große Spieler werden oft in großen Spielen geboren. Eines von dieser Art habe ich als 11-jähriges Kind im Berner Wankdorf-Stadion 1954 erlebt. Mein Vater, damals Botschafter bei der UNO in Genf, hatte mich mitgenommen zum WM-Finale zwischen Deutschland und Ungarn. Es hat geregnet und ich war pitschnass, gesehen habe ich wegen der großen Erwachsenen vor mir so gut wie nichts. Deutschlands 3:2-Sieg war damals für mich vor allem ein akustisches Erlebnis. Zum einen im Stadion, zum anderen bei der Heimfahrt im Auto. Mein Vater, der die Deutschen sehr mochte, hat gesungen – ich habe ihn angestaunt: Was der Fußball nicht alles vermag!

Vielleicht schafft er es auch, Spanien zum Weltmeister zu machen. Das Potenzial hat das Team, aber in der Vergangenheit waren wir oft zuversichtlich, und am Ende kam nichts raus. Der Schlüssel zum Sieg ist es, auch in schwierigen Situationen von sich überzeugt zu sein. Die »Furia Espagnola«, sie muss ihrem Namen einfach nur gerecht werden – der Rest erledigt sich von selbst.

JOSÉ-PEDRO SEBASTIÁN DE ERICE, Jahrgang 1943. Verheiratet, vier Kinder (zwei Töchter, zwei Söhne). Geschäftsführer einer großen spanischen Baufirma. Als Diplomat Wirtschaftsrat an den Botschaften in Österreich und den USA sowie Vertreter Spaniens bei der UNIDO und der Atombehörde. Seit Oktober 1996 Botschafter in Deutschland.

18
MILENKO ACIMOVIC
Mittelfeld

23
SPASOJE BULAJIC
Abwehr

8
ALES CEH
Mittelfeld

20
NASTJA CEH
Mittelfeld

21
SEBASTJAN CIMIROTIC
Angriff

12
MLADEN DABANOVIC
Tor

14
SASA GAJSER
Mittelfeld

5
MARINKO GALIC
Abwehr

19
AMIR KARIC
Mittelfeld

6
ALEKSANDER KNAVS
Abwehr

3
ZELJKO MILINOVIC
Abwehr

22
DEJAN NEMEC
Tor

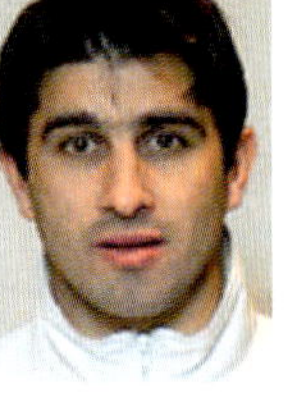

7
DONI NOVAK
Mittelfeld

9
MILAN OSTERC
Angriff

11
MIRAN PAVLIN
Mittelfeld

17
ZORAN PAVLOVIC
Mittelfeld

13
MLADEN RUDONJA
Angriff

2
GORAN SANKOVIC
Abwehr

1
MARKO SIMEUNOVIC
Tor

15
RAJKO TAVCAR
Mittelfeld

16
SENAD TIGANJ
Angriff

4
MUAMER VUGDALIC
Abwehr

10
ZLATKO ZAHOVIC
Mittelfeld

SLOWENIEN

Hauptstadt	Ljubljana
Bevölkerung (2000)	1.927.593
Fläche (qkm)	20.253
Währung	Tolar
Regierungschef	Milan Kucan (Präsident)
Sprache/n	Slowenisch (amtl.), Serbokroatisch

DER VERBAND

Name	Nogometna Zveza Slovenije
Postanschrift	Cerinova 4 PP 3986, 1001 Ljubljana / Slowenien
Telefon	+386-1-5300400
Telefax	+386-1-5300410
Internet	www.nzs.si
Gründungsjahr	1920
Präsident	Rudolf Zavrl
Vereine	243
Fußballprofis	354
Dachverband	Union des Associations Européennes de Football (UEFA)
Weltranglistenplatz	28
WM-Teilnahmen	1
Größter WM-Erfolg	Qualifikation zur WM 2002
Spielkleidung	Trikot: weiß – Hose: grün – Stutzen: weiß

DER TRAINER

Name	Srecko Katanec
Nationalität	Slowenien
Geburtsdatum	16.07.1963
Trainerstationen	
Slowenien	Nationalmannschaft U 21 07/1996 – 06/1998
Slowenien	Gorica 07/1997 – 12/1997
Slowenien	Nationalmannschaft seit Juli 1998

QUALIFIKATION

Spiele in der Europa-Gruppe 1

A	Färöer	2:2 (0:1)	03.09.2000	Toftir
A	Luxemburg	1:2 (0:2)	07.10.2000	Luxemburg
H	Schweiz	2:2 (1:1)	11.10.2000	Ljubljana
A	Russland	1:1 (1:1)	24.03.2001	Moskau
H	Jugoslawien	1:1 (0:1)	28.03.2001	Ljubljana
H	Luxemburg	2:0 (1:0)	02.06.2001	Ljubljana
A	Schweiz	0:1 (0:0)	06.06.2001	Basel
H	Russland	2:1 (0:0)	01.09.2001	Ljubljana
A	Jugoslawien	1:1 (0:1)	05.09.2001	Belgrad
H	Färöer	3:0 (2:0)	06.10.2001	Ljubljana

Play-Off-Spiele

H	Rumänien	2:1 (1:1)	10.11.2001	Ljubljana
A	Rumänien	1:1 (0:0)	14.11.2001	Bukarest

Zweiter der Europa-Gruppe 1, Play-Off-Sieger gegen Rumänien (Zweiter der Europa-Gruppe 8)

WM 2002

GB	Spanien	1:3 (0:1)	02.06.2002	Gwangju (KOR)
GB	Südafrika	0:1 (0:1)	08.06.2002	Daegu (KOR)
GB	Paraguay	1:3 (1:0)	12.06.2002	Seogwipo (KOR)

GB = Vorrundenspiele Gruppe B

Fußball à la Slowenien Slowenien gibt es erst seit 1991 als eigenständigen Staat auf der politischen Landkarte Europas. Dass wir gerade mal ein gutes Jahrzehnt später schon das erste Mal bei einer Fußball-Weltmeisterschaft antreten, das ist ein wunderbares Resultat, auf das viele andere Länder mit großer Geschichte und Tradition viel länger warten mussten. Man denke nur an Griechenland, das 1994 das bislang einzige Mal beim Championat der Weltbesten dabei war. Dass wir in der Qualifikation, bei der wir in 12 Spielen sieben Mal gewonnen haben und ungeschlagen geblieben sind, dabei die alte Zentralmacht Jugoslawien ausschalten konnten, das hatte natürlich eine zusätzliche stimulierende Bedeutung. Schon bei der Europameisterschaft vor zwei Jahren brachte dieses Duell viele Emotionen, und das 3:3 gegen das damals noch von Slobodan Milosevic mit harter Hand diktierte Jugoslawien für das kleine Slowenien viele Sympathien. Damals riefen mich viele deutsche Fans an und gratulierten zum Auftritt unserer Nationalmannschaft. Das für die Jugoslawen höchst glückliche Unentschieden empfanden sie genau wie ich als einen moralischen und politischen Sieg über das international isolierte Milosevic-Regime. Dass wir auf die EM- auch noch die WM-Teilnahme folgen lassen konnten, zeigt, dass Sloweniens Auftritt in den Niederlanden und Belgien keine sportliche Eintagsfliege war.

»Für ein junges Land ist jedes Tor ein Stück Nationalstolz«

ALFONZ NABERZNIK
Botschafter der Republik Slowenien

Unsere Auswahlspieler sind beflügelt von dem Gefühl, für ihr Land spielen zu dürfen. Jedes Tor ist praktisch ein Stück Nationalstolz. Dabei ist Fußball für Slowenien durchaus noch ein junger Sport. Denn im alten Jugoslawien waren es eher die anderen Teile der Förderation, wo der Kick auf dem grünen Rasen dominierte. Wir Slowenen hatten dagegen vor allem im Hockey, im Basketball und Handball Stärken. So ist Fußball folgerichtig erst in den vergangenen zehn Jahren so richtig populär und zum Massensport geworden. Natürlich haben dabei die Erfolge der Nationalmannschaft riesigen Anteil. Noch aber fehlen uns ein wenig die logistischen Kapazitäten, um dem Ganzen ein festes Fundament zu geben. Es gibt nur zwei größere Stadien in Maribor und Ljubljana, so dass sich die vorhandene und wachsende Begeisterung für den Fußballsport gar nicht so ausleben kann. Aber das ist, denke ich, nur eine Frage der Zeit und wird sich nach und nach verändern.

Alles in allem haben wir über 240 Klubs und rund 1100 Mannschaften, in denen 75 000 Spieler aktiv sind. Bescheidene Zahlen. Doch das Wichtigste ist, was man daraus macht, und da können wir uns sehen lassen. Natürlich werden wir die Großen des Weltfußballs nicht generell gefährden können, aber an einem guten Tag unseres Teams und an einem schlechten des Kontrahenten ist alles möglich. Der Ball ist rund und verloren hat nur der von vornherein, der sich schon vor dem Anpfiff aufgibt. Das werden die slowenischen Kicker niemals tun, egal, wie ein Spiel auch ausgeht. Die Fans honorieren vor allem die Einstellung, mit der auf dem Platz gekämpft wird. Und kommen dann entsprechend gute Ergebnisse dazu, dann können aus den Nobodies von heute ganz schnell die Nationalhelden von morgen werden. Wir Slowenen sind von der Mentalität her eher Vernunftmenschen, lassen uns nicht so schnell zu Emotionen hinreißen. Richtig loslassen kann man ja immer noch, wenn der Erfolg erstmal da ist.

Unsere besten Fußballer spielen fast ausnahmslos im Ausland. Etwas, was man daheim nicht mit Neid, eher mit Stolz sieht. Ein Vertrag bei einem großen europäischen Klub, das bedeutet schließlich Anerkennung und Respekt für einen von uns. Die Spiele der Legionäre werden in Slowenien übers Fernsehen genau verfolgt. Und es ist dann wie bei der Auswahl: Jeder Treffer eines Slowenen in der italienischen, spanischen, portugiesischen, englischen oder deutschen Liga, jede gute Abwehraktion produziert ein Stückchen Nationalstolz. Wie die Erfolge in anderen Sportarten. Der Skisport ist neben dem Fußball die Nummer 1 in unserem Lande. Wir haben sehr gute Springer, die Skiflugschanze in Planica ist weltberühmt. Skifahren, Handball, Tennis – das ist auch das, was ich als Kind und Jugendlicher sportlich probiert habe. Am längsten ausgehalten habe ich es mit dem Tennis. Racket und Bälle habe ich noch zu Hause, aber meistens bescheide ich mich heute mit der Rolle des Zuschauers. Genau wie im Fußball. Und wenn es dort dann gut ausgeht für unsere Nationalmannschaft, dann bin ich stolz wie ein – Slowene.

ALFONZ NABERZNIK, Jahrgang 1937, verheiratet, zwei Kinder. Von 1961 bis 1973 in der Wirtschaft tätig. Seit 1973 im Auswärtigen Dienst zunächst Jugoslawiens und dann Sloweniens. Seit Oktober 1997 Botschafter in Deutschland.

TEAM PARAGUAY

10
ROBERTO ACUNA
Mittelfeld

8
GUIDO ALVARENGA
Mittelfeld

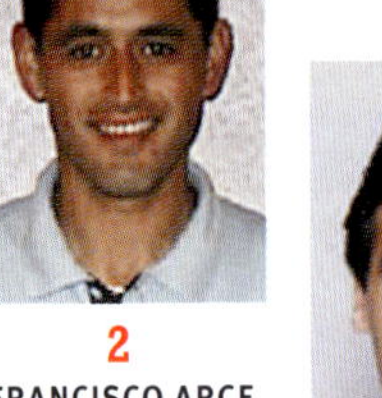

2
FRANCISCO ARCE
Abwehr

5
CELSO AYALA
Abwehr

7
RICHART BAEZ
Angriff

15
CARLOS BONET
Mittelfeld

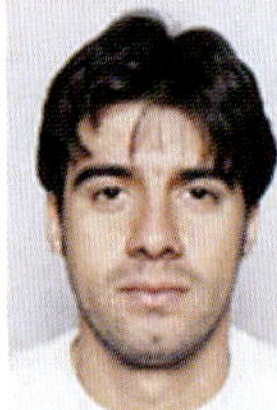

18
JULIO CÉSAR CACERES
Abwehr

11
JORGE CAMPOS
Angriff

21
DENIS CANIZA
Abwehr

20
JOSÉ CARDOZO
Angriff

1
JOSE LUIS CHILAVERT
Tor

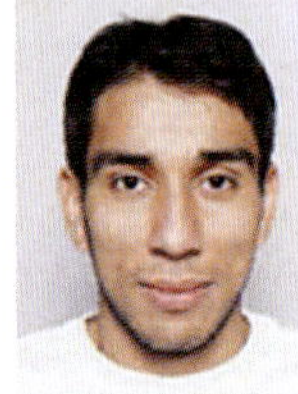

23
NELSON CUEVAS
Angriff

17
JUAN CARLOS FRANCO
Abwehr

4
CARLOS GAMARRA
Abwehr

14
DIEGO GAVILAN
Mittelfeld

16
GUSTAVO MORINIGO
Mittelfeld

13
CARLOS PAREDES
Mittelfeld

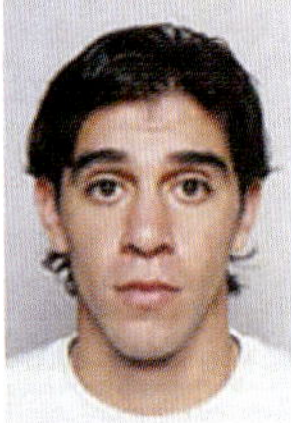

19
DANIEL SANABRIA
Abwehr

9
ROQUE SANTA CRUZ
Angriff

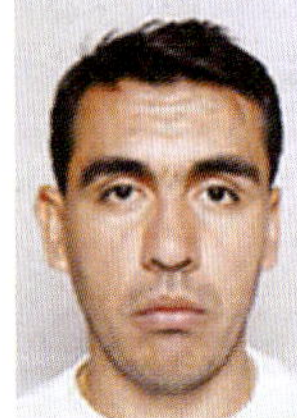

3
PEDRO SARABIA
Abwehr

6
ESTANISLAO STRUWAY
Mittelfeld

22
RICARDO TAVARELLI
Tor

12
JUSTO VILLAR
Tor

PARAGUAY

Hauptstadt	Asunción
Bevölkerung (2000)	5.585.828
Fläche (qkm)	406.750
Währung	Guarani
Regierungschef	Luis Gonzalez Macchi (Präsident)
Sprache/n	Spanisch (amtl.), Guarani

DER VERBAND

Name	Asociación Paraguaya de Fútbol
Postanschrift	Estadio de Sajonia, Calles Mayor Martinez y Alejo Garcia, Asuncion / Paraguay
Telefon	+595-21-480120
Telefax	+595-21-480124
Internet	www.apf.org.py
Gründungsjahr	1906
Präsident	Oscar Harrison
Vereine	1.100
Fußballprofis	180
Dachverband	Confederaación Sudamericana de Fútbol (CONMEBOL)
Weltranglistenplatz	15
WM-Teilnahmen	11
Größter WM-Erfolg	Achtelfinale 1986 und 1998
Spielkleidung	Trikot: rot-weiß gestreift – Hose: blau – Stutzen: blau

DER TRAINER

Name	Cesare Maldini
Nationalität	Italien
Geburtsdatum	05.02.1932
Trainerstationen	
Italien	Foggia 07/1974 – 06/1976
Italien	Ternana 07/1976 – 06/1977
Italien	Parma 07/1978 – 06/1980
Italien	Nationalmannschaft U 21 07/1986 – 11/199
Italien	Nationalmannschaft 12/1996 – 06/1998
Paraguay	Nationalmannschaft seit Januar 2002

QUALIFIKATION

Gruppenspiele in der Südamerika-Qualifikation

A	Peru	2:0	(0:0)	29.03.2000	Lima
H	Uruguay	1:0	(1:0)	26.04.2000	Asuncion
H	Ekuador	3:1	(2:0)	03.06.2000	Asuncion
A	Chile	3:1	(2:0)	29.06.2000	Santiago de Chile
H	Brasilien	2:1	(1:0)	18.07.2000	Asuncion
A	Bolivien	0:0	(0:0)	27.07.2000	La Paz
A	Argentinien	1:1	(0:0)	16.08.2000	Buenos Aires
H	Venezuela	3:0	(3:0)	02.09.2000	Asuncion
A	Kolumbien	0:2	(0:1)	07.10.2000	Bogota
H	Peru	5:1	(3:0)	15.11.2000	Asuncion
A	Uruguay	0:1	(0:0)	28.03.2001	Montevideo
A	Ekuador	2:1	(1:1)	24.04.2001	Quito
H	Chile	1:0	(0:0)	02.06.2001	Asuncion
A	Brasilien	2:0	(1:0)	15.08.2001	Porto Alegre
H	Bolivien	5:1	(2:1)	05.09.2001	Asuncion
H	Argentinien	2:2	(0:0)	07.10.2001	Asuncion
A	Venezuela	3:1	(3:1)	08.11.2001	San Cristobal
H	Kolumbien	0:4	(0:2)	14.11.2001	Asuncion

Vierter der Südamerika-Qualifikation (30 Punkte, 29:23 Tore)

WM 2002

GB	Südafrika	2:2	(1:0)	02.06.2002	Busan (KOR)
GB	Spanien	1:3	(1:0)	07.06.2002	Jeonju (KOR)
GB	Slowenien	3:1	(0:1)	12.06.2002	Seogwipo (KOR)
AF	Deutschland	0:1	(0:0)	15.06.2002	Seogwipo (KOR)

GB = Vorrundenspiele Gruppe B, AF = Achtelfinale

»Fußball ist Leidenschaft, Leben und Sterben in einem«

SYLVA FRANKE
Honorarkonsulin der Republik Paraguay

Fußball à la Paraguay Es ist lange her, dass ich in Südamerika gelebt habe. 1939 hatte ich mit meinem Mann Nazi-Deutschland verlassen müssen, 1961 sind wir in unser geliebtes Berlin zurückgekehrt. Manche Dinge aus den Jahren »jenseits des großen Teiches« in Bolivien und Paraguay habe ich längst vergessen, aber dass der Sport auch damals immer zu unserem Leben gehörte, nicht. Vor allem der Fußball. In Deutschland nennt man ihn oft die schönste Nebensache der Welt, in Südamerika ist er wohl noch viel mehr. Er ist unvorstellbare Leidenschaft, Leben und Sterben zugleich. Je nachdem, ob man ein Tor erzielt oder eins vom Gegner eingeschenkt bekommt. Soviel Herz, soviel Teilnahme, soviel Mitleiden und Mitfeiern gibt es nirgendwo anders. Ich habe das genossen, es ist wunderbar, so mitgerissen zu werden. Auch, wenn man manchmal fast ein wenig Angst bekommt, in diesem Meer der Emotionen unterzugehen.

Ich war schon damals vor einem halben Jahrhundert und mehr oft in den Stadien, die nicht so groß wie heute und fast immer proppenvoll waren. Die Begeisterung schwappte wie eine Welle durch die Menschenmenge von der Stadionkrone noch unten. Avalancha, Lawine, nannte man das – ein zierliches Persönchen wie ich brauchte da manchmal den Schutz von starken Männerkörpern. Fußball hatte mich in seinen Bann geschlagen. So sehr, dass ich schließlich Madrina, Schutzherrin, für einen Klub in La Paz wurde – und sogar einmal den symbolischen Anstoß ausführte. Der Beifallssturm der Zuschauer gab mir eine Vorstellung davon, wie es sein musste, als Torschütze bejubelt zu werden. Sport hat immer zu meinem Leben gehört – auch und vor allem in Südamerika. Ich habe sehr passabel Tischtennis gespielt, bin geritten, geschwommen, gelaufen. Als Zuschauerin haben mich zwei Sportarten besonders fasziniert: Boxen und natürlich Fußball. Bei Hertha BSC bin ich förderndes Mitglied, sitze bei Wind und Wetter bei jedem Heimspiel im kalten Berliner Olympiastadion. Bei der Fußball-WM in Japan und Korea wohnen zwei Seelen in meiner Brust. Natürlich drücke ich als Deutsche der DFB-Auswahl die Daumen, aber wenn es zum Duell der beiden Teams käme, dann gehört mein Herz noch mehr den Paraguayern. Deutschland hat alles, ist ein reiches Land, war dreimal Weltmeister. Paraguay hatte es immer schwer, ist ein Land mit vielen wirtschaftlichen Problemen. Was könnte eine gute Weltmeisterschaft nicht alles auslösen! Es wäre eine Riesenwerbung für unser Land – manche würden wahrscheinlich erst mal auf die Weltkarte schauen, wo denn Paraguay eigentlich genau liegt. Und natürlich würden noch mehr Jungs und auch Mädchen Fußball spielen, als es heute schon tun. Würden versuchen, ihren Vorbildern wie Torwart Jorge Luis Chilavert oder Bayern-Stürmer Roque Santa Cruz nachzueifern. Fußball ist ein Sport für alle, weil er nicht teuer ist und nicht von den sozialen Verhältnissen abhängt. In Paraguay spielt jeder mit jedem – so gesehen hilft der Fußball auch, gesellschaftliche Trennungen zu überwinden. Und er trägt dazu bei, die Jugend von der Straße zu holen.

Wenn in Paraguay ein Ball auftaucht, dann fangen die Augen der Kinder an zu glänzen. Ein inneres Feuer, das bis ins Alter weiterbrennt. Jeder Paraguayer hat jemanden in seiner Familie, der Fußball spielt. Wer einmal erlebt hat, wie leidenschaftlich von reifen Männern über das runde Leder debattiert wird, der wird das sofort bestätigen. Die Begeisterung ist grenzenlos. Auf dem Spielfeld bei den Akteuren und natürlich erst recht bei den Fans. Zwar gehen die Emotionen manchmal mit den Beteiligten durch, gibt es mal eine Rangelei auf dem Rasen oder rennen Zuschauer aufs Feld. Aber das passiert dennoch meist ohne Aggressivität – auch wenn die Globalisierung schon die eine oder andere negative Begleiterscheinung in Sachen Hooligans nach Paraguay transportiert hat. Fußball ist Freude und Seele, Herz und Hingabe. Wenn man verloren hat, möchte man sterben. Aber wenn ein Sieg herauskommt, dann wird in der ganzen Stadt ein Riesenfest gefeiert, bei dem es kein Halten gibt. Es wird getanzt, gesungen, die Straßen und Plätze sind voller Menschen. Natürlich sind auch alle Politiker Fußball-Fans, aber als politisches Mittel eingesetzt wird der Sport nicht. Das ist auch gut so. Paraguay ist bereits zum sechsten Male bei einer WM dabei – wie 1986 und 1998, als Frankreich uns nur mit einem Golden Goal bezwungen hat, wollen wir mindestens wieder das Achtelfinale erreichen.

SYLVA FRANKE, Geschäftsführerin der Blue Band Hotels Management GmbH Berlin, Kulturmäzenin. Honorarkonsulin Paraguays seit einigen Jahren.

16
ANDRE ARENDSE
Tor

18
DELRON BUCKLEY
Mittelfeld

3
BRADLEY CARNELL
Abwehr

7
QUINTON FORTUNE
Mittelfeld

13
PIERRE ISSA
Abwehr

23
GEORGE KOUMANTARAKIS
Angriff

5
JACOB LEKGETHO
Abwehr

20
CALVIN MARLIN
Tor

17
BENEDICT McCARTHY
Angriff

8
THABO MNGOMENI
Mittelfeld

10
BENNETT MNGUNI
Mittelfeld

4
AARON MOKOENA
Abwehr

12
TEBOHO MOKOENA
Mittelfeld

22
THABANG MOLEFE
Abwehr

9
MacDONALD MUKASI
Mittelfeld

14
SIYABONGA NOMVETHE
Angriff

2
CYRIL NZAMA
Abwehr

21
STEVEN PIENAAR
Mittelfeld

11
JABU PULE
Mittelfeld

19
LUCAS RADEBE
Abwehr

6
MacBETH SIBAYA
Mittelfeld

1
HANS VONK
Tor

15
SIBUSISO ZUMA
Mittelfeld

SÜDAFRIKA

Hauptstadt	Pretoria
Bevölkerung (2000)	43.421.021
Fläche (qkm)	1.219.912
Währung	Rand
Regierungschef	Thabo Mbeki (Präsident)
Sprache/n	Afrikaans, Englisch (amtl.), Ndebele, Pedi, Sotho, Swazi, Tsonga, Tswana, Venda, Xhosa, Zulu

DER VERBAND

Name	South African Football Association
Postanschrift	First National Bank Stadium, NASREC / P.O.Box 910, Johannesburg 2000 / Südafrika
Telefon	+27-11-4943522
Telefax	+27-11-4943013
Internet	www.safagoal.net
Gründungsjahr	1991
Präsident	Molefi Oliphant
Vereine	300
Fußballprofis	250
Dachverband	Confédération Africaine de Football (CAF)
Weltranglistenplatz	36
WM-Teilnahmen	2
Größter WM-Erfolg	Qualifikation zur WM 1998 und 2002
Spielkleidung	Trikot: gold-schwarz – Hose: grün – Stutzen: weiß

DER TRAINER

Name	Jomo Sono
Nationalität	Südafrika
Geburtsdatum	17.07.1955
Trainerstationen	
Südafrika	Jomo Cosmos 01/1994 – 07/2002
Südafrika	Nationalmannschaft 01/1998 – 02/1998
Südafrika	Nationalmannschaft seit März 2002

QUALIFIKATION

Spiele in der 1. Runde der Afrika-Qualifikation

A	Lesotho	0:2 (0:1)	09.04.2000	Maseru
H	Lesotho	1:0 (0:0)	22.04.2000	Bloemfontein
A	Simbabwe	0:2 (0:1)	09.07.2000	Harare
H	Burkina Faso	1:0 (1:0)	27.01.2001	Pretoria
A	Malawi	1:2 (0:1)	25.02.2001	Blantyre
H	Simbabwe	2:1 (2:0)	05.05.2001	Johannesburg
A	Burkina Faso	1:1 (0:1)	01.07.2001	Ouagadougou
H	Malawi	2:0 (1:0)	14.07.2001	Bloemfontein

Sieger der Afrika-Gruppe E (16 Punkte, 10:3 Tore)

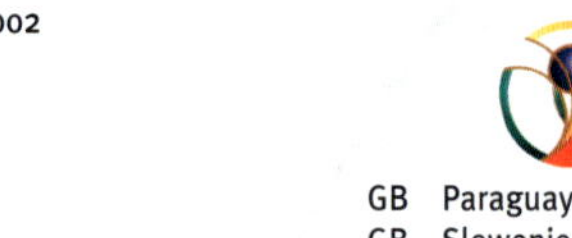

WM 2002

GB	Paraguay	2:2 (0:1)	02.06.2002	Busan (KOR)
GB	Slowenien	1:0 (1:0)	08.06.2002	Daegu (KOR)
GB	Spanien	2:3 (1:2)	12.06.2002	Daejeon (KOR)

GB = Vorrundenspiele Gruppe B

»Bafana Bafana – und die Frauen jubeln«

PROF. DR. SIBUSISO MANDLENKOSI BENGU
Botschafter der Republik Südafrika

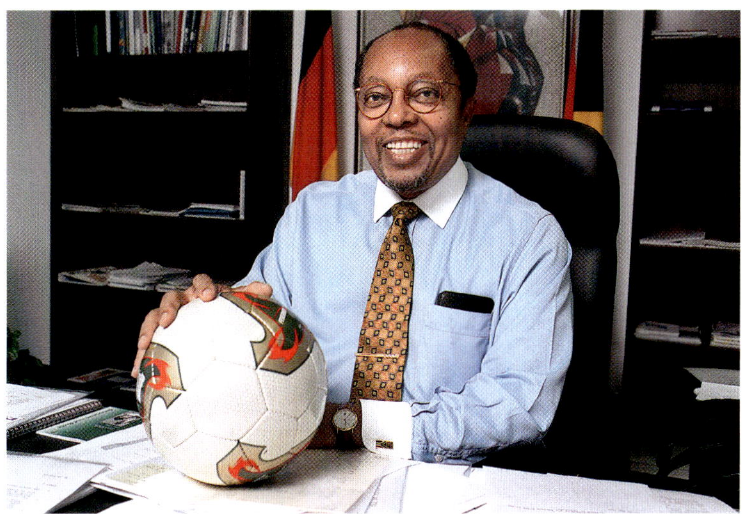

Fußball à la Südafrika Fußball in Südafrika, das ist eine Geschichte, die viel zu tun hat mit Geschichte. Mit der unseres Landes, die erst spät und nach einem langen Leidensweg für die Mehrheit der Bevölkerung eine geworden ist, auf die man auch stolz sein kann. Fußball ist der Sport des Volkes, aber das blieb zumeist ausgeschlossen von den großen Spielen in den großen Stadien. Zu Zeiten der Apartheid machte die Rassentrennung auch vor dem Sport nicht halt. Mannschaften mit nichtweißen Spielern waren undenkbar, und auf den Zuschauertribünen wurde – wenn denn dunkelhäutige Südafrikaner überhaupt Zutritt hatten – fein säuberlich getrennt. Das schuf auch Aggressionen, die Lust und der Spaß am Fußball waren manchmal durch die brutale politische Unterdrückung erstickt. Das ist heute anders. Nicht nur die Teams sind gemischt, bestehen aus Weißen, Schwarzen, Kickern indischer Abstammung. Auch auf den Rängen ist das neue Südafrika eine zumeist friedliche Gemeinschaft, die die Siege und Erfolge der Nationalmannschaft mit geteilter und damit auch doppelter Freude feiern. »Bafana Bafana« heißt die Auswahl auf Zulu, was übersetzt nichts anderes als »Jungs« heißt.

Fußball ist auch am Kap der Guten Hoffnung die schönste Nebensache der Welt. Und er steht vor allem deshalb vor allen anderen Sportarten, weil er einfach alle Schichten des Volkes interessiert. Alle wollen wissen, was »Bafana Bafana« macht, alle kennen die Namen der Stars, alle geraten in einen Begeisterungstaumel, wenn ein Tor für die Unseren fällt und sie gewinnen. Das reicht von den ganz Kleinen bis zu den ganz Alten. Am Fußball-Sonnabend kommen die Männer zusammen, gehen ins Stadion und verfolgen das Geschehen auf dem Rasen mit großer emotionaler Teilnahme. Am liebsten würden sie wohl alle selbst auf das Feld rennen. Im Übrigen sind es nicht nur die Männer, die den Fußball für sich entdeckt haben. Südafrikas Frauen sind sehr interessiert am Kampf um den einen Ball, pilgern in großer Zahl in die Arenen, vor allem wenn die Nationalmannschaft spielt, und stellen dort manchmal sogar die Mehrheit. Was zur freundlichen Atmosphäre im Publikum beiträgt.

Fußball ist mit seiner breiten Aufmerksamkeit allen anderen in Südafrika populären Sportarten voraus. Auch dem Rugby, der die Nummer 2 ist. Allerdings ist das, obwohl mehr und mehr Schwarze in die erste Garde aufrücken, noch vorwiegend ein Sport der Weißen. Dennoch sorgt jedes Auftreten der Springböcke oder von »Amabhokobhoko«, wie die Auswahl auf Zulu heißt, für erheblichen medialen Wirbel. Die Rugby-Weltmeisterschaft war das erste internationale Sportereignis in Südafrika, nachdem wir die Freiheit erkämpft hatten. Das Fußball-Championat der Weltbesten konnten wir leider noch nicht in unser Land holen, nachdem wir bei der Bewerbung für 2006 unter recht dubiosen Umständen gescheitert sind. Aber aufgeschoben ist nicht aufgehoben. Wir haben alle Voraussetzungen, viele moderne Stadien. Und auch ein immer stärker werdendes Team mit viel Potenzial. Noch sind wir nicht perfekt, aber auf einem sehr guten Weg. Vielleicht schlagen wir ja 2006 im Weltmeisterschaftsfinale Gastgeber Deutschland – sozusagen als ausgleichende Gerechtigkeit.

Kaum vorstellbar, was das daheim für eine Feier gäbe. Ich glaube, das ganze Land würde tanzen und singen. Als Kind habe ich natürlich wie alle anderen auch Fußball gespielt. Mit acht Jahren bekam ich den ersten Ball. Als der kaputt war, haben wir uns einen neuen zusammengebastelt aus dem, was dafür gerade taugte. Hauptsache rund und schusstauglich. An der Universität von Zululand habe ich dann im Uni-Team einen recht passablen Mittelstürmer abgegeben. Später als Lehrer konnte ich meinen Schülern jedenfalls oft noch etwas vormachen. Heute bescheide ich mich mit Gymnastik und Radfahren, aber während der WM bleibt das Velo wohl unbenutzt – da heißt es Daumendrücken am Fernseher. Wir sind zum zweiten Mal dabei und besser gewappnet als vor vier Jahren. Und wir haben mit Jomo Sono einen Trainer, der genau weiß, was zu tun ist, und der sich als Südafrikaner besser auf die Mentalität seiner Akteure einstellen kann, als einige seiner europäischen Vorgänger. 1998 in Frankreich gab es ein paar Probleme mit der Disziplin, ein paar Spieler hielten Tanzen, Klubs und Frauen wohl für wichtiger als Fußball. Vielleicht ist das ja sogar richtig. Aber erst, wenn man gewonnen hat.

PROF. DR. SIBUSISO MANDLENKOSI BENGU, Jahrgang 1934, verheiratet, vier Töchter und ein Sohn. Lehrer, Programmdirektor beim Radiosender »Voice of the Gospel« in Addis Abeba, Professor an der University of Zululand, Bildungsminister Südafrikas von 1994 bis 1999. Seit 1999 Botschafter in Deutschland.

Mancher will es nur noch hinausschreien, seine Begeisterung über den eigenen Erfolg oder das schöne Spiel. In Gruppe C gab es viel Anlass. Für al

Eleganz und Emotionen

Schmelztiegel des Welt-ußballs: Brasilien, Türkei, Costa Rica, China. Ballzauber, Temperament und der tapfere Mut des Neulings. Das ergab einige der schönsten Spiele der WM.

Was für eine Gruppe! Der vierfache Weltmeister Brasilien, angeschlagen nach schwacher Qualifikation. Die Türkei, nach 1954 erstmals wieder bei einem WM-Turnier dabei. Costa Rica, gefährlicher und angriffslustiger Außenseiter. Und schließlich China, das 1,2-Milliarden-Volk, dessen Kicker erstmals bei einer Weltmeisterschaft dabei waren. Am Ende ging alles so aus, wie die meisten Expertenprognosen vorausgesagt hatten. Die Brasilianer gewannen die Gruppe, die Türken, in den neunziger Jahren zu einer der spielkulturell stärksten Nationen Europas aufgestiegen, wurden Zweite. Beide Teams zogen in

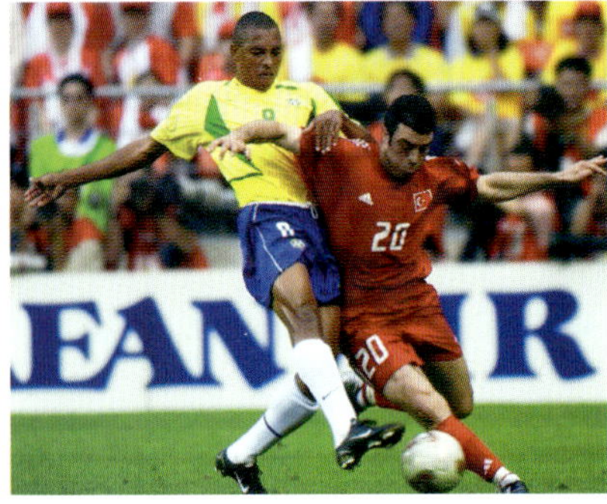

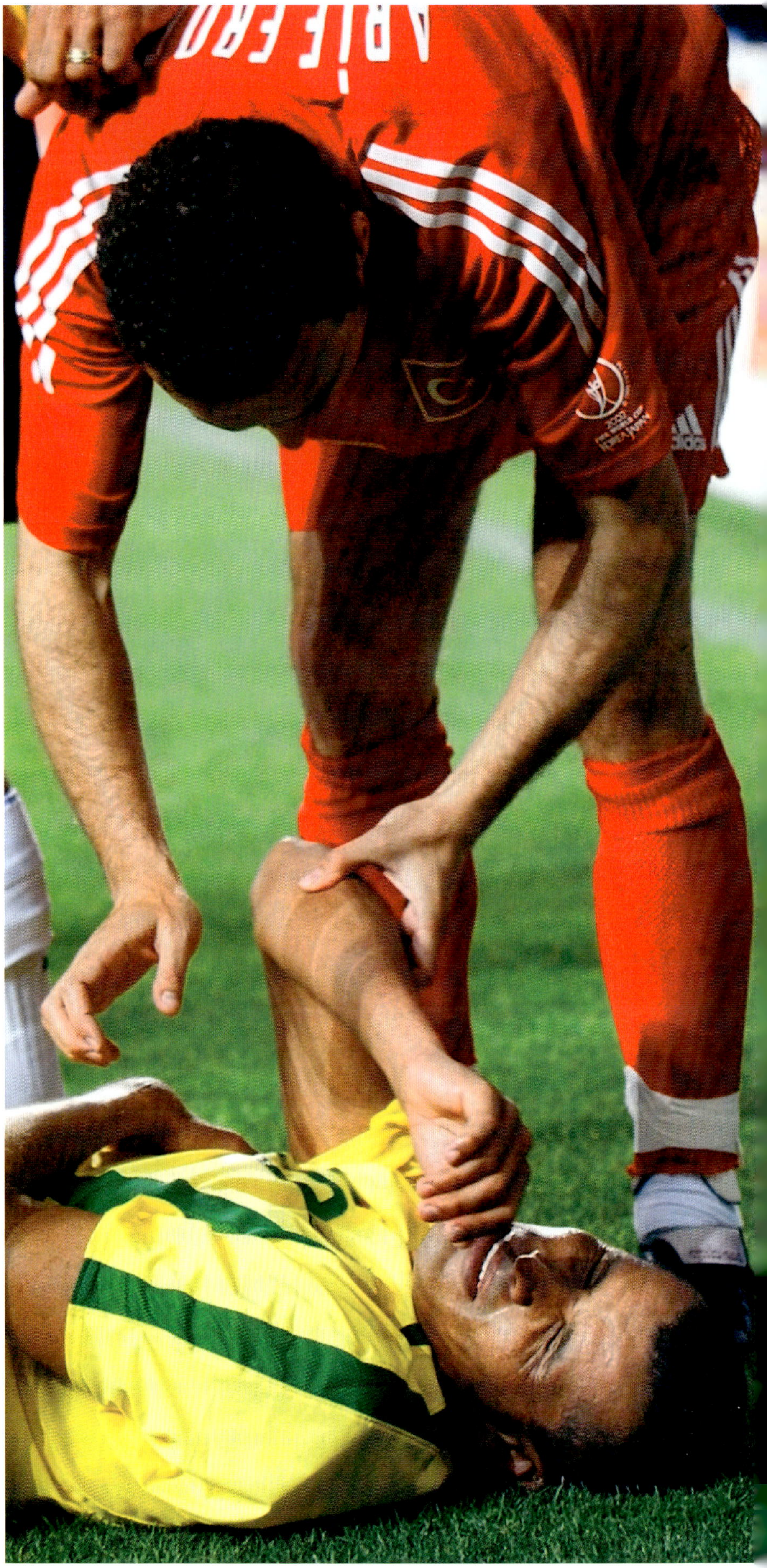

STIMMEN ZU BRASILIEN – TÜRKEI

»Die Welt spricht über diesen Türken (Hasan Sas), die Türkei über diesen Koreaner (Schiedsrichter).«
FOTOMAC, Türkei

»Nicht die Samba-Spieler, der Koreaner hat vernichtend zugeschlagen.«
HÜRRIYET, Türkei

»Stolz und Traurigkeit. Wir haben gegen Brasilien gekämpft, ein Tor geschossen, sind aber über den Schiedsrichter gestolpert.«
MILLIYET, Türkei

»Offensichtlich habe ich übertrieben, denn einen Platzverweis wollte ich nicht provozieren.«
Rivaldo, brasilianischer Mittelfeld-Star

das Achtelfinale, daheim feierten tausende Fans die erwarteten oder erhofften Erfolge. Costa Rica betrieb beste Werbung für seine fußballerischen Talente, scheiterte aber gegenüber den punktgleichen Türken, gegen die man 1:1 gespielt hatte, am schlechteren Torverhältnis. Die Chinesen dagegen hatten Lehrgeld zu zahlen, ohne völlig zu enttäuschen. Ihre Resultate dokumentierten zum einen, dass den von Trainer-Legende Bora Milutinovic betreuten Chinesen schlechthin internationale Erfahrung fehlt. Begonnen hatten die Gruppenspiele mit einem wahren Knaller zwischen Brasilien und der Türkei. Die nackten Zahlen des 2:1-Sieges der Südamerikaner verbergen die dramatische Dimension der Partie voller Emotionen, hitziger Aufgeregtheiten, brillanter Torszenen, Tricks und Turbulenzen. Zwei Platzverweise für das Team vom Bosporus, ein Elfmeter-Geschenk an die Brasilianer, eine Schauspieleinlage von Barca-Star Rivaldo – da war alles drin. Die Türken wähnten sich am Ende betrogen, was Temperamentsausbrüche auf dem Platz und Volkes Zorn zu Hause auslöste. Doch am Ende, so der türkische Trainer Senol Günes, »lief doch noch alles nach Plan«. Weil ausgerechnet Brasilien Schützenhilfe leistete: Das 5:2 gegen Costa Rica brachte der Türkei Gruppenplatz 2 und das Achtelfinale.

BRASILIEN – TÜRKEI 2:1

Nichts für schwache Nerven, solch ein Auftaktspiel. Das stellt Weichen fürs Turnier. Schafft Selbstvertrauen oder Verunsicherung. Auch und gerade bei Teams, die als spielstark gelten. Wie Brasilien und die Türkei. Ein Sieg sollte Beide befreien – die einen von Kritik daheim, die anderen vom Erwartungsdruck eines ganzen Volkes nach 48 Jahren WM-Abwesenheit. Die Brasilianer legten eine erste Halbzeit mit viel Verve hin, vor allem der lange vom Verletzungspech verfolgte »Wunderstürmer« Ronaldo zeigte sich wieder erstarkt. Aber die Selecao schluderte mit ihren schön herausgespielten Chancen, und der Kontrahent legte den Respekt vor den großen Namen ab. Und so kam, was kommen musste: In der Nachspielzeit der ersten Hälfte hämmerte Hasan Sas nach Vorarbeit von Leverkusen-Dribbler Yildiray Bastürk den Ball unter die Latte des Favoriten-Tores und mitten ins Herz der Brasilianer. In Durchgang zwei verkniff sich der viermalige Weltmeister zumindest phasenweise die fast zwanghafte Verpflichtung zur Kunst – und schoss prompt das 1:1. Flanke Rivaldo, Tor Ronaldo. Dann die Schlussphase. Das Trikotzupfen von Alpay Öza-

Brasilien gegen die Türkei.
Das Ende war unwürdig. Aber erst kamen die Zweikämpfe, Gilberto Silva etwa gegen Hasan Ünsal (20) oder Fatih Akyel (4) gegen Denilson (17) (linke Seite oben). Und mit ihnen auch die Tore: Das 1:0 für die Türkei durch Hasan Sas (11), als Brasiliens Cafu nur noch zuschauen kann (oben), und der Ausgleich durch Ronaldo, als Bülent Korkmaz (3) zu spät kommt (darunter).
Als dann wenige Minuten vor dem Ende Alpay Özalan von Referee Young Jo Kim wegen Trikotzupfens Rot sieht (3. Bild von oben), zum Kummer von Emre Asik (1), zur Freude von Vampeta (18), da erhitzt sich die Stimmung. Kurz darauf spielt Rivaldo den sterbenden Schwan (linke Seite), vergeblich umsorgt von Arif Erdem. Gut gelaunt verlassen Ronaldo und Ronaldinho den Ort ihres glücklich zustande gekommenen Sieges gegen die Türkei.

lan gegen den in der 87. Minute davonstürmenden Luizao wurde vom koreanischen Referee Young Jo Kim mit Rot bestraft. Zu Recht. Aber dass er den Tatort in den Strafraum verlegte und auch noch einen Elfmeter verhängte, das brachte die Emotionen bei den Türken fast zum Überkochen. So war es zu erklären, dass Ünsal in der Nachspielzeit dem Elfmeterschützen Rivaldo den Ball brüsk an die Beine schoss. Dass der aber danach, die Hände vors Gesicht geschlagen, wie vom Blitz getroffen zusammenbrach, das war eine miese Schauspieleinlage. Für die aber allein Ünsal und nicht Rivaldo bestraft wurde. Zumindest nicht wirklich: Der Brasilianer erhielt den Artenschutz der Mega-Stars, musste 11 500 Schweizer Franken zahlen und durfte ohne Sperre weitermachen.

STIMMEN ZU COSTA RICA – TÜRKEI

»Fantasie, feine Technik, Anfeindungen und Fouls – der Türkei bleibt vom 1:1 gegen Costa Rica nur Jammer.«
BERLINER ZEITUNG

»Möge diese Welt doch untergehen! Wieder hing der Sieg an Minuten. Vielleicht sind noch nicht alle Hoffnungen dahin. Aber tief in unserem Inneren ist etwas zerbrochen, unsere Moral ist am Boden, unsere Träume sind zerstört.«
FANATIC, Türkei

CHINA – COSTA RICA 0:2

Es war ein besonderes Spiel. Nicht nur, weil es die WM-Premiere der Chinesen war, die sich endlich den Traum von der Teilnahme im Konzert der Weltbesten erfüllt hatten. Sondern auch, weil mit den Trainern Bora Milutinovic und Alexandre Guimaraes Lehrmeister und Lehrling aufeinandertrafen. Milutinovic hatte 1990 Costa Rica zur WM und ins Achtelfinale geführt – mit Guimaraes als Spieler. Nun besiegte der Lehrling den Altmeister mit 2:0, er hat seine Lektionen von »Milu«, wie der Jugoslawe in China genannt wird, gut gelernt. Tore von Gomez und Wright entschieden nach einer guten Stunde binnen vier Minuten für die Südamerikaner, die insgesamt nicht besser, sondern nur zielstrebiger waren. In China schauten 700 Millionen an den Fernsehern zu und waren grenzenlos enttäuscht. Milutinovic, dem sehr wohl bewusst war, dass seinem Team noch viel zur internationalen Spitze fehlt, lobte trotz der Niederlage: »Wir haben bis zuletzt gekämpft und viel gelernt.« Noch reichte es nicht.

Costa Rica gegen die Türkei. Auf und davon stürmt Mittelfeldmann Emre Belözoglu (21), lässt Centano (10) und Wright (4) hinter sich und macht das 1:0 (links). Ümit Davala empfängt seinen Torschützen mit offenen Armen. Mit aller Kraft versucht Davala das Ergebnis zu verbessern, scheitert aber an Costa Ricas Walter Centano. (rechte Seite)

BRASILIEN – CHINA 4:0

David gegen Goliath. Die Besten gegen die Schnellsten, aber Geschwindigkeit allein macht eben noch keine Hexerei mit dem Ball. Trainer Scolari hatte vor der Partie zwar gewarnt, dass dies keine leichte Begegnung werde, »denn wir sind nicht besser als jedes andere Team hier in Südkorea«. Besser als China waren die Brasilianer aber allemal. Man ließ sich den Kontrahenten eine Viertelstunde müde laufen, und dann fielen die Tore in schöner Regelmäßigkeit wie reife Früchte vom Baum. Mit Roberto Carlos, Rivaldo, Ronaldinho und schließlich Ronaldo in der zweiten Halbzeit besorgten die vier großen »R« in der Selecao den ungefährdeten 4:0-Erfolg, der daheim in Brasilien trotz des Nobody-Gegners auf den Straßen von Rio einen morgendlichen Karneval auslöste.

COSTA RICA – TÜRKEI 1:1

Sepp Herberger hatte Recht. Leider. Das Spiel dauert 90 Minuten, lautet eine der Fundamentalerkenntnisse des früheren deutschen Nationaltrainers. Für die Türken war es im zweiten WM-Match erneut eine bittere. »Bei uns dürfen die Spiele nur 86 Minuten dauern«, sagte Mittelfeld-Star Yildiray Bastürk nach dem 1:1 gegen Costa Rica mit Anspielung auf den späten Rivaldo-Elfmeter zum 1:2 gegen Brasilien. Und auch gegen den zweiten südamerikanischen Kontrahenten schafften es die Südeuropäer nicht, eine 1:0-Führung über die Zeit zu bringen und den ersten WM-Sieg seit dem 7:0 gegen Südkorea 1954 zu landen. Der Treffer von Emre Belözoglu in der 56. Minute blieb bis kurz vor Schluss der goldene, dann glich Winston Parks zum verdienten Remis aus. Trainer Günes bemängelte fehlende Frische seiner Schützlinge: »Meine Mannschaft wurde zum Schluss müde.« Am Deutlichsten wurde das beim Stürmer-Nationalhelden Hakan Sükür, der erneut kaum einen Stich sah. Für die Türken rückte das Achtelfinale damit in ziemlich weite Ferne. Die Brasilianer im Prinzip durch, Costa Rica mit vier, die Türkei nur mit einem Punkt – »wir sind auf die Hilfe der Brasilianer angewiesen«, stellte Bastürk nüchtern fest. Trainer Günes aber blieb weiter zweckoptimistisch: »Noch sind wir nicht gestorben!«

COSTA RICA – BRASILIEN 2:5

Sieben Tore in einem Spiel, das auch 10:4 zugunsten des Siegers hätte ausgegehen können, das muss schwache Verteidigung, Fehlerhäufung und mangelnde taktische Disziplin bedeuten. Für die Zuschauer aber war die Partie, in der ein Unentschieden für Costa Rica das Achtelfinale gebracht hätte, ein Fest der Spielfreude und Ballzauberer. Nichts da von angerührtem Zement in der Verteidigung der Costa Ricaner, die sich an einem 0:0 hätten versuchen können, um eine Runde weiter zu marschieren. Stattdessen mischten sie munter mit, verkürzten nach 0:3-Rückstand auf 2:3 und waren in diesem Moment doch dem Achtelfinale nahe. Die Brasilianer aber zogen wieder an, als es nötig

'apferkeit und Mut zeichnet Chinas WM-Auftritt ıls Außenseiter aus.
.inke Seite von oben: Stürmer Qu Bo (16) kommt ;egen Brasiliens Schlussmann Marcos beinahe um Erfolg. Doch die Mannschaft bleibt so torlos vie Titelverteidiger Frankreich. Kaum einen Ball ;eben sie kampflos ab, auch wenn der Gegner, ier von Du Wie, Ronaldo heißt. Die mitgereisten ans geben sich keineswegs bedeckt – 15 000 :ommen zum ersten Spiel gegen Costa Rica –, vährend Trainer-Legende Bora Milutinovic einen Hehl aus der Schwierigkeit der verbalen 'erständigung mit seiner Mannschaft macht: r hat einen Dolmetscher zur Seite, der offenbar uch seine europäischen Gesten in asiatische Iandlungsanweisungen übersetzen muss.
echte Seite: Auch wenn Gomez (links), orschütze des Führungstreffers für Costa Rica, on seinen chinesischen Gegenspielern nicht ebremst werden kann, müssen sie am Ende eide die Trikots nach der Vorrunde ablegen.
ie Fußballzauberer aus Brasilien, rechts der unge Ronaldinho bei einer sicheren Ballannahme, aben sich in dieser Gruppe erwartungsgemäß lar durchgesetzt.

»Das Phänomen Ronaldo ist zurück.«
Deutsche Presse-Agentur

war, kombinierten sich durch die gegnerischen Reihen wie einst in der Jugend als Straßenfußballer am Strand – schön, dass es diese Fußball-Momente noch gibt, in denen man sich nicht nur am Ergebnis, sondern auch daran erfreuen kann, wie es zustande kommt. Costa Rica musste am Ende wegen des schlechteren Torverhältnisses gegenüber den Türken nach Hause fahren, aber man tat das erhobenen Hauptes.

TÜRKEI – CHINA 3:0

Brasilien hat geholfen, aber am Ende hatte es die Türkei dann doch auch aus eigener Kraft geschafft – erstmals erreichte die Nationalmannschaft das Achtelfinale einer Fußball-WM. Das 3:0 gegen China durch Tore von Hakan Sas, Bülent Korkmaz, die schon nach zehn Spielminuten die Weichen gestellt hatten, sowie Ümit Davala fünf Minuten vor Schluss ließ die Türkei punktemäßig zu Costa Rica aufschließen und auf Grund des besseren Torverhältnisses an den Südamerikanern vorbei ziehen. Postwendend kam eine Grußadresse von Premierminister Bülent Ecevit: »Die ganze Nation ist glücklich, meine ganze Liebe gehört den Spielern.« Eine Zuneigung, die nun auch die Millionen türkischer Fans wieder teilten, nachdem es zuvor herbe Kritik an Trainer Günes und den Akteuren gegeben hatte. »Ein großer Tag, unser Volk kann wieder stolz auf uns sein«, verkündete der Coach, der zugleich für die Turnier-Fortsetzung neue Motivation ankündigte. »Jetzt ist der große Druck, der auf uns lastete, weg. Ab jetzt werden wir besser spielen.« Der Erfolg gegen China löste in der Heimat ekstatischen Jubel aus. Als in Seoul abgepfiffen wurde, unterbrachen alle türkischen TV-Stationen zeitgleich ihr laufendes Programm, spielten die Nationalhymne und zeigten ein Feuerwerk.

STIMMEN ZU TÜRKEI – CHINA

»Sie haben daran geglaubt, haben gekämpft und waren erfolgreich. Sie haben die Chinesische Mauer mit drei Toren niedergerissen und uns mit großem Stolz erfüllt.«
FANATIC, Türkei

»Unsere Nationalelf ist wie ein Phönix aus der Asche gestiegen.«
RADIKAL, Türkei

»Obwohl der chinesische Fußball an der Weltmeisterschaft teilnehmen konnte, sind wir mit unserer Fähigkeit unter den Füßen und den Gedanken im Kopf noch weit von der Weltmeisterschaft entfernt.«
VOLKSZEITUNG, China

»Wir müssen uns darüber im Klaren sein, dass wir noch einen langen und schwierigen Weg vor uns haben.«
BEIJING CHENBAO, China

»Die Nation reagiert mit stiller Resignation auf die Niederlage.«
CHINA DAILY

Vorrunde Gruppe C · Spiel 10
Montag, 03.06.2002
18:00 Uhr (11.00 Uhr MESZ) in Ulsan (KOR)

BRASILIEN – TÜRKEI
2:1 (0:1)

Brasilien: Marcos – R. Junior, Lucio, Edmilson – Cafu, Silva, Carlos – Paulista (2. Vampeta), Ronaldinho (67. Denilson) – Rivaldo, Ronaldo (73. Luizao)
Türkei: Recber – Özat – Özalan, Korkmaz (66. Mansiz) – Akyel, Ünsal – Kerimoglu (88. Erdem), Belözoglu – Bastürk (66. Davala) – Sükür, Sas
Tore: 0:1 Sas (45+2.), 1:1 Ronaldo (50.), 2:1 Rivaldo (87., Foulelfmeter)
Ecken: 4:3
Schiedsrichter: Young Joo Kim (Südkorea)
Zuschauer: 33.842
Gelbe Karten: Denilson – Akyel
Gelb/Rote Karten: Ünsal (90+4.)
Rote Karten: Özalan (86.)

Vorrunde Gruppe C · Spiel 12
Dienstag, 04.06.2002
15:30 Uhr (8.30 Uhr MESZ) in Gwangju (KOR)

CHINA – COSTA RICA
0:2 (0:0)

China: Jiang – Xu, Fan (74. Yu), W. Li, Wu – Sun (26. Qu), X. Li, T. Li, Ma – C. Yang (66. Su), Hao
Costa Rica: Lonnis – Marin, Wright, Martinez, Castro – Wallace (70. Bryce), Solis, Centeno – Gomez – Fonseca (57. Medford), Wanchope (80. Lopez)
Tore: 0:1 Gomez (61.), 0:2 Wright (64.)
Ecken: 6:2
Schiedsrichter: Kyros Vassaras (Griechenland)
Zuschauer: 27.217
Gelbe Karten: T. Li, Xu, X. Li – Marin, Solis, Gomez, Centeno
Gelb/Rote Karten: keine
Rote Karten: keine

Vorrunde Gruppe C · Spiel 26
Samstag, 08.06.2002
20:30 Uhr (13.30 Uhr MESZ) in Seogwipo (KOR)

BRASILIEN – CHINA
4:0 (3:0)

Brasilien: Marcos – Polga – Lucio, R. Junior – Cafu, Carlos – Silva – Rivaldo, Paulista (71. Ricardinho) – Ronaldo (72. Edilson), Ronaldinho (46. Denilson)
China: Jiang – Xu, Wu, W. Li, Du – Zhao, T. Li, Ma (62. P. Yang), X. Li – Qi (66. Shao) – Hao (75. Qu)
Tore: 1:0 Carlos (15.), 2:0 Rivaldo (32.), 3:0 Ronaldinho (45., Foulelfmeter), 4:0 Ronaldo (55.)
Ecken: 6:5
Schiedsrichter: Anders Frisk (Schweden)
Zuschauer: 36.750
Gelbe Karten: Ronaldinho, R. Junior
Gelb/Rote Karten: keine
Rote Karten: keine

Vorrunde Gruppe C · Spiel 28
Sonntag, 09.06.2002
18:00 Uhr (11.00 Uhr MESZ) in Incheon (KOR)

COSTA RICA – TÜRKEI
1:1 (0:0)

Costa Rica: Lonnis – Wright, Marin, Martinez, Castro – Wallace (77. Bryce), Lopez (77. Parks), Solis, Centeno (67. Medford) – Gomez, Wanchope
Türkei: Recber – Akyel, Özat, Asik – Davala, Belözoglu, Kerimoglu (87. Erdem), Bastürk (79. Kahveci), Penbe – Sas – Sükür (75. Mansiz)
Tore: 0:1 Belözoglu (56.), 1:1 Parks (86.)
Ecken: 3:5
Schiedsrichter: Coffi Codjia (Benin)
Zuschauer: 42.299
Gelbe Karten: Martinez, Castro – Asik, Kerimoglu, Belözoglu
Gelb/Rote Karten: keine
Rote Karten: keine

Vorrunde Gruppe C · Spiel 41
Donnerstag, 13.06.2002
15:30 Uhr (8.30 Uhr MESZ) in Suwon (KOR)

COSTA RICA – BRASILIEN
2:5 (1:3)

Costa Rica: Lonnis – Martinez (74. Parks), Marin, Wright – Wallace (46. Bryce), Solis (65. Fonseca), Centeno, Lopez, Castro – Wanchope, Gomez
Brasilien: Marcos – Lucio, Polga, Edmilson – Cafu, Silva, Paulista (61. Ricardinho), Junior – Rivaldo (72. Kaka) – Ronaldo, Edilson
Tore: 0:1 Ronaldo (10.), 0:2 Ronaldo (13.), 0:3 Edmilson (38.), 1:3 Wanchope (40.), 2:3 Gomez (57.), 2:4 Rivaldo (63.), 2:5 Junior (65.)
Ecken: 14:6
Schiedsrichter: Gamal Ghandour (Ägypten)
Zuschauer: 38.525
Gelbe Karten: Cafu
Gelb/Rote Karten: keine
Rote Karten: keine

Vorrunde Gruppe C · Spiel 42
Donnerstag, 13.06.2002
15:30 Uhr (8.30 Uhr MESZ) in Seoul (KOR)

TÜRKEI – CHINA
3:0 (2:0)

Türkei: Recber (35. Catkic Ömer) – Asik, Akyel, Korkmaz – Davala, Kerimoglu (84. Tayfur Havutcu), Ünsal, Bastürk (70. Mansiz), Belözoglu – Sükür, Sas
China: Jiang – Xu, Du, W. Li, Wu (46. Shao) – X. Li, Zhao, T. Li, P. Yang – Hao (73. Qu), C. Yang (73. Yu)
Tore: 1:0 Sas (6.), 2:0 Korkmaz (9.), 3:0 Davala (85.)
Ecken: 8:5
Schiedsrichter: Oscar Ruiz (Kolumbien)
Zuschauer: 43.605
Gelbe Karten: Belözoglu, Asik, Sas – P. Yang, W. Li
Gelb/Rote Karten: keine
Rote Karten: Shao (58.)

Vorrunde · Gruppe C (Abschlusstabelle)

Land	Spiele	S	U	N	Tore	Diff	Pkte
Brasilien	3	3	0	0	11:3	8	9
Türkei	3	1	1	1	5:3	2	4
Costa Rica	3	1	1	1	5:6	-1	4
China	3	0	0	3	0:9	-9	0

Die Türkei aufgrund der besseren Tordifferenz auf Platz 2

BRASILIEN

Hauptstadt	Brasília
Bevölkerung (2000)	172.860.370
Fläche (qkm)	8.511.965
Währung	Real
Regierungschef	Fernando Henrique Cardoso (Präsident)
Sprache/n	Portugiesisch

DER VERBAND

Name	Confederacao Brasileira de Futebol
Postanschrift	Rua da Alfandega 70, 20070-001 Rio de Janeiro / Brasilien
Telefon	+55-212-5095937
Telefax	+55-212-2529294
Internet	–
Gründungsjahr	1914
Präsident	Ricardo Terra Teixeira
Vereine	6.000
Fußballprofis	14.709
Dachverband	Confederaación Sudamericana de Fútbol (CONMEBOL)
Weltranglistenplatz	3
WM-Teilnahmen	17
Größter WM-Erfolg	Weltmeister 1958, 1962, 1970 und 1994
Spielkleidung	Trikot: gelb – Hose: blau – Stutzen: weiß mit grün-gelbem Umschlag

DER TRAINER

Name	Luiz Felipe Scolari
Nationalität	Brasilien
Geburtsdatum	09.11.1948
Trainerstationen	
Brasilien	Gremio 01/1987 – 12/1990
Brasilien	Criciuma 01/1991 – 12/1992
Brasilien	Gremio 01/1993 – 12/1996
Brasilien	Palmeiras 01/1997 – 06/2000
Brasilien	Cruzeiro 07/2000 – 06/2001
Brasilien	Nationalmannschaft seit Juni 2001

QUALIFIKATION

Gruppenspiele in der Südamerika-Qualifikation

A	Kolumbien	0:0 (0:0)	28.03.2000	Bogota
H	Ekuador	3:2 (2:1)	26.04.2000	Sao Paulo
A	Peru	0:1 (0:1)	04.06.2000	Lima
H	Uruguay	1:1 (0:1)	28.06.2000	Rio de Janeiro
A	Paraguay	2:1 (1:0)	18.07.2000	Asuncion
H	Argentinien	3:1 (2:1)	26.07.2000	Sao Paulo
A	Chile	3:0 (2:0)	15.08.2000	Santiago de Chile
H	Bolivien	5:0 (1:0)	03.09.2000	Rio de Janeiro
A	Venezuela	0:6 (0:5)	08.10.2000	Maracaibo
H	Kolumbien	1:0 (0:0)	15.11.2000	Sao Paulo
A	Ekuador	1:0 (0:0)	28.03.2001	Quito
H	Peru	1:1 (0:0)	25.04.2001	Sao Paulo
A	Uruguay	1:0 (1:0)	01.07.2001	Montevideo
H	Paraguay	2:0 (1:0)	15.08.2001	Porto Alegre
A	Argentinien	2:1 (0:1)	05.09.2001	Buenos Aires
H	Chile	2:0 (0:0)	07.10.2001	Curitiba
A	Bolivien	3:1 (1:1)	07.11.2001	La Paz
H	Venezuela	3:0 (3:0)	14.11.2001	Sao Luis

Dritter der Südamerika-Qualifikation (30 Punkte, 31:17 Tore)

WM 2002

GC	Türkei	2:1 (0:1)	03.06.2002	Ulsan (KOR)
GC	China	4:0 (3:0)	08.06.2002	Seogwipo (KOR)
GC	Costa Rica	5:2 (3:1)	13.06.2002	Suwon (KOR)
AF	Belgien	2:0 (0:0)	17.06.2002	Kobe (JPN)
VF	England	2:1 (1:1)	21.06.2002	Shizuoka (JPN)
HF	Türkei	1:1 (0:0)	26.06.2002	Shizuoka (JPN)
FI	Deutschland	2:0 (0:0)	30.06.2002	Yokohama (JPN)

GC = Vorrundenspiele Gruppe C, AF = Achtelfinale, VF = Viertelfinale, HF = Halbfinale, FI = Finale/Spiel um Platz 3

13 BELLETTI Abwehr

2 CAFU Abwehr

6 ROBERTO CARLOS Abwehr

22 ROGERIO CENI Tor

17 DENILSON Angriff

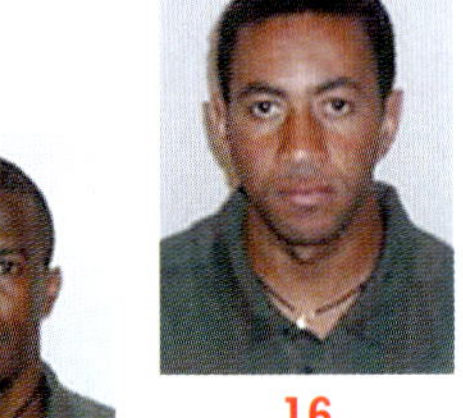

12 DIDA Tor

20 EDILSON Angriff

5 EDMILSON Abwehr

4 ROQUE JUNIOR Abwehr

16 JUNIOR Abwehr

23 KAKA Angriff

15 KLEBERSON Mittelfeld

3 LUCIO Abwehr

21 LUIZAO Angriff

1 MARCOS Tor

19 JUNINHO PAULISTA Mittelfeld

14 ANDERSON POLGA Abwehr

7 RICARDINHO Mittelfeld

10 RIVALDO Mittelfeld

11 RONALDINHO Mittelfeld

9 RONALDO Angriff

8 GILBERTO SILVA Mittelfeld

18 VAMPETA Mittelfeld

Fußball à la Brasilien Man muss eigentlich nicht viel erzählen über Brasiliens Fußball. Man muss ihn sehen. Auf dem Spielfeld, auf den Zuschauerrängen, auf den Straßen und an den Stränden, wo das entsteht, was später als Ballartistik zu bewundern ist. Brasilianischer Fußball ist – jedenfalls wenn er dem entspricht, was wir von ihm erwarten – ein Fest für die Augen. Er ist der Maßstab, an dem gemessen wird, was menschliches Talent am runden Spielgerät zu leisten vermag. Wenn mit dem Ball gezaubert, ein Gegenspieler auf engstem Raum gleich mehrfach ausgetrickst, wenn direkt kombiniert und ein schier unglaubliches Tor erzielt wird, dann heißt es auch über andere Teams: Die spielen brasilianisch. Das macht stolz, erzeugt aber zugleich immens hohe Ansprüche. Ist die Seleceao mal nicht so gut aufgelegt, dann ist die Kritik schnell unbarmherzig und die Spieler werden quasi ausgebürgert. Denn das, so die enttäuschten Liebhaber magischer Spielkunst, habe nun wirklich nichts mehr mit brasilianischem Fußball zu tun. Es ist also nicht immer das reine Vergnügen, zum Kreis der Auserwählten aus Sao Paulo, Rio, Porto Alegre oder Belo Horizonte zu gehören. Und bei Weltmeisterschaften zählt praktisch nur der Titel, alles andere gilt als Versagen.

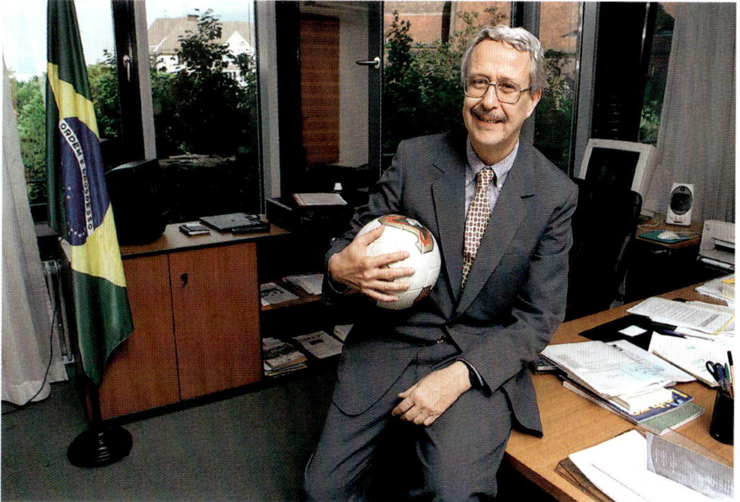

»Wir sind zum Angreifen geboren«

JOSÉ ARTUR DENOT MEDEIROS
Botschafter der Förderativen Republik Brasilien

Logisch, wenn jeder Brasilianer genau so viel, nein, mehr als der Auswahltrainer über die Dinge des Fußballs weiß. Das Land hält den Atem an, wenn die Nationalmannschaft spielt, das Leben stoppt, und sogar die Regierung arbeitet wohl nur noch nach Notplan. Das große Volkswagen-Werk stellt schon mal die Produktion kurzzeitig ein, wenn Ronaldo, Roberto Carlos, Rivaldo & Co. zur Tat schreiten – die Ausfallzeit wird dann später nachgearbeitet. Fußball ist eben einfach nationale Pflicht. Es ist der einzige wirkliche Massensport im Lande und damit auch deutlich die Nummer 1 vor Volleyball, das vor allem mit seiner Strandvariante viele Leute anzieht. Steht ein Auswahlauftritt an, dann kommen die Leute zusammen, schauen sich das Spiel gemeinsam im Fernsehen an. Ein Match allein in den eigenen vier Wänden zu sehen, niemanden zu haben, mit dem man gemeinsam streiten oder jubeln kann, das ist nicht Sache der Brasilianer.

Gerade derzeit nicht, denn unser Fußball hat – unabhängig vom Abschneiden bei der Weltmeisterschaft – in den vergangenen Monaten keine besonders glorreichen Zeiten hinter sich. Die Qualifikation für das Championat stand lange in Frage, Brasilien hat so viele Begegnungen verloren wie noch nie. In den Medien gab es harsche Kritik für die Ergebnisse und auch für die Art und Weise, wie sie zustande kamen. Trainer Scolari ist umstritten, weil er oft eher defensiv spielen lässt. Und das gefällt den Fans nicht: Wir Brasilianer sind zum Angreifen geboren. Das hat uns groß und berühmt gemacht, das ist unsere herausragende Stärke. Auch über die Vorbereitung auf die Weltmeisterschaft gibt es sehr geteilte Meinungen. Eigentlich war nie ein annähernd kompaktes Team da, stattdessen hat Scolari wohl an die sechzig Akteure eingesetzt. In anderen Ländern haben sich feste Formationen über lange Zeiträume eingespielt.

Im Endeffekt ist im Moment einfach nicht mehr dieses Vertrauen der Leute in ihre Mannschaft da, wie es bei den großen Teams früherer Jahre war. Was bleibt, ist die Hoffnung auf die Schlüsselspieler, um die uns wohl die ganze Welt beneidet, wenn sie in Topform und gesund sind: Ronaldo, Rivaldo, Ronaldinho. Die können Partien ganz allein entscheiden und den Gegner schwindlig spielen. Sie kommen für mich den ganz Großen aus der Vergangenheit am nächsten, die ich alle noch live in Aktion gesehen habe: Garrincha, Didi oder Pelé. Fluminense Rio de Janeiro war immer mein Lieblingsklub – Didi hat deren Trikot getragen, auch Carlos Alberto, Dirceu, Rivelino oder Zagalo. Was für Namen! Als Kind habe ich natürlich versucht, den Stars meiner Zeit nachzueifern – mit begrenztem Erfolg. Ausnahmespieler wird nun mal nicht jeder. Obwohl ich wohl einen passablen Mittelfeldmann abgegeben habe.

Inzwischen beschränken sich meine fußballerischen Aktivitäten allerdings aufs Zuschauen. Das aber tue ich mit genau so viel Einsatz, als stünde ich auf dem Platz. Mit den klassischen Botschafter-Sportarten Golf und Tennis habe ich es noch nicht probiert. Man darf sich ja nicht verzetteln. Brasiliens Fußball braucht jeden Mann – auf dass sich nicht erneut, wie in der Vergangenheit geschehen, das Parlament mit der Kicker-Zukunft in unserem Land beschäftigen muss.

JOSÉ ARTUR DENOT MEDEIROS, Jahrgang 1943. Seit 1965 im Auswärtigen Dienst. Experte für Wirtschafts- und Handelspolitik. Als Diplomat auf Auslandsposten bei der UNO in New York und Genf, in den USA, Surinam und seit März 2002 Botschafter in Deutschland.

4
FATIH AKYEL
Abwehr

2
EMRE ASIK
Abwehr

10
YILDIRAY BASTÜRK
Mittelfeld

21
EMRE BELÖZOGLU
Mittelfeld

7
OKAN BURUK
Mittelfeld

12
ÖMER CATKIC
Tor

22
UMIT DAVALA
Mittelfeld

19
ABDULLAH ERCAN
Mittelfeld

6
ARIF ERDEM
Angriff

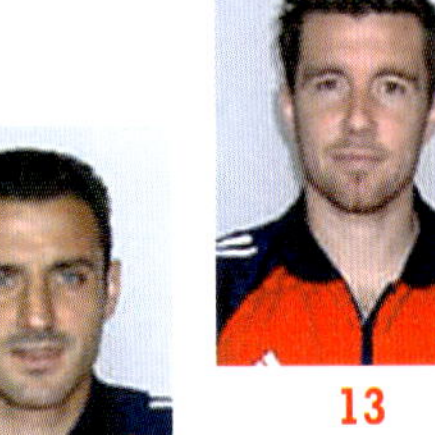

14
TAYFUR HAVUTCU
Mittelfeld

13
MUZZY IZZET
Mittelfeld

15
NIHAT KAHVECI
Angriff

8
TUGAY KERIMOGLU
Mittelfeld

3
BÜLENT KORKMAZ
Abwehr

17
ILHAN MANSIZ
Angriff

5
ALPAY ÖZALAN
Abwehr

16
ÜMIT ÖZAT
Abwehr

23
ZAFER ÖZGÜLTEKYN
Tor

18
ERGUN PENBE
Mittelfeld

1
RÜSTÜ RECBER
Tor

11
HASAN SAS
Angriff

9
HAKAN SÜKÜR
Angriff

20
HAKAN UNSAL
Abwehr

TÜRKEI

Hauptstadt	Ankara
Bevölkerung (2000)	65.666.677
Fläche (qkm)	780.580
Währung	Türkische Lira
Regierungschef	Ahmed Necdet Sezer (Präsident)
Sprache/n	Türkisch

DER VERBAND

Name	Türkiye Futbol Federasyonu
Postanschrift	Konaklar Mah. Ihlamurlu Sok. 9 4 Levent, 80620 Istanbul / Türkei
Telefon	+90-212-282 7010
Telefax	+90-212-282 7015
Internet	www.tff.org
Gründungsjahr	1923
Präsident	Haluk Ulusoy
Vereine	5.240
Fußballprofis	5.577
Dachverband	Union des Associations Européennes de Football (UEFA)
Weltranglistenplatz	25
WM-Teilnahmen	2
Größter WM-Erfolg	Qualifikation zur WM 1954 und 2002
Spielkleidung	Trikot: weiß – Hose: weiß – Stutzen: weiß

DER TRAINER

Name	Senol Günes
Nationalität	Türkei
Geburtsdatum	01.06.1952
Trainerstationen	
Türkei	Trabszonspor 07/1988 – 06/1989
Türkei	Boluspor 07/1989 – 06/1992
Türkei	Trabszonspor 07/1992 – 06/1997
Türkei	Antalyaspor 07/1997 – 06/1998
Türkei	Sakaryaspor 07/1998 – 12/1998
Türkei	Nationalmannschaft seit Juli 2000

QUALIFIKATION

Spiele in der Europa-Gruppe 4

H	Moldawien	2:0	(1:0)	02.09.2000	Istanbul
A	Schweden	1:1	(0:0)	07.10.2000	Göteborg
A	Aserbaidschan	0:1	(0:0)	11.10.2000	Baku
H	Slowakei	1:1	(0:0)	24.03.2001	Istanbul
A	Mazedonien	1:2	(1:0)	28.03.2001	Skopje
H	Aserbaidschan	3:0	(3:0)	02.06.2001	Istanbul
H	Mazedonien	3:3	(1:2)	06.06.2001	Bursa
A	Slowakei	0:1	(0:1)	01.09.2001	Bratislava
H	Schweden	1:2	(0:0)	05.09.2001	Istanbul
A	Moldawien	0:3	(0:1)	06.10.2001	Chisinau
Play-Off-Spiele					
A	Österreich	0:1	(0:0)	10.11.2001	Wien
H	Österreich	5:0	(3:0)	14.11.2001	Istanbul

Zweiter der Europa-Gruppe 4, Play-Off-Sieger gegen Österreich (Zweiter der Europa-Gruppe 7)

WM 2002

GC	Brasilien	1:2	(1:0)	03.06.2002	Ulsan (KOR)
GC	Costa Rica	1:1	(0:0)	09.06.2002	Incheon (KOR)
GC	China	3:0	(2:0)	13.06.2002	Seoul (KOR)
AF	Japan	1:0	(1:0)	18.06.2002	Miyagi (JPN)
VF	Senegal	1:0 i.V./Golden Goal (0:0)		22.06.2002	Osaka (JPN)
HF	Brasilien	0:1	(0:0)	26.06.2002	Miyagi (JPN)
FI	Südkorea	3:2	(3:1)	29.06.2002	Daegu (KOR)

GC = Vorrundenspiele Gruppe C, AF = Achtelfinale, VF = Viertelfinale, HF = Halbfinale, FI = Finale/Spiel um Platz 3

Fußball à la Türkei Wer wissen will, welche Rolle Fußball in der Türkei spielt, der sollte einfach mal während einer Weltmeisterschaft dort Urlaub machen. Er wird, wenn die Nationalmannschaft spielt, leere Strände genießen können und mit seinem Mietwagen keinen Stress im Straßenverkehr haben. Zwar ist die Bedienung in den Restaurants langsamer als gewohnt, weil auch die Kellner etwas vom Spiel mitbekommen wollen. Aber das ist vorbei, sobald das Match abgepfiffen ist. Dann darf man den Ober im Siegesfalle sogar umarmen und mit ihm anstoßen. Das Autofahren kann man allerdings vorübergehend vergessen und sollte sich vorsorglich Watte in die Ohren stopfen. Weil das Leben mit voller Kraft tobt und mit Böllern und Hupkonzerten seinen akustischen Ausdruck findet. Natürlich ist Fußball in der Türkei Nationalsport. Alle lieben ihn, von den Kindern bis zu den Großeltern, vom einfachen Mann auf der Straße bis zum Parlamentarier. Und die Zeitungen finden reißenden Absatz, wenn wie bei der Weltmeisterschaft große Spiele in Serie stattfinden oder ein Liga-Wochenende hinter uns liegt. Der Sportteil der Zeitungen wird in aller Regel zuerst gelesen, und im Fernsehen stehen nicht nur die nationale Meisterschaft, sondern auch die Bundesliga, die Seria A, die Primera Division oder die Premier League hoch im Kurs. Jeder Knirps in der Türkei rennt mit einem Ball herum. Die Erfolge der vergangenen Jahre, als wir zweimal bei der EM vertreten waren und Galatasaray nach dem UEFA-Pokal auch noch den Europäischen Supercup mit einem Sieg gegen den Champions-League-Gewinner Real Madrid an den Bosporus nach Istanbul holte, haben es mit sich gebracht, dass heute die kleinen Stars alle Rüstüs, Korkmaz', Erdems, Bastürks oder Sükürs sein wollen. Auch unsere zweite WM-Teilnahme nach 1954 hat eine riesige Begeisterung im ganzen Land ausgelöst. Viele glauben, dass uns die beste türkische Mannschaft aller Zeiten in Japan und Korea vertritt. In der Tat ist der Fußball bei uns zunehmend professioneller geworden. Technisch gehören wir zu den Besten in Europa, und in der türkischen Liga kann man ganz gut Geld verdienen. Was bereits eine Reihe internationaler Stars und hochkarätiger Trainer angelockt hat. Das tut dem türkischen Fußball insgesamt gut, die verschiedenen Einflüsse haben uns voran gebracht. Die Klubs arbeiten wie große Wirtschaftsunternehmen, und als solche kümmern sie sich auch mit Manpower und Geld um ihre Zukunft, sprich den Nachwuchs. Ich glaube, diesbezüglich gibt es keine Unterschiede mehr zu den renommierten Vereinen in Italien oder Deutschland. Zumeist sind die Klubs Großvereine, die auch die anderen populären Sportarten wie Basketball, Volleyball, Ringen, Boxen oder Gewichtheben anbieten. Besiktas zum Beispiel war ursprünglich ein Gymnastikklub, heute kennt man ihn vor allem ob seiner Fußball-Erfolge. Wie Galatasaray und Fenerbahce, die beiden anderen Istanbuler Lokalrivalen. Mein Lieblingsklub war immer Fenerbahce, schon als Kind. Mit 7 oder 8 habe ich meinen ersten Ball bekommen, dann haben wir gespielt, wo immer sich Platz bot – und war der noch so klein. Die Regeln haben wir selbst festgelegt. Bei vier Toren Halbzeit, bei acht Schluss – das war die gängigste. Da konnte ein Spiel mal 30 Minuten, manchmal aber auch drei Stunden dauern. Hauptsache, es hat Spaß gemacht. Später bin ich noch in der Schulmannschaft dem Ball nachgejagt – und oft auch dem Gegner, denn ich musste Verteidiger spielen. Heute halte ich mich im Gym beim Workout fit oder spiele an den Wochenenden Tennis. Beim Fußball bin ich nur noch Zuschauer, zum Beispiel wenn mein Sohn spielt, der als Torwart eine gute Figur abgibt.

»Manchmal muss man bremsen, um Gas zu geben«

OSMAN KORUTÜRK
Botschafter der Republik Türkei

Und bei der Weltmeisterschaft am Fernseher, wenn unsere Nationalmannschaft spielt. Die ist in der Lage, eine gute Rolle zu spielen, wenn sie ihr Potenzial voll umsetzt und sich nicht selbst im Wege steht. Manchmal muss man die Emotionen bremsen, damit man richtig Gas geben kann und nicht durch dumme Fehler gestoppt wird. Freilich ist mir zu viel Begeisterung immer noch lieber als zu wenig oder gar keine. Vielleicht sollten daran auch mal einige unserer Journalisten denken, die oft einen sehr kritischen Blick auf die Auswahl haben. Zumeist sind es ehemalige bekannte Fußballer, die heute über ihre frühere Passion schreiben. Und die sich darüber freuen sollten, dass ihnen der türkische Fußball nach 48 Jahren ohne WM-Teilnahme so viel Stoff bietet. Für mich ist das eine Erfolgsgeschichte.

OSMAN KORUTÜRK, Jahrgang 1944. Verheiratet, ein Sohn. Seit 1973 im Auswärtigen Dienst, u.a. bei der NATO, der UNO in Genf und New York, an den Botschaften in der Sowjetunion, im Iran, Norwegen und seit November 2000 in Deutschland.

1
QI AN
Tor

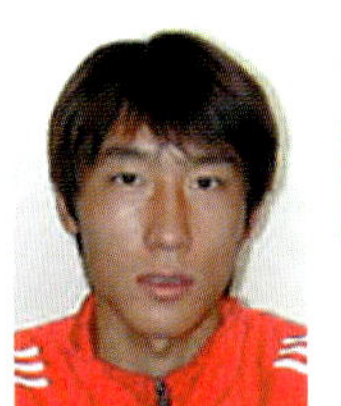

17
WIE DU
Abwehr

5
ZHIYI FAN
Abwehr

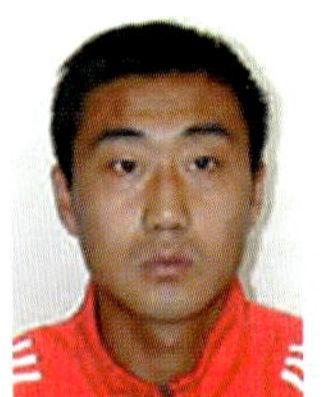

13
YAO GAO
Abwehr

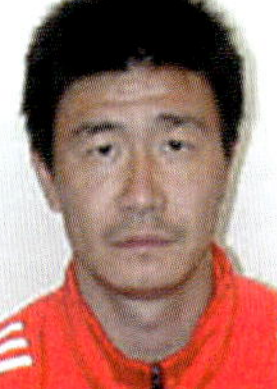

10
HAIDONG HAO
Angriff

22
JIN JIANG
Tor

8
TIE LI
Mittelfeld

14
WEIFENG LI
Abwehr

18
XIAOPENG LI
Mittelfeld

9
MINGYU MA
Mittelfeld

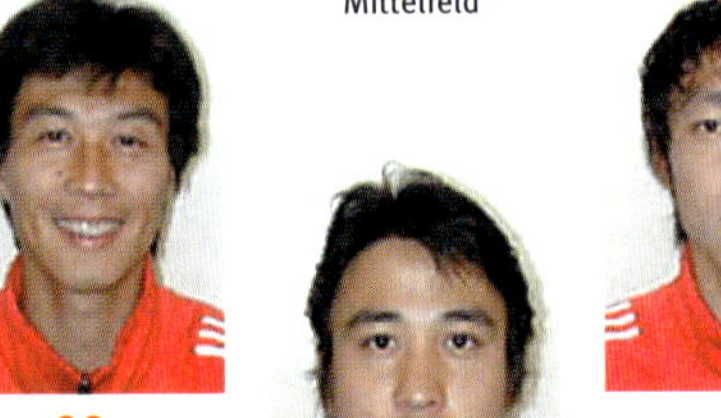

23
CHULIANG OU
Tor

19
HONG QI
Mittelfeld

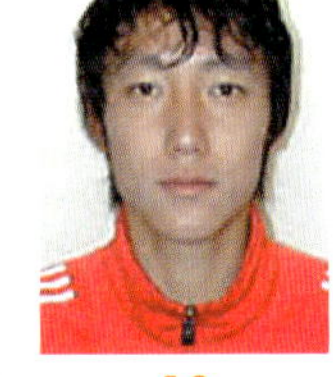

16
BO QU
Angriff

6
JIAYI SHAO
Mittelfeld

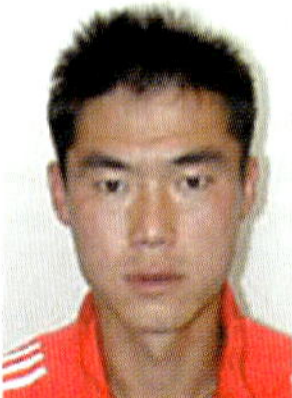

12
MAOZHEN SU
Angriff

7
JIHAI SUN
Abwehr

4
CHENGYING WU
Abwehr

21
YUNLONG XU
Abwehr

20
CHEN YANG
Angriff

3
PU YANG
Abwehr

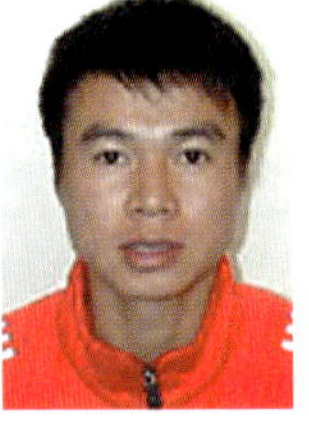

11
GENWEI YU
Mittelfeld

2
ENHUA ZHANG
Abwehr

15
JUNZHE ZHAO
Mittelfeld

CHINA

Hauptstadt	Peking
Bevölkerung (2000)	1.261.832.482
Fläche (qkm)	9.596.960
Währung	Yuan
Regierungschef	Jiang Zemin (Präsident)
Sprache/n	Mandarin

DER VERBAND

Name	Football Association of The People´s Republic of China
Postanschrift	9 Tiyuguan Road, Beijing 100763 / China
Telefon	+86-10-67 11 70 19
Telefax	+86-10-67 14 25 33
Internet	www.fa.org.cn
Gründungsjahr	1924
Präsident	Yuan Weimin
Vereine	2.347
Fußballprofis	1.492
Dachverband	Asian Football Confederation (AFC)
Weltranglistenplatz	52
WM-Teilnahmen	1
Größter WM-Erfolg	WM-Teilnahme 2002
Spielkleidung	Trikot: weiß – Hose: weiß – Stutzen: weiß

DER TRAINER

Name	Bora Milutinovic
Nationalität	Jugoslawien
Geburtsdatum	07.09.1944
Trainerstationen	
Mexiko	Pumas 01/1977 – 01/1981
Mexiko	Nationalmannschaft 01/1983 – 07/1986
Argentinien	San Lorenzo 01/1987 – 06/1987
Costa Rica	Nationalmannschaft 03/1990 – 07/1990
USA	Nationalmannschaft 01/1991 – 04/1995
Mexiko	Nationalmannschaft 05/1995 – 12/1997
Nigeria	Nationalmannschaft 01/1998 – 07/1998
USA	N.Y./N.J. MetroStars 10/1998 – 08/1999
China	Nationalmannschaft seit Herbst 2000

QUALIFIKATION

Spiele in der Gruppe 9 der 1. Runde der Asien-Qualifikation

H	Malediven	10:1 (4:0)	22.04.2001	Xian
A	Malediven	0:1 (0:1)	28.04.2001	Male
A	Kambodscha	0:4 (0:2)	06.05.2001	Phnom Penh
H	Indonesien	5:1 (0:1)	13.05.2001	Kunming
H	Kambodscha	3:1 (2:1)	20.05.2001	Guangzhou
A	Indonesien	0:2 (0:1)	27.05.2001	Jakarta

Spiele in der Gruppe 2 der 2. Runde der Asien-Qualifikation

H	VA Emirate	3:0 (3:0)	25.08.2001	Shenyang
A	Oman	0:2 (0:0)	31.08.2001	Muscat
A	Katar	1:1 (1:0)	07.09.2001	Doha
H	Usbekistan	2:0 (0:0)	15.09.2001	Shenyang
A	VA Emirate	0:1 (0:1)	27.09.2001	Abu Dhabi
H	Oman	1:0 (1:0)	07.10.2001	Shenyang
H	Katar	3:0 (2:0)	13.10.2001	Shenyang
A	Usbekistan	1:0 (0:0)	19.10.2001	Taschkent

Sieger der Asien-Gruppe 2 (19 Punkte, 13:2 Tore)

WM 2002

GC	Costa Rica	0:2 (0:0)	04.06.2002	Gwangju (KOR)
GC	Brasilien	0:4 (0:3)	08.06.2002	Seogwipo (KOR)
GC	Türkei	0:3 (0:2)	13.06.2002	Seoul (KOR)

GC = Vorrundenspiele Gruppe C

Fußball à la China Wir sind eine Großmacht – politisch, wirtschaftlich, kulturell und auch sportlich. Es gibt Sportarten, in denen China ganz weit oben stehen. Im Tischtennis natürlich, im Turnen, Badminton, Schwimmen, Gewichtheben und Wasserspringen ebenfalls. Im Fußball sind wir noch nicht so weit. Da ist China ein Entwicklungsland. Jedenfalls bei den Männern. Die Frauen dagegen sind Weltspitze, sie haben den Fußball in unserem Land richtig nach vorn getrieben und viel dazu beigetragen, dass er heute so populär ist. Nun haben die Männer ein wenig nachgezogen, sind zum ersten Male bei einer Weltmeisterschaft dabei. Seit Ende der fünfziger Jahre haben wir versucht, uns für ein Weltchampionat zu qualifizieren, stets ohne Erfolg. Dass es jetzt gelungen ist, ist das Resultat eines längeren Prozesses über zehn, fünfzehn Jahre. Durch die Profi-Liga können sich die Spieler besser entwickeln und haben mehr Chancen auf Einsätze. Außerdem sind Trainer aus dem Ausland als Entwicklungshelfer ins Land geholt worden, wie zum Beispiel der Deutsche Klaus Schlappner oder jetzt Bora Milutinovic als Auswahlcoach. Das hat sich bezahlt gemacht. Einige unserer besten Kicker spielen inzwischen in Westeuropa, in deutschen Ligen oder in der englischen Premiere League.

Anderswo sagt man über Chinas Rolle im Weltfußball, dass mit der Teilnahme an der Weltmeisterschaft ein schlafender Riese erwacht. Ich glaube, das ist richtig. Es wird oft vergessen, dass die Ursprünge des Fußballs nicht wie oft vermutet in England, sondern in China liegen. Schon 3000 Jahre vor Beginn der modernen Zeitrechnung wurde von einem Spiel namens Tsu Tschü berichtet. Tradition verpflichtet, auch, wenn sie bei uns zwischenzeitlich etwas in Vergessenheit geraten ist. Der moderne Fußball braucht Platz, braucht Stadien. Daran hat es in China lange Zeit gemangelt. Eine Tischtennisplatte dagegen kann man überall aufstellen. Jetzt haben wir genug Arenen und eine ständig wachsende Begeisterung für Fußball, vor allem unter den jungen Leuten. Wir haben die meisten Fans in der Welt, darunter auch sehr viele Mädchen. Zugegeben, das ist kein großes Kunststück als bevölkerungsreichstes Land der Erde.

Bei der Weltmeisterschaft sind wir klarer Außenseiter, aber natürlich wollen wir uns so gut wie möglich verkaufen. Wenn man unsere Auswahl mit der vor drei, vier Jahren vergleicht, dann sind wir wirklich schon viel besser geworden. Überall im Land tut sich was beim Nachwuchs, an den Sportschulen ist Fußball eine der wichtigsten Sportarten. Allein in der Provinz Liaoning, eine von 23, gibt es über 5000 Teams. Mit der WM wird es noch einmal einen richtigen Schub geben – damit hat sich ein jahrzehntelanger Traum erfüllt.

Ich selbst bin zwar kein bedingungsloser Fußball-Fan, sondern eher Tischtennisspieler. Aber ich mag auch den Sport mit dem großen Ball. Bei den wenigen Spielen, die ich im Stadion erlebt und im Fernsehen gesehen habe, konnte ich feststellen, dass das ein Sport ist, der die Menschen mitreißt. Welch wunderbare Emotionen löst ein Tor aus, wie sehr werden Tausende durch einen einzigen Schuss in den Bann des Augenblicks geschlagen! Das hat sich in China herumgesprochen, oft finden Spiele vor 100 000 Zuschauern statt. Auch das Fernsehen und die Zeitungen berichten ausführlich, nicht nur über den Fußball im eigenen Land, sondern auch über die großen National- und Klubmannschaften weltweit. Bei der ersten Weltmeisterschaft in Asien werden zigtausende Chinesen unsere Auswahl unterstützen. Wir sind realistisch genug, keine Wunderdinge zu erwarten. Aber ich bin auch sicher, dass wir eine gute Visitenkarte abgeben werden. Mit unserem Team- und Kampfgeist, mit Einsatz bis zur letzten Minute, mit Spielfreude. Wir wollen ein Bild davon geben, dass in China guter Fußball gespielt wird. Sozusagen als Einladung an internationale Kontrahenten, in unser Land zu kommen.

Dass auch in der Botschaft die Fußball-Begeisterung groß ist, versteht sich von selbst. In Bonn gab es vor dem Gebäude eine große Wiese, darauf haben wir oft gespielt. Der Rang in der Botschaft spielte keine Rolle mehr, sobald wir auf dem Platz waren. Da ging es zur Sache – herzhaft und mit allem, was die Lunge hergab. Nach dem Umzug nach Berlin müssen wir jetzt erst wieder ein neues Team bilden. Aber das wird mit Sicherheit geschehen, dafür gibt es zu viele Fußball-Verrückte in der Botschaft. Mit und nach der Weltmeisterschaft erst recht.

»Wir haben die meisten Fans der Welt«

CANRONG MA
Botschafter der Volksrepublik China

CANRONG MA, Jahrgang 1945, seit 1972 im Auswärtigen Dienst. Verheiratet, ein Sohn. Seit 1973 mit Unterbrechung in verschiedenen Funktionen in der Botschaft Chinas in Deutschland tätig. Seit Januar 2002 Botschafter.

16 STEVEN BRYCE
Angriff

22 CARLOS CASTRO
Abwehr

10 WALTER CENTENO
Mittelfeld

21 PABLO CHINCHILLA
Abwehr

19 RODRIGO CORDERO
Mittelfeld

2 JERVIS DRUMMOND
Abwehr

7 ROLANDO FONSECA
Angriff

11 RONALD GOMEZ
Angriff

1 ERICK LONNIS
Tor

6 WILMER LOPEZ
Mittelfeld

3 LUIS MARIN
Abwehr

5 GILBERTO MARTINEZ
Abwehr

17 HERNAN MEDFORD
Angriff

18 ALVARO MESÉN
Tor

23 LESTER MORGAN
Tor

12 WINSTON PARKS
Angriff

14 JUAN JOSÉ RODRIGUEZ
Abwehr

8 MAURICIO SOLIS
Mittelfeld

20 WILLIAM SUNSING
Angriff

13 DANIEL VALLEJOS
Mittelfeld

15 HAROLD WALLACE
Abwehr

9 PAULO WANCHOPE
Angriff

4 MAURICIO WRIGHT
Abwehr

COSTA RICA

Hauptstadt	San José
Bevölkerung (2000)	3.710.558
Fläche (qkm)	51.100
Währung	Colon
Regierungschef	Miguel Angel Rodriguez (Präsident)
Sprache/n	Spanisch

DER VERBAND

Name	Federación Costarricense de Fútbol
Postanschrift	Apartado 670-1000, Calle 40-Ave. CTL y 1ra, San José / Costa Rica
Telefon	+506-2-2221544
Telefax	+506-2-2552674
Internet	www.fedefutbol.com
Gründungsjahr	1921
Präsident	Hermes Navarro Vargas
Vereine	128
Fußballprofis	1.040
Dachverband	Confederation of North, Central American and Caribbean Association Football (COMCACAF)
Weltranglistenplatz	27
WM-Teilnahmen	2
Größter WM-Erfolg	Achtelfinale 1990
Spielkleidung	Trikot: rot – Hose: blau – Stutzen: weiß

DER TRAINER

Name	Alexander Guimaraes
Nationalität	Costa Rica
Geburtsdatum	07.11.1959
Trainerstationen	
Costa Rica	Belen 04/1994 – 06/1996
Costa Rica	Herediano 09/1996 – 06/1997
Costa Rica	Saprissa 09/1997 – 06/1999
Guatemala	Comunicaciones 07/1999 – 10/1999
Costa Rica	Saprissa 11/1999 – 11/2000
Costa Rica	Nationalmannschaft seit Januar 2001

QUALIFIKATION

Spiele in der Gruppe E der 2. Runde der Amerika-Qualifikation

A	Barbados	2:1	(0:0)	16.07.2000	Waterford
H	USA	2:1	(1:0)	23.07.2000	San Jose
H	Guatemala	2:1	(1:0)	15.08.2000	Alajuela
H	Barbados	3:0	(2:0)	03.09.2000	San Jose
A	USA	0:0	(0:0)	11.10.2000	Columbus
A	Guatemala	2:1	(0:0)	15.11.2000	Mazatenango

Play-Off-Spiel in der Gruppe E der 2. Runde der Amerika-Qualifikation

N	Guatemala	5:2	(2:1)	06.01.2001	Miami

Gruppenspiele in der Finalrunde der Amerika-Qualifikation

H	Honduras	2:2	(0:1)	28.02.2001	San Jose
H	Trinidad & Tobago	3:0	(0:0)	28.03.2001	San Jose
A	USA	1:0	(0:0)	25.04.2001	Kansas City
A	Mexiko	1:2	(1:0)	16.06.2001	Mexico-City
H	Jamaika	2:1	(2:1)	20.06.2001	San Jose
A	Honduras	2:3	(2:2)	01.07.2001	Tegucigalpa
A	Trinidad & Tobago	0:2	(0:2)	01.09.2001	Port of Spain
H	USA	2:0	(1:0)	05.09.2001	San Jose
H	Mexiko	0:0	(0:0)	07.10.2001	San Jose
A	Jamaika	0:1	(0:1)	11.11.2001	Kingston

Erster der Amerika-Finalrunde (23 Punkte, 17:7 Tore)

WM 2002

GC	China	2:0	(0:0)	04.06.2002	Gwangju (KOR)
GC	Türkei	1:1	(0:0)	09.06.2002	Incheon (KOR)
GC	Brasilien	2:5	(1:3)	13.06.2002	Suwon (KOR)

GC = Vorrundenspiele Gruppe C

Fußball à la Costa Rica La Nacion heißt die größte und wichtigste Zeitung in Costa Rica. Meinungsbildend, Zeichen setzend, nachhaltig – wie die FAZ in Deutschland. Vor einiger Zeit hat sie einen ganzseitigen Kommentar veröffentlicht, der aus einem einzigen Wort bestand. Auch für Spanisch-Unkundige ist das leicht verständlich: Fútbol, fútbol, fútbol, fútbol, futból ... und so weiter und so fort. Wenn ich beantworten sollte, wie wichtig Fußball in Costa Rica ist, würde ich immer auf diese Seite verweisen – so viel sagend ist sie mit nur einem Wort. Fußball ist sportlich das Wichtigste, was es gibt. Und nicht nur das: Fußball ist eine Kultur. Die anderen Sportarten wie Basketball, Volleyball oder Mountainbiking, die eine bestimmte Rolle in Costa Rica spielen, können das nicht von sich sagen.
Jedes Kind in meiner Heimat wird groß mit Fußball. In dieser oder jener Form. Überall wird gespielt, am Strand, auf den Straßen und Höfen. Und in jeder Stadt gibt es ein Stadion. Zumeist keine hochkomfortablen, aber solche, die ihren Zweck erfüllen. Ein Ball schafft Kommunikation. Alle hemmenden Mauern stürzen sofort ein, wenn er ins Spiel kommt. Das ist faszinierend. Wenn ich an meine Kindheit denke, dann gehört zu den Bildern, die wie ein Film in meinem Gedächtnis ablaufen, immer auch ein Ball. Oder etwas Ball-Ähnliches. Denn hatte man kein Spielgerät aus dem Laden, dann machte der Mangel erfinderisch – man baute sich aus allem Möglichen etwas zusammen, und wenn es Plastiktüten waren. Die Spiellust hemmte das nicht, im Gegenteil. Zwar wurden in den Schulen Mannschaften gebildet, in denen eifrig geübt wurde, aber am meisten Spaß machte es in den wilden, nicht organisierten Teams, die sich spontan zusammenfanden, wenn nur jemand meinte: Kommt, lasst uns ein Spielchen machen! Ein Schiedsrichter wurde nicht gebraucht, und auch sonst gingen wir relativ frei um mit den ehernen Gesetzen des Fußballs. Mejenga nannten wir diese lockere Art des Kicks, bei der man so wunderschön losgelassen sein konnte – und bei der viele dem Ball nachjagten, die später vielleicht mal berühmte Fußballer werden sollten.
Auch ich habe mich bei der Mejenga richtig ausgetobt. Mal als Torwart, mal als Verteidiger, aber meistens als Stürmer. Das Toreschießen, das verschaffte den größten Genuss, den größten Kitzel, die größte Lust auf ein Dacapo und noch ein Dacapo. Aber das wissen wohl alle, die mal gespielt haben. In einem Land wie Costa Rica, das getrost als Fußballzwerg unter vielen Giganten gelten darf, die bei der Weltmeisterschaft vertreten sind, wird jedes Tor der Nationalelf sozusagen zum nationalen Ereignis, das Stolz und Selbstbewusstsein befördert. Als wir uns 1990 erstmals für die WM qualifizierten und dann sogar ins Achtelfinale zogen, da war das etwas, für das alle beschreibenden Worte fehlten. Etwas, das der Entdeckung der Welt gleich kam. Ein kleines Land, das mit den Riesen mithielt – das war die Erfüllung eines Traums. Wir haben wirklich eine gute Mannschaft mit guten Spielern, müssen uns nicht verstecken. Woran es vielleicht gegenüber den Top-Nationen noch mangelt, ist das professionelle Mnagement und die leistungsfördernde Konkurrenz im eigenen Land. Eine stärkere Liga wäre auch für die Nationalmannschaft von Nutzen. Alajuela und Saprissa machen in schöner Regelmäßigkeit den Titel unter sich aus, wobei meine Sympathien Alajuela gehören, weil es meine Heimatstadt ist. Die Besten freilich spielen im Ausland, zumeist in Mexiko. Vollprofitum ist noch eher selten – die meisten unserer Kicker, die 1990 bei der WM in Italien in der Auswahl standen, hatten damals noch einen Nebenjob. Um so großartiger haben sie sich verkauft. Ich bin davon überzeugt, dass sich die Dinge bei uns gut entwickeln.
Das ist natürlich auch für den Tourismus gut. Wenn wir attraktiven Fußball bieten, dann werden die Leute neugierig, fühlen sich angezogen und haben eher das Bedürfnis, sich mal anzusehen, wo so etwas wächst. Und wenn sie dann vor Ort mal Zeuge einer Mejenga werden, dann werden sie vielleicht verstehen, woher es kommt, dass ein Fußballzwerg die Großen herausfordern kann. Es kommt aus der Freude an der Bewegung – jeder Costa Ricaner kann tanzen –, am Zusammenspiel, an Tricks, am Torjubel. Und das ist, so meine ich, ein großartiges Fundament für die Zukunft.

»Bei der Mejenga spielen viele kleine Stars«

PROF. DR. RAFAEL ÁNGEL HERRA
Botschafter von Costa Rica

PROF. DR. RAFAEL ÁNGEL HERRA, Jahrgang 1943, verheiratet, eine Tochter. Professor für Philosophie. Autor literarischer Werke (»Reise in das Reich der Wünsche« ist in Costa Ricas Schulen Pflichtlektüre) und wissenschaftlicher Bücher. Botschafter bei der UNESCO und seit Herbst 1998 in Deutschland.

Südkoreas

Mehr geht nicht. Ein Gastgeber feiert seine Erfolge und fühlt sich unverhofft als Supermacht im Weltfußball.

Wer glaubte, es sei allein der Heimvorteil gewesen, der den Südkoreanern Flügel verliehen hat, der wurde der Realität nicht gerecht. Guus Hiddinks Mannschaft zelebrierte Fußball furioso und zog hoch verdient als Gruppensieger ins Achtelfinale ein.

erfüllter Traum

Asiens Fußball – er ähnelte vor der Weltmeisterschaft 2002 einer Sphinx. Nie hatten Mannschaften dieses Kontinents bei einer WM eine nennenswerte Rolle gespielt. Und nun bot sich ihnen in Japan und Südkorea die große Chance. Saudi-Arabien erlitt gleich im Auftaktmatch gegen Deutschland eine Riesenschlappe, China war trotz des erfahrenen Trainers Velibor »Bora« Milutinovic, der zum fünften Mal hintereinander eine Mannschaft zum WM-Turnier führte, nur ein Akkord im Konzert der Supermächte. Doch neben Japan hievte sich auch Südkorea zum Gruppensieg – und dies zur Überraschung mancher Experten völlig zu Recht. Keine Mannschaft spielte in der Vorrunde mit einem so unglaublich rasanten Tempo. Im letzten Spiel des Turniers strich Portugal, vor der WM hoch gehandelt, die Segel. Mit den Südkoreanern zogen nicht weniger überraschend die US-Boys ins Achtelfinale ein, obwohl die Mannschaft auf ihren letzten Metern der Vorrunde eklatante Schwächen offenbarte. Die eigentliche Enttäuschung dieser Gruppe aber war Portugal, das mit großen Erwartungen in das Turnier gegangen war. Auch deshalb, um noch einmal am Rad der eigenen Motivation als Gastgeber der EM 2004 zu drehen. Vom Schock ihrer 2:3-Niederlage gegen die USA erholten sich die Portugiesen nicht.

SÜDKOREA – POLEN 2:0

Ein historischer Tag für Südkorea! Fünfmal waren die Fußballer des geteilten Landes bisher zu Weltmeisterschaften gereist. Immer schieden sie in der Vorrunde aus, und in 14 Spielen hatte es nie zu einem Sieg gelangt. Aber nun erlebte das futuristisch anmutende neue Stadion von Busan den ersten Triumph eines südkoreanischen Nationalteams. Die WM begann also für den Mit-Gastgeber mit einem Paukenschlag, der die Fans zwischen Jeju-Island und dem Eisernen Vorgang am 38. Breitengrad elektrisierte. Nach dem 2:0 gegen Polen waren die Zeitungen Südkoreas gefüllt mit großen Titeln und vielen bunten Bildern, die allesamt die strahlenden Helden des großen Sieges zeigten.

Einen sehenswerten Angriffsfußball hat Guus Hiddink (unten), der holländische Coach der Koreaner, seinen Spielern verordnet. »Hiddink – erfüll uns unseren Traum«, stand auf einem unübersehbaren Transparent im Stadion von Busan. Und es sollte so kommen.

USA – PORTUGAL 3:2

Im Pressezentrum des Stadions von Ibaraki, wo am Abend Deutschland gegen Irland das zweite WM-Spiel bestritt, rieben sich die Journalisten vor den Fernsehgeräten die Augen. Die US-Boys demütigten den hohen Favoriten Portugal, der seit den großen Tagen des legendären Eusebio bei Weltmeisterschaften zwar keine Rolle mehr gespielt hatte, aber mit einer exzellenten Leistung bei der EURO 2000 aufhorchen ließ. Doch selbst der amerikanische Coach Bruce Arena, ein früherer Torwart, konnte am Ende den 3:2-Sieg seiner Mannschaft im südkoreanischen Sujwon kaum fassen: »Wir haben zwar in Testspielen England, Brasilien und Argentinien geschlagen. Aber an einen so großen US-Sieg gegen ein renommiertes Team des Weltfußballs kann ich mich nicht erinnern.« Mehr noch als der Sieg verblüffte jedoch der schnörkellose Fußball, den die Amerikaner präsentierten und der ihnen nach kaum mehr als einer halben Stunde einen

Linke Seite und unten:
Mannschaftlich geschlossen treten die »Roten Teufel« an im entscheidenden letzten Gruppenspiel gegen Portugal. Und überfallartige Konter sind ihr Rezept, das letztlich aufgeht. Was Chong Gug Song (22) erst nicht gelingt, glückt Park Ji-Sung in der 70. Minute: das Tor des Tages. Den Portugiesen bleibt die Depression.

komfortablen 3:0-Vorsprung bescherte. Als ein US-Kantersieg drohte, wachten die Portugiesen endlich auf, doch in der zweiten Halbzeit prallten alle Bemühungen an der amerikanischen Deckung ab. Enttäuscht waren Portugals Fans vor allem von ihrem Star Luis Figo, der nur selten Akzente setzen konnte.

USA gegen Portugal – der Anfang vom Ende eines hohen Favoriten.
Szene 1: John O'Brien schmettert zum Führungstreffer durch die Reihen der Portugiesen.
Szene 2: Vitor Baia kommt nicht mehr an den Ball – Eigentor von Jorge Costas.
Szene 3: Das Maß ist voll – Flugkopfball von Brian McBride.
(rechte Seite von oben)

SÜDKOREA – USA 1:1

Schon im zweiten Gruppenspiel ging es im Duell der Auftaktsieger um den Einzug ins Achtelfinale. Der Gewinner hätte es geschafft, doch in Daegu erhielten die hoch gesteckten Erwartungen der Koreaner zunächst einen herben Dämpfer, denn das Team des holländischen Trainers Guus Hiddink hatte zwischen der 22. und 24. Minute einen Doppelschock zu verkraften. Erst erlitt der couragierte Stürmer Sun-hong Hwang eine klaffende Kopfwunde, und während ihm ein Turban verpasst wurde, nutzte »Irokese« Clint Mathis nach einem maßgerechten Steilpass von John O'Brien eine Deckungslücke zum Führungstor. Und als Eul-yong Lee fünf Minuten vor der Pause mit einem schwach geschossenen Elfmeter an Torwart Brad Friedel scheiterte, wurde es sehr viel ruhiger auf den Rängen des modernen Stadions. Doch die Koreaner warfen ihre Kampfkraft in die Waagschale und suchten mit Power-Fußball die Wende. In der 70. Minute wurden sie belohnt durch einen Hinterkopfball von Jung-hwan Ahn, der in Perugia spielt und nach einer Flanke höher sprang als die um ihn stehenden US-Boys.

PORTUGAL – POLEN 4:0

Die Portugiesen feierten ihre »Wiedergeburt«, und ihr Triumph gegen Polen hatte einen Namen: Pauleta! Der wendige Stürmer von Girondins Bordeaux war beim 4:0 gegen Polen mit drei Treffern der überragende Schütze. Im Regen von Jeonju war er der König und wurde von seinen zahlreichen Fans enthusiastisch gefeiert. Portugals Trainer Antonio Oliveira litt auf der Bank am Spielfeldrand nur ganze neun Minuten lang, dann erlöste ihn Pauleta mit dem 1:0. Oliveira feierte an diesem 10. Juni seinen 50. Geburtstag und nahm die Tor-Geschenke seiner Spieler freudestrahlend entgegen. Er hatte seinen Profis, die nach dem überraschenden 2:3 im Auftaktspiel gegen die USA völlig geknickt waren, in den Tagen vor dem zweiten WM-Match immer wieder eingehämmert: »Wer gewinnen will, darf keine Angst haben …« Und Angst hatten die Portugiesen vor den Polen nun wirklich nicht, denn das Team um Abwehrrecke Tomasz Hajto vom FC Schalke 04 rieb sich in der ersten Halbzeit auf in vielen Kleinkriegen und hatte in der zweiten Halbzeit keine Kraft mehr, um noch etwas zuzulegen. Auf dem immer schlüpfriger werdenden Rasen dominierte mehr und mehr der technisch hoch stehende Fußball der Portugiesen, während die Polen nur zu wenigen echten Torchancen kamen. Der Sieger konnte es sich leisten, dass Superstar Luis Figo sein Genie nur sporadisch aufblitzen ließ. Nicht Figo, sondern Pauleta war an diesem nassen Abend in Jeonju der Held der Portugiesen.

Klare Rollenverteilung in und nach dem Spiel: die Amerikaner, schnörkellos, ballsicher und obenauf, wie Landon Donovan (21); die Südeuropäer müde, kraftlos und gedemütigt wie Stürmerstar Sergio Conceicao

O'BRIEN
5

VITOR BAIA
1

PORTUGAL – SÜDKOREA 0:1

Seoul, Busan, Daejeon und Gwangju – die großen Städte Südkoreas erlebten WM-Fieber pur. Eine nie gekannte Fußball-Euphorie machte sich breit, als der Einzug ins Halbfinale zur unumstößlichen Realität geworden war. So, als wollten die Menschen nicht glauben, was sie da im Fernsehen oder live im Stadion von Incheon sahen, dauerte es eine gewisse Zeit, bis der Stolz über das Erreichte wie ein Tausendfüßler durchs Land kroch. Überall in Südkorea gab es hupende Autofahrer, in allen Städten und Dörfern jubelten die Menschen in den Bars und vor den Schaufenstern der Geschäfte, die Fernsehgeräte aufgestellt hatten. Portugal war ein zäher Gegner, doch die Mannschaft vom südwestlichen Zipfel Europas hatte schon vorher den Glauben an die eigene Stärke verloren und beendete das Spiel gegen Südkorea nach Platzverweisen für Joao Pinto und Beto mit neun Spielern. Ji-Sung Parks Tor in der 70. Minute war für Portugal das Knock-out bei dieser WM.

STIMMEN ZUM SPIEL DER PORTUGIESEN

»Portugal spielte ohne Glorie und ohne zündenden Funken. Das Team erlitt Schiffbruch in einem Meer roter koreanischer Fahnen.«
PUBLICO, Portugal, nach dem Spiel gegen Südkorea

»Portugal im Schockzustand! Bei der WM ausgeschieden, und das auch noch auf unehrenhafte Weise!«
A BOLA, Portugal

»Aus der goldenen Generation wurde eine goldene Enttäuschung.«
RECORD, Portugal

»Schlappe Südeuropäer schlagen die Warnungen in den Wind – und werden bestraft.«
FRANKFURTER ALLGEMEINE ZEITUNG

POLEN – USA 3:1

Nur dank der Schützenhilfe Südkoreas schafften es die Amerikaner doch noch. Die Polen erwischten einen Blitzstart und führten durch Olisadebe und Kryszalowicz schon nach fünf Minuten 2:0. Zwar ließen sich die Spieler der USA dadurch nicht aus der Ruhe bringen, doch eine Wende des Spiels erreichten sie nicht mehr, obwohl sie ihre Abwehr ständig entblößten. Am Ende hatte Polen zwar mit 3:1 gewonnen, doch es jubelten die Amerikaner, weil ihr Achtelfinal-Einzug trotzdem perfekt war. Zwischenzeitlich hatte den USA sogar eine höhere Niederlage gedroht. Torwart Friedel parierte einen Foulelfmeter.

Luis Figo und der verloren gegangene Spaß am Fußball

Vorrunde Gruppe D · Spiel 14
Dienstag, 04.06.2002
20:30 Uhr (13.30 Uhr MESZ) in Busan (KOR)

SÜDKOREA – POLEN
2:0 (1:0)

Südkorea: W. J. Lee – J. C. Choi, Hong, T. Y. Kim – N. I. Kim – Song, Yoo (61. C. S. Lee), E. Y. Lee – Park – Hwang (50. Ahn), Seol (90. Cha)
Polen: Dudek – Hajto, J. Bak (51. Klos), Waldoch, Michal Zewlakow – Kozminski, Kaluzny (65. Marcin Zewlakow), Swierczewski, Krzynowek – Zurawski (46. Kryszalowicz), Olisadebe
Tore: 1:0 Hwang (26.), 2:0 Yoo (53.)
Ecken: 10:2
Schiedsrichter: Oscar Ruiz (Kolumbien)
Zuschauer: 48.760
Gelbe Karten: Cha, Park – Krzynowek, Hajto, Swierczewski
Gelb/Rote Karten: keine
Rote Karten: keine

Vorrunde Gruppe D · Spiel 16
Mittwoch, 05.06.2002
18:00 Uhr (11.00 Uhr MESZ) in Suwon (KOR)

USA – PORTUGAL
3:2 (3:1)

USA: Friedel – Sanneh, Pope (80. Llamosa), Agoos, Hejduk – Mastroeni – Stewart (46. Jones), O'Brien, Beasley – McBride, Donovan (75. Moore)
Portugal: Baia – Beto, Couto, J. Costa (73. Andrade), Jorge (69. Bento) – Petit – R. Costa (79. Gomes) – Figo, Conceicao – Pinto, Pauleta
Tore: 1:0 O'Brien (4.), 2:0 J. Costa (29., Eigentor), 3:0 McBride (36.), 3:1 Beto (39.), 3:2 Agoos (71., Eigentor)
Ecken: 4:7
Schiedsrichter: Byron Moreno (Ekuador)
Zuschauer: 37.306
Gelbe Karten: Beasley – Beto, Petit
Gelb/Rote Karten: keine
Rote Karten: keine

Vorrunde Gruppe D · Spiel 30
Montag, 10.06.2002
15:30 Uhr (8.30 Uhr MESZ) in Daegu (KOR)

SÜDKOREA – USA
1:1 (0:1)

Südkorea: W. J. Lee – J. C. Choi, Hong, T. Y. Kim – Song, N. I. Kim, Yoo (70. Y. S. Choi), E. Y. Lee – Park (38. C. S. Lee), Hwang (56. Ahn), Seol
USA: Friedel – Sanneh, Pope, Agoos, Hejduk – Reyna, O'Brien – Beasley (75. Lewis) – Donovan – McBride, Mathis (82. Wolff)
Tore: 0:1 Mathis (24.), 1:1 Ahn (78.)
Ecken: 7:0
Schiedsrichter: Urs Meier (Schweiz)
Zuschauer: 60.778
Gelbe Karten: Hong – Hejduk, Agoos
Gelb/Rote Karten: keine
Rote Karten: keine

Vorrunde Gruppe D · Spiel 32
Montag, 10.06.2002
20:30 Uhr (13.30 Uhr MESZ) in Jeonju (KOR)

PORTUGAL – POLEN
4:0 (1:0)

Portugal: Baia – Frechaut (63. Beto), Couto, J. Costa, Jorge – Petit, Bento – Figo, Conceicao (69. Capucho) – Pinto (60. R. Costa), Pauleta
Polen: Dudek – Hajto, Waldoch, Michal Zewlakow (71. Rzasa) – Krzynowek, Swierczewski, Kaluzny (16. A. Bak), Kozminski – Zurawski (56. Marcin Zewlakow), Olisadebe, Kryszalowicz
Tore: 1:0 Pauleta (14.), 2:0 Pauleta (65.), 3:0 Pauleta (77.), 4:0 R. Costa (88.)
Ecken: 2:10
Schiedsrichter: Hugh Dallas (Schottland)
Zuschauer: 31.000
Gelbe Karten: Frechaut, J. Costa, Jorge – Swierczewski, A. Bak
Gelb/Rote Karten: keine
Rote Karten: keine

Vorrunde Gruppe D · Spiel 47
Freitag, 14.06.2002
20:30 Uhr (13.30 Uhr MESZ) in Incheon (KOR)

PORTUGAL – SÜDKOREA
0:1 (0:0)

Portugal: Baia – Beto, Couto, J. Costa, Jorge (73. Xavier) – Petit (77. Gomes), Bento – Figo, Pinto, Conceicao – Pauleta (69. Andrade)
Südkorea: W. J. Lee – J. C. Choi, Hong, T. Y. Kim – Song, N. I. Kim, Yoo, Park, Y. P. Lee, Ahn (90+3. C. S. Lee) – Seol
Tore: 0:1 Park (70.)
Ecken: 3:5
Schiedsrichter: Angel Sanchez (Argentinien)
Zuschauer: 50.239
Gelbe Karten: J. Costa – T. Y. Kim, Seol, N. I. Kim, Ahn
Gelb Rote Karten: Beto (66.)
Rote Karten: Pinto (26.)

Vorrunde Gruppe D · Spiel 48
Freitag, 14.06.2002
20:30 Uhr (13.30 Uhr MESZ) in Daejeon (KOR)

POLEN – USA
3:1 (2:0)

Polen: Majdan – Klos (89. Waldoch), Zielinski, Glowacki, Kozminski – Murawski, Krzynowek, Kucharski (65. Marcin Zewlakow) – Zurawski, Olisadebe (85. Sibik), Kryszalowicz
USA: Friedel – Sanneh, Pope, Agoos (36. Beasley), Hejduk – Stewart (68. Jones), O'Brien, Reyna – Donovan – Mathis, McBride (58. Moore)
Tore: 1:0 Olisadebe (3.), 2:0 Kryszalowicz (5.), 3:0 Marcin Zewlakow (66.), 3:1 Donovan (83.)
Ecken: 3:8
Schiedsrichter: Jun Lu (China)
Zuschauer: 26.482
Gelbe Karten: Majdan, Kozminski, Kucharski, Olisadebe – Hejduk
Gelb/Rote Karten: keine
Rote Karten: keine

Vorrunde · Gruppe D (Abschlusstabelle)

Land	Spiele	S	U	N	Tore	Diff	Pkte
Südkorea	3	2	1	0	4:1	3	7
USA	3	1	1	1	5:6	-1	4
Portugal	3	1	0	2	6:4	2	3
Polen	3	1	0	2	3:7	-4	3

SÜDKOREA

Hauptstadt	Seoul
Bevölkerung (2000)	47.470.969
Fläche (qkm)	98.480
Währung	Won
Regierungschef	Kim Dae-jung (Präsident)
Sprache/n	Koreanisch

DER VERBAND

Name	Korea Football Association
Postanschrift	1-131 Shinmunro 2-Ga, Chongru-Ku, Seoul 110-062 / Südkorea
Telefon	+82-2-7377538
Telefax	+82-2-7352755
Internet	www.kfa.or.kr
Gründungsjahr	1948
Präsident	Dr. Mong Joon Chung
Vereine	54
Fußballprofis	417
Dachverband	Asian Football Confederation (AFC)
Weltranglistenplatz	41
WM-Teilnahmen	2
Größter WM-Erfolg	Qualifikation zur WM 1998
Spielkleidung	Trikot: rot – Hose: blau – Stutzen: rot

DER TRAINER

Name	Guus Hiddink
Nationalität	Niederlande
Geburtsdatum	08.11.1946
Trainerstationen	
Niederlande	De Graafschap 06/1982 – 05/1984
Niederlande	PSV Eindhoven 06/1986 – 05/1990
Türkei	Fenerbahce 06/1990 – 05/1991
Spanien	FC Valencia 06/1991 – 05/1993
Niederlande	Nationalmannschaft 01/1995 – 07/1998
Spanien	Real Madrid 06/1998 – 05/1999
Spanien	Real Betis Sevilla 06/2000 – 12/2000
Südkorea	Nationalmannschaft seit Januar 2001

QUALIFIKATION

Als Gastgeber automatisch qualifiziert

WM 2002

GD	Polen	2:0 (1:0)	04.06.2002	Busan (KOR)
GD	USA	1:1 (0:1)	10.06.2002	Daegu (KOR)
GD	Portugal	1:0 (0:0)	14.06.2002	Incheon (KOR)
AF	Italien	2:1 i.V./Golden Goal (1:1 (0:1))	18.06.2002	Daejeon (KOR)
VF	Spanien	5:3 i.E. (0:0)	22.06.2002	Gwangju (KOR)
HF	Deutschland	0:1 (0:0)	25.06.2002	Seoul (KOR)
FI	Türkei	2:3 (1:3)	29.06.2002	Daegu (KOR)

GD = Vorrundenspiele Gruppe D, AF = Achtelfinale, VF = Viertelfinale, HF = Halbfinale, FI = Finale/Spiel um Platz 3

19 JUNG HWAN AHN
Mittelfeld

16 DU RI CHA
Angriff

23 EUN SUNG CHOI
Tor

4 JIN CHEUL CHOI
Abwehr

3 SUNG YONG CHOI
Mittelfeld

8 TAE UK CHOI
Angriff

11 YONG SOO CHOI
Angriff

20 MYUNG BO HONG
Abwehr

18 SUN HONG HWANG
Angriff

2 YOUNG MIN HYUN
Abwehr

12 BYUNG JI KIM
Tor

5 NAM IL KIM
Mittelfeld

7 TAE YOUNG KIM
Abwehr

14 CHUN SOO LEE
Angriff

13 EUL YONG LEE
Mittelfeld

15 MIN SUNG LEE
Abwehr

1 WOON JAE LEE
Tor

10 YOUNG PYO LEE
Mittelfeld

21 JI SUNG PARK
Mittelfeld

9 KI HYEON SEOL
Angriff

22 CHONG GUG SONG
Mittelfeld

6 SANG CHUL YOO
Mittelfeld

17 JONG HWAN YOON
Mittelfeld

Fußball à la Südkorea Dass Korea ein großartiges Sportland mit modernen Sportstätten, mit begeisterten Zuschauern und auch hervorragenden Athleten ist, das weiß man spätestens seit den Olympischen Sommerspielen 1988 in Seoul. Inzwischen haben viele weitere internationale Championate in unserem Land stattgefunden und die Taekwondeka, Boxer, Ringer, Fechter, Bogenschützen und Shorttracker mit Titeln und Medaillen Koreas Ruf in der Sportwelt aufpoliert. Die Fußballer sind daran, zumindest im globalen Maßstab, noch nicht beteiligt. Aber kommt Zeit, kommt Tat. Immerhin sind wir seit unserer Premiere 1954 in der Schweiz schon zum sechsten Mal bei der Weltmeisterschaft am Start – das kann keine andere asiatische Nation aufweisen.

»Wir singen erst im Stadion, noch nicht am Bahnhof«

HWANG WON-TAK
Botschafter der Republik Korea

Fußball ist in Korea der beliebteste Sport, der von den Jungen bis zu den Alten alle anzieht. Vor allem natürlich die Männer, bei denen jedem in Kindheit und Jugend so oder so mal ein Ball über den Lebensweg gerollt ist. Das war bei mir nicht anders. Obwohl wir damals lange nicht so schöne Spielgeräte hatten, wie sie heute normal sind. Aber das war uns egal. Wir haben improvisiert, uns einen »Ball« zusammen gebastelt – aus Stroh, aus großen Früchten, aus allem möglichen. Wenn auf dem Dorf geschlachtet wurde, dann war das für die Jungs ein Glücksfall – die Schweinsblase war ein wunderbarer Ball. Das ist lange her – heute wird nicht mehr mit Schweinsblasen gespielt, dafür aber in Mittelschul- und Highschool-Teams, an Universitäten und in einer Profiliga mit zehn Mannschaften – von Unternehmen und Firmen gesponsert.

Das Niveau dieser Liga kann sich sehen lassen, einige der besten Kicker unseres Landes haben sogar schon den Sprung in ausländische Vereine geschafft. Und werden dort bei jedem Schritt und Tritt von den Fans daheim über die Medien verfolgt. Für Europäer mag die asiatische Art, Begeisterung zu zeigen, gewöhnungsbedürftig sein. Dabei unterscheidet sie sich im Grunde gar nicht so sehr. Vielleicht ist sie etwas zweckgebundener – Euphorie, ausgelassene Freude und feurige Leidenschaft brechen erst dann aus, wenn es auch einen Anlass dafür gibt. Dann aber durchaus heftig. Wir singen eben erst im Stadion und nicht schon Stunden vorher am Bahnhof. Aber damit hat es sich auch schon mit den Unterschieden. Denn flaggenbemalte Gesichter, Sprechchöre, Shirts der Lieblingsvereine, tanzende und singende Fans, die gibt es bei uns ganz genauso. Unsere Nationalmannschaft ist, so glaube ich, auf einem guten Weg. Technisch waren wir schon immer passabel, jetzt hat das Team mit dem holländischen Nationalcoach Gus Hiddink auch taktisch eine Menge dazu gelernt. Korea schmort nicht isoliert im eigenen Saft, es stellt sich der Entwicklung im Weltfußball und versucht sie mitzubestimmen. Das ist mutig, und das gefällt den Leuten. Die merken, dass sich ihre Spieler mit Leidenschaft und Hingabe dafür einsetzen, etwas von der Zuneigung und Sympathie, die sie von den Fans erhalten, zurück zu geben. Neben Fußball ist vor allem Baseball in Korea populär. So sehr, dass der kleinere Ball dem größeren mitunter sogar die Spitzenposition der Popularität streitig macht. Fußball hat in diesem Wettstreit freilich den großen Vorteil, dass ihn jeder spielen kann, dass man keine besonderen materiellen und finanziellen Voraussetzungen braucht. Zur Not tut es eben auch irgendeine Wiese, tun es zwei Steine als Markierung für das Tor und irgendetwas Rundes, an das man treten kann.

Was die Stars heute leisten, ist natürlich weit mehr als das – es ist so etwas wie eine Art von Kunst. In der es große Meister, begabte Talente, Anfänger und auch Fälscher gibt. Das eine oder andere Spiel habe ich mir live im Stadion angesehen, zum Beispiel das 1:5 der Deutschen in München in der WM-Qualifikation. Da standen die Künstler allerdings nur in einer der beiden Mannschaften. Dass ich Brasiliens Team besonders schätze, ist unter diesem Aspekt vielleicht verständlich. Ob wir Koreaner einmal deren Niveau erreichen? Warum eigentlich nicht? Wo ein Wille ist, ist auch ein Weg. Die WM in eigenen Lande zu haben, wird uns enorm weiterhelfen. Die Bedeutung, die dieses Ereignis für Politik, Wirtschaft und Kultur im Land hat, ist gar nicht in Zahlen und auch nur schwer in Worten auszudrücken. Wir haben eine wunderbare Gelegenheit, vielen Gästen unser Land zu präsentieren. Und damit gehören wir, egal wie die WM sportlich ausgeht, auf jeden Fall zu den Gewinnern.

HWANG WON-TAK, Jahrgang 1938, verheiratet, ein Sohn und eine Tochter. Von 1962 bis 1995 Berufsoffizier bis zum Rang des Generalmajors. Danach als Botschafter in Panama und seit Oktober 2000 in Deutschland.

17 ARKADIUSZ BAK
Mittelfeld

20 JACEK BAK
Abwehr

1 JERZY DUDEK
Tor

13 ARKADIUSZ GLOWACKI
Abwehr

6 TOMASZ HAJTO
Abwehr

10 RADOSLAW KALUZNY
Mittelfeld

2 TOMASZ KLOS
Abwehr

21 MAREK KOZMINSKI
Mittelfeld

9 PAWEL KRYSZALOWICZ
Angriff

18 JACEK KRZYNOWEK
Mittelfeld

8 CEZARY KUCHARSKI
Angriff

12 RADOSLAW MAJDAN
Tor

22 ADAM MATYSEK
Tor

16 MACIEJ MURAWSKI
Mittelfeld

11 EMMANUEL OLISADEBE
Angriff

5 TOMASZ RZASA
Abwehr

23 PAWEL SIBIK
Mittelfeld

7 PIOTR SWIERCZEWSKI
Mittelfeld

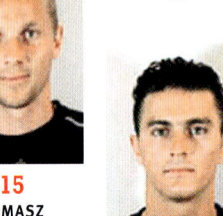

15 TOMASZ WALDOCH
Abwehr

14 MARCIN ZEWLAKOW
Angriff

4 MICHAL ZEWLAKOW
Abwehr

3 JACEK ZIELINSKI
Abwehr

19 MACIEJ ZURAWSKI
Angriff

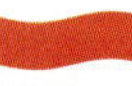

POLEN

Hauptstadt	Warschau
Bevölkerung (2000)	38.646.023
Fläche (qkm)	312.685
Währung	Zloty
Regierungschef	Aleksander Kwasniewski (Präsident)
Sprache/n	Polnisch

DER VERBAND

Name	Polski Zwiazek Pilki Noznej
Postanschrift	Miodowa 1, 00-080 Warschau / Polen
Telefon	+48-22-8271211
Telefax	+48-22-8270704
Internet	www.pzpn.pl
Gründungsjahr	1919
Präsident	Michal Listkiewicz
Vereine	7.763
Fußballprofis	1.150
Dachverband	Union des Associations Européennes de Football (UEFA)
Weltranglistenplatz	33
WM-Teilnahmen	6
Größter WM-Erfolg	WM-Dritter 1974 und 1982
Spielkleidung	Trikot: weiß – Hose: rot – Stutzen: weiß

DER TRAINER

Name	Jerzy Engel
Nationalität	Polen
Geburtsdatum	06.10.1952
Trainerstationen	
Polen	Legia Warschau 07/1985 – 06/1988
Zypern	Apollon Limassol 07/1988 – 06/1990
Zypern	Paphos 07/1990 – 06/1991
Zypern	Nea Salamis 07/1991 – 06/1995
Polen	Legia Warschau 07/1995 – 06/1996
Zypern	Nea Salamis 07/1996 – 12/1996
Zypern	Aris Limassol 01/1997 – 06/1997
Polen	Polonia Warschau 07/1997 – 06/1999
Polen	Nationalmannschaft seit Januar 2000

QUALIFIKATION

Spiele in der Europa-Gruppe 5

A	Ukraine	1:3 (1:2)	02.09.2000	Kiew
H	Weißrussland	3:1 (1:1)	07.10.2000	Lodz
H	Wales	0:0 (0:0)	11.10.2000	Warschau
A	Norwegen	2:3 (0:2)	24.03.2001	Oslo
H	Armenien	4:0 (2:0)	28.03.2001	Warschau
A	Wales	1:2 (1:1)	02.06.2001	Cardiff
A	Armenien	1:1 (1:1)	06.06.2001	Eriwan
H	Norwegen	3:0 (1:0)	01.09.2001	Chorzow
A	Weißrussland	4:1 (1:0)	05.09.2001	Minsk
H	Ukraine	1:1 (1:0)	06.10.2001	Chorzow

Sieger der Europa-Gruppe 5 (21 Punkte, 21:11 Tore)

WM 2002

GD	Südkorea	0:2 (0:1)	04.06.2002	Busan (KOR)
GD	Portugal	0:4 (0:1)	10.06.2002	Jeonju (KOR)
GD	USA	3:1 (2:0)	14.06.2002	Daejeon (KOR)

GD = Vorrundenspiele Gruppe D

»Die Fußballer können von Adam Malysz lernen«

DR. JERZY KRANZ
Botschafter der Republik Polen

Fußball à la Polen Fußball ist in Polen eine nationale Angelegenheit und wie überall sonst auf der Welt ein Thema, über das sich trefflich streiten lässt. Überhaupt nicht gestritten wird in meiner Heimat derzeit aber darüber, wer der populärste Sportler des Landes ist. Das ist kein Fußballer, mag er auch noch so oft ins gegnerische Tor treffen oder den eigenen Kasten mit noch so spektakulären Paraden sauber halten. Skispringer Adam Malysz, den man im gewollten Kontrast zu seiner Körpergröße »Riese« nennt, ist der unumstrittene König der Athleten quer durch alle Disziplinen. Er hat mit seinen Sprüngen für weiß-rote Pilgerströme zu den Schanzen gesorgt. Malysz ist ein wunderbarer Sportler – stark in der Leistung, zurückhaltend und bescheiden in seinen Aussagen. Natürlich hat das Skispringen damit Fußball in der allgemeinen Popularität nicht überholt, aber zu feiern gab es jedenfalls zuletzt im Winter mehr als im Sommer in den Stadien. 16 Jahre lang hat Polen nicht im Konzert der Weltbesten mitgespielt, so gesehen ist schon die Qualifikation für die Weltmeisterschaft ein Erfolg. Und obwohl Skispringen wenig verwandt mit dem Massen mobilisierenden Ballspiel ist, können unsere Kicker doch eine ganze Menge von Adam Malysz lernen. Auch der musste nach ersten Erfolgen Mitte der neunziger Jahre durch ein längeres Tal, aus dem er aber als ein echter Überflieger zurückkam. Dank Ehrgeiz, Wille, Konsequenz und Durchhaltevermögen. Bei den Winterspielen in Salt Lake City ist er zwar nicht Olympiasieger geworden, aber er hat zwei Medaillen mit nach Hause gebracht. Wie er da oben allein auf dem Turm mit dem Druck fertig geworden ist und großartig gekämpft hat, das macht ihn zu einem wirklich Großen des Sports. Polens Fußballer sind von solchen Attributen noch ein gutes Stück entfernt. Obwohl wir gute Einzelkönner haben, die in ausländischen Ligen eine respektable Rolle spielen. Man muss ja nur an Deutschland denken. An Waldoch oder Hajto, an Juskowiak oder Kaluzny. Aber elf starke Kicker garantieren noch keinen Erfolg. Der ergibt sich aus einem Puzzle von vielen kleinen Mosaiksteinen, die genau zusammenpassen müssen. Der Trainer gehört dazu, die Atmosphäre in der Mannschaft, die Autorität der Führungsspieler, der Kampfgeist und auch die Geistesblitze in entscheidenden Situationen. Ganz so weit wie mit dem großen Team der siebziger Jahre sind wir diesbezüglich wohl noch nicht. Damals hatten Namen wie Tomaszewski, Lubanski, Gadocha, Lato oder Deyna einen guten Klang im internationalen Fußball. Und aus der Summe der Einzelstärken entstand tatsächlich eine Mannschaft, die zu den Besten in der Welt gehörte. Wie die beiden WM-Halbfinalteilnahmen 1974 und 1982 ja nachhaltig unterstreichen.

Natürlich hoffen die Fans, dass wir über kurz oder lang wieder daran anknüpfen können. Auch Präsident Alexander Kwasniewski, der ein sehr guter Kenner der Szene ist und von Fußball eine Menge versteht. Kunststück, schließlich war er mal polnischer Sportminister. Um international besser zu werden, ist es aus meiner Sicht vor allem nötig, die einheimische Liga zu stärken. Dort herrscht zu wenig Konkurrenz und damit wird auch die Leistung zu wenig abgefordert. Und als Auswirkung sind viele Partien nur mittelmäßig besucht. Natürlich hat das damit zu tun, dass die meisten polnischen Klubs finanziell nicht auf Rosen gebettet sind. Und so muss eine unserer Strategien eben sein, dass sich unsere Nationalmannschaft für große Turniere qualifiziert und dort von innen her stärker wird und zusammenwächst. Das wird wohl einige Zeit dauern, aber die muss man sich nehmen, wenn man an die Spitze will. Harte Arbeit ist angesagt, auf Beistand von oben kann man auch in einem gläubigen Land wie Polen mit einer starken katholischen Kirche und einem sportbegeisterten polnischen Papst in Rom nicht hoffen.

Meine eigenen fußballerischen Erfolge als Jugendlicher waren bescheiden. Ich gab im Mittelfeld der Gymnasiums-Mannschaft wohl eher nur den Mitläufer. Deswegen haben sich meine diesbezüglichen Aktivitäten auch relativ schnell gelegt. Heute begnüge ich mich mit Walking, zu viel mehr lässt mir die Arbeit als Botschafter gar keine Zeit. Wenn es Fußballsiege zu feiern gibt, dann bin ich aber gerne dabei. Auch wenn wir wegen der langen internationalen Abstinenz im Feiern etwas aus der Übung sind. Doch das sollte nicht das Problem sein: Spontane Kreativität hatten wir Polen schon immer genug.

DR. JERZY KRANZ, Jahrgang 1948, verheiratet. Redakteur bei AFP in Warschau, Jurist. Seit 1990 im Auswärtigen Dienst. Verschiedene Funktionen im polnischen Außenministerium, seit 10. April 2001 Botschafter in Deutschland.

12 JEFF AGOOS
Abwehr

17 DAMARCUS BEASLEY
Mittelfeld

3 GREGG BERHALTER
Abwehr

14 STEVE CHERUNDOLO
Abwehr

21 LANDON DONOVAN
Mittelfeld

1 BRAD FRIEDEL
Tor

2 FRANKIE HEJDUK
Abwehr

13 COBI JONES
Mittelfeld

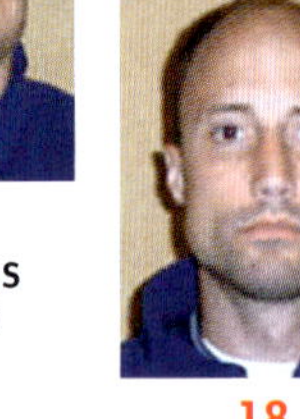

18 KASEY KELLER
Tor

7 EDDIE LEWIS
Mittelfeld

16 CARLOS LLAMOSA
Abwehr

4 PABLO MASTROENI
Abwehr

11 CLINT MATHIS
Angriff

20 BRIAN McBRIDE
Angriff

19 TONY MEOLA
Tor

9 JOE-MAX MOORE
Angriff

5 JOHN O'BRIEN
Mittelfeld

23 EDDIE POPE
Abwehr

6 DAVID RÉGIS
Abwehr

10 CLAUDIO REYNA
Mittelfeld

22 ANTHONY SANNEH
Abwehr

8 ERNIE STEWART
Mittelfeld

15 JOSH WOLFF
Angriff

USA

Hauptstadt	Washington D.C.
Bevölkerung (2001)	278.058.881
Fläche (qkm)	9.629.091
Währung	U.S. Dollar
Regierungschef	George W. Bush (Präsident)
Sprache/n	Englisch

DER VERBAND

Name	United States Soccer Federation
Postanschrift	US Soccer House, 1801-1811 S. Prairie Ave., Chicago IL 60616 / USA
Telefon	+1-312-8081300
Telefax	+1-312-8081301
Internet	www.us-soccer.com
Gründungsjahr	1913
Präsident	Dr. Robert S. Contiguglia
Vereine	1.690
Fußballprofis	6.928
Dachverband	Confederation of North, Central American and Caribbean Association Football (COMCACAF)
Weltranglistenplatz	13
WM-Teilnahmen	7
Größter WM-Erfolg	Halbfinale 1930
Spielkleidung	Trikot: weiß – Hose: weiß – Stutzen: weiß

DER TRAINER

Name	Bruce Arena
Nationalität	USA
Geburtsdatum	21.09.1951
Trainerstationen	
USA	DC United 01/1908 – 10/1998
USA	Univ. Virginia 08/1978 – 12/1995
USA	Nationalmannschaft U 23 06/1995 – 09/199
USA	Nationalmannschaft seit Herbst 1998

QUALIFIKATION

Spiele in der Gruppe E der 2. Runde der Amerika-Qualifikation

A	Guatemala	1:1 (0:1)	16.07.2000	Mazatenango
A	Costa Rica	2:1 (1:0)	23.07.2000	San Jose
H	Barbados	7:0 (3:0)	16.08.2000	Foxboro
H	Guatemala	1:0 (0:0)	03.09.2000	Washington
H	Costa Rica	0:0 (0:0)	11.10.2000	Columbus
A	Barbados	0:4 (0:0)	15.11.2000	Waterford

Spiele in der Finalrunde der Amerika-Qualifikation

H	Mexiko	2:0 (0:0)	28.02.2001	Columbus
A	Honduras	1:2 (0:1)	28.03.2001	San Pedro Sula
H	Costa Rica	1:0 (0:0)	25.04.2001	Kansas City
A	Jamaika	0:0 (0:0)	16.06.2001	Kingston
H	Trinidad & Tobago	2:0 (2:0)	20.06.2001	Boston
A	Mexiko	1:0 (1:0)	01.07.2001	Mexico-City
H	Honduras	2:3 (1:1)	01.09.2001	Washington
A	Costa Rica	2:0 (1:0)	05.09.2001	San Jose
H	Jamaika	2:1 (1:1)	07.10.2001	Boston
A	Trinidad & Tobago	0:0 (0:0)	11.11.2001	Port of Spain

Dritter der Amerika-Finalrunde (17 Punkte, 11:8 Tore)

WM 2002

GD	Portugal	3:2 (3:1)	05.06.2002	Suwon (KOR)
GD	Südkorea	1:1 (1:0)	10.06.2002	Daegu (KOR)
GD	Polen	1:3 (0:2)	14.06.2002	Daejeon (KOR)
AF	Mexiko	2:0 (1:0)	17.06.2002	Jeonju (KOR)
VF	Deutschland	0:1 (0:1)	21.06.2002	Ulsan (KOR)

GD = Vorrundenspiele Gruppe D, AF = Achtelfinale, VF = Viertelfinale

Fußball à la USA Wenn ich auf Europäer treffe und es geht um Fußball, dann behandeln sie mich manchmal wie einen Analphabeten. Das merke ich an den vorsichtigen Fragen, die möglichst diplomatisch umgehen wollen, dass man mich für unwissend hält. Ein US-Amerikaner und Fußball – nein, das passt laut Klischee nicht zusammen. Dem muss man doch erst mal erklären, wie das geht zwischen den beiden Toren. Dabei weiß ich über Fußball sicher mehr, als die meisten Europäer über Baseball oder American Football. Also habe ich bei solchen Begegnungen immer wieder die Chance auf einen Auftritt mit Aha-Effekt. Der tritt ein, wenn ich dem anderen sage: Hey Mann, ich war jahrelang Torwart meiner College-Mannschaft in Illinois und die war überaus erfolgreich. Ich war der Kapitän des Teams und habe meinen Kasten ganz gut sauber gehalten. Die Mannschaft, in der ich spielte, war nicht etwa eine rare Ausnahme in den USA. Nein, es ist sehr üblich, dass an den Highschools und Colleges Fußball gespielt wird. Fußball hat dort die höchsten Zuwachsraten unter den Sportarten, und es spielen auf jeden Fall mehr junge Leute Fußball als zum Beispiel Baseball.

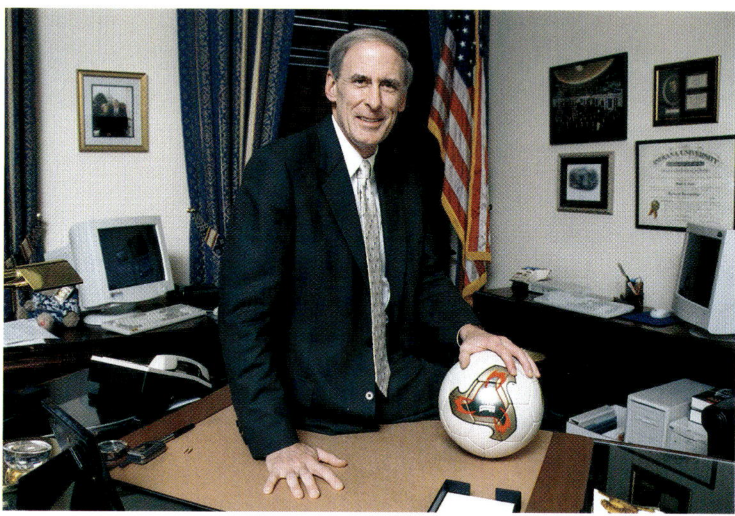

»Man kann Football und Fußball zugleich lieben«

DANIEL R. COATS
Botschafter der Vereinigten Staaten von Amerika

Dass dem so ist, hat wohl auch mit Entscheidungen der Eltern zu tun. Sie halten Fußball für sicherer und gesünder als zum Beispiel Football. Dass sich das noch nicht in ähnlicher Weise bis in den Spitzenbereich fortsetzt, hat mit Marketing, mit Geld, fehlenden Vorbildern und der geringen Chance zu tun, per Fußball eine gesellschaftliche Karriere zu starten. Ich glaube, das wird sich nach und nach ändern. Die großen Vier im amerikanischen Sport sind im Moment durch Fußball noch ungefährdet – Football, Baseball, Basketball und Eishockey. Dort gibt es traditionell starke und sehr finanzkräftige Ligen, die auch aus dem Universitätssport mit immer neuen Talenten gespeist werden. Im Fußball ist man erst dabei, mit der Major League Soccer ein für die Zukunft aussichtsreiches Management aufzubauen, das dann auch mehr Zuschauer in die Stadien locken wird.

Aber es ist dennoch nicht falsch, vom Fußball in den USA als einem Massensport mit Aufwärtstrend zu sprechen. In den absoluten Zahlen ist es längst eine große Sportart, das hat sich nur noch nicht so recht in den diesbezüglich eher konservativen Medien durchgesetzt. Bei den Frauen ist man in den USA in Sachen Fußball schon ein gutes Stück weiter. Wir waren Weltmeister und Olympia-Zweite in Sydney, haben die beste Liga der Welt, die auch viele Spitzenspielerinnen aus Europa anzieht. Vielleicht hat diese Entwicklung damit zu tun, dass Frauen in den traditionell großen US-Sportarten nicht die gleiche Gelegenheit wie die Männer haben, sich hervorzutun.

Ich habe viele Fußballspiele gesehen, und ich finde, die Unterschiede zum Beispiel zum Football sind gar nicht so riesig, wie immer behauptet wird. Man kann das eine lieben und auch das andere mögen. Hier wie da spielt Taktik eine große Rolle, das Vermögen, ein Spiel zu lesen und darauf zu reagieren. Fußball hat eine gewaltige Intensität, Energie und Power, von der man im Stadion richtig elektrisiert wird. Das habe ich bei der Weltmeisterschaft 1994 in den USA festgestellt und auch bei Bundesligaspielen wie etwa Leverkusen gegen Schalke, bei denen ich zu Gast war. Vor der WM war ich beim Länderspiel zwischen Deutschland und den USA in Rostock, der deutsche Keeper Oliver Kahn hat da seine Mannschaft zu Beginn mit großen Paraden im Match gehalten. Mein Kompliment unter Torwart-Kollegen! Wenn ein Amerikaner sagt, Fußball sei langweilig, weil er nur mit den Füßen und dem Kopf gespielt werden darf, dann ist das mit Sicherheit genauso falsch wie das europäische Vorurteil gegenüber dem Football, schwer durchschaubar zu sein.

Ich glaube, dass beide Sportarten ihre Zukunft haben – und das nicht nur in den so genannten Mutterländern. Eine guter Auftritt der USA bei der Weltmeisterschaft kann dazu einen Beitrag leisten. Als in den Siebzigern die großen Stars wie Beckenbauer, Pelé und andere in der damaligen US-Profiliga gespielt haben, da haben mich deren Auftritte fasziniert. Heute sind es zum Beispiel David Beckham und Michael Owen, die ich besonders mag. Sie haben die bemerkenswerte Gabe, zum richtigen Zeitpunkt genau das Richtige zu tun. Und das hat US-Amerikaner schon immer begeistert.

DANIEL R. COATS, Jahrgang 1943, verheiratet, drei Kinder. Jurist. 1981 bis 1988 Mitglied des US-Repräsentantenhauses, 1989 bis 1999 des US-Senats. Als Experte für Verteidigungspolitik Mitglied des Streitkräfteausschusses des Senats und Vorsitzender der Unterausschüsse für Militärpersonal sowie Luft- und Bodenstreitkräfte. Seit September 2001 Botschafter in Deutschland.

13
JORGE ANDRADE
Abwehr

1
VITOR BAIA
Tor

14
PEDRO BARBOSA
Mittelfeld

17
PAULO BENTO
Mittelfeld

22
BETO
Abwehr

4
MARCO CANEIRA
Abwehr

19
CAPUCHO
Angriff

11
SERGIO CONCEICAO
Angriff

2
JORGE COSTA
Abwehr

10
RUI COSTA
Mittelfeld

5
FERNANDO COUTO
Abwehr

7
LUIS FIGO
Angriff

18
NUNO FRECHAUT
Abwehr

21
NUNO GOMES
Angriff

23
RUI JORGE
Abwehr

15
NELSON
Tor

9
PEDRO RESENDES PAULETA
Angriff

20
PETIT
Mittelfeld

8
JOAO PINTO
Angriff

16
RICARDO
Tor

6
PAULO SOUSA
Mittelfeld

12
HUGO VIANA
Mittelfeld

3
ABEL XAVIER
Abwehr

PORTUGAL

Hauptstadt	Lissabon
Bevölkerung (2000)	10.048.232
Fläche (qkm)	92.391
Währung	Euro
Regierungschef	Jorge Sampaio (Präsident)
Sprache/n	Portugiesisch

DER VERBAND

Name	Federacao Portuguesea de Futebol
Postanschrift	Praca de Alegria, N. 25 CP 21 100, 1250-004 Lisaboa / Portugal
Telefon	+351-21-3252700
Telefax	+351-21-3252784
Internet	www.fpf.pt
Gründungsjahr	1914
Präsident	Dr. Gilberto Parca Madail
Vereine	2.530
Fußballprofis	2.244
Dachverband	Union des Associations Européennes de Football (UEFA)
Weltranglistenplatz	6
WM-Teilnahmen	3
Größter WM-Erfolg	WM-Dritter 1966
Spielkleidung	Trikot: rot – Hose: grün – Stutzen: rot

DER TRAINER

Name	Antonio Oliveira
Nationalität	Portugal
Geburtsdatum	10.06.1952
Trainerstationen	
Portugal	Penafiel 07/1980 – 06/1983
Portugal	Vitoria Guimaraes 07/1987 – 06/1988
Portugal	Nationalmannschaft U 21 07/1989 – 06/1991
Portugal	Gil Vicente 07/1991 – 06/1992
Portugal	Sporting Clube Braga 07/1992 – 06/1994
Portugal	Nationalmannschaft 07/1994 – 07/1996
Portugal	FC Porto 08/1996 – 06/1998
Spanien	Real Betis Sevilla 08/1998 – 09/1998
Portugal	Nationalmannschaft seit August 2000

QUALIFIKATION

Spiele in der Europa-Gruppe 2

A	Estland	1:3 (0:1)	03.09.2000	Tallinn
H	Irland	1:1 (0:0)	07.10.2000	Lissabon
A	Niederlande	0:2 (0:2)	11.10.2000	Rotterdam
H	Andorra	3:0 (2:0)	28.02.2001	Funchal
H	Niederlande	2:2 (0:1)	28.03.2001	Porto
A	Irland	1:1 (0:0)	02.06.2001	Dublin
H	Zypern	6:0 (1:0)	06.06.2001	Lissabon
A	Andorra	1:7 (1:5)	01.09.2001	Lleida
A	Zypern	1:3 (1:0)	05.09.2001	Larnaca
H	Estland	5:0 (1:0)	06.10.2001	Lissabon

Sieger der Europa-Gruppe 2 (24 Punkte, 33:7 Tore)

WM 2002

GD	USA	2:3 (1:3)	05.06.2002	Suwon (KOR)
GD	Polen	4:0 (1:0)	10.06.2002	Jeonju (KOR)
GD	Südkorea	0:1 (0:0)	14.06.2002	Incheon (KOR)

GD = Vorrundenspiele Gruppe D

Fußball à la Portugal Bei der Weltmeisterschaft in Japan und Südkorea haben wir Portugiesen Heimvorteil. Nur schade, dass das der Fußball-Weltverband FIFA nicht wusste, dann hätten wir uns die Qualifikation erspart. Nein, Scherz beiseite – zwischen Portugal und Japan gibt es in der Tat eine besondere Beziehung, die etwas mit Geschichte zu tun hat. Es waren Portugiesen, die Anfang des 16. Jahrhunderts als erste Europäer japanischen Boden betreten haben – so etwas verbindet. Noch heute wird Jahr für Jahr dieses Ereignis feierlich begangen, und dass sich meine Vorfahren bei ihrer seefahrerischen Entdeckungstour in Fernost durchaus Sympathien erworben haben, war am herzlichen Empfang unserer Nationalmannschaft bei der Weltmeisterschaft ablesbar.

Sicher aber hat es auch etwas mit den guten internationalen Auftritten von Portugals Auswahl in den vergangenen Jahren zu tun. Die »Golden Generation« unserer Fußballer um Luis Figo, Rui Costa oder Joao Pinto, die seit dem Gewinn zweier Nachwuchs-Weltmeistertitel vor mehr als zehn Jahren zusammen ist, hat das Renommee des portugiesischen Fußballs enorm aufpoliert. Und die Begeisterung daheim gewaltig angefacht. Fußball ist bei uns der Königssport, der breite Massen anzieht. In der Hierarchie der Sportarten folgen dann mit weitem Abstand Leichtathletik, Handball und vieles, was mit Wasser zu tun hat – Segeln, Schwimmen, Kanusport. Entsprechend wichtig ist für die Leute im Lande und für die Öffentlichkeit unsere dritte Teilnahme an einer Weltmeisterschaft. Das macht stolz, selbstbewusst und spornt die Kids an. Freilich ist der Fußball der Gegenwart komplex zu sehen – er ist nicht mehr nur Spaß und Vergnügen, sondern längst steht dahinter auch eine ganze Industrie. Das hat dem Ganzen etwas von seiner ursprünglichen Unschuld genommen, genauso wie andere Begleiterscheinungen im Stadion selbst. Das Erlebnis live vor Ort, bei dem man Freunde treffen, reden, streiten und jubeln konnte, ist damit nicht mehr ganz dasselbe und so unbeschwert wie in früheren Jahren. Da war ich Sonntag für Sonntag bei Sporting Lissabon – das gab Gesprächsstoff für die ganze folgende Woche.

Bei den Weltmeisterschaften ist die Atmosphäre noch weitgehend unbeschädigt. Viele unterschiedliche Leute aus ganz unterschiedlichen Ländern kommen friedlich zusammen – trotz verschiedener Kulturen, verschiedener Konfessionen, verschiedener Weltsichten. Da bekommt man eine Vorstellung davon, was der Sport über den bloßen Wettkampf hinaus zu leisten vermag. Ich glaube, dass heutzutage generell zu viel Nationalismus im Spiel ist. Nicht immer muss der Größte, der Stärkste, der Mächtigste oder der Reichste gewinnen. Und nicht immer ist der, der einen sportlichen Wettbewerb gewinnt, damit auch der Beste in allen Belangen. Auch weniger entwickelte Länder können großartige Leistungen vollbringen und wunderbare Fußballteams stellen. Das haben wir schon so oft erlebt. Umgekehrt gilt natürlich genauso, dass sportliche Siege keine Probleme lösen. Was die Freude darüber aber keineswegs mindern muss. Es ist eben nicht so, dass »Fatima, Fado, Futbol« – also Religion, Tanz und Fußball – ausreichen, um die Welt in Ordnung zu halten. Diese beschränkte Sicht auf die Dinge sagt man den Portugiesen gerne nach, aber sie trifft nicht zu. Wobei strenger Glaube, Bewegungstalent und Ballkunst ja durchaus willkommene Gaben sind, auf denen sich aufbauen lässt.

Ich habe als Kind natürlich auch Fußball gespielt, wie alle Jungs. In der Schulmannschaft war ich aber nur einer der Unauffälligen. Keiner, der mit seinen Tricks, Dribblings und Schüssen bei den Mädchen angeben konnte. Da hatte es mein älterer Bruder besser, der gehörte zu den Besten. Dafür brillierte ich an der Tischtennisplatte, war sogar mal Stadtmeister von Lissabon. Die meisten Spiele habe ich mit 3:0 und viele Sätze sogar mit 21:0 gewonnen – das sollen mir die Fußballer erst einmal nachmachen. Aber Portugals Auswahl ist ja generell auf gutem Wege. Es wurden Stadien, Schulen, Trainingsstätten gebaut – Portugal ist ein modernes Land geworden. Und ein modernes, fortschrittliches Land sollte auch modernen, fortschrittlichen Fußball spielen. Wenn 2004 die Europameisterschaft bei uns stattfinden wird, dann sollen sich unsere Gäste von Beidem überzeugen können.

»Fatima, Fado, Futbol – und die Welt ist in Ordnung«

JOAO DIEGO NUNES BARATA
Botschafter der Republik Portugal

JOAO DIEGO NUNES BARATA, Jahrgang 1941, seit 1964 im Auswärtigen Dienst. Als Diplomat in der Türkei, Guinea, Großbritannien, beim Europarat und in Mocambique. Berater der Staatspräsidenten Antonio de Spinola und Mario Soares. Botschafter in Marokko, Italien, Zypern, Malta, San Marino und seit Juni 1999 in Deutschland.

Drei Spiele, fünf Tore – »Klose kommt schon in die Nähe eines Gerd Müller«, meint nicht nur Franz Beckenbauer über den Himmelsstürmer aus der Pf

Ein Stern geht auf

Alles begann mit einem Torrausch und dem neuen Stern »Miro« – doch dann kam das große Zittern. Die Iren verunsicherten Rudi Völlers Team und waren am Ende Gruppenzweite.

Das war nichts für schwache Nerven! In der »deutschen« Gruppe E war nur eine Entscheidung früh gefallen: Saudi-Arabien war bei dieser WM überfordert und nach dem 0:8 gegen Deutschland völlig verunsichert. So entwickelte sich in dieser Gruppe ein Dreikampf. Dass die deutsche Mannschaft nach ihrem Kantersieg, der die Welt des Fußballs plötzlich wieder auf den dreifachen Champion aufmerksam machte, nicht schon nach ihrem zweiten Spiel fürs Achtelfinale planen konnte, hatte einen Namen: Robbie Keane, dessen Ausgleichstor gegen Deutschland in der Nachspielzeit alle Prognosen über den Haufen warf. Dem Festival der Tore folgte nun das große Zittern. Doch wer wie die Deutschen durch das Feuer der Relegation gegangen ist, den kann nichts mehr erschüttern. Und so verlor der nach Ramelows Platzverweis gehandikapte Ex-Weltmeister nicht die Nerven und distanzierte Kamerun mit 2:0. Der Afrika-Sieger war draußen.

IRLAND – KAMERUN 1:1

Die größte Aufregung hatten die Fußballer von der grünen Insel schon hinter sich. Roy Keane, der große Stratege von Manchester United, dessen Fotos in den irischen Pubs an fast allen Wänden hängen, war in den Tagen vor dem ersten WM-Match ausgeflippt. Keane flog aus dem Team, und noch Tage später rückten seine Kameraden nicht damit heraus, was er denn nun eigentlich seinem Coach Mick McCarthy an den Kopf geworfen hatte. Als sich in der Heimat selbst der Regierungschef für Keanes Rückkehr aussprach, sagten die Mitspieler »No«. Die Spieler des Afrika-Cup-Siegers Kamerun aber hatten auch ihre Nöte im Vorfeld des Turniers, denn erst nach einer wahren Odyssee und einer Fülle unglaublich dilettantischer Planungsfehler kamen die Spieler mit ihrem deutschen Trainer Winfried Schäfer in Japan an. Und sie waren gegen Irland konfus in ihrem Spielaufbau, rieben sich meist in Zweikämpfen auf, und auch nach dem Führungstor durch Patrick Mboma wirkten Kameruns »Löwen« verkrampft. Das nutzten die Iren und waren dann sogar dem Siegtor recht nahe.

DEUTSCHLAND – SAUDI-ARABIEN 8:0

Wer sie die »Brasilianer des Orients« getauft hat, wird wohl irgendwann einmal auf der falschen Veranstaltung gewesen sein. Doch es fehlte in der Tat nicht an mahnenden Stimmen vor diesem Auftaktspiel der deutschen

STIMMEN ZU DEUTSCHLAND – SAUDI-ARABIEN

»8UNG! Die Deutschen sind wieder da.«
KURIER, Österreich

»Klose, Seiltänzer des neuen Deutschlands«
CORRIERE DELLA SERA, Italien

»Klose, der neue Stern. Im Norden Japans hat es eine schwere Bombardierung gegeben.«
SPORTS HOCHI, Japan

»Kommt zurück! Es ist ein Skandal!
AL-YOUM, Saudi-Arabien

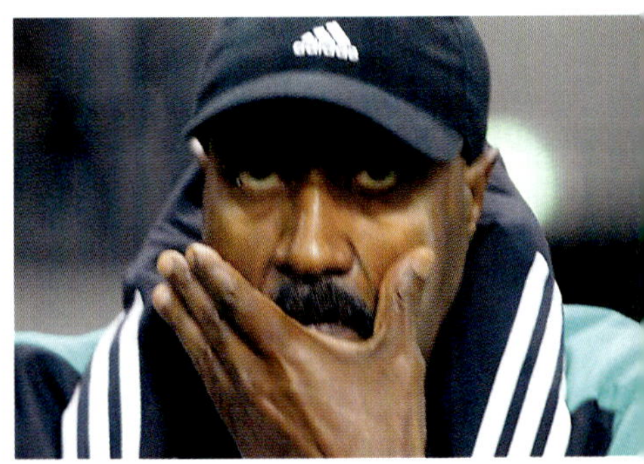

Spiel mit Kopf und Herz – Seine Treffer lassen ihn abheben, doch Miroslav Klose bleibt auf dem Boden. Saudi-Arabiens Trainer Nasser Al-Johar muss es mit ansehen und kann es kaum begreifen.

Rechts: Fortsetzung gegen Irland – Klose nach dem Führungstreffer

Ausgleich gegen Deutschland in der Nachspielzeit: Irisches Triumphgefühl beim Torschützen Robbie Keane.
Das Tor in Minute 90 plus 2 –
oben rechts: Ramelow hilflos
darunter: Kahn machtlos
oben links: Metzelder fassungslos

Mannschaft gegen die »Saudis«. Man sagte dem Gegner eine gewisse fußballerische Kunstfertigkeit nach, gepaart mit einer ausgefeilten Technik und vor allem einer kaum zu bremsenden Euphorie. Wolfgang Sidka, kein Greenhorn, sondern nach 333 Bundesligaspielen und diversen Trainerstationen nun Nationalcoach von Bahrain, hatte die Kicker aus dem Morgenland vor der Weltmeisterschaft als »Nummer zwei in Asien« bezeichnet. Also stärker noch als Südkorea und China. Doch alle Kritiker rieben sich nach den acht deutschen Toren über die »Saudis« nicht nur im »Dom« von Sapporo verwundert die Augen. Waren die Deutschen so stark oder die »Saudis« so schlecht? »Das ist ein Desaster, ein so schlimmes Resultat, dass ich es kaum begreifen kann«, sagte der sichtlich geschaffte Trainer Nasser Al-Johar. Die höheren Mächte hatte er vor dem Anpfiff angerufen, und auch nach dem 0:8 bemühte er den Propheten: »Mit Allahs Hilfe werden wir die nächsten Spiele gewinnen.« In der stickigen Atmosphäre unter dem gigantischen Hallendach des Sapporo-Doms war der hohe Favorit wie ein Taifun hinweggefegt über die bedauernswerten Araber, deren in die Jahre gekommener Torjäger Sami Al-Jaber völlig von der Rolle war. Miroslav Klose war der Held des deutschen Angriffsspiels. Zu eklatant war Kloses Lufthoheit gegen die »Saudis«. In den 67 Minuten seines Mitwirkens – dann kam Oliver Neuville – traf »Miro« dreimal. Den Rest der Ernte fuhren Michael Ballack, Carsten Jancker, Thomas Linke, Oliver Bierhoff und Bernd Schneider ein. In den überhitzten Katakomben des Stadions, wo sich in der mixed Zone Journalisten, Spieler und Trainer begegnen, waren alle aus dem Team des haushohen Siegers bemüht, diesen Triumph zu relativieren. »Erst gegen Irland wissen wir, was diese acht Tore wert sind«, sagte Rudi Völler.

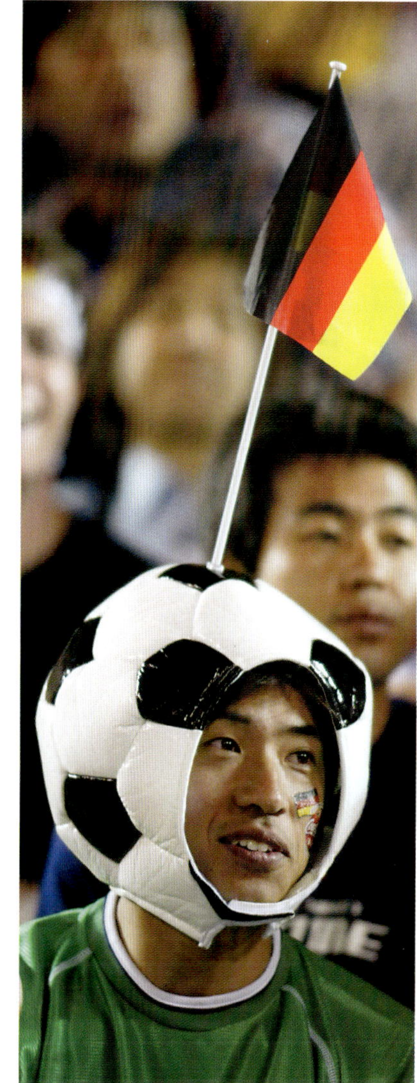

DEUTSCHLAND – IRLAND 1:1

Eigentlich waren sie schon auf Wolke sieben bei dieser WM, doch dann landeten sie unsanft auf dem Hosenboden. Nun ist ein 1:1 gegen Irland in einem WM-Gruppenspiel kein Beinbruch, doch wenn das Ausgleichstor in der Nachspielzeit passiert und damit von einer zur anderen Sekunde der Einzug ins Achtelfinale in Frage gestellt ist, dann tut das schon weh. Wie begossene Pudel schlichen die deutschen Spieler nach diesem späten Schock aus dem Kashima-Stadion von Ibaraki, der grünen Haustür des Molochs Tokio. Nach dem Torefestival gegen die »Saudis« musste der DFB nun doch wieder kleinere Brötchen

Nach dem Spiel (gegen Irland) ist vor dem Spiel (gegen Kamerun): Die Fans bleiben am Ball, und Kapitän Oliver Kahn wieder einmal in seiner Rolle – als Antreiber.

backen. Es gab wieder ein paar Selbstzweifel an dem Leistungsvermögen der Nationalmannschaft und vor allem an ihrem Abwehrverhalten. Robbie Keane, nicht verwandt und nicht verschwägert mit »Motzki« Roy Keane, machte die irische Nation und mit ihr seinen kurz-behosten Coach Mick McCarthy überglücklich. Favorit Deutschland war in der 19. Minute durch Miroslav Klose, erneut nach einer Maßflanke von Michael Ballack, in Führung gegangen. Und die Mannschaft hatte vor allem nach der Pause den Fehler begangen, sich auf diesem frühen Lorbeer auszuruhen. Sie zog sich weit zurück, reagierte nur, während die Iren agierten. Dies zwar nicht immer mit Geschick, aber mit Power und Herzblut. Und so war es nur gerecht, dass dieses 1:1 passierte. McCarthy hatte einen goldenen Griff getan, als er in der Schlussphase den 1,95-m-Riesen Niall Quinn einwechselte. Der sprang bei einem Steilpass höher als Metzelder, legte den Ball für Keane auf – und Oliver Kahn war seine bisher blütenweiße WM-Weste nach fast vier gespielten Halbzeiten los. Es begann die Zeit der Analyse, und erste Zweifel tauchten bei den Deutschen an der Qualität der Dreierkette in der Abwehr auf. Und im Mittelfeld fehlte die ordnende Hand.

KAMERUN – SAUDI-ARABIEN 1:0

In der Heimat waren sie beschimpft worden, ihr Coach hatte kein gutes Haar an ihnen gelassen. Also: Saudi-Arabiens Fußballer standen bei ihrem zweiten WM-Auftritt in Japan mächtig unter Druck. In Saitama waren sie um Wiedergutmachung bemüht, mit einem guten Resultat gegen Kamerun wollten sie die Schmach von Sapporo tilgen und den allgewaltigen Verbandspräsidenten, Sultan Fahad, Mitglied der saudischen Herrscherfamilie, besänftigen. Das Unternehmen glückte, denn Kamerun war auch beim zweiten WM-Auftritt weit entfernt von dem unbekümmerten Stil, mit dem die Spieler des Landes Olympiasieger und Afrikas Meister geworden waren. Und so langte es nach diesem eher langweiligen als aufregenden Spiel nur zu einem 1:0-Sieg Kameruns durch den Treffer von Samuel Eto'o in der 66. Minute. Die Beobachter des DFB flogen ziemlich beruhigt zurück ins Quartier nach Miyazaki.

KAMERUN – DEUTSCHLAND 0:2

Die Ausgangsposition war klar: Dank der grandiosen Torbilanz genügte der deutschen Nationalmannschaft ein Punkt gegen Kamerun, um ins Achtelfinale einzuziehen. Und nur, wenn die Iren haushoch gegen die »Saudis« gewinnen würden, wäre der Gruppensieg in Gefahr geraten. Für Kamerun war die Ausgangslage weniger rosig – es mußte schon ein Sieg her, um nicht von den Iren überholt zu werden. Doch Trainer Winfried Schäfer hatte den »Löwen« eine Taktik gestrickt, die wohl eine Mixtur sein sollte aus Abwarten und Zuschlagen, was dazu führte, dass den Afrikanern über längere Zeit nur wenig Positives einfiel. Es entwickelte sich ein Spiel mit vielen offenen und versteckten Regelwidrigkeiten, doch so brutal, wie sich die Karten-Statistik liest, war das

Alte und neue Bekannte in der ersten Begegnung der Fußballgeschichte zwischen Kamerun und Deutschland:
Ziege (6) von Tottenham trifft Lauren (12) von Arsenal (oben links), Kameruns Trainer Winfried Schäfer (unten links) meidet die Begegnung mit Teamchef Rudi Völler und stimmt seine »Löwen« ein (rechts oben), Carsten Ramelow (5) begegnet einer Roten Karte (oben Mitte), Kölns Rigobert Song artistisch gegen Bayerns Thomas Linke (rechts Mitte), und am Ende jubelt Joker Marco Bode über seinen Führungstreffer.

Sie haben nicht mehr alles gegeben: Dem Gruppenzweiten Irland genügt eine schwache Partie gegen Saudi-Arabien, um Trainer Mick McCarthy aufs Höchste zu erfreuen.

europäisch-afrikanische Duell nun wirklich nicht. Der 44-jährige spanische Schiedsrichter Antonio Jesus Lopez Nieto legte eine zu strenge Elle an und verhedderte sich schließlich an seinem eigenen Maßstab. 14 Gelbe und zwei Gelb-Rote Karten hatte der Spanier gezückt – vielleicht ein WM-Rekord für die Ewigkeit. Carsten Ramelow spürte als einer der Ersten, dass mit diesem Mann nicht zu spaßen war – in der 39. Minute war für ihn nach der zweiten Gelben Karte das Spiel vorbei. Danach entwickelte sich auf dem regenschweren Boden von Shizuoka eine aufopferungsvolle deutsche Abwehrschlacht. Zur Pause wurde die Taktik geändert – aus einer Dreier- wurde eine Viererabwehrkette –, und der Bremer Marco Bode kam für Carsten Jancker. Ein Glücksgriff Rudi Völlers, denn sein Joker erzielte nach Traumpass von Miroslav Klose das 1:0. Und als dann auch Kamerun durch die Gelb-Rote Karte gegen Patrick Suffo dezimiert war, Oliver Kahn einige Male glänzend reagiert hatte und schließlich »Miro« Klose auf 2:0 erhöhte, war eine Zitterpartie vorbei. Deutschland zog als Gruppensieger ins Achtelfinale ein. Nicht mit Glanz und Gloria – aber immerhin. Eine Hypothek nahmen sie mit in die nächste Runde: Ramelow, Ziege und Hamann handelten sich Sperren ein.

STIMMEN ZU KAMERUN – DEUTSCHLAND

»Ihr seid die wahren Löwen!«
BILD-Zeitung

»Glück, Kahn & Klose – weiter!«
BERLINER KURIER

»Zehn Musketiere kämpfen sich ins nächste Endspiel«
FRANKFURTER ALLGEMEINE ZEITUNG

»Triumph des Teamgeistes«
BERLINER MORGENPOST

»Vom unzähmbaren Löwen zum Bettvorleger«
CAMEROON TRIBUNE

IRLAND – SAUDI-ARABIEN 3:0

Auch für die Iren war die Ausgangsposition klar: Würden sie ihrer Favoritenrolle gegen die »Saudis« gerecht, stünde die Tür zum Achtelfinale weit offen. Dass sie mit einer ausgesprochen schwachen Leistung ihr Ziel erreichten, war den 10 000 sangesfrohen irischen Fans ziemlich egal. Die hausbacken wirkenden Araber verabschiedeten sich mit dem wenig rühmlichen Torverhältnis von 0:12 von der WM.

Vorrunde Gruppe E · Spiel 2
Samstag, 01.06.2002
15:30 Uhr (8.30 Uhr MESZ) in Niigata (JPN)

IRLAND – KAMERUN
1:1 (0:1)

Irland: Given – G. Kelly, Breen, Staunton, Harte (77. Reid) – McAteer (46. Finnan), Kinsella, Holland, Kilbane – Duff – Keane
Kamerun: Boukar – Song, Kalla, Tchato – Geremi, Foe, Wome – Lauren, Olembe – Eto'o, Mboma (69. Suffo)
Tore: 0:1 Mboma (39.), 1:1 Holland (52.)
Ecken: 8:8
Schiedsrichter: Toru Kamikawa (Japan)
Zuschauer: 33.679
Gelbe Karten: McAteer, Finnan, Reid – Kalla
Gelb/Rote Karten: keine
Rote Karten: keine

Vorrunde Gruppe E · Spiel 4
Samstag, 01.06.2002
20:30 Uhr (13.30 Uhr MESZ) in Sapporo (JPN)

DEUTSCHLAND – SAUDI-ARABIEN
8:0 (4:0)

Deutschland: Kahn – Linke, Ramelow (46. Jeremies), Metzelder – Frings, Hamann, Ziege – Schneider, Ballack – Klose (77. Neuville), Jancker (67. Bierhoff)
Saudi-Arabien: Al Deayea – A. Al Dosari, Zubromawi, Tukar, Sulimani – K. Al Dossari (46. I. Al Shahrani) – A. Al Shahrani, Noor – Al Temyat (46. Khathran) – Al Yami (77. Al Dosary), Al Jaber
Tore: 1:0 Klose (20.), 2:0 Klose (25.), 3:0 Ballack (40.), 4:0 Jancker (45+1.), 5:0 Klose (69.), 6:0 Linke (72.), 7:0 Bierhoff (84.), 8:0 Schneider (90+2.)
Ecken: 10:1
Schiedsrichter: Ubaldo Aquino (Paraguay)
Zuschauer: 32.218
Gelbe Karten: Ziege, Hamann – Noor
Gelb/Rote Karten: keine
Rote Karten: keine

Vorrunde Gruppe E · Spiel 17
Mittwoch, 05.06.2002
20:30 Uhr (13.30 Uhr MESZ) in Ibaraki (JPN)

DEUTSCHLAND – IRLAND
1:1 (1:0)

Deutschland: Kahn – Linke, Ramelow, Metzelder – Frings, Hamann, Ziege – Schneider (90. Jeremies), Ballack – Klose (85. Bode), Jancker (75. Bierhoff)
Irland: Given – Finnan, Breen, Staunton (88. Cunningham), Harte (74. Reid) – G. Kelly (73. Quinn), Holland, Kinsella – Kilbane – Duff, Keane
Tore: 1:0 Klose (19.), 1:1 Keane (90+2.)
Ecken: 2:2
Schiedsrichter: Kim Milton Nielsen (Dänemark)
Zuschauer: 35.854
Gelbe Karten: keine
Gelb/Rote Karten: keine
Rote Karten: keine

Vorrunde Gruppe E · Spiel 19
Donnerstag, 06.06.2002
18:00 Uhr (11.00 Uhr MESZ) in Saitama (JPN)

KAMERUN – SAUDI-ARABIEN
1:0 (0:0)

Kamerun: Boukar – Song, Kalla, Tchato – Geremi, Foe, Wome (84. Njanka) – Lauren, Ngom Komé (46. Olembe) – Eto'o, Mboma (74. Ndiefi)
Saudi-Arabien: Al Deayea – Al Shehri – Al Johani, Tukar, Zubromawi (71. Al Dosary), Sulimani – A. Al Shahrani, I. Al Shahrani, Khathran (86. Noor) – Al Temyat – O. Al Dosari (35. Al Yami)
Tore: 1:0 Eto'o (66.)
Ecken: 8:1
Schiedsrichter: Terje Hauge (Norwegen)
Zuschauer: 52.328
Gelbe Karten: Wome – Al Yami
Rote Karten: keine

Vorrunde Gruppe E · Spiel 35
Dienstag, 11.06.2002
20:30 Uhr (13.30 Uhr MESZ) in Shizuoka (JPN)

KAMERUN – DEUTSCHLAND
0:2 (0:0)

Kamerun: Boukar – Song, Kalla, Tchato (53. Suffo) – Geremi, Foe, Wome – Lauren, Olembe (64. Ngom Komé) – Eto'o, Mboma (82. Job)
Deutschland: Kahn – Linke, Ramelow, Metzelder – Hamann – Frings, Ziege – Schneider (80. Jeremies), Ballack – Klose (84. Neuville), Jancker (46. Bode)
Tore: 0:1 Bode (50.), 0:2 Klose (79.)
Ecken: 4:5
Schiedsrichter: Antonio Lopez Nieto (Spanien)
Zuschauer: 47.085
Gelbe Karten: Foe, Song, Tchato, Geremi, Olembe, Lauren – Jancker, Hamann, Ballack, Kahn, Ziege, Frings
Gelb/Rote Karten: Ramelow (40.) – Suffo (77.)
Rote Karten: keine

Vorrunde Gruppe E · Spiel 36
Dienstag, 11.06.2002
20:30 Uhr (13.30 Uhr MESZ) in Yokohama (JPN)

SAUDI-ARABIEN – IRLAND
0:3 (0:1)

Saudi-Arabien: Al Deayea – Al Johani (78. A. Al Dosari), Tukar, Zubromawi (68. Al Dosary), Al Shehri – Sulimani, I. Al Shahrani, Khathran (67. Al Shlhoub), Al Temyat, K. Al Dossari – Al Yami
Irland: Given – G. Kelly (80. McAteer), Breen, Staunton, Harte (46. Quinn) – Finnan, Holland, Kinsella (89. Carsley), Kilbane – Duff, Keane
Tore: 0:1 Keane (7.), 0:2 Breen (62.), 0:3 Duff (87.)
Ecken: 2:5
Schiedsrichter: Falla Ndoye (Senegal)
Zuschauer: 65.320
Gelbe Karten: Al Temyat – Staunton
Gelb/Rote Karten: keine
Rote Karten: keine

Vorrunde · Gruppe E (Abschlusstabelle)

Land	Spiele	S	U	N	Tore	Diff	Pkte
Deutschland	3	2	1	0	11:1	10	7
Irland	3	1	2	0	5:2	3	5
Kamerun	3	1	1	1	2:3	-1	4
Saudi-Arabien	3	0	0	3	0:12	-12	0

DEUTSCHLAND

Hauptstadt	Berlin
Bevölkerung (2001)	83.029.536
Fläche (qkm)	357.021
Währung	Euro
Regierungschef	Gerhard Schröder (Bundeskanzler)
Sprache/n	Deutsch

DER VERBAND

Name	Deutscher Fußball-Bund
Postanschrift	Otto-Fleck-Schneise 6, Postfach 710265, 60492 Frankfurt am Main
Telefon	+49-69-67880
Telefax	+49-69-6788266
Internet	www.dfb.de
Gründungsjahr	1900
Präsident	Gerhard Mayer-Vorfelder
Vereine	26.697
Fußballprofis	870
Dachverband	Union des Associations Européennes de Football (UEFA)
Weltranglistenplatz	10
WM-Teilnahmen	15
Größter WM-Erfolg	Weltmeister 1954, 1974 und 1990
Spielkleidung	Trikot: weiß – Hose: schwarz – Stutzen: weiß

DER TRAINER

Name	Rudi Völler
Nationalität	Deutschland
Geburtsdatum	13.04.1960
Trainerstationen	
Deutschland	Bayer 04 Leverkusen 10/2000 – 11/2000
Deutschland	Nationalmannschaft seit Juli 2000

QUALIFIKATION

Spiele in der Europa-Gruppe 9

H	Griechenland	2:0 (1:0)	02.09.2000	Hamburg
A	England	0:1 (0:1)	07.10.2000	London
H	Albanien	2:1 (0:0)	24.03.2001	Leverkusen
A	Griechenland	2:4 (2:2)	28.03.2001	Athen
A	Finnland	2:2 (2:0)	02.06.2001	Helsinki
A	Albanien	0:2 (0:1)	06.06.2001	Tirana
H	England	1:5 (1:2)	01.09.2001	München
H	Finnland	0:0 (0:0)	06.10.2001	Gelsenkirchen
Play-Off-Spiele				
A	Ukraine	1:1 (1:1)	10.11.2001	Kiew
H	Ukraine	4:1 (3:0)	14.11.2001	Dortmund

Zweiter der Europa-Gruppe 9, Play-Off-Sieger gegen die Ukraine (Zweiter der Europa-Gruppe 5)

WM 2002

GE	Saudi-Arabien	8:0 (4:0)	01.06.2002	Sapporo (JPN)
GE	Irland	1:1 (1:0)	05.06.2002	Ibaraki (JPN)
GE	Kamerun	2:0 (0:0)	11.06.2002	Shizuoka (JPN)
AF	Paraguay	1:0 (0:0)	15.06.2002	Seogwipo (KOR)
VF	USA	1:0 (1:0)	21.06.2002	Ulsan (KOR)
HF	Südkorea	1:0 (0:0)	25.06.2002	Seoul (KOR)
FI	Brasilien	0:2 (0:0)	30.06.2002	Yokohama (JPN)

GE = Vorrundenspiele Gruppe E, AF = Achtelfinale, VF = Viertelfinale, HF = Halbfinale, FI = Finale/Spiel um Platz 3

14 GERALD ASAMOAH
Angriff

13 MICHAEL BALLACK
Mittelfeld

4 FRANK BAUMANN
Abwehr

20 OLIVER BIERHOFF
Angriff

17 MARCO BODE
Angriff

18 JÖRG BÖHME
Abwehr

23 HANS-JÖRG BUTT
Tor

22 TORSTEN FRINGS
Mittelfeld

8 DIETMAR HAMANN
Mittelfeld

9 CARSTEN JANCKER
Angriff

16 JENS JEREMIES
Mittelfeld

1 OLIVER KAHN
Tor

15 SEBASTIAN KEHL
Abwehr

11 MIROSLAV KLOSE
Angriff

12 JENS LEHMANN
Tor

2 THOMAS LINKE
Abwehr

21 CHRISTOPH METZELDER
Abwehr

7 OLIVER NEUVILLE
Angriff

5 CARSTEN RAMELOW
Mittelfeld

3 MARKO REHMER
Abwehr

10 LARS RICKEN
Mittelfeld

19 BERND SCHNEIDER
Mittelfeld

6 CHRISTIAN ZIEGE
Abwehr

Fußball à la Deutschland Manche glauben, dass Fußball – so ist es einmal formuliert worden – »ein Spiel auf Leben und Tod« wäre. So hat es jedenfalls ein hervorragender englischer Trainer einmal gesagt. Und er hat hinzugefügt: »Es ist nicht nur das, es ist noch viel ernster.« Das sind, wie gesagt, nicht meine Worte. Und das kann und darf man nicht einfach so stehen lassen. Zunächst ist Fußball – das wissen wir alle – kein Spiel auf Leben und Tod. (...)

Wichtig ist vorab Folgendes: Wenn es um Fußball geht, kann man nicht gleichgültig bleiben, kaum jemand kann das. Es gibt diejenigen, die von Fußball richtig infiziert sind, die am und mit dem Fußballfieber leiden und die übrigens aus dem Leiden auch immer wieder ihre Glücksmomente ziehen. Dann gibt es noch die Mitmenschen, die behaupten, immun gegen Fußball zu sein. Meist ist es schon die Art und Weise, in der sie das betonen, die uns Infizierten verrät, dass sie alles andere als immun sind, es nur nicht zugeben wollen. Allenfalls – so würde ich sagen – haben sie nur noch nicht den richtigen Verein gefunden. Denn das zeichnet den Fußball, unseren Fußball aus, und zwar egal, ob in der 3. Kreisklasse oder in der Champions League. Man gewinnt oder verliert. Die Mannschaft, der man anhängt, ist oben oder unten. Nach dem Spieltag ist man entweder im siebten Himmel oder die Welt ist gerade untergegangen. Aber am nächsten Tag stellt man fest, sie steht noch. Das ist gut so.

Und dann bleiben natürlich die Erinnerungen an die unvergesslichen Momente und die einzigartigen Spiele, wie an das Finale von Bern 1954, aber ebenso an die Dribblings des Kaisers, das Wembley-Tor, Uwe Seelers gewaltige Luftsprünge, Libudas Sololäufe, Netzers Pässe, die bekanntlich aus der Tiefe des Raumes kamen, oder auch – wir sind ja international – die französische Nationalmannschaft, die in den letzten Jahren den Weltfußball dominiert hat und die, wenn wir wirklich ehrlich sind, ein ästhetisches Vergnügen ist, auch wenn man, jedenfalls wenn sie gegen Deutschland spielt, auf der anderen Seite steht. Ich denke, all das ist Fußball, und all das ist es wohl, was die Faszination am Fußball ausmacht, und zwar egal, ob auf der Straße gekickt oder ob Fußball im WM-Stadion zelebriert wird. Fußball ist ein Spiel, in dem die Mannschaft nichts ohne den herausragenden Einzelnen werden kann. Aber es gilt auch: Der große Solist ist nichts ohne die ganze Mannschaft. Nur wenn beides zusammengeht, kann es erfolgreich sein. (...)

Die seit langem beste Nachricht für den deutschen Fußball ist ganz ohne Zweifel der Zuschlag für die Ausrichtung der Weltmeisterschaft 2006. Das sage ich nicht nur als bekennender Fußballfan, sondern gleichsam als oberster Tourismus- und Investorenwerber für unser Land. Denn das hat etwas miteinander zu tun. Das soll man nicht unterschätzen. (...) Wir müssen Gastgeber sein, die den Fußballfreunden aus aller Welt unser schönes, unser abwechslungsreiches Land nicht nur auf dem Gebiet des Sports, sondern auch auf dem Gebiet der Kultur nahe bringen. Wir wollen unsere Gäste – und das sollten wir wollen – dafür interessieren, wie wir leben, wie wir arbeiten, woran wir Freude haben. Die Fußballweltmeisterschaft 2006 soll ein Fest werden, so dass keiner Lust hat, sich davon auszuschließen, vor allem aber so, dass keiner ausgeschlossen wird. Ich sage deshalb auch ganz deutlich: Diese Weltmeisterschaft wird Deutschland als das zeigen, was es im Denken und Fühlen seiner Menschen wirklich ist, ein modernes, weltoffenes, tolerantes, friedliches und vor allen Dingen gastfreundliches Land. (...)

Der DFB – das wissen wir – hat nicht nur die Profis im Blick, er muss sich auch um die vielen Fußballer und natürlich auch Fußballerinnen kümmern, die nicht zu den ganz Großen werden. Diesen Amateurbereich betreut der DFB – er wurde gerade in letzter Zeit oftmals dafür belächelt – in, wie ich finde, beispielhafter, fantastischer Weise. Denn Amateurfußball ist auch eine Lebensform in der zivilen Gesellschaft bei uns. Auch wenn sich seit der aktiven Zeit des einen oder anderen von uns vieles geändert hat: Die E- und D-Jugendspieler werden häufig noch von den Vätern zum Spiel gefahren. Und es ist immer noch Praxis, dass die Mütter die Trikots des Nachwuchsteams waschen. Trainer und Betreuer nehmen sich in der Woche und an Wochenenden Zeit. Schiedsrichter und Schiedsrichterassistenten lassen sich freiwillig für ein korrekt erkanntes Abseits beschimpfen. Ich denke, das sollte man auch einmal anerkennen. (...)

Niemand kann zusagen, dass das Team von Rudi Völler die Qualifikation für Japan und Südkorea – ich denke es schon – schafft und dort Weltmeister wird. Aber dass es gut abschneidet und für den deutschen Fußball Ehre einlegt, wünschen wir uns alle. Wir sind uns ganz sicher, dass das so geschehen wird.

»Wenn es um Fußball geht, kann man nicht gleichgültig bleiben«

GERHARD SCHRÖDER
Bundeskanzler der Bundesrepublik Deutschland

GERHARD SCHRÖDER, Jahrgang 1944. 1990 bis 1998 Ministerpräsident in Niedersachsen, am 27. Oktober 1998 zum siebten Bundeskanzler der Bundesrepublik Deutschland gewählt.

Rede auf dem DFB-Bundestag in Magdeburg am 27. April 2001

1
MOHAMMED AL DEAYEA
Tor

12
AHMED DUKHI AL DOSARI
Abwehr

11
OBAID AL DOSARI
Angriff

15
ABDULLAH GAMAN AL DOSARY
Angriff

16
KHAMIS ALOWAIRAN AL DOSSARI
Mittelfeld

19
OMAR AL GHAMDI
Mittelfeld

9
SAMI AL JABER
Angriff

2
MOHAMMED AL JAHANI
Abwehr

17
ABDULLAH ALWAKED AL SHAHRANI
Mittelfeld

7
IBRAHIM AL SHAHRANI
Mittelfeld

6
FOUZI AL SHEHRI
Abwehr

10
MOHAMMAD AL SHLHOUB
Mittelfeld

18
NAWAF AL TEMYAT
Mittelfeld

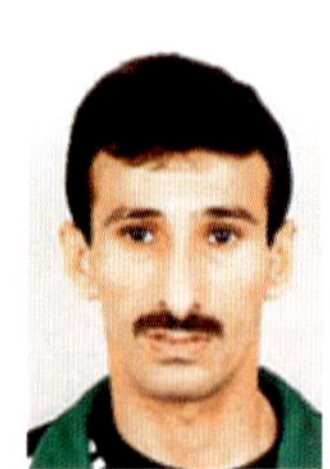

20
AL HASAN AL YAMI
Angriff

23
MANSOUR ALTHAGAFI
Abwehr

22
MOHAMMED KHOJALI BABKR
Tor

5
MOHSIN HARTHI
Abwehr

14
ABDULAZIZ KHATHRAN
Mittelfeld

8
MOHAMMED NOOR
Mittelfeld

13
HUSSEIN SULIMANI
Abwehr

3
REDHA TUKAR
Abwehr

21
MABROUK ZAID
Tor

4
ABDULLAH ZUBROMAWI
Abwehr

SAUDI-ARABIEN

Hauptstadt	Riyadh
Bevölkerung (2001)	22.757.092
Fläche (qkm)	2.149.690
Währung	Riyal
Regierungschef	Fahd Bin Abdul Aziz Al-Saud (König und Ministerpräsident)
Sprache/n	Arabisch

DER VERBAND

Name	Saudi Arabian Football Federation
Postanschrift	Al Mather Quarter Prince Faisal Bin Fahad, P.O. Box 5844, Riyadh 11432 / Saudi-Arabien
Telefon	+966-1-4822240
Telefax	+966-1-4821215
Internet	–
Gründungsjahr	1959
Präsident	Bin Abdul Aziz Sultan Bin Fahad
Vereine	153
Fußballprofis	458
Dachverband	Asian Football Confederation (AFC)
Weltranglistenplatz	35
WM-Teilnahmen	3
Größter WM-Erfolg	Achtelfinale 1994
Spielkleidung	Trikot: weiß – Hose: grün – Stutzen: weiß

DER TRAINER

Name	Nasser al Johar
Nationalität	Saudi-Arabien
Geburtsdatum	--
Trainerstationen	
Saudi-Arabien	Al-Nassr 1980 – 1993
Saudi-Arabien	Nationalmannschaft 10/2000 – 12/2000
Saudi-Arabien	Nationalmannschaft seit November 2001

QUALIFIKATION

Spiele in der Gruppe 10 der 1. Runde der Asien-Qualifikation

H	Mongolei	6:0 (4:0)	08.02.2001	Damman
A	Bangladesh	0:3 (0:1)	10.02.2001	Damman
H	Vietnam	5:0 (2:0)	12.02.2001	Damman
A	Mongolei	0:6 (0:4)	15.02.2001	Damman
H	Bangladesh	6:0 (6:0)	17.02.2001	Damman
A	Vietnam	0:4 (0:1)	19.02.2001	Damman

Spiele in der Gruppe 1 der 2. Runde der Asien-Qualifikation

H	Bahrain	1:1 (0:1)	17.08.2001	Riadh
A	Iran	2:0 (0:0)	24.08.2001	Teheran
H	Irak	1:0 (1:0)	31.08.2001	Manama
A	Thailand	1:3 (1:0)	15.09.2001	Bangkok
A	Bahrain	0:4 (0:3)	21.09.2001	Manama
H	Iran	2:2 (1:1)	28.09.2001	Jeddah
A	Irak	1:2 (1:1)	05.10.2001	Amman
H	Thailand	4:1 (1:0)	21.10.2001	Riadh

Sieger der Asien-Gruppe 1 (17 Punkte, 17:8 Tore)

WM 2002

GE	Deutschland	0:8 (0:4)	01.06.2002	Sapporo (JPN)
GE	Kamerun	0:1 (0:0)	06.06.2002	Saitama (JPN)
GE	Irland	0:3 (0:1)	11.06.2002	Yokohama (JPN)

GE = Vorrundenspiele Gruppe E

Fußball à la Saudi-Arabien Das Emporsteigen auf der Leiter geht nur Stufe um Stufe. So heißt es in einem arabischen Sprichwort, und das stimmt nicht nur, sondern passt auch ausgezeichnet auf den Fußball in Saudi-Arabien. Unsere Nationalmannschaft ist in Japan und Südkorea schon zum dritten Mal bei einer Weltmeisterschaft dabei. Ganz unten auf der Leiter also sind wir schon lange nicht mehr. Im Gegenteil, 1994 standen wir sogar im Achtelfinale. Wenn man zu den 32 besten Fußball-Ländern der Welt gehört, dann darf man stolz sein. Schließlich stehen viele andere noch an, um überhaupt erst einmal auf die erste Sprosse zu gelangen. Natürlich will man, wenn man sich für eine Weltmeisterschaft qualifiziert hat, auch möglichst weit kommen und ein tolles Ergebnis zu erreichen. Das gebietet der sportliche Ehrgeiz und ist bei den Saudis nicht anders als bei Brasilianern, Spaniern oder Deutschen. Freilich darf man nicht vergessen, dass wir noch eine junge Fußballnation sind – und auch die Großen von heute irgendwann mal klein waren.

»Unser Zukunftstrumpf ist die Jugend«

MAHMOUD BAMANIE

Botschaftsrat des Königreichs Saudi-Arabien

Dass sich unsere Position im Weltfußball im Lauf der Zeit Schritt für Schritt ändern wird, davon bin ich überzeugt. Denn wir haben gute Voraussetzungen. Fußball ist ein sehr populäres Spiel in Saudi-Arabien. Die Leute interessieren sich enorm dafür und verfolgen die nationalen und internationalen Wettbewerbe mit Begeisterung. Einer der Hauptgründe dafür ist, dass wir eine sehr junge Bevölkerung haben. Sechzig Prozent sind um die zwanzig Jahre alt. Und bei denen steht Fußball absolut hoch im Kurs. Ich kann das aus meiner eigenen Familie bestätigen, meine Söhne und Töchter sind das, was man hierzulande Fans nennt. Sicher feiern sie Erfolge etwas dezenter, als es in Europa oder Südamerika üblich ist, aber wer denkt, dass wir Saudis nur leise sind und im Stadion in klimatisierten Logen sitzen, der irrt gewaltig. Gejubelt wird auch bei uns laut, und beim Autokorso mit Flaggen und Transparenten erlebt man durchaus, was arabisches Temperament bedeutet.

Natürlich ist Saudi-Arabien noch am Anfang seiner fußballerischen Entwicklung. Wir haben die ersten Schritte gemacht, aber schon ganz gut laufen gelernt. Immerhin waren wir mehrfach Asienmeister, haben jetzt in der WM-Qualifikation von 14 Spielen nur eines verloren und uns mit unserer Spielweise den Beinamen »Brasilianer Asiens« erworben. Daheim gibt es eine Liga mit zwölf Mannschaften und mehrere Wettbewerbe, in denen die Klubs gegeneinander antreten. Einer steht unter der Schirmherrschaft von König Fahd, ein anderer unter der des Kronprinzen. Das 70 000-Zuschauer-Stadion in der Hauptstadt Riad ist bei Spitzenbegegnungen ausverkauft. Und auch die Frauen verfolgen daheim am Fernseher, was auf dem Platz geschieht, und reden anschließend bei der häuslichen Familiendebatte ein kräftiges Wort mit. Fast alle unsere Top-Akteure spielen daheim in der eigenen Liga. Das ist einerseits erfreulich für die Zuschauer, andererseits fehlt vielleicht ein wenig der internationale Austausch und die ständige harte Herausforderung, die die saudischen Fußballer noch schneller voranbringen könnte. Wie ich es generell für wichtig halte, dass sich unterschiedliche Kulturen dadurch tolerieren, dass sie sich aufeinander einlassen, statt Vorurteile zu bedienen. Der Fußball kann dabei sicher ein guter Botschafter sein.

Die Nationalhelden in unserer Nationalmannschaft sind Torwart Al-Deayea und Stürmer Al-Jaber, die beide zusammen über 320 Länderspiele bestritten haben und fast wie Heilige verehrt werden. Sie sind die Vorbilder für viele Jugendliche, die in ihren Schulmannschaften davon träumen, mal eine große Fußballkarriere zu machen. Neben dem einsamen Spitzenreiter Fußball sind Basketball, Volleyball und Handball die wichtigsten Sportarten in Saudi-Arabien. Volleyball, das war auch einmal meine Sportart in der Schule und an der Universität. Es gibt viele Möglichkeiten für die Jugend in unserem Land, ihre sportlichen Talente zu pflegen. Der Staat unterstützt Klubs und Sportverbände finanziell großzügig, hat siebzig Sportzentren in allen Regionen des Königreichs errichtet. Die Zahl der Sportklubs, in denen man Fußball spielen, aber auch schwimmen, laufen, reiten, radfahren oder Tennis spielen kann, hat sich seit 1970 verdreifacht. Jede Investition dafür lohnt sich. Denn die Jugend ist das Kapital eines Landes, sie ist nicht nur im Fußball unser großer Zukunftstrumpf.

MAHMOUD BAMANIE, Jahrgang 1949, verheiratet, sechs Kinder (drei Jungen, drei Mädchen). Politikwissenschaftler. Seit 1970 im Auswärtigen Dienst. Als Diplomat u.a. in Brasilien, Ägypten und seit 1998 als Botschaftsrat an der Vertretung Saudi-Arabiens in Deutschland.

14 GARY BREEN
Abwehr

22 LEE CARSLEY
Mittelfeld

13 DAVID CONNOLLY
Angriff

4 KENNY CUNNINGHAM
Abwehr

9 DAMIAN DUFF
Angriff

15 RICHARD DUNNE
Abwehr

2 STEVE FINNAN
Abwehr

1 SHAY GIVEN
Tor

3 IAN HARTE
Abwehr

8 MATT HOLLAND
Mittelfeld

10 ROBBIE KEANE
Angriff

6 ROY KEANE
Mittelfeld

23 ALAN KELLY
Tor

18 GARY KELLY
Abwehr

16 DEAN KIELY
Tor

11 KEVIN KILBANE
Angriff

12 MARK KINSELLA
Mittelfeld

7 JASON MCATEER
Mittelfeld

19 CLINTON MORRISON
Angriff

20 ANDREW O'BRIEN
Abwehr

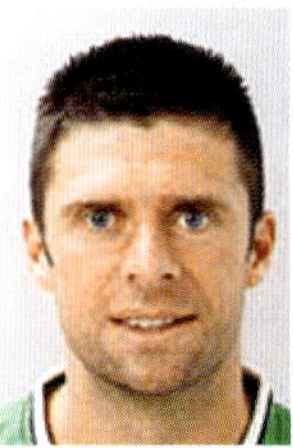
17 NIALL QUINN
Angriff

21 STEVEN REID
Angriff

5 STEVE STAUNTON
Abwehr

IRLAND

Hauptstadt	Dublin
Bevölkerung (2001)	3.840.838
Fläche (qkm)	70.284
Währung	Euro
Regierungschef	Mary McAleese (Präsidentin)
Sprache/n	Irisch, Englisch

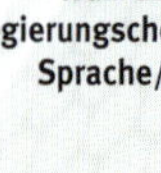

DER VERBAND

Name	The Football Association of Ireland
Postanschrift	80 Merrion Square South, Dublin 2 / Irland
Telefon	+353-1-6766864
Telefax	+353-1-6610931
Internet	www.fai.ie
Gründungsjahr	1921
Präsident	Milo Corcoran
Vereine	3.059
Fußballprofis	520
Dachverband	Union des Associations Européennes de Football (UEFA)
Weltranglistenplatz	18
WM-Teilnahmen	3
Größter WM-Erfolg	Viertelfinale 1990
Spielkleidung	Trikot: grün – Hose: weiß – Stutzen: grün

DER TRAINER

Name	Mick McCarthy
Nationalität	Irland
Geburtsdatum	07.02.1959
Trainerstationen	
England	Millwall 03/1992 – 02/1996
Irland	Nationalmannschaft seit März 1996

QUALIFIKATION

Spiele in der Europa-Gruppe 2

A	Niederlande	2:2 (0:1)	02.09.2000	Amsterdam
A	Portugal	1:1 (0:0)	07.10.2000	Lissabon
H	Estland	2:0 (1:0)	11.10.2000	Dublin
A	Zypern	0:4 (0:2)	24.03.2001	Nikosia
A	Andorra	0:3 (0:1)	28.03.2001	Barcelona
H	Andorra	3:1 (2:1)	25.04.2001	Dublin
H	Portugal	1:1 (0:0)	02.06.2001	Dublin
A	Estland	0:2 (0:2)	06.06.2001	Tallinn
H	Niederlande	1:0 (0:0)	01.09.2001	Dublin
H	Zypern	4:0 (2:0)	06.10.2001	Dublin

Play-Off-Spiele

H	Iran	2:0 (1:0)	10.11.2001	Dublin
A	Iran	1:0 (0:0)	15.11.2001	Teheran

Zweiter der Europa-Gruppe 2, Play-Off-Sieger gegen den Iran (Play-Off-Sieger Asien gegen VA Emirate)

WM 2002

GE	Kamerun	1:1 (0:1)	01.06.2002	Niigata (JPN)
GE	Deutschland	1:1 (0:1)	05.06.2002	Ibaraki (JPN)
GE	Saudi-Arabien	3:0 (1:0)	11.06.2002	Yokohama (JPN)
AF	Spanien	2:3 i.E. (1:1 n.V., 1:1 (0:1))	16.06.2002	Suwon (KOR)

GE = Vorrundenspiele Gruppe E, AF = Achtelfinale

Fußball à la Irland Es gab Zeiten, da galt Irlands Fußball-Nationalteam als beste Thekenmannschaft der Welt. Aber von Trinkfestigkeit allein kommt sportlicher Erfolg mit Sicherheit nicht. Immerhin haben wir Iren in der Qualifikation die Niederländer ausgeschaltet, und die gelten mit ihren zahlreichen Stars und ihrer glorreichen Geschichte als Fußball-Großmacht in der Welt. Nach 1990 und 1994 zum dritten Mal beim Kicker-Weltchampionat dabei zu sein, das ist an sich schon eine Riesensache für unser Land, das von vielen als Fußballzwerg betrachtet wird. Aber wie das so ist mit den Zwergen – sie können ganz schnell über sich hinauswachsen und zu Riesen werden.

So war es 1988 bei der Europameisterschaft in Deutschland, als wir England mit 1:0 geschlagen haben, dann 1:1 gegen die Sowjetunion spielten und nur knapp mit 0:1 gegen Holland verloren. Und so war es auch 1990 bei der Weltmeisterschaft in Italien, als wir in der Vorrunde gegen England, Ägypten und die Niederlande dreimal ein Remis erreichten, im Achtelfinale dann Rumänien nach Elfmeterschießen rauswarfen und in der Runde der besten Acht hauchdünn mit 0:1 gegen Gastgeber Italien ausschieden. Wenn man sich die Kontrahenten in diesen Spielen ansieht, dann kann man wohl fast immer vom Duell zwischen Goliath und dem irischen David sprechen. Aber diese Rolle liegt uns.

1988 und 1990, das waren wunderbare, großartige Erfolge für unser Land. Die natürlich eine tolle Stimmung daheim auf der grünen Insel produzierten. Dass dann beim Feiern auch reichlich Guinness floss, das sei allen gegönnt. Diese Jahre markierten so etwas wie einen Wendepunkt im irischen Fußball, von da an galt uns merklich gewachsener Respekt der Konkurrenz. Wir sind zwar keine Ballzauberer, aber absoluter Einsatzwille, Teamspirit und bedingungsloser Kampfgeist bis zur allerletzten Sekunde sowie das kollektive Einschwören auf ein gemeinsames Ziel, all das macht uns gerade für die Mannschaften, die auf ihre überlegenen technischen Qualitäten setzen, zu einem höchst gefährlichen Gegner. Knallharte Abwehr, starkes Kopfballspiel, lange Pässe auf schnelle Spitzen, präzise Schüsse aus der zweiten Reihe und das typische Kick'n'Rush – das scheint vielen eine zu simple Taktik, um Erfolg zu haben. Doch die Resultate widerlegen die Zweifler. Fußball muss nicht immer einem unentwirrbaren Schnittmusterbogen gleichen, das Einfache ist oft effektiver – aber zugleich meist ebenso schwer zu machen wie taktische Superentwürfe der Trainer. Das weiß auch der irische Coach Mick McCarthy, der das Eine tut, ohne das Andere zu lassen.

Natürlich zählen für ihn in erster Linie die klassischen kämpferischen Tugenden, doch der Mann, der als erster Ire zunächst als Spieler und nun als Trainer an einem Weltmeisterschafts-Turnier teilnimmt, legt im Gegensatz zu seinen Vorgängern auch Wert auf Kombinationen und gepflegtes Flachpass-Spiel. Wie man an den Auftritten unserer Mannen sieht, hat ihnen das nicht geschadet. Und der Popularität des Fußballes in Irland erst recht nicht. Der ist selbstverständlich die Nummer 1 unter den Sportarten auf der Insel, querbeet durch alle Altersschichten und alle Regionen. Mit ziemlichem Abstand danach folgen Rugby, Gaelic Football – eine Mischung aus Rugby und Fußball –, das dem Feldhockey ähnliche Hurling, das Camogie genannte Frauen-Hurling und Golf. Auch Segeln und Fischen, Pferde- und Hunderennen sind sehr beliebt. Manche Iren halten Fußball zwar für »englisch« und damit für einen »ausländischen Sport« im Vergleich zu den traditionellen Insel-Disziplinen. Doch das ist eine Minderheit. Wie sich auch die Mehrheit unserer Fußball-Fans ebenso für englische Mannschaften interessiert.

Ich selbst bin nie der ganz große Fußball-Fan gewesen. Als Kind und Jugendlicher habe ich Hurling gespielt, weil ich relativ schnell war. Bei der Weltmeisterschaft aber bin ich natürlich genauso fußballverrückt wie alle Iren. Ich bin ein leidenschaftlicher Stuhl-Supporter unseres Nationalteams, und wenn es möglich ist und es die Zeit erlaubt, dann steht dieser Stuhl in einem Irish Pub. Auch den Fußball in Deutschland habe ich schon während der Saison verfolgt. Nicht nur, weil wir bei der WM Gruppengegner waren. Das Bundesliga-Finale war echt spannend mit Dortmund, wo die Atmosphäre immer ein bisschen irisch ist. Denn die Borussen haben den selben Charakter wie die Iren: Sie geben nie auf.

»Ich bin ein leidenschaftlicher Stuhl-Supporter«

NOEL FAHEY
Botschafter der Republik Irland

NOEL FAHEY, Jahrgang 1946, verheiratet, drei Kinder. Seit 1974 im Auswärtigen Dienst. Als Diplomat auf Auslandsposten in Indien, bei der EG in Brüssel und seit 1998 Botschafter in Deutschland.

15
NICOLAS ALNOUDJI
Mittelfeld

1
ALIOUM BOUKAR
Tor

19
ERIC DJEMBA
Angriff

14
JOEL EPALLE
Angriff

9
SAMUEL ETO'O
Angriff

17
MARC-VIVIEN FOE
Mittelfeld

8
GEREMI
Abwehr

21
JOSEPH-DESIRE JOB
Angriff

5
RAYMOND KALLA
Abwehr

22
IDRISS KAMENI
Tor

12
LAUREN
Mittelfeld

10
PATRICK MBOMA
Angriff

13
LUCIEN METTOMO
Abwehr

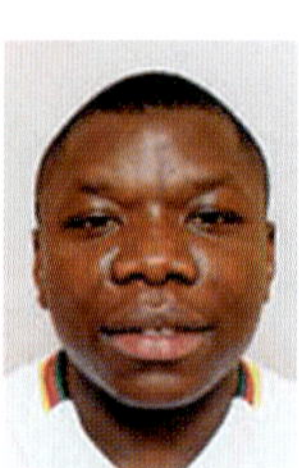

11
PIUS NDIEFI
Angriff

7
JOSEPH NDO
Mittelfeld

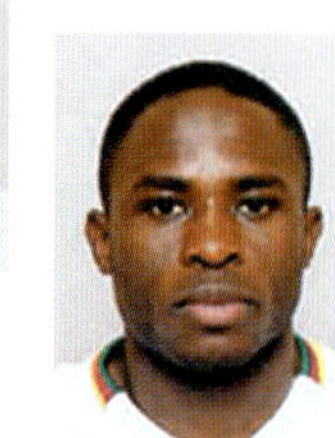

23
DANIEL NGOM KOMÉ
Mittelfeld

6
PIERRE NJANKA
Abwehr

20
SALOMON OLEMBE
Mittelfeld

4
RIGOBERT SONG
Abwehr

16
JACQUES SONGO'O
Tor

18
PATRICK SUFFO
Angriff

2
BILL TCHATO
Abwehr

3
PIERRE WOME
Abwehr

KAMERUN

Hauptstadt Yaoundé
Bevölkerung (2001) 15.803.220
Fläche (qkm) 475.442
Währung CFA-Franc
Regierungschef Paul Biya (Präsident)
Sprache/n Französisch, Englisch (amtl.), 24 afrikanische Sprachen

DER VERBAND

Name Fédération Camerounaise de Football
Postanschrift B. P. 1116, Yaoundé / Kamerun
Telefon +237-210012
Telefax +237-216662
Internet www.cameroon.fifa.com
Gründungsjahr 1959
Präsident Mohamed Iya
Vereine 720
Fußballprofis 450
Dachverband Confédération Africaine de Football (CAF)
Weltranglistenplatz 19
WM-Teilnahmen 4
Größter WM-Erfolg Viertelfinale 1990
Spielkleidung Trikot: grün – Hose: rot – Stutzen: gelb

DER TRAINER

Name Winfried Schäfer
Nationalität Deutschland
Geburtsdatum 10.01.1950
Trainerstationen
Deutschland Karlsruher SC 07/1986 – 03/1998
Deutschland VfB Stuttgart 07/1998 – 12/1998
Deutschland Tennis Borussia Berlin 03/1999 – 07/2000
Kamerun Nationalmannschaft seit September 2001

QUALIFIKATION

Spiele in der 1. Runde der Afrika-Qualifikation

A	Somalia	0:3 (0:3)	19.04.2000	Yaounde
H	Somalia	3:0 (2:0)	23.04.2000	Yaounde

Spiele in der 2. Runde der Afrika-Qualifikation

A	Libyen	0:3 (0:1)	18.06.2000	Tripolis
H	Angola	3:0 (1:0)	09.07.2000	Yaounde
A	Togo	0:2 (0:0)	26.01.2001	Lome
H	Sambia	1:0 (1:0)	25.02.2001	Yaounde
H	Libyen	1:0 (0:0)	22.04.2001	Yaounde
A	Angola	2:0 (0:0)	06.05.2001	Luanda
H	Togo	2:0 (1:0)	01.07.2001	Yaounde
A	Sambia	2:2 (0:0)	14.07.2001	Lusaka

Sieger der Afrika-Gruppe A (19 Punkte, 14:4 Tore)

WM 2002

GE	Irland	1:1 (1:0)	01.06.2002	Niigata (JPN)
GE	Saudi-Arabien	1:0 (0:0)	06.06.2002	Saitama (JPN)
GE	Deutschland	0:2 (0:0)	11.06.2002	Shizuoka (JPN)

GE = Vorrundenspiele Gruppe E

Fußball à la Kamerun Fußball hat verblüffende Qualitäten. Die sich manchmal erstaunlich gegensätzlich gegenüber stehen. Einerseits erhitzt er die Gemüter bis zum Sieden und ist Ursache heftiger Kontroversen sogar unter Freunden, wenn sie für unterschiedliche Klubs sympathisieren. Andererseits schafft er unter erbitterten Streithähnen Harmonie und Eintracht, wenn die Nationalmannschaft antritt. So ist es auch in Kamerun. In unserem Land leben rund 200 verschiedene Ethnien, und die auf einen Nenner zu bringen, ist nicht immer einfach. Vielleicht sollte unsere Auswahl einfach öfter spielen – denn dann sind die nicht Bamiléké oder Bamum, nicht Christen oder Moslems, nicht Anhänger dieser oder jener Partei. Plötzlich sind alle nur noch Kameruner. Alle Unterschiede und Differenzen sind wie weggeblasen. Es gibt nur noch eines quer durch alle Gruppen: die »unzähmbaren Löwen«, unser Team, die Einzigen, die Besten.

Kamerun hat generell ein sportbegeistertes Volk über den Fußball, die unumstrittene Nummer 1, hinaus. Handball, Basketball, Leichtathletik und Boxen sind ebenfalls populär und erfolgreich. Aber dass schon die kleinsten Knirpse immer und überall mit dem Ball zugange sind, das hat der Fußball allen konkurrierenden Sportarten voraus. Ich erlebe es ja bei meinem dreijährigen Enkel, wenn er in Bonn zu Besuch ist. Dann tobt der Kleine durch die Räume der Residenz, und ein Ball ist immer dabei. Das ist daheim in den Städten und Dörfern genauso. Wenn man mit dem Auto herumfährt, sieht man alle paar Meter einen Haufen Jungs, eine riesige Staubwolke und dazwischen – natürlich – einen Ball. Oder etwas, das aus der Ferne zumindest so ähnlich aussieht. Ist nämlich keiner da, tut es auch der harte Kern von großen Früchten oder ein aus alten Kleidern geschnürtes Bündel. Zwei Steine markieren das Tor. Überall werden kleine Meisterschaften ausgetragen, und wenn der Nachbarort der Gegner ist, dann rückt das ganze Dorf mit an. Ein festlicher Anlass, bei dem ausgiebig gegessen, getrunken, gesungen und getanzt wird.

Als Junge habe ich in meinem Dorf, später in der Schule und dann als Student immer Fußball gespielt. Erst war ich Verteidiger. Dann habe ich, nachdem unser Torhüter mal ganz miserabel gehalten hat, einfach dessen Posten übernommen. Das muss ich wohl ganz ordentlich erledigt haben, denn ich hatte schnell den Beinamen »Eclador« weg. So hieß einer der besten Nationalkeeper Kameruns. Diese Karriere habe ich als reifer Bürger freilich längst beendet, aber Sport treibe ich schon noch. Am liebsten mit dem Fahrrad entlang dem Rhein, und das auch im Winter. Dann fahre ich bis zum Kölner Dom, trinke dort einen Glühwein und radle retour – macht alles in allem so an die hundert Kilometer.

Mit vier Weltmeisterschaftsteilnahmen, dem wunderbaren Olympiasieg vor zwei Jahren in Sydney und vier Siegen beim Afrika-Cup ist Kamerun alles in allem wohl die erfolgreichste Mannschaft des Kontinents in der jüngeren Vergangenheit. Für die Klasse unserer Top-Spieler spricht auch, dass die Besten allesamt bei westeuropäischen Spitzenklubs unter Vertrag sind. Wie Mboma beim AC Parma, Geremi bei Real Madrid, Foe bei Olympic Lyon oder Wome beim AC Bologna. Jeder kennt sie daheim, für die Kids sind sie Nationalhelden. Übertroffen werden sie alle aber vom legendären Roger Milla, der 1990 in Italien als 38-jähriger zum WM-Star wurde, als er vier von sieben Toren für Kamerun erzielte und damit erstmals einem afrikanischen Team zum Einzug ins Viertelfinale verhalf. Heute berät Milla Präsident Paul Biya in Fragen des Sports – ein Mann, der weiß, wovon er spricht. Er ist damit einer der vielen Stars, die ihrem Land etwas zurückgeben. Andere investieren ihr im Ausland erspieltes Vermögen in Firmen oder Unternehmungen in Kamerun. Auch das gehört zur besonderen inneren Verbundenheit, die Kameruns Fußballgemeinschaft nicht nur während der aktiven Zeit, sondern auch danach auszeichnet.

Ein Zusammenhalt, den auch der deutsche Nationalcoach der »Löwen« Winfried Schäfer schätzt. Spätestens seit dem Gewinn des Afrika-Cups ist er ein großer Mann in Kamerun. Seine Art kommt an, er hat fast unser Temperament. Das mögen die Leute. Ich habe ihn schon zweimal in der Botschaft in Bonn getroffen – ein sympathischer Typ, der hoffentlich so viel Erfolg hat, dass er noch lange unser Trainer bleiben kann.

»Plötzlich sind alle nur noch Kameruner ...«

JEAN MELAGA
Botschafter der Republik Kamerun

JEAN MELAGA, Jahrgang 1938. Verheirat, eine Tochter und drei Söhne. Seit 1967 im Auswärtigen Dienst. Nach verschiedenen Funktionen im Außenministerium Botschafter im Kongo (Brazzaville) und seit 1984 in Deutschland mit Zuständigkeit für weitere europäische Staaten und internationale Organisationen (UNO, UNESCO).

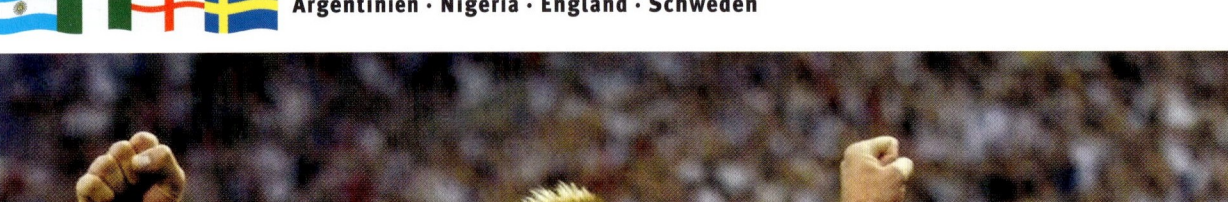

Cry for me, Argentina. Beckham (l.) und Svensson (oben rechts) gaben mit ihren Toren den Ausschlag. Und Taribo Wests Tränen gelten Nigeria.

Maradonas Erben weinten

Man nannte sie »Todesgruppe«. Dort jubelten die schwach gestarteten Engländer wie auch die sicheren Schweden. Die Sensation: Neben Nigeria erwischte es Topfavorit Argentinien.

Es waren die ersten bitteren Tränen, die bei dieser Weltmeisterschaft flossen. Während der entthronte Champion Frankreich das frühe Aus mit einer gewissen Nonchalance hinnahm, waren die Argentinier nach ihrem Sturz in ein tiefes Tal untröstlich. Wer bei den Buchmachern zehn Euro auf Argentinien als den kommenden Titelträger setzte, der bekam nur 50 zurück – die geringste aller Quoten. Doch die Südamerikaner, die mit einem wahren Feuerwerk durch ihre Qualifikation getanzt waren, stellten sich in Ibaraki, Sapporo und Miyagi als Torso vor. Sie zauberten nicht – sie zauderten. Der bunte Vogel des Weltfußballs flog plötzlich nicht mehr. Vielleicht auch deshalb nicht, weil der kahlköpfige Mittelfeldstratege Juan Veron nicht in Form war. Auch die Engländer kamen schwer in Schwung, leisteten sich den ersten Fehltritt gleich gegen Schweden. Die Skandinavier feierten das 1:1 wie einen Sieg und schöpften aus diesem Punkt Moral für die nächsten Aufgaben. Das Schlüsselspiel der Gruppe fand unter dem Hallendach des imposanten Sapporo-Doms statt. Und diese Atmosphäre verunsicherte offenbar die Argentinier, die zwar phasenweise zu dem von ihnen erwarteten verwirrenden Kombinationsfußball zurückfanden, am Ende aber durch ein höchst umstrittenes Elfmetertor des David Beckham verloren. Aus dem Nichts erwuchsen den Schweden Flügel, die schon vor ihrer Abreise nach Japan wussten, dass sie nur dann eine Chance hatten, wenn sie »ergebnisorientiert« spielten. Das taten sie nachhaltig – aber ihr nüchterner Zweckfußball erstaunte dennoch. Trauer herrschte auch in Nigeria. Die »Adler« bestätigten ihre schwache Form aus den Spielen des Afrika-Cups.

ARGENTINIEN – NIGERIA 1:0

Gabriel Batistuta hatte eine Vision in seinem WM-Gepäck. Weltmeister wollte er mit Argentinien werden, daran ließ er keinen Zweifel. Aber der Stürmerstar von AS Rom hatte noch einen Traum – Gerd Müllers WM-Rekord wollte er knacken. Jene 14 Tore, die der deutsche Torschützenkönig in zwei Weltmeisterschaftsturnieren erzielt hatte. Batistuta war vor dieser WM bei neun Torerfolgen angelangt – und als er Argentiniens umjubelter Held des »goldenen Tores« im Spiel gegen Nigeria war, kam er seinem Ziel schon ein Stück näher. Denn die »Adler« aus dem Schwarzen Kontinent zeigten sich im Spiel gegen den WM-Mitfavoriten flügellahm. Als Nwankwo Kanu drei Minuten nach der Pause verletzt ausschied, ging damit auch ein Stück Hoffnung Nigerias. Wenig später traf Batistuta – und die Dinge nahmen ihren Lauf. Nigerias Erwartungen erhielten gleich einen erheblichen Dämpfer.

ENGLAND – SCHWEDEN 1:1

Monatelang hatte der schwedische Coach Sven-Göran Eriksson am Outfit der englischen Nationalmannschaft gearbeitet. Als Eriksson seinen Job bei Englands Football Association antrat, maulte die »Daily Mail«: »Jetzt haben wir uns an eine Nation von Skifahrern und Hammerwerfern verkauft, die ihr halbes Leben in der Dunkelheit zubringen.« Aber Eriksson war routiniert und ehrgeizig genug, um mit aller Macht daran zu arbeiten, Englands Fußball bei einer WM ins Rampenlicht zu führen. Und nun ging es für Eriksson im Auftaktspiel gleich gegen seine Landsleute. Die machten es den Engländern sehr schwer, ließen sich durch Sol Campbells Tor in der 24. Minute nicht beunruhigen und schlugen nach der Pause zurück. Niclas Alexandersson war mit seinem Ausgleichstor Schwedens Glücksbringer. Es mangelte den Engländern gegen die Schweden nicht an der Moral, wohl aber an der Feinabstimmung.

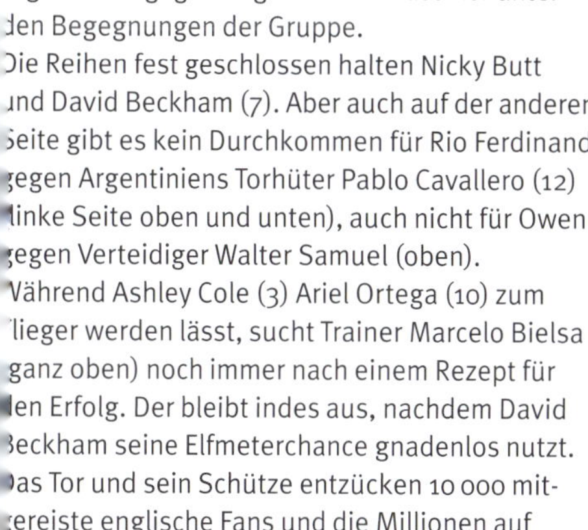

Argentinien gegen England. Der Klassiker unter den Begegnungen der Gruppe. Die Reihen fest geschlossen halten Nicky Butt und David Beckham (7). Aber auch auf der anderen Seite gibt es kein Durchkommen für Rio Ferdinand gegen Argentiniens Torhüter Pablo Cavallero (12) (linke Seite oben und unten), auch nicht für Owen gegen Verteidiger Walter Samuel (oben). Während Ashley Cole (3) Ariel Ortega (10) zum Flieger werden lässt, sucht Trainer Marcelo Bielsa (ganz oben) noch immer nach einem Rezept für den Erfolg. Der bleibt indes aus, nachdem David Beckham seine Elfmeterchance gnadenlos nutzt. Das Tor und sein Schütze entzücken 10 000 mitgereiste englische Fans und die Millionen auf der Insel.

SCHWEDEN – NIGERIA 2:1

Eigentlich waren sie als Außenseiter in den Fernen Osten geflogen – die Schweden hatte kaum jemand auf der Rechnung, doch nach dem 1:1 gegen England schaute man sich die Skandinavier etwas genauer an. Und die Experten entdeckten plötzlich, dass die Trainer Tommy Söderberg und Lars Lagerbäck ganze Arbeit geleistet hatten. Mit fußballerischem Verstand, einer Prise Taktik und viel Einfühlungsvermögen hatte das Trainertandem das Abenteuer WM angepackt. Nigeria, das nach der Auftaktpleite gegen Argentinien schon im zweiten Spiel unter Druck stand, beklagte am Ende des zweiten WM-Auftritts, das Glück habe sich von der Mannschaft abgewandt. Zwar hatten die »Adler« in Kobe durch Julius Aghahowa nach einer knappen halben Stunde den Siegkurs eingeschlagen, doch durch Larssons Treffer fanden die Skandinavier schon vor der Pause ins Spiel zurück und gewannen schließlich durch seinen Zweiten.

Linke Seite: Da fliegt der Ball, und Ike Shorunmu weiß auch wohin. Henrik Larsson (11) vom Drei-Kronen-Team, sonst in Diensten bei Celtic Glasgow, schießt Nigeria mit seinen zwei Treffern aus dem Rennen. Es bleibt die Enttäuschung für den um Anerkennung bemühten afrikanischen Fußball.

ARGENTINIEN – ENGLAND 0:1

Ein Klassiker der Fußballgeschichte fand schon in der Vorrunde seine Neuauflage. Und dies in einer für beide Mannschaften kritischen Situation, auch wenn sie sich für die Argentinier vor dem Anpfiff zunächst noch positiv darstellte. Doch »Spice-Boy« David Beckham ließ die rund 10 000 temperamentvollen (und friedfertigen) Fans des englischen Fußballs im Sapporo-Dom jubeln. Sein Elfmetertreffer nach einer umstrittenen Entscheidung, unmittelbar vor dem Halbzeitpfiff, machte merry old England weit mehr als nur für einen Moment glücklich. Es war ein Sieg der größeren mannschaftlichen Geschlossenheit gegen die besseren Fußball-Individualisten. Argentinien war nach dem Seitenwechsel einige Male dem Ausgleichstreffer sehr nahe, doch das englische Bollwerk hielt dem Druck der Südamerikaner stand. Und Argentiniens Trainer Marcelo Bielsa sah das Unheil schon komen: »Wir brauchen aus dem letzten Spiel gegen Schweden unbedingt drei Punkte – sonst könnte es für uns bei der WM bereits zu Ende sein …«

Die Schweden eng am Mann gegen Argentinien. Battistuda (9) kommt gegen Johan Mjällby zu kurz (oben), und Tobias Linderoths Bein ist lang genug, um Pablo Aimar vom Ball fernzuhalten (darunter). Als das Scheitern besiegelt ist, tritt Battistuda zurück und weint, Argentiniens Trainer Bielsa geht. Zurück bleibt ein starkes schwedisches Team, auch wenn bei dieser WM nicht immer alle Schweden in einer schwedischen Mannschaft zu finden sind: Englands Schwede Eriksson gratuliert Schwedens Coach Lagerbäck.

Bis zum letzten Tropfen hat sich auch Fredrik Ljungberg nicht verausgabt. Den auf Technik und Taktik aufgebauten Zweckfußball hat er mit seinem schwedischen Team dennoch perfekt und sicher durchgespielt.

SCHWEDEN – ARGENTINIEN 1:1

Auferstehung oder Götterdämmerung? Diego Maradona, der unvergleichliche Star einer brillanten Epoche der argentinischen Fußball-Historie, wollte ursprünglich nach Japan fliegen, um den von seinen Landsleuten heißersehnten Triumph der »Gauchos« live mitzuerleben. Doch die Japaner erschwerten ihm wegen seiner diversen Drogen-Konflikte die Einreise. Also flog er nicht – und das war wohl besser so. Denn der Topfavorit der Buchmacher war kaum mehr als ein Abklatsch jenes Bildes, das die Welt von den Argentiniern in der Südamerika-Qualifikation gewonnen hatte. Die Schweden, die ein Remis brauchten, um Argentinien hinter sich zu lassen, kamen zu ihrem Wunschresultat. Geschickt verengten sie die argentinischen Räume, gingen durch Anders Svensson nach einer knappen Stunde in Führung und ließen erst in der 88. Minute den Ausgleich der tief enttäuschten Südamerikaner durch den eingewechselten Hernan Crespo zu. Das war's für Argentinien. Am Tag nach Frankreichs »Waterloo« ging ein zweiter WM-Favorit in die Knie.

NIGERIA – ENGLAND 0:0

Osaka wurde zum Wallfahrtsort der englischen Fußballfans. Sie alle hatten sich von der Enttäuschung des 1:1 gegen Schweden längst erholt und schwelgten schon wieder in kühnsten Träumen, was wohl der britischen Eigenart entspricht. Aber die Partie gegen Nigeria wurde zum Zitterspiel, weil diese neunzig Minuten für Seaman, Beckham und Owen zu einem Tanz auf dem Drahtseil wurden. Ein nigerianisches Tor hätte England vermutlich ins WM-Verderben gestürzt. Die Nerven vibrierten – aber sie hielten.

STIMMEN ZUM AUSSCHEIDEN DER ARGENTINISCHEN MANNSCHAFT

»Die Mannschaft hat die ganze Welt betrogen«
Staatliche argentinische Nachrichtenagentur TELAM

»Trauer in Argentinien. Der Krisenalltag hat alle wieder: Auch Fußball bietet kein Trostpflaster.«
FRANKFURTER ALLGEMEINE ZEITUNG

»Gescheitert an der Ikea-Abwehr«
BERLINER ZEITUNG

Vorrunde Gruppe F · Spiel 7
Sonntag, 02.06.2002
14:30 Uhr (7.30 Uhr MESZ) in Ibaraki (JPN)

ARGENTINIEN – NIGERIA
1:0 (0:0)

Argentinien: Cavallero – Pochettino, Samuel, Placente – Zanetti, Simeone, Sorin – Ortega, C. Lopez (46. Gonzalez) – Veron (78. Aimar) – Batistuta (81. Crespo)
Nigeria: Shorunmu – Sodje (73. Christopher), West, Okoronkwo, Babayaro – Yobo – Okocha, Kanu (47. Ikedia), Lawal – Aghahowa, Ogbeche
Tore: 1:0 Batistuta (63.)
Ecken: 11:4
Schiedsrichter: Gilles Veissiere (Frankreich)
Zuschauer: 34.050
Gelbe Karten: Samuel, Simeone – Sodje
Gelb/Rote Karten: keine
Rote Karten: keine

Vorrunde Gruppe F · Spiel 5
Sonntag, 02.06.2002,
18:30 Uhr (11.30 Uhr MESZ) in Saitama (JPN)

ENGLAND – SCHWEDEN
1:1 (1:0)

England: Seaman – Mills, Ferdinand, Campbell, A. Cole – Hargreaves – Beckham (63. Dyer), Heskey – Scholes – Owen, Vassell (74. J. Cole)
Schweden: Hedman – Mellberg, Jakobsson, Mjällby, Lucic – Linderoth – Alexandersson, Ljungberg – Magnus Svensson (56. A. Svensson) – Larsson, Allbäck (80. A. Andersson)
Tore: 1:0 Campbell (24.), 1:1 Alexandersson (59.)
Ecken: 2:3
Schiedsrichter: Carlos Simon (Brasilien)
Zuschauer: 52.721
Gelbe Karten: Campbell – Allbäck, Jakobsson
Gelb/Rote Karten: keine
Rote Karten: keine

Vorrunde Gruppe F · Spiel 21
Freitag, 07.06.2002
15:30 Uhr (8.30 Uhr MESZ) in Kobe (JPN)

SCHWEDEN – NIGERIA
2:1 (1:1)

Schweden: Hedman – Mellberg, Jakobsson, Mjällby, Lucic – Linderoth – Alexandersson, Ljungberg – A. Svensson (84. Magnus Svensson) – Larsson, Allbäck (64. A. Andersson)
Nigeria: Shorunmu – Yobo, West, Okoronkwo, Udeze – Christopher – Okocha, Utaka, Babayaro (65. Kanu) – Aghahowa, Ogbeche (71. Ikedia)
Tore: 0:1 Aghahowa (27.), 1:1 Larsson (35.), 2:1 Larsson (62., Foulelfmeter)
Ecken: 8:2
Schiedsrichter: René Ortube (Bolivien)
Zuschauer: 36.194
Gelbe Karten: Mjällby, Alexandersson – West
Gelb/Rote Karten: keine
Rote Karten: keine

Vorrunde Gruppe F · Spiel 23
Freitag, 07.06.2002
20:30 Uhr (13.30 Uhr MESZ) in Sapporo (JPN)

ARGENTINIEN – ENGLAND
0:1 (0:1)

Argentinien: Cavallero – Pochettino, Samuel, Placente – Zanetti, Simeone, Sorin – Veron (46. Aimar) – Ortega, Gonzalez (64. C. Lopez) – Batistuta (60. Crespo)
England: Seaman – Mills, Ferdinand, Campbell, A. Cole – Butt, Hargreaves (19. Sinclair) – Beckham, Scholes – Owen (80. Bridge), Heskey (56. Sheringham)
Tore: 0:1 Beckham (44., Foulelfmeter)
Ecken: 9:3
Schiedsrichter: Pierluigi Collina (Italien)
Zuschauer: 35.927
Gelbe Karten: Batistuta – A. Cole, Heskey
Gelb/Rote Karten: keine
Rote Karten: keine

Vorrunde Gruppe F · Spiel 37
Mittwoch, 12.06.2002
15:30 Uhr (8.30 Uhr MESZ) in Miyagi (JPN)

SCHWEDEN – ARGENTINIEN
1:1 (0:0)

Schweden: Hedman – Mellberg, Jakobsson, Mjällby, Lucic – Linderoth – Alexandersson, Magnus Svensson – A. Svensson (68. Jonson) – Larsson (88. Ibrahimovic), Allbäck (46. A. Andersson)
Argentinien: Cavallero – Chamot, Samuel, Pochettino – Zanetti, Almeyda (63. Gonzalez), Sorin (63. Veron) – Ortega, Aimar, C. Lopez – Batistuta (58. Crespo)
Tore: 1:0 A. Svensson (59.), 1:1 Crespo (88.)
Ecken: 3:13
Schiedsrichter: Ali Bujsaim (Vereinigte Arabische Emirate)
Zuschauer: 45.777
Gelbe Karten: M. Svensson, Larsson – Chamot, Almeyda, Gonzalez
Gelb/Rote Karten: keine
Rote Karten: Caniggia (45+2.)

Vorrunde Gruppe F · Spiel 38
Mittwoch, 12.06.2002
15:30 Uhr (8.30 Uhr MESZ) in Osaka (JPN)

NIGERIA – ENGLAND
0:0

Nigeria: Enyeama – Sodje, Okoronkwo, Udeze – Christopher, Yobo, Obiorah, Okocha – Akwuegbu, Aghahowa, Opabunmi (87. Ikedia)
England: Seaman – Mills, Campbell, Ferdinand, A. Cole (85. Bridge) – Beckham, Butt, Scholes, Sinclair – Heskey (69. Sheringham), Owen (77. Vassell)
Tore: keine
Ecken: 5:7
Schiedsrichter: Brian Hall (USA)
Zuschauer: 44.864
Gelbe Karten: keine
Gelb/Rote Karten: keine
Rote Karten: keine

Vorrunde · Gruppe F (Abschlusstabelle)

Land	Spiele	S	U	N	Tore	Diff	Pkte
Schweden	3	1	2	0	4:3	1	5
England	3	1	2	0	2:1	1	5
Argentinien	3	1	1	1	2:2	0	4
Nigeria	3	0	1	2	1:3	-2	1

Schweden aufgrund der mehr erzielten Treffer Gruppensieger

ARGENTINIEN

Hauptstadt	Buenos Aires
Bevölkerung (2001)	37.384.816
Fläche (qkm)	2.780.400
Währung	Argentinischer Peso
Regierungschef	Eduardo Duhalde (Präsident)
Sprache/n	Spanisch

DER VERBAND

Name	Asociación del Fútbol Argentino
Postanschrift	Viamonte 1366/76, 1053 Buenos Aires / Argentinien
Telefon	+54-11-43714276
Telefax	+54-11-43754410
Internet	www.afa.org.ar
Gründungsjahr	1893
Präsident	Julio H. Grondona
Vereine	2.994
Fußballprofis	2.500
Dachverband	Confederaación Sudamericana de Fútbol (CONMEBOL)
Weltranglistenplatz	2
WM-Teilnahmen	13
Größter WM-Erfolg	Weltmeister 1978 und 1986
Spielkleidung	Trikot: hellblau-weiß längsgestreift – Hose: schwarz – Stutzen: weiß

DER TRAINER

Name	Marcelo Bielsa
Nationalität	Argentinien
Geburtsdatum	21.07.1955
Trainerstationen	
Argentinien	Newells Old Boys 01/1990 – 06/1992
Mexiko	Atlas 07/1992 – 12/1995
Mexiko	America 01/1996 – 06/1997
Argentinien	Velez Sarsfield 07/1997 – 06/1998
Spanien	Espanyol Barcelona 07/1998 – 11/1998
Argentinien	Nationalmannschaft seit Dezember 1998

QUALIFIKATION

Gruppenspiele in der Südamerika-Qualifikation

H	Chile	4:1 (2:1)	29.03.2000	Buenos Aires
A	Venezuela	0:4 (0:2)	26.04.2000	Maracaibo
H	Bolivien	1:0 (0:0)	04.06.2000	Buenos Aires
A	Kolumbien	1:3 (1:2)	29.06.2000	Bogota
H	Ekuador	2:0 (1:0)	19.07.2000	Buenos Aires
A	Brasilien	3:1 (2:1)	26.07.2000	Sao Paulo
H	Paraguay	1:1 (0:0)	16.08.2000	Buenos Aires
A	Peru	1:2 (0:2)	03.09.2000	Lima
H	Uruguay	2:1 (2:0)	08.10.2000	Buenos Aires
A	Chile	0:2 (0:1)	15.11.2000	Santiago de Chile
H	Venezuela	5:0 (2:0)	28.03.2001	Buenos Aires
A	Bolivien	3:3 (1:1)	25.04.2001	La Paz
H	Kolumbien	3:0 (3:0)	03.06.2001	Buenos Aires
A	Ekuador	0:2 (0:2)	15.08.2001	Quito
H	Brasilien	2:1 (0:1)	05.09.2001	Buenos Aires
A	Paraguay	2:2 (0:0)	07.10.2001	Asuncion
H	Peru	2:0 (0:0)	08.11.2001	Buenos Aires
A	Uruguay	1:1 (1:1)	14.11.2001	Montevideo

Sieger der Südamerika-Qualifikation (43 Punkte, 42:15 Tore)

WM 2002

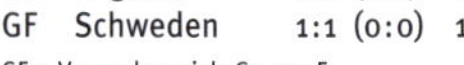

GF	Nigeria	1:0 (0:0)	02.06.2002	Ibaraki (JPN)
GF	England	0:1 (0:1)	07.06.2002	Sapporo (JPN)
GF	Schweden	1:1 (0:0)	12.06.2002	Miyagi (JPN)

GF = Vorrundenspiele Gruppe F

16 PABLO AIMAR
Mittelfeld

5 MATIAS ALMEYDA
Mittelfeld

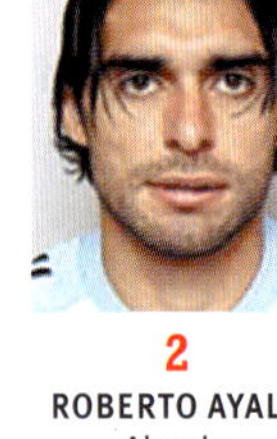

2 ROBERTO AYALA
Abwehr

9 GABRIEL BATISTUTA
Angriff

23 ROBERTO BONANO
Tor

1 GERMAN BURGOS
Tor

21 CLAUDIO CANIGGIA
Angriff

12 PABLO CAVALLERO
Tor

22 JOSE CHAMOT
Abwehr

19 HERNAN CRESPO
Angriff

20 MARCELO GALLARDO
Mittelfeld

18 KILY GONZALEZ
Angriff

15 CLAUDIO HUSAIN
Mittelfeld

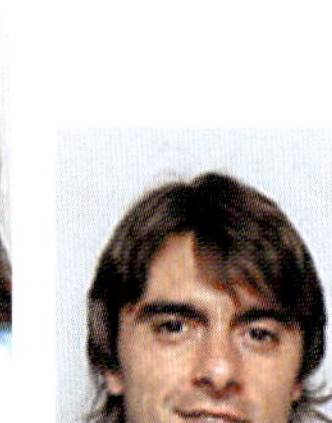

7 CLAUDIO LOPEZ
Angriff

17 GUSTAVO LOPEZ
Angriff

10 ARIEL ORTEGA
Mittelfeld

13 DIEGO PLACENTE
Abwehr

4 MAURICIO POCHETTINO
Abwehr

6 WALTER SAMUEL
Abwehr

14 DIEGO SIMEONE
Mittelfeld

3 JUAN SORIN
Mittelfeld

11 JUAN VERON
Mittelfeld

8 JAVIER ZANETTI
Mittelfeld

Fußball à la Argentinien Argentinischer Fußball, da fallen wohl jedem Fan sofort ein paar Namen ein. Solche aus der Vergangenheit wie di Stefano, Rossi, später Kempes oder Maradona. Aber auch die aus der Gegenwart haben einen guten Klang: Batistuta, Crespo, Veron. Argentinien hat Tradition und Argentinien hat nach schwächeren Jahren, die auf die beiden Weltmeistertitel 1978 und 1986 folgten, auch wieder Zukunft. Dass immer neue Talente nachrücken, ist in einem fußballverrückten Land wie dem unseren fast normal. Zwar wird nicht mehr so viel Straßenfußball wie früher gespielt, aber dafür gibt es keinen Platz, keinen Garten, keine Schule, wo nicht gebolzt wird. Ins Land gekommen ist der Sport ursprünglich mit den Einwanderern. Die englischen Schulen hatten so etwas wie eine Missionarsrolle – und die Bevölkerung ließ sich sehr schnell überzeugen. Mehr und mehr Argentinier spielten selbst, und in den Cafés und Bars wurde Fußball zum liebsten und heißblütig diskutierten Thema vor allem der Männer. Erst recht, wenn Höhepunkte wie die Weltmeisterschaft in Japan und Korea stattfinden. Fußball kann dem Land gute Laune machen, ist für die Stimmung enorm wichtig. Argentinien lebt in wirtschaftlich harten und ganz schwierigen Zeiten. Sportliche Erfolge können da für die Menschen einen kleinen Ausgleich schaffen. Sie sind ein Lichtblick im ansonsten eher düsteren Alltag, in dem viele darüber nachdenken müssen, wie es morgen weitergeht. Die Stars haben somit in gewisser Weise eine Verantwortung über den Platz hinaus, sie sind Botschafter der besonderen Art – vor allem dann, wenn sie eine wirklich gute, freudige Botschaft überbringen. Argentinien hat ein gutes Team mit vielen Stärken. Es kann mitreißend, es kann aber auch erfolgreich spielen. Individuell hervorragende Spieler, eine konsequente Abwehr, ein sehr guter Trainer, Teamgeist mit der Verpflichtung auf ein gemeinsames Ziel und vor allem Disziplin – so viele Vorzüge kamen lange nicht zusammen.

Es braucht eben Zeit, manchmal Jahre, um ein Topteam aufzubauen. Bis alle Rädchen perfekt ineinander greifen. Strategie und Taktik müssen exakt abgestimmt sein, die Spieler sich praktisch blind verstehen. Und dann gehört auch noch ein Quäntchen Glück dazu, damit sich vielleicht ein Superstar vom Schlage Alfredo di Stefanos oder Diego Maradonas entwickeln kann. Di Stefano war immer mein großes Idol. Ich habe ihn in den vierziger Jahren bei River Plate spielen gesehen. Im Vorjahr konnte ich ihn in Madrid persönlich kennen lernen. Das war für mich ein sehr emotionales, wunderbares Erlebnis. Die Begegnung mit einem Traum, mit einer personifizierten Fußball-Ära. Als Diplomat hat man abgeklärt zu sein, aber in diesem Moment hatte ich einfach Gänsehaut.

»Saeta Rubia«, der blonde Pfeil, so wurde di Stefano genannt. Er war einzigartig, fantastisch. Eine solche Eleganz und Ästhetik im Umgang mit dem Ball habe ich nie wieder gesehen. Als er bei Real Madrid Regie führte, war er der unumstrittene Meister des »weißen Ballets«. Ich habe als Kind versucht, ihn nachzuahmen, und feststellen müssen, wie schwer die Tricks sind, die so leicht aussehen. Zu Weihnachten gab es in meiner Kindheit in Argentinien meist nur zwei Alternativen für das wichtigste Geschenk: Ball oder Fahrrad. Bei mir war es der Ball. Der war nach Größe durchnummeriert. Nummer 5 war der, mit dem auch die großen Vorbilder kickten. Den wollte jeder haben. Meine kleine Fußball-Karriere begann als Stürmer und führte, je älter ich wurde, immer weiter nach hinten – bis ins Tor.

River Plate Buenos Aires, das war immer mein Lieblingsklub. Mit neun Jahren bin ich dort Mitglied geworden und es bis heute geblieben. Mein Vater, natürlich Fußball-Fan wie ich, war dagegen Anhänger des zweiten großen Hauptstadt-Vereins, des Racing Clubs. Das sorgte für familiären Konfliktstoff, der temperamentvoll, doch friedlich ausgetragen wurde. Ich hatte einen Vater mit großem Fußball-Herz: Er mochte zwar River Plate nicht, aber wenn sie ein Heimspiel hatten, begleitete er mich ins Stadion. Auch heute noch sind die Arenen fast so etwas wie Tempel – Tempel der Leidenschaften und Emotionen. Wer kein Ticket hat, der sieht fern. Nach dem Anpfiff sind die Straßen einsam und leergefegt, nach dem Abpfiff überfüllt und verstopft. Und wenn Argentinien gewonnen hat, dann fangen sie an zu kochen, dann folgt das obligatorische Volksfest.

»Fußball kann dem Land gute Laune machen«

ENRIQUE J. A. CANDIOTI
Botschafter der Republik Argentinien

ENRIQUE J. A. CANDIOTI, Jahrgang 1936, seit 1955 im Auswärtigen Dienst. Verheiratet, zwei Söhne. Als Diplomat in der Schweiz, Deutschland, Großbritannien und Italien. Botschafter in der DDR, den USA, Australien (mit Neuseeland und Fidschi-Inseln) und seit März 2001 in Deutschland.

8
MUTIU ADEPOJU
Mittelfeld

13
RABIU AFOLABI
Abwehr

17
JULIUS AGHAHOWA
Angriff

18
BENEDICT AKWUEGBU
Angriff

3
CELESTINE BABAYARO
Abwehr

15
JUSTICE CHRISTOPHER
Mittelfeld

12
AUSTIN EJIDE
Tor

19
ERIC EJIOFOR
Abwehr

22
VINCENT ENYEAMA
Tor

7
PIUS IKEDIA
Angriff

4
NWANKWO KANU
Angriff

11
GARBA LAWAL
Mittelfeld

20
JAMES OBIORAH
Mittelfeld

9
BARTHOLOMEW OGBECHE
Angriff

10
JAY JAY OKOCHA
Mittelfeld

5
ISAAC OKORONKWO
Abwehr

23
FEMI OPABUNMI
Angriff

1
IKE SHORUNMU
Tor

16
EFETOBORE SODJE
Abwehr

14
IFEANYI UDEZE
Abwehr

21
JOHN UTAKA
Angriff

6
TARIBO WEST
Abwehr

2
JOSEPH YOBO
Mittelfeld

NIGERIA

Hauptstadt	Abuja
Bevölkerung (2001)	126.635.626
Fläche (qkm)	923.768
Währung	Naira
Regierungschef	Olusegun Obasanjo (Präsident)
Sprache/n	Englisch, Hausa, Yoruba

DER VERBAND

Name	Nigeria Football Association,
Postanschrift	Plot 2033 Olusegun, Obasanjo Way, WUSE Zone 7, Abuja / Nigeria
Telefon	+234-9-5237326
Telefax	+234-9-5237327
Internet	–
Gründungsjahr	1945
Präsident	Dominic Oneya
Vereine	365
Fußballprofis	1.400
Dachverband	Confédération Africaine de Football (CAF)
Weltranglistenplatz	32
WM-Teilnahmen	3
Größter WM-Erfolg	Achtelfinale 1994 und 1998
Spielkleidung	Trikot: grün – Hose: weiß – Stutzen: grün

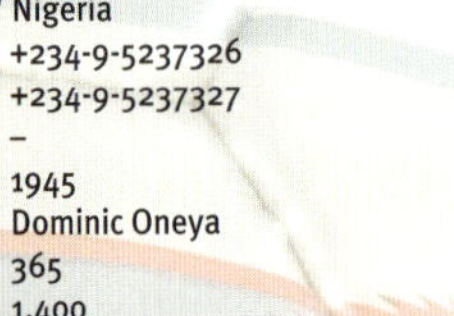

DER TRAINER

Name	Adegboye Onigbinde
Nationalität	Nigeria
Geburtsdatum	05.03.1938
Trainerstationen	
Nigeria	NGA – Water Corporation 01/1976 – 01/1978
Nigeria	Shooting Stars 01/1978 – 01/1979
Nigeria	Nationalmannschaft 01/1983 – 03/1985
Trinidad und Tobago	Nationalmannschaft U 17 05/1998 – 07/2000
Nigeria	Nationalmannschaft seit März 2002

QUALIFIKATION

Spiele in der 1. Runde der Afrika-Qualifikation

A	Eritrea	0:0	(0:0)	09.04.2000	Asmara
H	Eritrea	4:0	(2:0)	22.04.2000	Lagos

Gruppenpiele in der 2. Runde der Afrika-Qualifikation

H	Sierra Leone	2:0	(2:0)	17.06.2000	Lagos
A	Liberia	2:1	(1:1)	09.07.2000	Monrovia
H	Sudan	3:0	(0:0)	27.01.2001	Port Harcourt
A	Ghana	0:0	(0:0)	11.03.2001	Accra
A	Sierra Leone	1:0	(1:0)	21.04.2001	Freetown
H	Liberia	2:0	(1:0)	05.05.2001	Port Harcourt
A	Sudan	0:4	(0:1)	01.07.2001	Omdurman
H	Ghana	3:0	(3:0)	29.07.2001	Port Harcourt

Sieger der Afrika-Gruppe B (16 Punkte, 15:3 Tore)

WM 2002

GF	Argentinien	0:1	(0:0)	02.06.2002	Ibaraki (JPN)
GF	Schweden	1:2	(1:1)	07.06.2002	Kobe (JPN)
GF	England	0:0		12.06.2002	Osaka (JPN)

GF = Vorrundenspiele Gruppe F

»Wenn 250 Sprachen mit einer Zunge reden«

MATTHEW HARUNA

Chef des Informationszentrums der Bundesrepublik Nigeria an der Botschaft in Berlin

Fußball à la Nigeria Der Adler ist ein Symbol der Stärke und der Kraft. Und er ist ein Sternbild am Himmels des Äquators. Das passt gut auf unser Fußball-Nationalteam, die »Super Eagles«, die zum dritten Mal in Folge bei der Weltmeisterschaft dabei sind und zweimal das Achtelfinale erreicht haben. Mit ihren Erfolgen sind sie ein Synonym für das moderne Nigeria geworden – für den Aufbruch zu neuen Ufern, für den Willen, etwas zu erreichen, und für die Möglichkeit, es zu schaffen. Über 400 Ethnien leben in unserem Lande, die 250 verschiedene Sprachen benutzen. In Sachen Fußball aber reden sie mit einer Zunge. Alle lieben den Fußball, alle spielen ihn auf den Straßen, Plätzen und Wiesen. Ohne regionale Ausnahme in den 36 Bundesstaaten – der Ball ist allgegenwärtig und manchmal, so scheint es, sogar allmächtig. Wenn man Kinder beobachtet und sieht, mit welch natürlichem Bewegungstalent sie mit dem Ball umgehen, dann glaubt man, dass das zum Erbgut der Menschen gehört. In Afrika auf jeden Fall.

Die Kinder haben mit den Super Eagles großartige Vorbilder, und so jagen jede Menge kleine Okochas, Kanus, Afolabis oder Wests auf den staubigen Plätzen herum und eifern den Stars nach. Da bleibt wenig Raum für andere Sportarten an der Spitze der Popularitätsskala. Erst kommt vier- oder fünfmal Fußball, dann folgen in respektvollem Abstand Rasentennis, Basketball und Polo. Richtig in Aufregung versetzen können diese Disziplinen aber die nigerianischen Zuschauer nicht. Zu den Spielen der nationalen Fußballmeisterschaft aber ziehen sie in Scharen. Zumeist sind die Stadien ausverkauft, weil die Spitzenklubs mitreißenden Sport bieten, bei dem sich die Fans wunderbar unterhalten, streiten und austoben können. Das macht die Faszination des Fußballs aus. Wenn 80 000 im National Stadium in Surulere feiern und tanzen, dann ist es für jeden Kontrahenten schwer, nicht beeindruckt zu sein.

Viele Talente in Nigeria kommen nicht aus den großen Städten, sondern aus den Dörfern. Die Klubs haben längst begriffen, wie wichtig deshalb ein gutes Scouting ist, und sichten quer durchs Land sehr aufmerksam, wo ein neuer Ikpeba oder Okocha auftauchen könnte. Und auch die Regierung tut Einiges, um den Nachwuchs zu fördern und den Fußball insgesamt voranzubringen. Wir haben einige der besten Stadien in Westafrika, und die Arbeit in den Vereinen ist viel professioneller geworden – mit Unterstützung von Staat, Wirtschaft und Privatleuten. Präsident Olusegun Obansanjo ist ein großer Fußball-Fan, er verfolgt natürlich auch die Weltmeisterschaft.

Vielleicht ist es ein Problem, dass manche Talente schon nach Westeuropa gelockt werden, ehe sie sich richtig entfalten können. Gerade mal 14 oder 15 Jahre alt, winkt viel Geld und ein komfortables Leben. In solchen Situationen hängt eine Menge vom Spielerberater oder Manager ab. Geht er fürsorglich mit seinem Schützling um, dann kann auch der frühe Wechsel gut sein und wird zur Chance des Lebens. Tut er das nicht, was vorkommt, ist es möglich, dass man von dem großen Talent nie wieder etwas hört, weil es irgendwo versauert.

Als Kind habe ich auch Fußball gespielt. Aber mehr als Hobby und wenn mal einer in der Mannschaft fehlte. Meine eigentliche Passion war die Leichtathletik, da habe ich es immerhin zum Schulchampion im Hoch- und Stabhochsprung gebracht. Das sind nicht unbedingt die Standarddisziplinen eines Afrikaners, aber an der Schule wurde eben einer gebraucht, der das machen sollte – und da fiel die Wahl auf mich. Ich denke, die war so falsch nicht, denn meine Bestleistungen von 1,93 Meter und 3,35 Meter können sich durchaus sehen lassen. Zumal an Sprungstäbe aus Aluminium oder Glasfieber und an Matten als Landefläche nicht zu denken war. Stattdessen waren Bambusstäbe und Sandgruben das Normale. Dass ich heute anderen Sportarten nachgehe, liegt auf der Hand – Tischtennis braucht nicht viel Aufwand, und Partner findet man eigentlich immer. Manchmal setze ich dabei sogar zu solchen Höhenflügen an, dass ich mich wie ein Super Eagle fühle.

Ich glaube, unsere Nationalmannschaft wird auch in Zukunft eine gute Rolle spielen. Wenn es gelingt, um die Erfahrenen die hungrigen jungen Wilden zu gruppieren und auch im kleinen Fußball-Mikrokosmos zusammenzubringen, was unter unserem Staatswappen steht, dann muss uns nicht bange sein: Einheit –Vertrauen – Frieden – Fortschritt.

MATTHEW HARUNA, Jahrgang 1956. Verheiratet, sechs Kinder (vier Söhne, zwei Töchter). Studium der Anglistik. Seit Januar 2002 als Vertreter des Informationsministeriums an der nigerianischen Botschaft in Berlin.

7
DAVID BECKHAM
Mittelfeld

14
WAYNE BRIDGE
Abwehr

12
WES BROWN
Abwehr

21
NICKY BUTT
Mittelfeld

6
SOL CAMPBELL
Abwehr

3
ASHLEY COLE
Abwehr

19
JOE COLE
Mittelfeld

23
KIERON DYER
Mittelfeld

5
RIO FERDINAND
Abwehr

9
ROBBIE FOWLER
Angriff

18
OWEN HARGREAVES
Mittelfeld

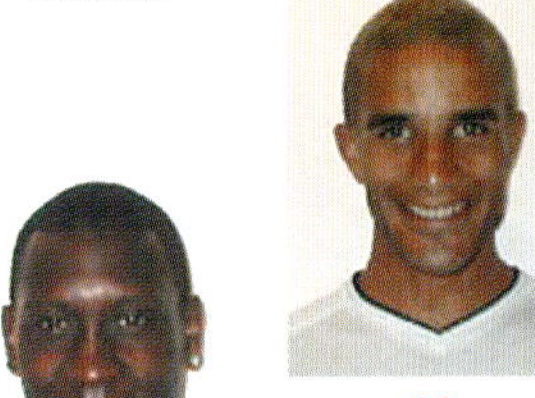

11
EMILE HESKEY
Angriff

22
DAVID JAMES
Tor

15
MARTIN KEOWN
Abwehr

13
NIGEL MARTYN
Tor

2
DANNY MILLS
Abwehr

10
MICHAEL OWEN
Angriff

8
PAUL SCHOLES
Mittelfeld

1
DAVID SEAMAN
Tor

17
TEDDY SHERINGHAM
Angriff

4
TREVOR SINCLAIR
Mittelfeld

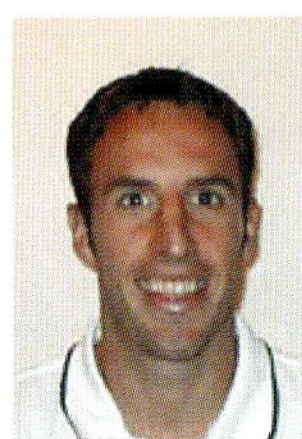

16
GARETH SOUTHGATE
Abwehr

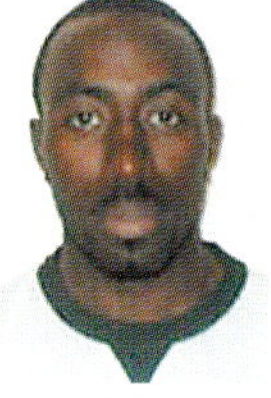
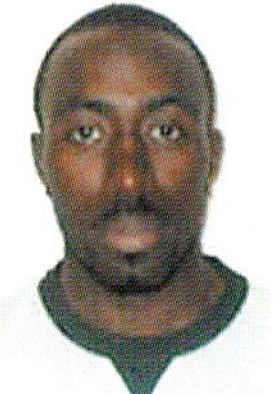

20
DARIUS VASSELL
Angriff

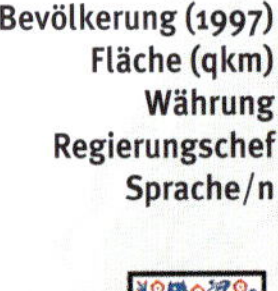

ENGLAND

Hauptstadt	London
Bevölkerung (1997)	49.085.000
Fläche (qkm)	130.423
Währung	Pfund Sterling
Regierungschef	Tony Blair (Premierminister)
Sprache/n	Englisch

DER VERBAND

Name	The Football Association
Postanschrift	25 Soho Square, London W1D 4FA / England
Telefon	+44-207-7454545
Telefax	+44-207-7454546
Internet	www.the-fa.org
Gründungsjahr	1863
Präsident	Geoffrey Thompson
Vereine	42.000
Fußballprofis	2.500
Dachverband	Union des Associations Européennes de Football (UEFA)
Weltranglistenplatz	12
WM-Teilnahmen	11
Größter WM-Erfolg	Weltmeister 1966
Spielkleidung	Trikot: weiß – Hose: dunkelblau – Stutzen: weiß

DER TRAINER

Name	Sven-Göran Eriksson
Nationalität	Schweden
Geburtsdatum	05.02.1948
Trainerstationen	
Schweden	Degerfors IF 01/1976 – 12/1978
Schweden	IFK Göteborg 01/1979 – 08/1982
Portugal	Benfica Lissabon 09/1982 – 06/1984
Italien	AS Rom 07/1984 – 05/1987
Italien	AC Florenz 07/1987 – 06/1989
Portugal	Benfica Lissabon 07/1989 – 06/1992
Italien	Sampdoria Genua 07/1992 – 06/1997
Italien	Lazio Rom 07/1997 – 12/2000
England	Nationalmannschaft seit Januar 2001

QUALIFIKATION

Spiele in der Europa-Gruppe 9

H	Deutschland	0:1	(0:1)	07.10.2000	London
A	Finnland	0:0	(0:0)	11.10.2000	Helsinki
H	Finnland	2:1	(1:1)	24.03.2001	Liverpool
A	Albanien	1:3	(0:0)	28.03.2001	Tirana
A	Griechenland	0:2	(0:0)	06.06.2001	Athen
A	Deutschland	1:5	(1:2)	01.09.2001	München
H	Albanien	2:0	(1:0)	05.09.2001	Newcastle
H	Griechenland	2:2	(0:1)	06.10.2001	Manchester

Sieger der Europa-Gruppe 9 (17 Punkte, 16:6 Tore)

WM 2002

GF	Schweden	1:1	(1:0)	02.06.2002	Saitama (JPN)
GF	Argentinien	1:0	(1:0)	07.06.2002	Sapporo (JPN)
GF	Nigeria	0:0		12.06.2002	Osaka (JPN)
AF	Dänemark	3:0	(3:0)	15.06.2002	Niigata (JPN)
VF	Brasilien	1:2	(1:1)	21.06.2002	Shizuoka (JPN)

GF = Vorrundenspiele Gruppe F, AF = Achtelfinale, VF = Viertelfinale

Fußball à la England Wir Briten haben es nicht immer leicht beim Kontinentaleuropäer. Der steckt uns gerne in die Schublade des steifen Traditionalisten ohne Esprit und Genie. Ein Klischee, das auch dem Fußball von der Insel lange Jahre anhing – egal, ob er von Engländern, Schotten, Walisern oder Nordiren gespielt wurde. Seit dem Weltmeistertitel von 1966, den die legendären Stars um Banks, Moore, Charlton, Best, Stiles und Hurst errangen, war nicht mehr viel los mit dem englischen Auswahlfußball. Sonderlich mitreißende Kicker-Kunst wurde von den Nachfolgegenerationen nicht geboten. Das ist jetzt wieder anders. Dank Beckham & Co. wird beim Thema englischer Fußball nicht mehr nur über die klassischen Tugenden wie Einsatz, Härte gegen den Kontrahenten und sich selbst und Nie-Aufgeben geredet. Nein, das Herz des Fans zwischen Southampton und London darf sich zunehmend an Geniestreichen, technischen Kabinettstückchen, brillanten Pässen und Flanken erfreuen. Und das ergänzt sich bestens mit scharfen Tacklings, wuchtigen Kopfbällen und harten Schüssen, die den englischen Fußball von jeher ausgezeichnet haben. Mit Beckham, Owen, Heskey haben sich die Engländer vom von der Konkurrenz manchmal belächelten Kick-and-rush verabschiedet. Was nichts daran ändert, dass ein Fußballer von der Insel nur dann von den Fans wirklich akzeptiert wird, wenn er »Kämpfen, Kämpfen und nochmals Kämpfen« als erste Referenz vorweisen kann. Very British, das bedeutet auf dem Platz vor allem ehrlichen Fußball von der ersten bis zur letzten Sekunde der Spielzeit.

Die Anhänger haben ein sehr feines Gespür dafür. Wenn ihre Lieblinge auf dem Rasen diesem Anspruch genügen, dann werden sich die Fans nie gegen das eigene Team artikulieren – auch wenn es schlecht spielt. Die Atmosphäre in englischen Stadien ist nach wie vor einzigartig. Und so ist es kein Wunder, wenn viele Profis vom europäischen Festland, mögen sie noch so abgezockt und erfahren sein, ein Engagement in einem Premier-League-Klub als Erfüllung ihrer Karriere ansehen. Wer einmal im zigtausendstimmigen »You'll never walk alone«-Gänsehaut-Chor gestanden hat, der kann danach süchtig werden. Auch der Neidfaktor in Bezug auf die bestens verdienenden Top-Profis ist auf der Insel ziemlich gering. Es müsste schon sehr viel passieren, ehe auf den Rängen ein Sprechchor wie »Scheiß-Millionäre« zu hören ist. Wer jede Woche seine Knochen hinhält, Einsatz zeigt und Leistung bringt – mal besser, mal weniger gut –, dessen Arbeit wird von den Fans akzeptiert und honoriert.

Geben und Nehmen haben im englischen Fußball ein relativ ausgeglichenes Verhältnis. Und so ist Fußball trotz der starken Kommerzialisierung eben immer noch auch ein Volkssport geblieben. Es kann ja kein Zufall sein, dass man für die Premiere League kaum ein Ticket bekommt und Dauerkarten-Abonnements hoch gefragt sind. Das hat auch mit Tradition zu tun, mit dem Aufwachsen, Kindheit und Jugend. Cricket, Rugby, Golf, die anderen Sportarten, die bei uns eine große Rolle spielen, nimmt man nicht als Erblast mit – Fußball schon. So bin ich sozusagen schon als Fan des britischen Nationalsports geboren worden. Ein Ball war mein erstes Spielzeug, später habe ich es an der Schule zu einem passablen linken Verteidiger gebracht. Einer freilich, der sich weniger auf das manchmal schwer zu bändigende Sportgerät als darauf konzentrierte, dass der gegnerische Stürmer nicht an ihm vorbei kam. Das ist ein paar Jahre her, aber Fußball hat mich auch später nie mehr losgelassen. Viele Botschafts-Mitarbeiter spielen in einem Verein, ich unterstütze sie nach Kräften – mit guten Ratschlägen! Ich greife eher zum Tennis-Racket.

Was die Weltmeisterschaft in Japan und Korea angeht, so ist – wie anderswo auch – jeder Brite der bessere Nationalcoach. Die Erwartungen vorher waren eher gedämpft, ähnlich wie in Deutschland. Seit dem Münchner 5:1 gegen Deutschland hat Trainer Eriksson zwar einen großen Bonus, aber andererseits kann die englische Boulevard-Presse auch sehr gehässig sein, wenn es mal nicht so gut läuft. Ich glaube, wir haben eine gute Mannschaft, auch historisch gesehen. Eine mit vielen jungen Spielern, die gegen jeden Gegner gewinnen kann. Das Potenzial ist groß. Beckham kann Dinge mit dem Ball tun, die ihm vielleicht kein anderer auf der Welt nachmacht. Die Jungs sind schnell, können den Ball halten und sind technisch perfekt. Und sie kämpfen und laufen auch – very British eben.

»Very British – ehrlicher Fußball bis zur letzten Minute«

JEREMY CRESSWELL
Gesandter und Stellvertretender Missionsleiter der Britischen Botschaft

JEREMY CRESSWELL, Jahrgang 1949, seit 1972 im Auswärtigen Dienst. Verheiratet, zwei Kinder. Als Diplomat in Belgien, Malaysia, bei der Britischen Militärregierung von Berlin, der NATO und in Tschechien. Seit März 2001 Gesandter in Deutschland.

7
NICLAS ALEXANDERSSON
Mittelfeld

10
MARCUS ALLBÄCK
Angriff

22
ANDREAS ANDERSSON
Angriff

20
DANIEL ANDERSSON
Mittelfeld

3
PATRIK ANDERSSON
Abwehr

13
TOMAS ANTONELIUS
Abwehr

14
ERIK EDMAN
Abwehr

19
PONTUS FARNERUD
Mittelfeld

1
MAGNUS HEDMAN
Tor

21
ZLATAN IBRAHIMOVIC
Angriff

23
ANDREAS ISAKSSON
Tor

15
ANDREAS JAKOBSSON
Abwehr

18
MATTIAS JONSON
Mittelfeld

12
MAGNUS KIHLSTEDT
Tor

11
HENRIK LARSSON
Angriff

6
TOBIAS LINDEROTH
Mittelfeld

9
FREDDIE LJUNGBERG
Mittelfeld

16
TEDDY LUCIC
Abwehr

2
OLOF MELLBERG
Abwehr

4
JOHAN MJÄLLBY
Abwehr

8
ANDERS SVENSSON
Mittelfeld

17
MAGNUS SVENSSON
Mittelfeld

5
MICHAEL SVENSSON
Abwehr

SCHWEDEN

Hauptstadt	Stockholm
Bevölkerung (2001)	8.875.053
Fläche (qkm)	449.964
Währung	Krone
Staatsoberhaupt	Carl XVI Gustaf (König)
Sprache/n	Schwedisch

DER VERBAND

Name	Svenska Fotbollförbundet
Postanschrift	Rasunda Stadion Box 1216, 17123 Solna / Schweden
Telefon	+46-8-7350900
Telefax	+46-8-7350901
Internet	www.svenskfotboll.se
Gründungsjahr	1904
Präsident	Lars-Ake Lagrell
Vereine	3.228
Fußballprofis	1.500
Dachverband	Union des Associations Européennes de Football (UEFA)
Weltranglistenplatz	16
WM-Teilnahmen	10
Größter WM-Erfolg	Vize-Weltmeister 1958, WM-Dritter 1950 und 1994
Spielkleidung	Trikot: gelb – Hose: blau – Stutzen: gelb

DER TRAINER

Name	Tommy Söderberg
Nationalität	Schweden
Geburtsdatum	19.08.1948
Trainerstationen	
Schweden	IF Brommapojkarna 01/1982 – 12/1985
Schweden	Djurgardens 01/1986 – 12/1989
Schweden	Solna 01/1991 – 12/1993
Schweden	Nationalmannschaft U 21 01/1994 – 10/1997
Schweden	Nationalmannschaft seit Oktober 1997

DER TRAINER

Name	Lars Lagerbäck
Nationalität	Schweden
Geburtsdatum	16.07.1948
Trainerstationen	
Schweden	Nationalmannschaft seit Januar 2000

QUALIFIKATION

Spiele in der Europa-Gruppe 4

A	Aserbaidschan	0:1	(0:1)	02.09.2000	Baku
H	Türkei	1:1	(0:0)	07.10.2000	Göteborg
A	Slowakei	0:0	(0:0)	11.10.2000	Bratislava
H	Mazedonien	1:0	(1:0)	24.03.2001	Göteborg
A	Moldawien	0:2	(0:0)	28.03.2001	Chisinau
H	Slowakei	2:0	(1:0)	02.06.2001	Stockholm
H	Moldawien	6:0	(1:0)	06.06.2001	Göteborg
A	Mazedonien	1:2	(0:2)	01.09.2001	Skopje
A	Türkei	1:2	(0:0)	05.09.2001	Istanbul
H	Aserbaidschan	3:0	(0:0)	07.10.2001	Stockholm

Sieger der Europa-Gruppe 4 (26 Punkte, 20:3 Tore)

WM 2002

GF	England	1:1 (0:1)	02.06.2002	Saitama (JPN)
GF	Nigeria	2:1 (1:1)	07.06.2002	Kobe (JPN)
GF	Argentinien	1:1 (0:0)	12.06.2002	Miyagi (JPN)
AF	Senegal	1:2 i.V./Golden Goal (1:1 (1:1))	16.06.2002	Oita (JPN)

GF = Vorrundenspiele Gruppe F, AF = Achtelfinale

Fußball à la Schweden Sportlich ist Schweden Eishockey, Tischtennis, Handball und Tennis. Aber ist es auch Fußball? So richtig ernst nehmen will man uns nicht im Kreis der erlauchten Kritiker und Fußball-Philosophen. Obwohl wir 1958 Vizeweltmeister und zehnmal bei Weltmeisterschaften dabei waren. Es ist schon richtig, der schwedische Fußball ist einer der eher ruhigen Art. Wir sind nicht die alles und alle mitreißenden Ballartisten. Aber gerade bei den großen internationalen Championaten ist es nicht entscheidend, ob man Fünf-Sterne-Fußball zeigt, sondern dass man möglichst viele Tore schießt und Spiele gewinnt. Schwedische Zweckmäßigkeit kann da mitunter weiter führen als südamerikanische Rastelli-Kunststücke. Das heißt ja beileibe nicht, dass wir nicht technisch talentierte und höchst begabte Fußballer vorzeigen können. Ja, wir hatten sogar einige Ausnahmekönner, die bis heute legendären Ruhm im Land genießen. Lennart »Nacka« Skoglund, der Linksaußen aus der WM-Elf von 1958, hat sogar ein Denkmal mitten in Stockholm – da können nicht mal die Wintersportler mithalten, die normalerweise in Skandinavien so etwas wie sportliches Hausrecht genießen. Auch die ähnlich populären Nils Liedholm, erst jahrelang Spieler beim großen AC Mailand und dann später Trainer in Italiens Seria A, und der dribbelstarke Rechtsaußen Kurt »Kurre« Hamrin, den seine exzellente Berufsausübung ebenfalls nach Italien gebracht hatte, haben in Schweden historisch begründeten Kultstatus. Und natürlich sind wir stolz auf Sven-Göran Eriksson, der es als Schwede zum erfolgreichen Nationalcoach des Fußball-Mutterlandes England gebracht hat.

Hamrins Name stand übrigens in Deutschland Ende der fünfziger Jahre sozusagen auf dem Index. Der Mann, der in Italien 400 Ligaspiele bestritt, war beim Stand von 1:1 im WM-Halbfinale 1958 von Verteidiger Erich Juskowiak umgetreten worden, wofür der Düsseldorfer zu Recht vom Platz musste. Danach gewann Schweden noch mit 3:1 und warf den Titelverteidiger aus dem Wettbewerb. Anschließend artikulierte sich die deutsche Enttäuschung, die größer war als die schwedische Begeisterung über den Sieg, auf recht seltsame Art. Ich habe selbst miterlebt, wie man meinem Vater an einer Tankstelle in Deutschland kein Benzin verkaufen wollte. Anderswo wurden schwedischen Urlaubern die Reifen zerschnitten, und in einigen Restaurants soll sogar die »Schwedenplatte« von der Speisekarte gestrichen worden sein. Fußball setzt manchmal Emotionen frei.

Fußball ist in Schweden trotz der Konkurrenz von Eishockey, Handball oder Tischtennis, die ebenfalls weit verbreitet und dazu noch jede Menge WM-Titel oder Olympiasiege vorweisen können, von denen die Kicker nur vage träumen dürfen, die Nummer 1 unter den Sportarten. Beim durchaus beliebten Puckspiel benötigt man eben zur Ausübung relativ teures Sport-Outfit, beim Fußball einen einzigen Ball, einen Platz und ein paar Leute. Wir haben zwar nicht so viel Leute, die Fußball spielen, dafür aber jede Menge Platz. Vielleicht ist das einer der Gründe für die großzügige schwedische Spielweise mit langen Pässen und schnellen Kontern. Dass es unsere besten Kickern zu beträchtlichem Können gebracht haben, belegen die vielen Schweden bei starken europäischen Vereinen. Stürmer Henrik Larsson von Celtic Glasgow gewann in der Vorsaison sogar die »Goldene Kanone« für den erfolgreichsten Torjäger Europas. Patrik Andersson vom FC Barcelona oder Fredrik Ljungberg von Arsenal London gehören ebenfalls zur Elite. Auch in der Bundesliga ist unsere Präsenz hoch – Rostock ist dafür ein Beispiel.

Ich habe es in meiner Jugend mehr mit dem Handball gehalten. Immerhin hat es bis zur Landesliga in Karlskrona gereicht. Erst als es nicht mehr ohne Brille ging, war damit Schluss. Was das aktive Sporttreiben angeht, habe ich mich inzwischen auf Tennis und aufs Golfen verlegt. Letzteres allerdings war bei meinen Botschafts-Jobs in Afrika in stark verminten Kriegsgebieten nicht möglich. In Deutschland habe ich als Zuschauer den Fußball für mich wieder entdeckt. Als Wahl-Hamburger gebe ich es zu: Ich bin ein stiller St. Pauli-Fan. Allerdings nicht so still, dass es mich nicht gelegentlich ins »Freudenhaus der Liga«, dem Stadion am Millerntor, zieht. Da bekommt man einfach Fußball der etwas anderen, der ursprünglichen und archaischen Art geboten. So wie bei uns in Schweden.

»Wir haben nicht so viele Fußballer, aber viel Platz«

LEIF H. SJÖSTRÖM
Generalkonsul des Königreichs Schweden

LEIF H. SJÖSTRÖM, Jahrgang 1938. Verheiratet, drei Kinder. Journalist. Seit 1965 im Auswärtigen Dienst. Als Diplomat in Deutschland und Pakistan, Botschafter in Angola und Sao Tomé. 1988 bis 1996 Generaldirektor und Kommandant der Schwedischen Küstenwache. 1996 Rückkehr in den Auswärtigen Dienst. Seit 1997 Generalkonsul in Hamburg.

Viva Maria! Del Piero (7) vor Augen, Nesta im Herzen, Delgados Kuss zum Himmel – das Fest aber feiert Mexiko. Jesus Arellano obenauf

Fiesta Mexicana

So gut hat Mexiko noch nie eine WM-Vorrunde gespielt – zwei Siege, ein Remis: Gruppenerster. Bei Italien dagegen gab es die große Angst und Zittern bis zuletzt

Eine leichte Gruppe? Wer die Italiener nach den Spielen gegen Ekuador, Kroatien und Mexiko noch mal mit den WM-Prognosen konfrontierte, der lud sich Ärger auf. Oder Schimpfkanonaden auf die Referees, die die Azzurri bei ihren Auftritten richtig leiden ließen. Ungerechterweise natürlich. Mit größter Mühe zitterten sich die Schützlinge von Giovanni Trapattoni ins Achtelfinale – »wir sind gestolpert, aber nicht gefallen«. Nur weil Kroatien seine Schlusspartie gegen den krassen Außenseiter Ekuador nicht gewann, sondern stattdessen mit 0:1 verlor, reichte der Squadra das 1:1 gegen Mexiko fürs Weiterkommen. Der drei-

malige Weltmeister hatte sich in den drei Vorrunden-Spielen mit drei verschiedenen Gesichtern präsentiert. Überlegen beim 2:0 gegen Ekuador, verunsichert beim 1:2 gegen Kroatien und ängstlich beim 1:1 gegen die Mexikaner. Die Südamerikaner erwiesen sich überraschend als der Souverän der Gruppe, spielten in der Abwehr kompakt, im Mittelfeld ballsicher und im Angriff mit schnellen Spitzen pfeilgefährlich. Das sah nicht immer spektakulär aus, funktionierte aber perfekt, weil ein Rädchen ins andere griff. Gegen Italien stand Mexiko vor dem ersten Länderspielsieg. Der blieb aus, aber Superstar Cuauhtemoc Blanco war auch so zufrieden: »Wir hatten Italien am Rand der Niederlage. Darauf und aufs Achtelfinale können wir wirklich stolz sein.« Enttäuschend dagegen Kroatien, immerhin WM-Dritter 1998, das den Matchball gegen Ekuador vergab und ausschied.

Sombrero ist Kult in Gruppe G. Die Mexikaner lassen von den starken Kroaten der letzten Jahre nicht mehr viel Sehenswertes zu. Caballero (19) stürzt zwar über den alternden Star Zvonimir Soldo, der seinerseits mit seinem ungefährlichen Team über die mexikanische Mannschaft stolpert. (linke Seite)

KROATIEN – MEXIKO 0:1

Die »goldene Generation« der Kroaten, 1998 beim WM-Turnier Dritter, ist in die Jahre gekommen. Das war das Fazit der Auftaktpartie gegen die taktisch diszipliniert wie Europäer agierenden Mexikaner. Der Leverkusener Boris Zivkovic hatte in der 58. Minute nach einer Notbremse gegen Blanco die erste Rote Karte des Turniers gesehen – und als Draufgabe verhängte der Referee noch einen Elfmeter. Den verwandelte der Gefoulte selbst, es blieb das einzige Tor. »Wir haben es nicht anders verdient. Wenn man sich so dumm anstellt, ist die WM gleich vorbei«, sagte Bayern-Verteidiger Robert Kovac, einer von sechs Bundesliga-Akteuren im Team von Trainer Mirko Jozic. Vor allem die Alt-Stars Davor Suker (34), Robert Prosinecki (33) und Alen Boksic (32), vor vier Jahren ein magisches Offensiv-Dreieck, übten sich in Standfußball und wurden nacheinander ausgewechselt. Besserung brachte das aber nicht.

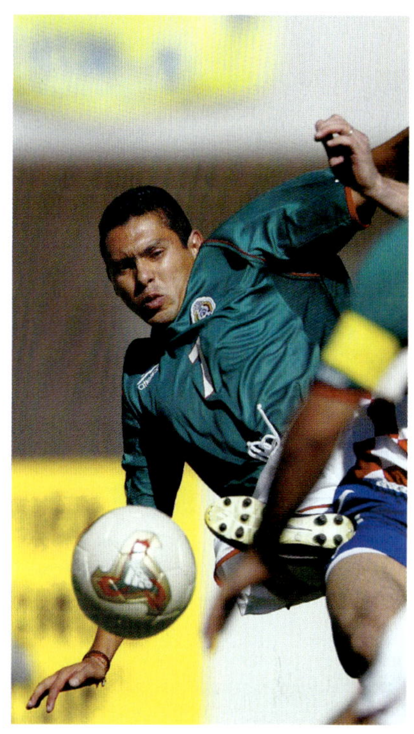

Die einsatzfreudigen Mexikaner trotzen ihrem ersten Gruppengegner und können sich über einen gelungenen Auftakt freuen. Oben Mittelfeldspieler Ramon Morales (7), darunter Torhüter Oscar Perez, links Brulio Luna (11) mit gewonnenem Kopfballduell gegen den kroatischen Abwehrspieler von Hertha BSC Berlin, Josip Simunic

ITALIEN – EKUADOR 2:0

Giovanni Trapattoni ist eine Legende des Fußballs. Als Vereinstrainer ist er der erfolgreichste der Welt. Und auch als eisenharter Verteidiger war er ein Klassemann, der zwischen 1960 und 1964 insgesamt 17 Länderspiele bestritt. Eines aber hatte »Trap« vor dem Championat in Japan und Korea noch nicht geschafft – bei einer WM dabei zu sein. Dass seine Premiere mit dem 2:0 gegen Ekuador dank der beiden Treffer des 28-jährigen Torjägers Christian Vieri von Inter Mailand gelang, war für den Coach Erleichterung und Motivation zugleich. »Wir haben von der frühen Führung profitiert. Danach war es einfach, und wir haben dem Gegner wenig Raum gelassen. Jetzt wird gefeiert, dann kommt Kroatien.« Hernan Dario Gomez, Trainer des WM-Debütanten Ekuador: »Wir waren am Anfang einfach zu nervös und haben dafür den Preis bezahlt.«

ITALIEN – KROATIEN 1:2

Himmelhochjauchzend nach dem 2:0 gegen Ekuador, zu Tode betrübt und vor dem WM-Aus nach dem 1:2 gegen Kroatien – Italiens Gefühlslage hatte sich nach der zweiten Partie dramatisch geändert. Die bei den Kroaten aber ganz genauso. Dabei hatte das Spiel planmäßig begonnen. Christian Vieri schoss die Azzurri nach 55 Minuten in Führung. Wie maßgeschneidert für Trapattonis Defensivtaktik. Doch die Kroaten kamen gegen die selbstgefälligen Italiener ins Match zurück und drehten es. Ivica Olic und Milan Rapaic konterten die hoch gelobte Abwehr eine Viertelstunde vor Schluss binnen drei Minuten zweimal zum 2:1-Sieg aus. Zwar versuchten Trapattonis Mannen zurückzuschlagen, erzielten auch zwei Treffer durch Vieri und in der Nachspielzeit durch Inzaghi, aber der Engländer Graham Poll versagte den Toren die Anerkennung. Bei aller Referee-Schelte gab es aber auch Selbstkritik. Trapattoni: »Wir sind eher an unseren eigenen psychologischen Problemen gescheitert als an der Stärke der Kroaten.«

MEXIKO – EKUADOR 2:1

Am Ende gab es das erwartete Resultat. Im elften Aufeinandertreffen mit Ekuador schaffte Mexiko den siebten Sieg. Das 2:1 war knapp, aber verdient. Schon nach fünf Minuten hatte Agustin Delgado mit einem Lehrbuch-Kopfball die Führung für den Außenseiter besorgt. Doch danach, so Trainer Gomez, »haben wir aufgehört, Fußball zu spielen. Da mangelt es anscheinend an Persönlichkeiten im Team.« Das gab Mexiko die Chance, die Begegnung in den Griff zu bekommen, noch vor der Halbzeit durch Stürmer Jared Borgetti auszugleichen und zehn Minuten nach der Pause durch den überragenden 23-jährigen Mittelfeld-Jungstar Gerardo Torrado vom FC Sevilla das 2:1 zu erzielen. Das brachte die »Seleccion« routiniert über die Zeit – und hatte damit nationale Fußballgeschichte geschrieben. Denn erstmals startete Mexiko außerhalb des eigenen Landes mit zwei Siegen in eine WM-Endrunde.

/öllig lösgelöst und aus eigener Kraft wollten die
'ifosi das Achtelfinale schaffen. Vergeblich auf
iesem Weg die Flugversuche von Filippo Inzaghi
oben) und Cristiano Doni gegen die gegnerischen
'orhüter, mal Oscar Perez, mal José Cavallos.
ls es dann mit Ekuadors Hilfe nach einem
itterspiel gegen Mexiko doch vollbracht ist,
'ägt Alessandro Nesta den völlig verzückten
abio Cannavaro vom Platz.

nke Seite:
alien gegen Kroatien. Niko Kovac, sonst Bayern
ünchen, freut sich, gemeinsam mit seinem
bwehrkollegen Robert Jarni. Der Grund ist auf
er Anzeigetafel nach dem Italien-Spiel vermerkt.
ieri (21) und Totti (unten) reagieren eindeutig
uf drei von den Unparteiischen nicht anerkannte
'effer und ein verlorenes Spiel.

Ein Held: Edison Méndez (19) trifft gegen Kroatien und sichert seinem ekuadorianischen Team und seinem Land den ersten WM-Sieg. Im Spiel gegen Mexiko lässt er seinen Kontrahenten Morales meist hinter sich.

MEXIKO – ITALIEN 1:1

Es war eine Zitterpartie für den WM-Favoriten Italien. Angesichts der Ausgangslage musste das Trapattoni-Team gegen die selbstbewussten Mexikaner unbedingt gewinnen. Das schürte Angst vor Fehlern, goss Blei in die Beine, ließ Bälle verstolpern. Zwar fingen die Italiener engagiert an, dann aber schwand ihre Souveränität immer mehr. Erst recht, nachdem ausgerechnet Jared Borgetti, der Mann mit italienischem Großvater, in der 34. Minute per Kopf das wunderbare 1:0 für die Mexikaner erzielt hatte. Italien stand vor dem größten Fußball-Debakel seit 28 Jahren, und selbst der große »Trap«, der weiter an seiner defensiven Taktik festhielt, wirkte ratlos. Dann kam zwölf Minuten vor Spielende der vom Trainer zuletzt kaum berücksichtigte Superstar Alessandro del Piero in die Partie und machte sieben Minuten später per Kopf das erlösende 1:1. Trapattoni, der erneut an zwei nicht gegebenen Toren verzweifelte, bedankte sich für den höheren Beistand: »Es gibt einen Gott und Gerechtigkeit. Gott hat meine Gebete erhört.« Und er lobte seine Mannschaft.

EKUADOR – KROATIEN 1:0

Nach dem Spiel wussten es alle: Kroatiens 2:1 gegen Italien war ein Ausrutscher. In der Partie gegen Ekuador präsentierte sich das Team genauso schwach wie im Auftaktmatch gegen Mexiko. Ideenlos schienen die Kroaten regelrecht um die Heimfahrt zu betteln und verpassten die Riesenchance auf das Achtelfinale, die mit Italiens Remis gegen Mexiko noch größer geworden war. »Wir haben uns viel zu weit zurückgezogen«, monierte Coach Mirko Jozic die torlose erste Halbzeit. Neuling Ekuador dagegen schaffte durch das Tor des 23-jährigen Edison Méndez in der 48. Minute den ersten WM-Sieg seiner Geschichte.

STIMMEN DER TRAINER

»Unser erstes Ziel haben wir erreicht. Wir werden jetzt nicht zu träumen beginnen, sondern weiter mit beiden Beinen auf der Erde bleiben.«
Javier Aguirre nach dem Spiel gegen Italien

»Dass die Spieler den Kopf nicht verloren haben, zeigt, dass es ein erwachsenes, ein grandioses Team ist.«
Italiens Coach Giovanni Trapattoni nach dem Mexiko-Spiel

»Wir haben unsere Würde bewahrt, Selbstvertrauen gewonnen und einen wichtigen Sieg für das ganze Land gefeiert.«
Hernan Dario Gomez, Trainer Ekuadors, nach dem Scheitern seiner Mannschaft in der Vorrunde

»Ein Kampf ist verloren, aber der Krieg noch nicht.«
Mirko Jozic, Coach der kroatischen Mannschaft, nach dem Spiel gegen Italien

Vorrunde Gruppe G · Spiel 9
Montag, 03.06.2002
15:30 Uhr (8.30 Uhr MESZ) in Niigata (JPN)

KROATIEN – MEXIKO
0:1 (0:0)

Kroatien: Pletikosa – Zivkovic, Simunic, R. Kovac – N. Kovac, Soldo, Tomas, Jarni – Prosinecki (46. Rapaic) – Suker (65. Saric), Boksic (68. Stanic)
Mexiko: Perez – Carmona, Marquez, Vidrio – Torrado – Morales, Luna, Caballerro, Mercado – Borgetti (68. Hernandez), Blanco (79. Palencia)
Tore: 0:1 Blanco (60., Foulelfmeter)
Ecken: 11:3
Schiedsrichter: Jun Lu (China)
Zuschauer: 32.239
Gelbe Karten: keine
Gelb/Rote Karten: keine
Rote Karten: Zivkovic (59.)

Vorrunde Gruppe G · Spiel 11
Montag, 03.06.2002
20:30 Uhr (13.30 Uhr MESZ) in Sapporo (JPN)

ITALIEN – EKUADOR
2:0 (2:0)

Italien: Buffon – Panucci, Nesta, Cannavaro, Maldini – Zambrotta, Tommasi, di Biagio (69. Gattuso), Doni (65. di Livio) – Totti (74. del Piero), Vieri
Ekuador: Cevallos – de la Cruz, Hurtado, Porozo, Guerron – Chala (86. Asencio), Méndez, Obregon, E. Tenorio (59. M. Ayovi) – Aguinaga (46. C. Tenorio) – Delgado
Tore: 1:0 Vieri (7.), 2:0 Vieri (27.)
Ecken: 5:8
Schiedsrichter: Brian Hall (USA)
Zuschauer: 31.081
Gelbe Karten: Cannavaro – Porozo, de la Cruz, Chala
Gelb/Rote Karten: keine
Rote Karten: keine

Vorrunde Gruppe G · Spiel 25
Samstag, 08.06.2002
18:00 Uhr (11.00 Uhr MESZ) in Ibaraki (JPN)

ITALIEN – KROATIEN
1:2 (0:0)

Italien: Buffon – Panucci, Cannavaro, Nesta (23. Materazzi), Maldini – Zambrotta, Tommasi, Zanetti, Doni (79. Inzaghi) – Totti – Vieri
Kroatien: Pletikosa – R. Kovac – Simunic, Tomas – Saric, Soldo (62. Vranjes), N. Kovac, Jarni – Vugrinec (57. Olic) – Rapaic (79. Simic), Boksic
Tore: 1:0 Vieri (55.), 1:1 Olic (73.), 1:2 Rapaic (76.)
Ecken: 5:4
Schiedsrichter: Graham Poll (England)
Zuschauer: 36.472
Gelbe Karten: Vieri – R. Kovac
Gelb/Rote Karten: keine
Rote Karten: keine

Vorrunde Gruppe G · Spiel 27
Sonntag, 09.06.2002
15:30 Uhr (8.30 Uhr MESZ) in Miyagi (JPN)

MEXIKO – EKUADOR
2:1 (1:1)

Mexiko: Perez – Vidrio, Marquez, Carmona – J. Rodriguez (87. Caballerro), Torrado, Arellano, Luna, Morales – Blanco (90+3. Mercado), Borgetti (77. Hernandez)
Ekuador: Cevallos – de la Cruz, Hurtado, Porozo, Guerron – Méndez, Obregon (58. Aguinaga), Chala, E. Tenorio (35. M. Ayovi) – Kaviedes (53. C. Tenorio), Delgado
Tore: 0:1 Delgado (5.), 1:1 Borgetti (28.), 2:1 Torrado (56.)
Ecken: 3:3
Schiedsrichter: Mourad Daami (Tunesien)
Zuschauer: 45.610
Gelbe Karten: Torrado – Delgado, Kaviedes, Cevallos, Guerron, C. Tenorio
Gelb/Rote Karten: keine
Rote Karten: keine

Vorrunde Gruppe G · Spiel 43
Donnerstag, 13.06.2002
20:30 Uhr (13.30 Uhr MESZ) in Oita (JPN)

MEXIKO – ITALIEN
1:1 (1:0)

Mexiko: Perez – Vidrio, Marquez, Carmona – Torrado – Arellano, J. Rodriguez (76. Caballerro), Luna, Morales (76. Garcia) – Borgetti (80. Palencia), Blanco
Italien: Buffon – Panucci (63. Coco), Cannavaro, Nesta, Maldini – Zambrotta, Tommasi, Zanetti – Totti (78. del Piero) – Inzaghi (56. Montella), Vieri
Tore: 1:0 Borgetti (34.), 1:1 del Piero (85.)
Ecken: 1:8
Schiedsrichter: Carlos Simon (Brasilien)
Zuschauer: 39.291
Gelbe Karten: Arellano, Perez – Cannavaro, Panucci, Totti, Zambrotta, Montella
Gelb/Rote Karten: keine
Rote Karten: keine

Vorrunde Gruppe G · Spiel 44
Donnerstag, 13.06.2002
20:30 Uhr (13.30 Uhr MESZ) in Yokohama (JPN)

EKUADOR – KROATIEN
1:0 (0:0)

Ekuador: Cevallos – de la Cruz, Hurtado, Porozo, Guerron – M. Ayovi, Obregon (41. Aguinaga), Chala, Méndez – C. Tenorio (76. Kaviedes), Delgado
Kroatien: Pletikosa – R. Kovac – Simunic, Tomas – Saric (68. Stanic), Simic (53. Vugrinec), N. Kovac (60. Vranjes), Jarni – Olic, Boksic, Rapaic
Tore: 1:0 Méndez (48.)
Ecken: 4:8
Schiedsrichter: William Mattus (Costa Rica)
Zuschauer: 65.862
Gelbe Karten: Chala – Tomas, Simunic
Gelb/Rote Karten: keine
Rote Karten: keine

Vorrunde · Gruppe G (Abschlusstabelle)

Land	Spiele	S	U	N	Tore	Diff	Pkte
Mexiko	3	2	1	0	4:2	2	7
Italien	3	1	1	1	4:3	1	4
Kroatien	3	1	0	2	2:3	-1	3
Ekuador	3	1	0	2	2:4	-2	3

ITALIEN

Hauptstadt	Rom
Bevölkerung (2001)	57.679.825
Fläche (qkm)	301.268
Währung	Euro
Regierungschef	Silvio Berlusconi (Premierminister)
Sprache/n	Italienisch

DER VERBAND

Name	Federazione Italiana Giuoco Calcio
Postanschrift	Via Gregorio Allegri 14, CP 2450, 00198 Roma / Italien
Telefon	+39-06-84911
Telefax	+39-06-84912526
Internet	www.figc.it
Gründungsjahr	1898
Präsident	Franco Carraro
Vereine	16.123
Fußballprofis	3.152
Dachverband	Union des Associations Européennes de Football (UEFA)
Weltranglistenplatz	4
WM-Teilnahmen	15
Größter WM-Erfolg	Weltmeister 1934, 1938 und 1982
Spielkleidung	Trikot: blau – Hose: weiß – Stutzen: blau

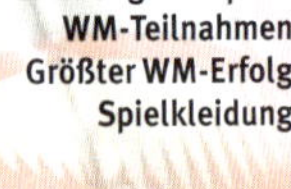

DER TRAINER

Name	Giovanni Trapattoni
Nationalität	Italien
Geburtsdatum	17.03.1939
Trainerstationen	
Italien	AC Mailand 04/1974 – 06/1976
Italien	Juventus Turin 07/1976 – 06/1986
Italien	Inter Mailand 07/1986 – 06/1991
Italien	Juventus Turin 07/1991 – 06/1994
Deutschland	FC Bayern München 07/1994 – 06/1995
Italien	ACP Cagliari 07/1995 – 02/1996
Deutschland	FC Bayern München 07/1996 – 06/1998
Italien	AC Florenz 07/1998 – 06/2000
Italien	Nationalmannschaft seit Juli 2000

QUALIFIKATION

Spiele in der Europa-Gruppe 8

A	Ungarn	2:2 (1:2)	03.09.2000	Budapest
H	Rumänien	3:0 (3:0)	07.10.2000	Mailand
H	Georgien	2:0 (0:0)	11.10.2000	Ancona
A	Rumänien	0:2 (0:2)	24.03.2001	Bukarest
H	Litauen	4:0 (1:0)	28.03.2001	Triest
A	Georgien	1:2 (0:1)	02.06.2001	Tiflis
A	Litauen	0:0 (0:0)	01.09.2001	Kaunas
H	Ungarn	1:0 (1:0)	06.10.2001	Parma

Sieger der Europa-Gruppe 8 (20 Punkte, 16:3 Tore)

WM 2002

GG	Ekuador	2:0 (2:0)	03.06.2002	Sapporo (JPN)
GG	Kroatien	1:2 (0:0)	08.06.2002	Ibaraki (JPN)
GG	Mexiko	1:1 (0:1)	13.06.2002	Oita (JPN)
AF	Südkorea	1:2 i.V./Golden Goal (1:1 (1:0)) 18.06.2002		Daejeon (KOR)

GG = Vorrundenspiele Gruppe G, AF = Achtelfinale

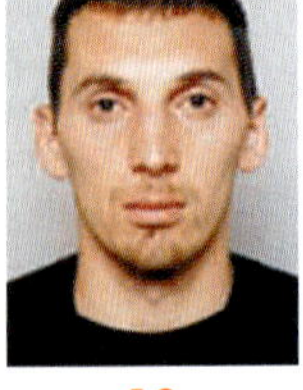

12 CHRISTIAN ABBIATI
Tor

14 LUIGI DI BIAGIO
Mittelfeld

1 GIANLUIGI BUFFON
Tor

5 FABIO CANNAVARO
Abwehr

4 FRANCESCO COCO
Abwehr

18 MARCO DELVECCHIO
Angriff

11 CRISTIANO DONI
Mittelfeld

8 GENNARO GATTUSO
Mittelfeld

9 FILIPPO INZAGHI
Angriff

15 MARK IULIANO
Abwehr

16 ANGELO DI LIVIO
Mittelfeld

3 PAOLO MALDINI
Abwehr

23 MARCO MATERAZZI
Abwehr

20 VINCENZO MONTELLA
Angriff

13 ALESSANDRO NESTA
Abwehr

2 CHRISTIAN PANUCCI
Abwehr

7 ALESSANDRO DEL PIERO
Angriff

22 FRANCESCO TOLDO
Tor

17 DAMIANO TOMMASI
Mittelfeld

10 FRANCESCO TOTTI
Angriff

21 CHRISTIAN VIERI
Angriff

19 GIANLUCA ZAMBROTTA
Mittelfeld

6 CRISTIANO ZANETTI
Mittelfeld

Fußball à la Italien Fußball ist wie eine Parabel des Lebens. Er ist große italienische Oper. Tragödie, Groteske, Lust- und Trauerspiel in einem. Er bedient den Kopf, das Herz und vor allem das Auge. Das Ensemble aus Rasen, Bewegung und Ballett von Ballartisten ergibt etwas Mitreißendes, dem man sich nur schwer entziehen kann. Italien war schon in den Dreißigern zweimal Weltmeister – von daher rührt die unheimliche Popularität des Fußballs und die starke Zuneigung zu ihm. Das ist eine sehr emotionale Bindung. Als im Mai 1949 die berühmte Turiner Mannschaft verunglückte, da hat Italien kollektiv mitgefühlt, gelitten und geweint. Der Fußball erlaubt die Identifikation des Einzelnen mit dem Team, und das Team wiederum wird zum Synonym für das ganze Land. Die Begeisterung kennt dabei keine sozialen Grenzen und Trennungen. Im Stadion haben höhere Beamte die gleiche Sprache wie Pizzabäcker, die gleichen Wutanfälle oder Jubelausbrüche wie das so genannte ›gemeine Volk‹. Und längst hat die Terminologie des Fußballs auch Einzug gehalten in die Statements von Politikern, die sich damit besser verständlich zu machen glauben. Italiens Ministerpräsident Silvio Berlusconi ist dafür ein ebenso überzeugendes Beispiel wie der deutsche Bundeskanzler Gerhard Schröder.

»Im Stadion jubeln höhere Beamte genau wie Pizzabäcker«

SILVIO FAGIOLO

Botschafter der Italienischen Republik

Natürlich ist jeder Italiener der perfekte Nationaltrainer, jeder weiß alles, und jeder weiß alles besser. Und wenn er männlich ist, dann hat er in Kindheit oder Jugend selbst einmal gespielt. Ich habe als Junge in Rom eine Jesuitenschule besucht und war dort im Fußballteam einer der Besten. Wir haben in einer kleinen Stadtliga gespielt, ich war – so sagt man – ein gefährlicher Rechtsaußen. Über Fußball wusste ich so ziemlich alles, kannte alle Namen der Stars, hatte deren Poster überm Bett, las die Sportseiten in den Zeitungen. Die waren damals noch richtig spannend, da das Fernsehen noch nicht so viel zerstört hatte. Hatte man im Stadion ein Tor verpasst, dann musste das nachgelesen werden. Was oft ein geistiges Vergnügen war, denn auch in den Fachgazetten gab es eine enge Verwandschaft von Sport und Literatur. Auf der anderen Seite schulte diese Situation die Konzentration auf das Live-Geschehen: Man saß in der Kurve als Teil von deren Rhythmus und war völlig auf den Moment fixiert – es gab ja keine Wiederholung dessen, was man verpasst hatte.

Einen speziellen Lieblingsklub hatte ich als Jugendlicher nicht, Idole dafür aber einige. Alfredo di Stefano, der große Uruguayer Schiaffino aus der Weltmeister-Mannschaft von 1950, später Franz Beckenbauer – das waren Leute, die Fußball zelebrierten. Für mein Gefühl war Fußball früher schöner. Es gab mehr Raum, man bewegte sich langsamer, hatte mithin mehr Zeit für Kunst. Heute ist das wie ein Flipper: enger, schneller, intensiver, aber auch langweiliger. Was die Sportarten angeht, so ist Fußball in Italien die unangefochtene Nummer 1. Auch der Kontrahent der Nachkriegsjahre, der Radsport mit dem legendären Fausto Coppi als Galionsfigur, ist inzwischen abhanden gekommen. Wobei es zwischen beiden Disziplinen, zumindest historisch gesehen, einen wichtigen soziologischen Unterschied gibt. Beim Fußball müssen die Zuschauer vom Land in die Stadt, der Radsport dagegen führt von der Stadt hinaus auf das Land. Soll heißen, Fußball entspricht mehr einer Industriegesellschaft. Heute natürlich noch viel mehr als vor dreißig oder vierzig Jahren. Damals waren die Stadien so etwas wie bessere Hinterhöfe, jetzt wirken die modernen Arenen manchmal wie Raumschiffe. Und haben damit für mich ein bisschen von ihrer Wärme verloren.

Aber nicht nur die Stadien haben sich verändert, auch die Akteure selbst. Das hat mit dem generellen Fortschritt des Landes zu tun. In den fünfziger Jahren artikulierten sich die damaligen Stars eher gebrochen, waren einfache Leute ohne Ausbildung. Heute reden sie wie Akademiker und tragen feines Textil. Dass Fußball-Erfolge zum allgemeinen nationalen Wohlbefinden beitragen, ist durch Geschichte und Gegenwart hinlänglich bewiesen. Dass Misserfolge eben dieses erheblich stören können, ebenfalls. Gerade die Deutschen wissen das aus ihrer Historie sehr genau. Es hat wohl nie wieder ein Spiel gegeben, das für Politik und Gesellschaft eines Staates so wichtig war wie das Berner WM-Finale 1954. Danach erst wurde Fußball wirklich wichtig in Deutschland. Das hatte Italien schon zwanzig Jahre früher erlebt – aber nach drei Weltmeistertiteln wäre jetzt nichts gegen eine Auffrischung dieses Hochgefühls einzuwenden.

SILVIO FAGIOLO, Jahrgang 1938, verheiratet, zwei Kinder. Seit 1969 im Auswärtigen Dienst. Als Diplomat unter anderem in der Sowjetunion, den USA, bei der EU und seit Februar 2001 als Botschafter in Deutschland. Experte für Sicherheits- und Verteidigungspolitik sowie für den europäischen Einigungsprozess.

10
ALEX AGUINAGA
Mittelfeld

7
NICOLAS ASENCIO
Mittelfeld

15
MARLON AYOVI
Abwehr

23
WALTER AYOVI
Abwehr

14
JUAN CARLOS BURBANO
Mittelfeld

1
JOSÉ CEVALLOS
Tor

16
CLÉVER CHALA
Mittelfeld

4
ULISES DE LA CRUZ
Abwehr

11
AGUSTIN DELGADO
Angriff

17
GIOVANNY ESPINOZA
Abwehr

13
ANGEL FERNANDEZ
Angriff

8
LUIS GOMEZ
Abwehr

6
RAUL GUERRON
Abwehr

3
IVAN HURTADO
Abwehr

12
OSWALDO IBARRA
Tor

9
IVAN KAVIEDES
Angriff

19
EDISON MÉNDEZ
Mittelfeld

5
ALFONSO OBREGON
Mittelfeld

2
AUGUSTO POROSO
Abwehr

21
WELLINGTON SANCHEZ
Mittelfeld

18
CARLOS TENORIO
Angriff

20
EDWIN TENORIO
Mittelfeld

22
DANIEL VITERI
Tor

EKUADOR

Hauptstadt	Quito
Bevölkerung (2001)	13.183.978
Fläche (qkm)	283.561
Währung	US-Dollar
Regierungschef	Gustavo Noboa Bejarano (Präsident)
Sprache/n	Spanisch

DER VERBAND

Name	Federación Ecuatoriana de Fútbol
Postanschrift	Via a la Costa Km 4,5, Cont. Al Teatro Centro de Arte, Guayaquil / Ecuador
Telefon	+593-4-352372
Telefax	+593-4-352116
Internet	www.ecuafutbolonline.org
Gründungsjahr	1925
Präsident	Luis Chiriboga Acosta
Vereine	1.000
Fußballprofis	9.656
Dachverband	Confederaación Sudamericana de Fútbol (CONMEBOL)
Weltranglistenplatz	37
WM-Teilnahmen	1
Größter WM-Erfolg	Qualifikation zur WM 2002
Spielkleidung	Trikot: gelb – Hose: blau – Stutzen: rot

DER TRAINER

Name	Hernan Dario Gomez
Nationalität	Kolumbien
Geburtsdatum	03.02.1956
Trainerstationen	
Kolumbien	Atletico Medellin 07/1990 – 06/1994
Kolumbien	Nationalmannschaft U 23 07/1992 – 08/1992
Kolumbien	Nationalmannschaft 08/1994 – 06/1998
Ekuador	Nationalmannschaft seit August 1999

QUALIFIKATION

Gruppenspiele in der Südamerika-Qualifikation

H	Venezuela	2:0	(1:0)	29.03.2000	Quito
A	Brasilien	3:2	(2:1)	26.04.2000	Sao Paulo
A	Paraguay	3:1	(2:0)	03.06.2000	Asuncion
H	Peru	2:1	(1:0)	29.06.2000	Quito
A	Argentinien	2:0	(1:0)	19.07.2000	Buenos Aires
H	Kolumbien	0:0	(0:0)	25.07.2000	Quito
H	Bolivien	2:0	(1:0)	16.08.2000	Quito
A	Uruguay	4:0	(2:0)	03.09.2000	Montevideo
H	Chile	1:0	(0:0)	08.10.2000	Quito
A	Venezuela	1:2	(0:2)	15.11.2000	Maracaibo
H	Brasilien	1:0	(0:0)	28.03.2001	Quito
H	Paraguay	2:1	(1:1)	24.04.2001	Quito
A	Peru	1:2	(1:1)	02.06.2001	Lima
H	Argentinien	0:2	(0:2)	15.08.2001	Quito
A	Kolumbien	0:0	(0:0)	05.09.2001	Bogota
A	Bolivien	1:5	(0:2)	06.10.2001	La Paz
H	Uruguay	1:1	(0:1)	07.11.2001	Quito
A	Chile	0:0	(0:0)	14.11.2001	Santiago de Chile

Zweiter der Südamerika-Qualifikation (31 Punkte, 23:20 Tore)

WM 2002

GG	Italien	0:2	(0:2)	03.06.2002	Sapporo (JPN)
GG	Mexiko	1:2	(1:1)	09.06.2002	Miyagi (JPN)
GG	Kroatien	1:0	(0:0)	13.06.2002	Yokohama (JPN)

GG = Vorrundenspiele Gruppe G

Fußball à la Ekuador Jeder Mensch ist individuell und einzigartig. Aber man wenn fragen würde, was alle Ekuadorianer gemeinsam haben, dann träfe eine Antwort garantiert ins Schwarze: Jeder ist mit einem Ball aufgewachsen, hat versucht, das Spielgerät zu bewegen, zu rollen, zu schießen, festzuhalten. Der eine mit mehr, der andere mit weniger Talent. Und so wird aus jenen vielleicht mal ein Profi- und aus dem anderen eben ›nur‹ ein Freizeit-Fußballer. Fußball ist der ekuadorianische Nationalsport schlechthin. Das drückt sich noch nicht in einer großartigen Erfolgsgeschichte aus, weil es leider an genügend Spielfeldern für die Kinder und Jugendlichen mangelt. Das hat natürlich mit den wirtschaftlichen Problemen des Landes zu tun, die nicht nur im Sport eine herbe Entwicklungsbremse sind. Über die Notwendigkeit, genügend Möglichkeiten zum Sporttreiben zu schaffen, besteht weitgehend Einigkeit. Weil der Sport in diesem Zusammenhang auch die soziale Aufgabe hat, Kinder von der Straße zu holen und damit Kriminalisierung, Gewalteskalation und andere negative gesellschaftliche Erscheinungen zu verhindern. Doch zwischen Einsicht und Umsetzung stehen leider die knappen staatlichen Kassen.

»Wenn Ekuador spielt, dann ruht die Arbeit«

WERNER MOELLER-FREILE
Botschafter der Republik Ekuador

Ekuador muss deshalb eine Politik der kleinen Schritte verfolgen. Aber auch die kann, wenn sie denn beharrlich nach vorne und nicht auf der Stelle oder gar rückwärts gemacht werden, erfolgreich sein. Dass wir uns erstmals für die Fußball-Weltmeisterschaft qualifiziert haben, ist ein Ausdruck dafür. Das war ein ganz besonderes Ereignis, sozusagen ein Nationalfeiertag. Und so wurde dieser wunderbare Triumph auch gefeiert. Singen, Tanzen, Toben – das alles gehört zur Kultur der Freude und des Jubels in Ekuador und wird ausgiebig bedient, wenn es denn einen Anlass dafür gibt. Und die WM-Teilnahme, die war fürwahr ein Anlass zur Ausgelassenheit. Bolivien, Chile, Kolumbien, allesamt arrivierte Teams in Süd- und Mittelamerika, in der Qualifikation gescheitert, Ekuador aber unter den 32 besten Teams der Welt – wenn das kein Grund ist, stolz zu sein!

Natürlich ist es für Ekuador enorm wichtig, etwas geschafft zu haben, um das uns viele andere Nationen auf dem Globus beneiden. Politisch und wirtschaftlich ist das sehr wichtig für unser kleines Land. Die von allerlei Sorgen gebeutelten Menschen in Ekuador brauchen solche Erfolgserlebnisse als Hoffnungszeichen. Spielen wir bei der Weltmeisterschaft in Japan und Korea gut, dann wäre das noch einmal solch ein Stimmungsaufheller wie die erreichte Qualifikation. Nominell gehört die Mannschaft zu den Außenseitern, aber sie hat Potenzial, Talent, Spielfreude und einen guten Trainer, der es geschafft hat, sie über diszipliniertes Verhalten auf dem Feld zu einer echten Mannschaft zusammenzufügen. Läuft die Nationalmannschaft auf, dann ist sozusagen das ganze Land in Aufruhr. Wird gespielt, dann wird nicht mehr gearbeitet.

Als Kind habe ich in der Schule wie alle anderen natürlich auch Fußball gespielt. Heute versuche ich, mich mit Laufen und Power-Walking fit zu halten. Der Neue Garten in Potsdam, unweit meiner Residenz, ist dafür ein ideales Terrain. Auch mit Tennis probiere ich es hin und wieder mal. Ekuador kann ja mit Andres Gomez und Nicolas Lapenti sogar Racket-Könner der Weltklasse vorzeigen. Aber von der Popularität des Fußballs ist Tennis noch meilenweit entfernt, ebenso wie Radsport und Basketball, die bei uns nach Fußball, Fußball und nochmals Fußball kommen.

Ob meine Fußball-Begeisterung von meinen deutschen Vorfahren herrührt, bezweifle ich. Schließlich war mein Großvater schon zur Kaiserzeit deutscher Konsul in Ekuador. Mein Vater heiratete dann eine Einheimische, daher der doppelte Familienname, wie es in Südamerika, wie ich finde, guter Brauch ist. Den Vorname Werner habe ich, obwohl in Ekuador geboren, bekommen, weil meine Eltern fanden, dass sich Juan oder Carlos in Verbindung mit Moeller eher komisch anhört. Und so kommt es eben zum Staunen der heutigen Zeitgenossen bei meiner Vorstellung oder der meines Bruders Dr. Heinz Moeller, der Außenminister von Ekuador und Präsident eines der bekanntesten Fußballklubs und oftmaligen Landesmeisters ist. Ich habe mich auch als Funktionär um die Förderung des Sports in meinem Land bemüht: Als passionierter Hochsee-Segler war ich lange Zeit Präsident des Seglerverbandes von Ekuador. Vor allem aber, ich gebe es zu, bin ich wie alle Ekuadorianer Fußball-Fan. Und das bleibt man wohl auch von der Geburt bis zum Tode.

WERNER MOELLER-FREILE, Jahrgang 1933. Verheiratet, vier Kinder. Unternehmer mit verschiedenen Ämtern in der Wirtschaft. Seit 1999 Botschafter in Deutschland.

22
BOSKO BALABAN
Angriff

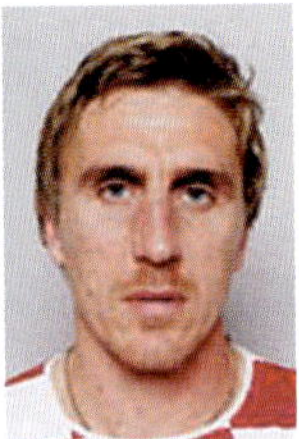

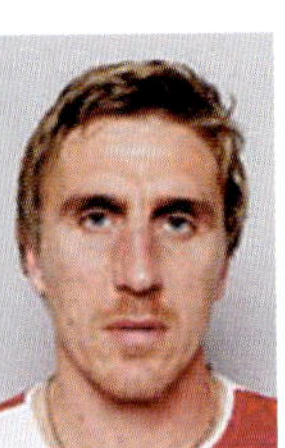

11
ALEN BOKSIC
Angriff

12
TOMISLAV BUTINA
Tor

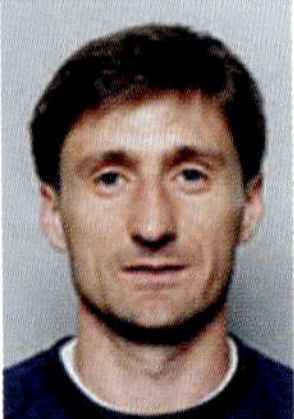

17
ROBERT JARNI
Abwehr

10
NIKO KOVAC
Mittelfeld

21
ROBERT KOVAC
Abwehr

18
IVICA OLIC
Angriff

1
STIPE PLETIKOSA
Tor

8
ROBERT PROSINECKI
Mittelfeld

5
MILAN RAPAIC
Mittelfeld

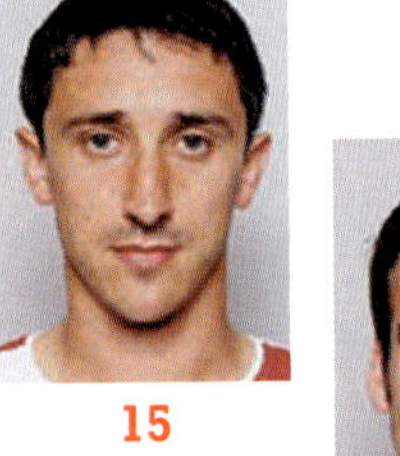

15
DANIEL SARIC
Mittelfeld

2
ANTHONY SERIC
Abwehr

20
DARIO SIMIC
Abwehr

3
JOSIP SIMUNIC
Abwehr

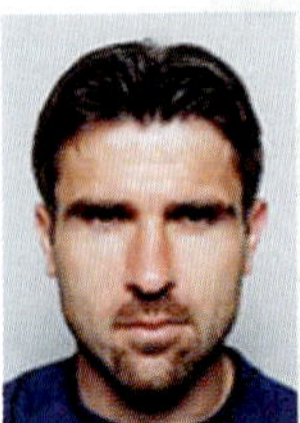

14
ZVONIMIR SOLDO
Mittelfeld

13
MARIO STANIC
Angriff

9
DAVOR SUKER
Angriff

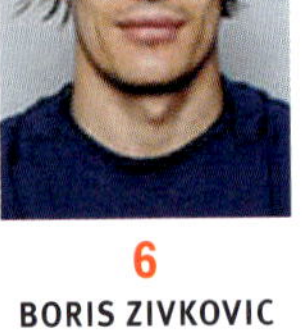

4
STJEPAN TOMAS
Abwehr

23
VLADIMIR VASILJ
Tor

19
GORAN VLAOVIC
Angriff

16
JURICA VRANJES
Mittelfeld

7
DAVOR VUGRINEC
Mittelfeld

6
BORIS ZIVKOVIC
Abwehr

KROATIEN

Hauptstadt	Zagreb
Bevölkerung (2001)	4.334.142
Fläche (qkm)	56.538
Währung	Kuna
Regierungschef	Stjepan Mesic (Präsident)
Sprache/n	Kroatisch

DER VERBAND

Name	Hrvatski Nogometni Savez
Postanschrift	Rusanova 13, 10000 Zagreb / Kroatien
Telefon	+385-1-236 1555
Telefax	+385-1-244 1500
Internet	www.hns-cff.hr
Gründungsjahr	1912
Präsident	Vlatko Markovic
Vereine	1.186
Fußballprofis	605
Dachverband	Union des Associations Européennes de Football (UEFA)
Weltranglistenplatz	23
WM-Teilnahmen	2
Größter WM-Erfolg	WM-Dritter 1998
Spielkleidung	Trikot: rot-weiß kariert – Hose: weiß – Stutzen: blau

DER TRAINER

Name	Mirko Jozic
Nationalität	Kroatien
Geburtsdatum	08.04.1940
Trainerstationen	
Jugoslawien	Nationalmannschaft U 21 01/1986 – 12/1987
Chile	Colo Colo 07/1989 – 06/1993
Chile	Nationalmannschaft 01/1994 – 12/1994
Mexiko	America 01/1995 – 06/1995
Kroatien	Hajduk Split 07/1995 – 06/1996
Saudi-Arabien	Al Hilal 07/1996 – 06/1997
Argentinien	Newells Old Boys 07/1997 – 06/1998
Portugal	Sporting Lissabon 07/1998 – 06/1999
Kroatien	Nationalmannschaft seit November 2000

QUALIFIKATION

Spiele in der Europa-Gruppe 6

A	Belgien	0:0 (0:0)	02.09.2000	Brüssel
H	Schottland	1:1 (1:1)	11.10.2000	Zagreb
H	Lettland	4:1 (3:0)	24.03.2001	Osijek
H	San Marino	4:0 (2:0)	02.06.2001	Varazdin
A	Lettland	0:1 (0:1)	06.06.2001	Riga
A	Schottland	0:0 (0:0)	01.09.2001	Glasgow
A	San Marino	0:4 (0:1)	05.09.2001	Serravalle
H	Belgien	1:0 (0:0)	06.10.2001	Zagreb

Sieger der Europa-Gruppe 6 (18 Punkte, 15:2 Tore)

WM 2002

GG	Mexiko	0:1 (0:0)	03.06.2002	Niigata (JPN)
GG	Italien	2:1 (0:0)	08.06.2002	Ibaraki (JPN)
GG	Ekuador	0:1 (0:0)	13.06.2002	Yokohama (JPN)

GG = Vorrundenspiele Gruppe G

Fußball à la Kroatien Wenn ein Land eine so junge staatliche Geschichte hat wie Kroatien, dann machen sportliche Erfolge besonders stolz. Das hat nichts mit Nationalismus zu tun, es ist ein Gefühl von Zusammengehörigkeit, belohntem Einsatz und Heimatliebe. So lange Kroatien unter dem Förderations-Schirm Jugoslawiens zu leben hatte, blieben die Leistungen kroatischer Sportler öffentlich weitgehend unbekannt, die Freude eines Fußballsieges von Dinamo Zagreb gegen Roter Stern Belgrad eher eine heimliche. Logisch, dass es da Nachholbedarf im Feiern sportlicher Großtaten gab. Als Kroatien 1998 Dritter der Fußball-Weltmeisterschaft wurde, erreichte die Begeisterung im Lande bis dahin unbekannte Höhen. Sie wurde noch übertroffen, nachdem Goran Ivanisevic 2001 auf dem heiligen Rasen von Wimbledon triumphiert hatte und daheim von Zehntausenden enthusiastisch empfangen wurde. Und eine weitere Steigerung gab es im Winter 2002, als die großartige Janica Kostelic von den Olympischen Spielen in Salt Lake City gleich mit drei Goldmedaillen in die Heimat zurückkehrte.

»Wir können nicht nur Skifahren und Tennis spielen«

PROF. DR. MILAN RAMLJAK
Botschafter der Republik Kroatien

Tennis und Skifahren, das sind zweifellos die beiden populärsten Individualsportarten in Kroatien. Bei den Teamdisziplinen ist Fußball die Nummer 1, gefolgt von Handball und Basketball. Natürlich ist die kroatische Liga bei weitem nicht so stark wie die Bundesliga oder andere Top-Spielklassen in Westeuropa. In die Stadien kommen weit weniger Zuschauer, auch deshalb, weil fast alle überdurchschnittlichen kroatischen Fußballer im Ausland spielen. Deren Auftritte in Spanien, England, Italien oder Deutschland kann man allerdings daheim über das Fernsehen ziemlich genau und umfangreich verfolgen – die Seria A und die Bundesliga sind dabei die Favoriten des Wochenendes am Bildschirm. In Kroatien selbst locken die Duelle zwischen Dinamo Zagreb und Hajduk Split die Menschen in die Arenen. Derbys, die mit 20 000 oder 30 000 Fans Emotionen wecken, wie in Deutschland die Spiele zwischen Dortmund und Schalke.

Dass die Auswahl 1998 WM-Dritter geworden ist, war ein Erfolg vom Teamspirit, von Motivation, von Identifikation mit dem eigenen Land, das man erstmals auf der internationalen Fußball-Bühne vorstellen und vertreten durfte. Das machte Defizite gegenüber anderen wett, die mit ihren langen Verbandsgeschichten besser organisiert und auch besser vorbereitet angereist waren. Alle zusammenzubringen und daraus ein funktionierendes Team zu formen, das war die Kunst, die damals erfolgreich vollbracht wurde. Das ist übrigens bei der Weltmeisterschaft in Japan und Korea nicht anders, aber es wird sicher schwieriger als vor vier Jahren. Denn inzwischen sind die Kontrahenten gewarnt, keiner wird Kroatien mehr unterschätzen. Und die Erfolgsgeneration, die in Frankreich für Aufsehen sorgte, ist inzwischen vier Jahre älter geworden. Die Neuen im Team spielen zum großen Teil in der Bundesliga, wie zum Beispiel Herthas Abwehrrecke Josip Simunic, den ich bei der Partie gegen Bayer Leverkusen im Olympiastadion kennen gelernt habe. Ein junger Bursche, der weiß, was er will und sich in Deutschlands höchster Spielklasse längst einen Namen gemacht hat.

Selbst habe ich nie Fußball gespielt. Mein Metier sind eher die Individualsportarten wie Tennis, Skifahren, Bergsteigen und Schach. In meiner bisher kurzen Amtszeit in Deutschland bin ich – von ein paar Zügen auf dem Schachbrett abgesehen – bislang nicht dazu gekommen, einer dieser Passionen nachzugehen. Mein Racket ist noch eingepackt, aber das soll sich bald ändern. Das ist sicher, der Ausgang von Fußball-Spielen allerdings in den meisten Fällen nicht. Wir Kroaten sind eher vorsichtig in unseren Prognosen und nicht so daueroptimistisch wie andere. Wenn's besser kommt, ist die Freude hinterher um so größer. Neben den Kroaten drücke ich Deutschland am meisten die Daumen. Schließlich ist die Bundesrepublik hinter Italien der zweitstärkste Handelspartner für uns, steht bei den Auslandsinvestitionen in Kroatien unter den Europäern sogar an erster Stelle. Als wir vor vier Jahren WM-Dritter wurden, gab es in den Botschaften im Ausland erstaunlich viele Anrufe von Leuten, die sich mit uns gefreut haben. Das zeigt, dass eine Fußball-Weltmeisterschaft auch eine glänzende Außenwerbung für jedes Land sein kann. Wenn wir uns gut präsentieren, dann redet man über Kroatien.

PROF. DR. MILAN RAMLJAK, Jahrgang 1938. Verheiratet, zwei Kinder. Jurist. Seit 1990 in mehreren Ämtern in der kroatischen Regierung tätig. 1994-1998 Botschafter in Österreich, 1998/99 Vize-Premier und Justizminister. Seit Mai 2001 Botschafter in Deutschland.

21
JESUS ARELLANO
Angriff

10
CUAUHTEMOC BLANCO
Angriff

9
JARED BORGETTI
Angriff

20
MELVIN BROWN
Abwehr

19
GABRIEL CABALLERO
Mittelfeld

23
JORGE CAMPOS
Tor

16
SALVADOR CARMONA
Abwehr

2
FRANCISCO GABRIEL DE ANDA
Abwehr

3
RAFAEL GARCIA
Mittelfeld

8
ALBERTO GARCIA ASPE
Mittelfeld

15
LUIS HERNANDEZ
Angriff

11
BRAULIO LUNA
Mittelfeld

4
RAFAEL MARQUEZ
Mittelfeld

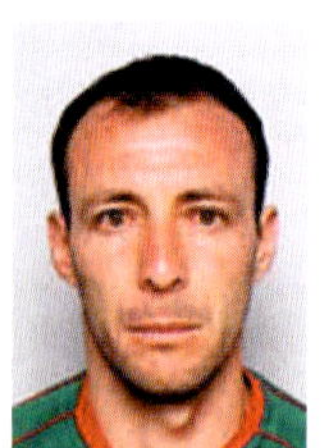

13
SIGIFREDO MERCADO
Mittelfeld

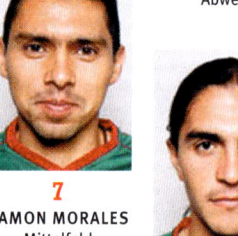

7
RAMON MORALES
Mittelfeld

17
FRANCISCO PALENCIA
Angriff

1
OSCAR PEREZ
Tor

22
ALBERTO RODRIGUEZ
Abwehr

18
JOAHAN RODRIGUEZ
Mittelfeld

12
OSWALDO SANCHEZ
Tor

6
GERARDO TORRADO
Mittelfeld

5
MANUEL VIDRIO
Abwehr

14
GERMAN VILLA
Mittelfeld

MEXIKO

Hauptstadt	Mexico-City
Bevölkerung (2001)	101.879.171
Fläche (qkm)	1.958.201
Währung	Mexikanischer Peso
Regierungschef	Vicente Fox (Präsident)
Sprache/n	Spanisch

DER VERBAND

Name	Federación Mexicana de Fútbol Asociación, A.C.
Postanschrift	Colima 373, Col. Roma Norte, C.P. 06700 México, D.F. Mexico / Mexiko
Telefon	+52-5552410100
Telefax	+52-5552410191
Internet	www.femexfut.org.mx
Gründungsjahr	1962
Präsident	J. A. de la Torre Bouvet
Vereine	1.493
Fußballprofis	15.000
Dachverband	Confederation of North, Central American and Caribbean Association Football (COMCACAF)
Weltranglistenplatz	8
WM-Teilnahmen	11
Größter WM-Erfolg	Viertelfinale 1986 und 1970
Spielkleidung	Trikot: grün – Hose: weiß – Stutzen: rot

DER TRAINER

Name	Javier Aguirre
Nationalität	Mexiko
Geburtsdatum	01.01.1958
Trainerstationen	
Mexiko	Atlante 11/1995 – 05/1996
Mexiko	Pachuca 09/1998 – 06/2001
Mexiko	Nationalmannschaft seit Juli 2001

QUALIFIKATION

Spiele in der Gruppe C der 2. Runde der Amerika-Qualifikation

A	Panama	0:1	(0:0)	16.07.2000	Panama City
A	Trinidad & Tobago	1:0	(0:0)	23.07.2000	Port of Spain
H	Kanada	2:0	(0:0)	15.08.2000	Mexico-City
H	Panama	7:1	(3:0)	03.09.2000	Mexico-City
H	Trinidad & Tobago	7:0	(4:0)	08.10.2000	Mexico-City
A	Kanada	0:0	(0:0)	15.11.2000	Toronto

Gruppenspiele in der Finalrunde der Amerika-Qualifikation

A	USA	2:0	(0:0)	28.02.2001	Columbus
H	Jamaika	4:0	(2:0)	25.03.2001	Mexico-City
A	Trinidad & Tobago	1:1	(1:0)	25.04.2001	Port of Spain
H	Costa Rica	1:2	(1:0)	16.06.2001	Mexico-City
A	Honduras	3:1	(1:0)	20.06.2001	San Pedro Sula
H	USA	1:0	(1:0)	01.07.2001	Mexico-City
A	Jamaika	1:2	(1:0)	02.09.2001	Kingston
H	Trinidad & Tobago	3:0	(2:0)	05.09.2001	Mexico-City
A	Costa Rica	0:0	(0:0)	07.10.2001	San Jose
H	Honduras	3:0	(0:0)	11.11.2001	Mexico-City

Zweiter der Amerika-Finalrunde (17 Punkte, 16:9 Tore)

WM 2002

GG	Kroatien	1:0	(0:0)	03.06.2002	Niigata (JPN)
GG	Ekuador	2:1	(1:1)	09.06.2002	Miyagi (JPN)
GG	Italien	1:1	(1:0)	13.06.2002	Oita (JPN)
AF	USA	0:2	(0:1)	17.06.2002	Jeonju (KOR)

GG = Vorrundenspiele Gruppe G, AF = Achtelfinale

Fußball à la Mexiko Wenn man Mexiko in der Hierarchie des Weltfußballs einordnen will, dann kommen die Experten ins Streiten. Für manche gehören wir zu den Großen, immerhin waren wir elfmal bei Weltmeisterschaften dabei und standen zweimal unter den besten Acht. Andere wiederum halten uns für einen Fußballzwerg, weil wir die Top-Nationen noch nicht ernsthaft gefährden und in Medaillennähe kommen konnten. Die Wahrheit liegt wohl in der Mitte – Mexiko ist weder ganz oben noch ganz unten, sondern mittendrin. Das macht die vielen Fans manchmal stolz, zum Beispiel wenn man sich gegen einen Favoriten bravourös behauptet und vielleicht dennoch verloren hat. Und es macht sie ärgerlich, wenn man eine unnötige Niederlage gegen einen der Papierform nach Schwächeren bezogen hat. Mexiko ist ein flächenmäßig großes Land, auch eines mit starken sozialen Differenzierungen. Möglicherweise ist Fußball deshalb extrem wichtig. Es ist die mit Abstand populärste Sportart überall im Land. Danach kommt wieder Fußball, dann nochmal Fußball und irgendwann Baseball, der vor allem in der Nähe der US-Grenze, in Yucatan, viele Anhänger hat. Aber ein echter Rivale für die Kicker ist er nicht. Die nationale Liga ist inzwischen gut organisiert, im ganzen Land wird professionell gespielt. Wobei Fußball eben längst nicht mehr nur der pure Sport, sondern auch zum kommerziellen Spektakel geworden ist. In der mexikanischen Liga dominieren zwar nach wie vor die einheimischen Akteure, aber es sind zunehmend ebenso Ausländer in Aktion. Vor allem aus süd- und mittelamerikanischen Nachbarländern, aber auch aus Europa. Konkurrenz belebt das Geschäft, das gilt genauso für die Liga daheim. Nach und nach hebt sich damit das Niveau, obwohl vor allem die Talente nicht vom Himmel fallen – man muss etwas dafür unternehmen, dass sie sich entwickeln können. Und das tut die Regierung vor allem in den schwächer entwickelten Regionen. Sonst ist irgendwann einmal Schluss mit der Teilnahme beim Championat der Weltbesten, ein Automatismus ist das nicht.

Mit Deutschland hatten wir es bei Weltmeisterschaften schon des Öfteren zu tun. Oft war es dramatisch, und immer hatten die Deutschen das glücklichere Ende für sich. Unvergessen ist das Viertelfinale 1970 im eigenen Land, als wir in Monterrey nach einem 0:0 erst im Elfmeterschießen mit 1:4 verloren. Damals habe ich nur gedacht, dass gute Profis eigentlich nicht so viele Strafstöße vergeben dürfen. Wenn Mexiko gewinnt, dann ist alles gut. Dann wird südamerikanisch Karneval gefeiert und der Platz um das Unabhängigkeitsdenkmal in der Hauptstadt zur Bühne der Leidenschaften. Auf der sich, egal wie spät es gerade ist, alle präsentieren. Die, die gerade mal laufen können, und auch die Alten, die es gerade noch so können.

Gekickt wird in Mexiko überall, wo nur der kleinste Platz für ein Spielchen ist. Man braucht eben nur einen Ball, und es kann losgehen. Beim Baseball ist das anders, da gehört viel mehr Ausrüstung dazu – und deshalb ist dieser Sport im Unterschied zum Fußball, der quer durch die ganze Bevölkerung gespielt wird, auch eher in der Mittelklasse zu Hause. Als Junge habe ich mich zwar auch ein bißchen mit dem großen Ball beschäftigt, aber das fand auf eher bescheidenem Niveau statt. So beschränkte sich meine Rolle in Sachen Fußball bald auf die des Zuschauers und des Bewunderers der großen Helden wie Antonio Carbajal oder Hugo Sanchez, der heute als Trainer an der Nationaluniversität arbeitet. Meine erste sportliche Passion ist aber das Schach. Das scheint relativ weit entfernt vom Fußball. Aber es gibt durchaus Gemeinsamkeiten und Nähe zwischen der körperlichen Anstrengung auf dem Rasen und der Kopfarbeit am 64-Felder-Brett. Hier wie da braucht man eine klare Strategie, wenn man am Ende der Sieger sein will. Große Fehler können sich bitter rächen, und nur durch das Teamwork aller »Figuren« auf dem Feld ist ein Erfolg möglich. Schach kann man auch gegen den Computer spielen. Aber richtig Spaß macht das Ganze nur, wenn man einem harten Kontrahenten gegenüber sitzt. Fußball ist manchmal wie Schach und Schach wie Fußball – soll heißen, man kann dabei ziemlich ins Schwitzen kommen. Nur eines unterscheidet Beide: Die Foulquote im Schach ist deutlich niedriger.

»Fußball braucht wie Schach eine Strategie«

JORGE EDUARDO NAVARRETE
Botschafter der Vereinigten Mexikanischen Staaten

JORGE EDUARDO NAVARRETE, Jahrgang 1940. Wirtschaftswissenschaftler, verheiratet, ein Sohn. Seit 1972 im Auswärtigen Dienst, 1995 bis 1997 Staatssekretär im Ministerium für Energie. Als Botschafter in Venezuela, Österreich, Jugoslawien, Großbritannien, China, Chile, Brasilien und Ständiger Vertreter bei der UNO in New York. Seit Mai 2002 Botschafter in Deutschland.

Vor dieser WM hatte Japan kein Profil auf der Weltkarte des Fußballs. Mit jedem Punktgewinn wuchs die Euphorie im ganzen Land.

Die Fußball-Samurai

Auf dem Team Japans lastete ein großer Erwartungsdruck. Doch überraschend setzte es sich als Gruppensieger durch – vor Belgien, Russland und Tunesien. Das Volk war verzückt.

Der Optimismus in der Bevölkerung des WM-Ausrichterlands Japan war so groß, dass die vom französischen Trainer Philippe Troussier betreuten Spieler die Vorfreude fast als hemmende Umklammerung empfanden. »Der Druck ist so hoch, dass unser Team zu explodieren droht«, sagte Torhüter Yoshikatsu Kawaguchi vor der Partie gegen Belgien. Die Testspiele hatten keinen richtigen Aufschluss über die Stärke der Mannschaft gegeben. Dennoch glaubten neunzig Prozent der Japaner an den Einzug des Teams in die zweite Runde, siebzig Prozent gingen von einer Qualifikation für das Viertelfinale aus und zwanzig Prozent meinten, der WM-Titel könne gewonnen werden. Troussier, wegen barscher Methoden und einer gewissen Arroganz nicht besonders beliebt, verwies darauf, dass erst 1993 der Profi-Fußball im Land eingeführt worden war. Zehn Tage später waren alle Bedenken vergessen. Mit einem Remis gegen Belgien und Siegen gegen Russland und Tunesien zog Japan als Gruppensieger in das Achtelfinale ein. Die Fußball-Samurai hatten ihr Volk verzückt. Millionen Fans in vielen Städten Japans feierten ihr Team frenetisch. Die Medien bezeichneten das Geschehen als Fußball-Märchen. Das kompromisslose Angriffsspiel der Asiaten, das auch die Experten verblüffte, führte die Elf Nippons erstmals in die Runde der besten 16 WM-Mannschaften. Mit dem Gruppensieg wurde das Achtelfinal-Duell gegen Brasilien vermieden. Auch die Belgier kamen ungeschlagen weiter. Für die völlig enttäuschenden Russen und sieglosen Tunesier war die WM beendet.

Rechte Seite:
Als der Gruppensieg vollbracht ist, gibt es kein Halten mehr. Philippe Troussier ist auf dem Höhepunkt seiner weltumgreifenden Trainer-Karriere. Und überall im Land, und nicht nur in Osaka am Yodogawa, springen Jugendliche in Scharen von den Brücken in die Flüsse, um ihre Begeisterung kund zu tun.

JAPAN – BELGIEN 2:2

In der ersten Halbzeit agierten beide Mannschaften noch etwas zurückhaltend, ehe sie in der zweiten Hälfte einen wahren Leckerbissen boten. Das hohe Tempo und der wunderbare Offensivfußball, besonders von den Japanern vorgetragen, führte zu einem Spannungsbogen, der die Zuschauer völlig in den Bann zog. Marc Wilmots (57.) vom Bundesligisten Schalke 04 brachte die Belgier mit einem Fallrückzieher in Führung. In diesem Moment fürchteten viele Japaner, dass sich ihre Hoffnungen auf eine erfolgreiche WM zerschlagen könnten. Doch diese Sorge schlug schnell wieder in Euphorie um, als Takayuki Suzuki (59.) sofort der Ausgleich gelang und Junichi Inamoto (67.) sogar das 2:1 erzielte. Gegen den japanischen Sturmlauf schloss Peter van der Heyden (75.) mit einem herrlichen Heber einen Konter der Belgier zum 2:2 ab. Inamoto gelang ein wei-

Keinen Ball verloren geben Japans Offensivfußballer, wenn sie auf ihre Gegner treffen. Ganz oben der Liebling der weiblichen Fans, Junichi Inamoto, gegen seine russischen Rivalen Kovtun (3) und Nikiforov (r.), darunter Masashi Nakayama gegen Karpin. Und auch im Tor steht Seigo Narazaki seinen Vorderleuten in nichts nach; das Nachsehen hat hier der Belgier Wesley Sonck (links).

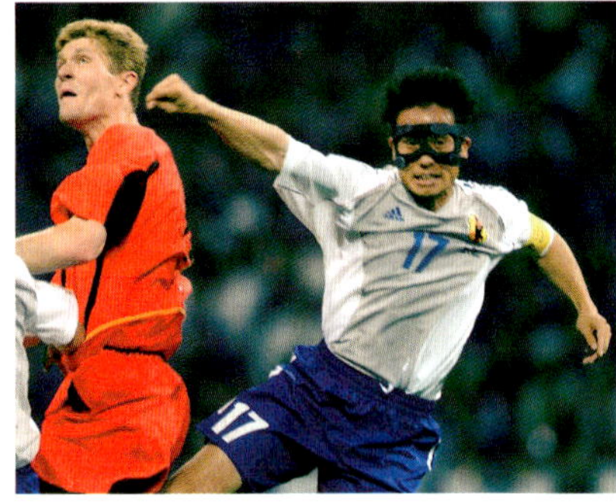

Japan gegen Belgien
»Es war ein historisches Spiel«, schwärmte Japans Trainer Troussier. Weil man dem vermeintlich übermächtigen Gegner aus Europa unerwartet Paroli bieten konnte. So gab es für den belgischen Stürmer Sonck kein Vorbeikommen an Nakada und Torhüter Narazaki, und auch Stürmer Verheyen ging leer aus unter der Kontrolle des wegen eines Nasenbeinbruchs Maske tragenden Tsuneyasu Miyamoto. Rechts unten: Belgien-Freude nach Marc Wilmots' 1:0-Führung (von links: Goor, Wilmots, Verheyen). Rechts oben: Belgiens Garant für das Remis – das Bollwerk mit Simons, Boffin, Verheyen, Vanderhaeghe und Wilmots (v.l.)

Rechte Seite: Keineswegs wie ein Tabellenletzter präsentieren sich Tunesiens Kapitän Khaled Badra und seine Mannschaft bei ihrem – allerdings einzigen – Tor gegen Belgien. Unten: Radhi Jaidi im Duell mit Keeper Geert de Vlieger

terer Treffer (86.), doch wegen angeblichen Foulspiels fand er keine Anerkennung. Schließlich waren die Japaner mit dem Teilerfolg zufrieden. Der Druck hatte sich mit dem Punktgewinn deutlich gemildert.

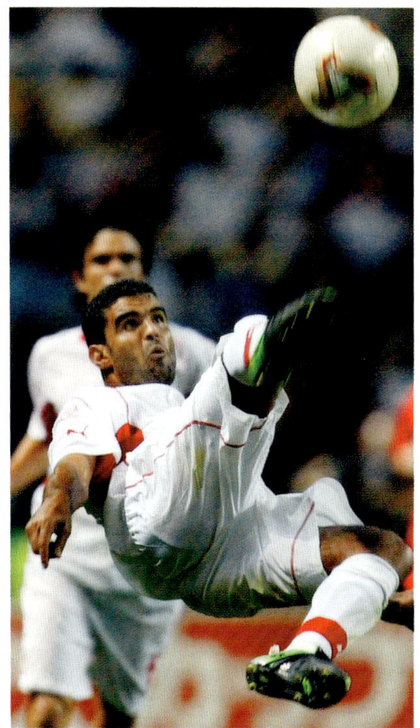

RUSSLAND – TUNESIEN 2:0

Die Tabellenspitze nach dem ersten Spieltag übernahm Russland, das nach einem hart umkämpften Spiel Tunesien schlug. Zwei Tore binnen fünf Minuten sicherten den Russen den einzigen WM-Erfolg. Egor Titov (59.) und Valery Karpin per Foulelfmeter (64.) schossen den letztlich verdienten Sieg der Osteuropäer, die auf ihren verletzten Mittelfeldregisseur Alexandr Mostovoi verzichten mussten, heraus. Die Nordafrikaner erspielten sich mit ihren schnellen Kontern gegen die Russen, die das Geschehen im Mittelfeld bestimmten, einige große Torchancen, ehe sie beim ersten Gegentreffer großzügige Hilfestellung leisteten. Torwart Ali Boumnijel missriet ein Abschlag, der bei Titov landete, der den Ball ins untere linke Eck des Tores schoss. Dieser Fauxpas habe ihn und seine Mitspieler psychologisch schwer getroffen, klagte Boumnijel nach dem Abpfiff. Tunesien war Tabellenletzter und verließ diesen Platz auch nicht mehr.

JAPAN – RUSSLAND 1:0

Historisch sei dieser Sieg Japans, hieß es nach der dramatischen Begegnung. Inamoto (51.), einer der großen Stars im Team, erzielte den Treffer zum im ganzen Land gefeierten Erfolg. Denn gegen die Russen schafften die Japaner, die 1998 in Frankreich Lehrgeld bezahlt hatten, ihren ersten Sieg bei einem WM-Turnier. Doch es war auch die hochklassige Spielweise mit schnellen Passkombinationen, die Begeisterung weckte. Nach einer ersten Halbzeit, geprägt von vielen Zweikämpfen und Fouls, die Schiedsrichter Markus Merk zu hartem Eingreifen zwangen, rissen die Japaner das Geschehen an sich. Inamoto wurde sechs Minuten nach der Pause von Atsushi Yanagisawa freigespielt und hob den Ball aus zwölf Metern über Torwart Ruslan Nigmatullin hinweg ins Tor. Der knappe Erfolg war verdient, die Welle der Euphorie zog vom Stadion in Yokohama über das ganze Land. Fünf Tage nach dem ersten WM-Sieg der Südkoreaner hatten die Japaner nachgezogen.

TUNESIEN – BELGIEN 1:1

Es war eine der schwächsten WM-Begegnungen, die die Tunesier und Belgier bei großer Hitze zustande brachten. Kapitän Wilmots' Führungstreffer (13.) für die »Roten Teufel« glich Raouf Bouzaiene mit einem Freistoß aus 25 Metern, unhaltbar für Torhüter Geert de Vlieger, vier Minuten später aus. Gutes Niveau präsentierten beide Teams erst in der Schlussphase, als sich abwechselnd vor den Toren gefährliche Szenen abspielten. Die Punkteteilung war gerecht und erhielt Belgien und Tunesien noch die Aussicht auf das Achtelfinale.

Da lagen nur 38 Minuten zwischen Freud und Leid im entscheidenden Spiel um die Teilnahme am Achtelfinale zwischen Belgien und Russland: Beschastnykh (11) erzielt den 1:1- Ausgleichstreffer, beglückwünscht von Sychev; wenig später verlässt er enttäuscht das Spielfeld: Russland ist gescheitert.

TUNESIEN – JAPAN 0:2

Nach einer enttäuschenden ersten Halbzeit erzielten Hiroaki Morishima (48.) mit einem Flachschuss und Mittelfeldspieler Hidetoshi Nakata (75.) per Kopf die Tore zum zweiten WM-Sieg der Japaner. Fast während des ganzen Spiel sangen die Zuschauer Verdis Triumphmarsch aus der Oper »Aida«, der während der WM zu einem neuen japanischen Kultsong wurde. Beim Tor von Nakata wurde das Stadion in seinen Grundfesten erschüttert, so groß war der Jubel. »Es ist ein neues Kapitel in der Fußballgeschichte angebrochen«, kommentierte Troussier den Achtelfinaleinzug mit dem zuvor kaum für möglich gehaltenen Gruppensieg. Tunesien schied mit nur einem Punkt als Letzter aus.

BELGIEN – RUSSLAND 3:2

Johan Walem (7.) hatte die konzentriert aufspielenden Belgier früh in Führung geschossen, ehe die Russen, denen bereits ein Remis zum Weiterkommen genügt hätte, kurz nach der Pause durch den früheren Bremer Vladimir Beschastnykh (52.) der Ausgleich gelang. Doch innerhalb von vier Minuten sorgten der eingewechselte Wesley Sonck (78.) und Kapitän Marc Wilmots (82.) mit seinem dritten WM-Treffer für einen beruhigenden Vorsprung. Kurz vor Schluss schossen die Russen noch den Anschlusstreffer durch Dimitri Sychev (89.). Den Belgiern reichte dieser Erfolg nach sieben vorangegangenen WM-Spielen ohne Sieg für die Achtelfinal-Qualifikation. Die frühere Fußball-Großmacht Russland war eine der größten WM-Enttäuschungen. Trainer Romantsev und seine Assistenztrainer erklärten ihren Rücktritt.

PRESSESTIMMEN AUS JAPAN

»Starke und entschlossene junge Spieler mit rot und blond gefärbten Haaren haben uns, die wir älter sind und beginnen, das Vertrauen in unsere richtungslose Gesellschaft zu verlieren, Mut gemacht.«
NIHON KEIZAI SHIMBUN

»Danke Troussier, der Meistertrainier, der Gott. Seine Strategie ist genau aufgegangen.«
NIKKAN SPORTS

»Das ist ein neues Kapitel in der Geschichte des japanischen Fußballs. Morishima ist ein Mann geworden.«
SANKEI SPORTS

»Eine Emotions-Bombe, die das ganze Inselreich erschütterte.«
SPORTS HOCHI

Vorrunde Gruppe H · Spiel 13
Dienstag, 04.06.2002
18:00 Uhr (11.00 Uhr MESZ) in Saitama (JPN)

JAPAN – BELGIEN
2:2 (0:0)

Japan: Narazaki – Matsuda, Morioka (71. Miyamoto), K. Nakata – Toda, Inamoto – Ichikawa, Ono (64. Alex) – H. Nakata – Yanagisawa, Suzuki (68. Morishima)
Belgien: de Vlieger – Peeters, van Buyten, van Meir, van der Heyden – Simons – Vanderhaeghe, Walem (68. Sonck), Goor – Wilmots – Verheyen (83. Strupar)
Tore: 0:1 Wilmots (57.), 1:1 Suzuki (59.), 2:1 Inamoto (68.), 2:2 van der Heyden (75.)
Ecken: 2:4
Schiedsrichter: William Mattus (Costa Rica)
Zuschauer: 55.256
Gelbe Karten: Toda, Inamoto – van der Heyden, Verheyen, Peeters, van Meir
Gelb/Rote Karten: keine
Rote Karten: keine

Vorrunde Gruppe H · Spiel 15
Mittwoch, 05.06.2002
15:30 Uhr (8.30 Uhr MESZ) in Kobe (JPN)

RUSSLAND – TUNESIEN
2:0 (0:0)

Russland: Nigmatulin – Onopko – Solomatin, Nikiforov, Kovtun – Titov – Semshov (46. Khokhlov) – Karpin, Ismailov (78. Alenichev) – Pimenov, Beschastnykh (55. Sychev)
Tunesien: Boumnijel – Trabelsi, Jaidi, Mkacher, Bouzaine – Bouazizi, Badra (84. Zitouni) – Gabsi (67. Mhadhebi), Ben Achour, Sellimi (67. Baya) – Jaziri
Tore: 1:0 Titov (59.), 2:0 Karpin (64., Foulelfmeter)
Ecken: 4:7
Schiedsrichter: Peter Prendergast (Jamaika)
Zuschauer: 30.957
Gelbe Karten: Semshov, Alenichev – Gabsi, Jaziri
Gelb/Rote Karten: keine
Rote Karten: keine

Vorrunde Gruppe H · Spiel 29
Sonntag, 09.06.2002
20:30 Uhr (13.30 Uhr MESZ) in Yokohama (JPN)

JAPAN – RUSSLAND
1:0 (0:0)

Japan: Narazaki – Matsuda, Miyamoto, K. Nakata – Toda, Inamoto (86. Fukunishi) – Myojin, Ono (75. Hattori) – H. Nakata – Suzuki (72. Nakayama), Yanagisawa
Russland: Nigmatulin – Onopko, Solomatin, Nikiforov, Kovtun – Titov – Karpin, Ismailov (52. Khokhlov), Semshov, Smertin (57. Beschastnykh) – Pimenov (46. Sychev)
Tore: 1:0 Inamoto (51.)
Ecken: 1:3
Schiedsrichter: Markus Merk (Deutschland)
Zuschauer: 66.108
Gelbe Karten: Miyamoto, K. Nakata, Nakayama – Pimenov, Solomatin, Khokhlov
Gelb/Rote Karten: keine
Rote Karten: keine

Vorrunde Gruppe H · Spiel 31
Montag, 10.06.2002
18:00 Uhr (11.00 Uhr MESZ) in Oita (JPN)

TUNESIEN – BELGIEN
1:1 (1:1)

Tunesien: Boumnijel – Trabelsi, Badra, Bouzaine, Jaidi – Ghodhbane – Gabsi (67. Sellimi), Bouazizi, Ben Achour, Melki (88. Baya) – Jaziri (78. Zitouni)
Belgien: de Vlieger – van Buyten, de Boeck, van der Heyden, Deflandre – Verheyen (46. Vermant), Simons (74. Mpenza), Vanderhaeghe, Goor – Strupar (46. Sonck), Wilmots
Tore: 0:1 Wilmots (13.), 1:1 Bouzaine (17.)
Ecken: 6:5
Schiedsrichter: Mark Shield (Australien)
Zuschauer: 37.900
Gelbe Karten: Gabsi, Ghodhbane, Trabelsi, Melki – van Buyten
Gelb/Rote Karten: keine
Rote Karten: keine

Vorrunde Gruppe H · Spiel 45
Freitag, 14.06.2002
15:30 Uhr (8.30 Uhr MESZ) in Osaka (JPN)

TUNESIEN – JAPAN
0:2 (0:0)

Tunesien: Boumnijel – Badra, Trabelsi, Bouzaine (78. Zitouni), Jaidi – Clayton (61. Mhadhebi), Bouazizi, Ben Achour, Ghodhbane, Melki (46. Baya) – Jaziri
Japan: Narazaki – Matsuda, Miyamoto, K. Nakata – Myojin, Inamoto (46. Ichikawa), Toda, H. Nakata (85. Ogasawara), Ono – Suzuki, Yanagisawa (46. Morishima)
Tore: 0:1 Morishima (48.), 0:2 H. Nakata (75.)
Ecken: 4:9
Schiedsrichter: Gilles Veissiere (Frankreich)
Zuschauer: 45.213
Gelbe Karten: Bouazizi, Badra
Gelb/Rote Karten: keine
Rote Karten: keine

Vorrunde Gruppe H · Spiel 46
Freitag, 14.06.2002
15:30 Uhr (8.30 Uhr MESZ) in Shizuoka (JPN)

BELGIEN – RUSSLAND
3:2 (1:0)

Belgien: de Vlieger – Peeters, de Boeck (90+2. van Meir), van Buyten, van Kerckhoven – Verheyen (78. Simons), Walem, Vanderhaeghe, Goor – Wilmots, Mpenza (70. Sonck)
Russland: Nigmatulin – Kovtun, Onopko, Nikiforov (42. Sennikov) – Karpin (83. Kerzhakov), Alenichev, Titov, Khokhlov, Smertin (34. Sychev), Solomatin – Beschastnykh
Tore: 1:0 Walem (7.), 1:1 Beschastnykh (52.), 2:1 Sonck (78.), 3:1 Wilmots (82.), 3:2 Sychev (88.)
Ecken: 11:3
Schiedsrichter: Kim Milton Nielsen (Dänemark)
Zuschauer: 46.640
Gelbe Karten: Vanderhaeghe – Solomatin, Smertin, Alenichev, Sennikov
Gelb/Rote Karten: keine
Rote Karten: keine

Vorrunde · Gruppe H (Abschlusstabelle)

Land	Spiele	S	U	N	Tore	Diff	Pkte
Japan	3	2	1	0	5:2	3	7
Belgien	3	1	2	0	6:5	1	5
Russland	3	1	0	2	4:4	0	3
Tunesien	3	0	1	2	1:5	-4	1

JAPAN

Hauptstadt	Tokio
Bevölkerung (2001)	126.771.662
Fläche (qkm)	377.801
Währung	Yen
Regierungschef	Junichiro Koizumi (Premierminister)
Sprache/n	Japanisch

DER VERBAND

Name	Japan Football Association
Postanschrift	3rd Floor, Shibuya Nomura Building, 1-10-8 Dogenzaka, Shibuya-Ku, Tokyo 150-0043 / Japan
Telefon	+81-3-34762011
Telefax	+81-3-34762291
Internet	www.jfa.or.jp
Gründungsjahr	1921
Präsident	Shun-ichiro Okano
Vereine	700
Fußballprofis	1.120
Dachverband	Asian Football Confederation (AFC)
Weltranglistenplatz	38
WM-Teilnahmen	2
Größter WM-Erfolg	Qualifikation zur WM 1998
Spielkleidung	Trikot: blau – Hose: weiß – Stutzen: blau

DER TRAINER

Name	Philippe Troussier
Nationalität	Frankreich
Geburtsdatum	21.03.1955
Trainerstationen	
Frankreich	CS Alencon 01/1984 – 06/1987
Frankreich	Red Star 07/1987 – 06/1989
Elfenbeinküste	Asec d'Abidjan 07/1989 – 12/1992
Elfenbeinküste	Nationalmannschaft 01/1993 – 12/1993
Südafrika	Kaizer Chiefs 01/1994 – 12/1994
Marokko	CA Rabat 01/1995 – 06/1995
Marokko	FUS Rabat 07/1995 – 01/1997
Nigeria	Nationalmannschaft 01/1997 – 10/1997
Burkina Faso	Nationalmannschaft 11/1997 – 02/1998
Südafrika	Nationalmannschaft 03/1998 – 07/1998
Japan	Nationalmannschaft seit Herbst 1998

QUALIFIKATION

Als Gastgeber automatisch qualifiziert

WM 2002

GH	Belgien	2:2 (0:0)	04.06.2002	Saitama (JPN)
GH	Russland	1:0 (0:0)	09.06.2002	Yokohama (JPN)
GH	Tunesien	2:0 (0:0)	14.06.2002	Osaka (JPN)
AF	Türkei	0:1 (0:1)	18.06.2002	Miyagi (JPN)

GH = Vorrundenspiele Gruppe H, AF = Achtelfinale

2
YUTAKA AKITA
Abwehr

15
TAKASHI FUKUNISHI
Mittelfeld

6
TOSHIHIRO HATTORI
Abwehr

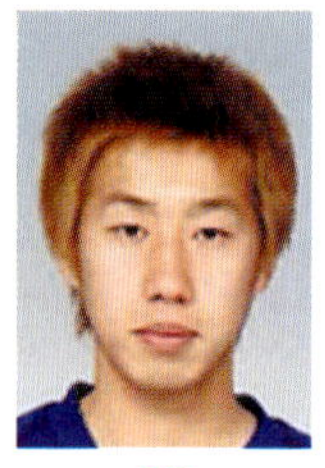

22
DAISUKE ICHIKAWA
Mittelfeld

5
JUNICHI INAMOTO
Mittelfeld

1
YOSHIKATSU KAWAGUCHI
Tor

3
NAOKI MATSUDA
Abwehr

17
TSUNEYASU MIYAMOTO
Abwehr

4
RYUZO MORIOKA
Abwehr

8
HIROAKI MORISHIMA
Mittelfeld

20
TOMOKAZU MYOJIN
Mittelfeld

7
HIDETOSHI NAKATA
Mittelfeld

16
KOJI NAKATA
Abwehr

10
MASASHI NAKAYAMA
Angriff

12
SEIGO NARAZAKI
Tor

9
AKINORI NISHIZAWA
Angriff

19
MITSUO OGASAWARA
Mittelfeld

18
SHINJI ONO
Mittelfeld

14
ALESSANDRO DOS SANTOS
Mittelfeld

23
HITOSHI SOGAHATA
Tor

11
TAKAYUKI SUZUKI
Angriff

21
KAZUYUKI TODA
Mittelfeld

13
ATSUSHI YANAGISAWA
Angriff

Fußball à la Japan Sportnation Japan – für die meisten Europäer ist das wahrscheinlich Judo, Sumo, vielleicht noch Turnen, Tischtennis und Volleyball. Aber Fußball? Dass auch bei uns Tore geschossen werden, hat man erst so richtig durch die J-League zur Kenntnis genommen. Weil dort viele internationale Stars gespielt haben und auch heute noch spielen. Wie zum Beispiel Pierre Littbarski, der in meiner Heimat hohes Ansehen genießt und hoffentlich wieder einmal nach Japan kommen wird. Lange Zeit war Fußball bei uns nicht so populär, aber in den letzten zehn Jahren hat sich das mit der J-League dramatisch verändert. Allmählich wird Fußball zur Nummer 1 unter den Sportarten. Ein Rang, den im Moment immer noch eine Disziplin inne hat, die man auch nicht sofort mit Japan verbindet – Baseball.

Jetzt sind es mehr und mehr Kinder und Jugendliche, die Gefallen am größeren Spielgerät, dem Fußball, finden. Mit dem Ball zu spielen, das gehört zur menschlichen Natur. Das muss niemandem anerzogen werden, das kommt ganz von selbst, sobald etwas Rundes auf ein Kleinkind zurollt. Die Beliebtheit des Fußballs wird mit der Weltmeisterschaft im eigenen Land sicher weiter zunehmen. Die WM ist für Japan eine gute Gelegenheit, im internationalen Fußballsport in den Fahrstuhl nach oben zu steigen. Dafür haben wir als Staat eine Menge investiert. Die Stadien, in denen gespielt wird, sind die modernsten der Welt. Will man eine Sportart wirklich entwickeln, dann ist es diesen Einsatz wert. Und selbstverständlich wird auch das Image und das Außenbild eines Landes davon geprägt, welche Eindrücke man von einer solchen Weltmeisterschaft bekommt. Wenn Leute angeregt werden, Japan zu besuchen, dann haben wir schon einen Erfolg errungen.

Natürlich ist es gut, wenn dazu auch Erfolge der Nationalmannschaft kommen. Man braucht Helden, die für die Kids Vorbilder sind, die sie nachahmen wollen. Und Siege, die Begeisterung auslösen und wecken können. Die Fans identifizieren sich mit ihren Lieblingen – das finde ich sehr schön, vor allem, wenn es ohne nationalistische Akzente stattfindet. Ich hoffe, Japan kann bei der Weltmeisterschaft eine gute Rolle spielen. Das gibt dann einen Schub für die ganze Sportart, auf dieser Basis kann man etwas aufbauen. Japan steht in dieser Hinsicht noch am Anfang des Weges. Aber wenn man daran denkt, wie alles vor zwanzig Jahren ausgesehen hat, dann darf man durchaus optimistisch sein. Die besten japanischen Fußballer spielen inzwischen in Italien, England, den Niederlanden oder Argentinien. Darauf darf man stolz sein.

Das bin ich als Botschafter meines Landes auch. Wann immer es möglich ist, verfolge ich die Spiele der Auswahl im Fernsehen, schaue mir auch mal ein Bundesliga-Match an. In der vergangenen Saison habe ich die Partie zwischen Energie Cottbus und 1860 München live im Stadion erlebt, weil in der brandenburgischen Stadt gerade die Deutsch-Japanische Gesellschaft tagte. Das war ein Gänsehaut-Ereignis, Fußball gehört eben zur deutschen Kultur. Der Ball mit den Unterschriften der Spieler hat seitdem einen Ehrenplatz in meinem Arbeitszimmer. Ich finde es gut, wenn sich Mannschaften aus den neuen Bundesländern wie Cottbus in der Bundesliga halten, die haben auf dem Platz mit Leidenschaft gekämpft. Das hat etwas von der Geschichte eines Davids unter lauter Goliaths. So ähnlich, wie es Japan bei der Fußball-WM ergeht.

Fußball kann ein »human drama« sein, und das begeistert die Massen. Mich auch, obwohl ich Baseball nach wie vor spannender finde. Ich glaube, da gibt es noch mehr taktische Möglichkeiten im Spiel. Steht es im Fußball zehn Minuten vor Schluss 4:0, dann kann man eigentlich nach Hause gehen. Im Baseball kann immer noch alles mögliche passieren. An der Schule habe ich als Baseman gespielt – meine scharfen Augen galten als großer Vorzug bei dem kleinen Ball. Dass der Umgang mit dem großen Fußball mitunter auch recht problematisch sein kann, hat man allerdings schon in vielen Spielen gesehen. In Erinnerung freilich bleiben vor allem die großen Momente, in denen die Stars mit dem Ball regelrecht zaubern. Davon werden wir bei der Weltmeisterschaft viele erleben – da bin ich ganz sicher. Ich freue mich schon auf das Finale, denn das werde ich im Stadion von Yokohama erleben, wohin ich Bundespräsident Johannes Rau begleite, der dort als Gastgeber der WM 2006 in Deutschland anwesend sein wird.

»Ballspielen gehört zur menschlichen Natur«

ISSEI NOMURA
Botschafter Japans

ISSEI NOMURA, Jahrgang 1940, seit 1962 im Auswärtigen Dienst. Verheiratet, drei Kinder. Als Diplomat tätig u.a. in Großbritannien, der UdSSR, Dänemark, den USA, Malaysia und seit 2000 in Deutschland.

3
GLEN DE BOECK
Abwehr

21
DANNY BOFFIN
Mittelfeld

16
DANIEL VAN BUYTEN
Abwehr

2
ERIC DEFLANDRE
Abwehr

17
GAETAN ENGLEBERT
Mittelfeld

8
BART GOOR
Mittelfeld

23
FREDERIC HERPOEL
Tor

12
PETER VAN DER HEYDEN
Abwehr

5
NICO VAN KERCKHOVEN
Abwehr

4
ERIC VAN MEIR
Abwehr

22
MBO MPENZA
Angriff

15
JACKY PEETERS
Abwehr

6
TIMMY SIMONS
Mittelfeld

9
WESLEY SONCK
Angriff

20
BRANKO STRUPAR
Angriff

19
BERND THIJS
Mittelfeld

13
FRANKY VANDENDRIESSCHE
Tor

18
YVES VANDERHAEGHE
Mittelfeld

11
GERT VERHEYEN
Mittelfeld

14
SVEN VERMANT
Mittelfeld

1
GEERT DE VLIEGER
Tor

10
JOHAN WALEM
Mittelfeld

7
MARC WILMOTS
Angriff

BELGIEN

Hauptstadt	Brüssel
Bevölkerung (2001)	10.258.762
Fläche (qkm)	30.519
Währung	Euro
Regierungschef	Guy Verhofstadt (Premierminister)
Sprache/n	Flämisch, Französisch

DER VERBAND

Name	Union Royale Belge des Sociétés de Football Association
Postanschrift	145 Avenue Houba de Strooper, 1020 Bruxelles / Belgien
Telefon	+32-2-4771211
Telefax	+32-2-4782391
Internet	www.footbel.com
Gründungsjahr	1895
Präsident	Jan Peeters
Vereine	2.002
Fußballprofis	386
Dachverband	Union des Associations Européennes de Football (UEFA)
Weltranglistenplatz	21
WM-Teilnahmen	11
Größter WM-Erfolg	Halbfinale 1986
Spielkleidung	Trikot: rot – Hose: rot – Stutzen: rot

DER TRAINER

Name	Robert Waseige
Nationalität	Belgien
Geburtsdatum	26.08.1939
Trainerstationen	
Belgien	Winterslag 07/1971 – 06/1976
Belgien	Standard Lüttich 07/1976 – 06/1979
Belgien	Winterslag 07/1979 – 06/1981
Belgien	Sporting Lokeren 07/1981 – 06/1983
Belgien	FC Liege 07/1983 – 06/1992
Belgien	Charleroi 07/1992 – 06/1994
Belgien	Standard Lüttich 07/1994 – 06/1996
Portugal	Sporting Lissabon 07/1996 – 12/1996
Belgien	Charleroi 07/1997 – 06/1999
Belgien	Nationalmannschaft seit August 1999

QUALIFIKATION

Spiele in der Europa-Gruppe 6

H	Kroatien	0:0 (0:0)	02.09.2000	Brüssel
A	Lettland	0:4 (0:2)	07.10.2000	Riga
H	San Marino	10:1 (3:0)	28.02.2001	Brüssel
A	Schottland	2:2 (2:0)	24.03.2001	Glasgow
H	Lettland	3:1 (2:0)	02.06.2001	Brüssel
A	San Marino	1:4 (1:1)	06.06.2001	Serravalle
H	Schottland	2:0 (1:0)	05.09.2001	Brüssel
A	Kroatien	1:0 (0:0)	06.10.2001	Zagreb
Play-Off-Spiele				
H	Tschechien	1:0 (1:0)	10.11.2001	Brüssel
A	Tschechien	0:1 (0:0)	14.11.2001	Prag

Zweiter der Europa-Gruppe 6, Play-Off-Sieger gegen Tschechien (Zweiter der Europa-Gruppe 3)

WM 2002

GH	Japan	2:2 (0:0)	04.06.2002	Saitama (JPN)
GH	Tunesien	1:1 (1:1)	10.06.2002	Oita (JPN)
GH	Russland	3:2 (1:0)	14.06.2002	Shizuoka (JPN)
AF	Brasilien	0:2 (0:0)	17.06.2002	Kobe (JPN)

GH = Vorrundenspiele Gruppe H, AF = Achtelfinale

Fußball à la Belgien Das wäre ein Frage für Günter Jauch: Wie oft war Belgien bei Fußball-Weltmeisterschaften dabei? Allzu viele würden es wohl nicht wissen, und höchstwahrscheinlich läge die Mehrzahl der Antworten unter der tatsächlichen Zahl. Tatsächlich, elfmal haben die »roten Teufel« im Konzert der Weltbesten mitgespielt! Allerdings spielten sie meistens nur die zweite Geige, zugegeben. 1986 standen wir im Halbfinale, das war das Beste. Dabei sein ist nicht alles, aber oft mehr als die Mehrzahl der Nationen überhaupt erreicht haben. Wir sind einer der ganz wenigen Kleinstaaten, die das in schöner Regelmäßigkeit schaffen. Unsere Nachbarn, die Niederländer, fehlen dagegen bei der Weltmeisterschaft in Japan und Korea – und die gelten als Fußball-Großmacht. Das ist natürlich schon ein ganzes Stück Genugtuung für uns, die Zwerge. Gegen Holland oder Frankreich zu bestehen, das ist wichtig, das ist es, was vor allem zählt. Wenn man zum Beispiel in einem Turnier dann später gegen Schwächere verliert, wird das in aller Regel weniger tragisch genommen. Dann heißt es bei den Leuten: Typisch Belgien! Die Erwartungen sind meist eher verhalten, und so sind auch die Reaktionen auf Siege oder Niederlagen. Gewinnt man, ist man natürlich begeistert. Verliert man, zuckt man die Schultern und sagt: Wir sind doch nur ein kleines Land, ein Underdog! Hauptsache, die Jungs haben gekämpft.

»Wir Belgier haben eine Asterix-Mentalität«

DOMINIQUE STRUYE DE SWIELANDE
Botschafter des Königreichs Belgien

Um so länger bleiben die Erfolge im Gedächtnis. So wie die Weltmeisterschaft 1986 in Mexiko. Da haben wir im Achtelfinale die Sowjetunion mit 4:3 nach Verlängerung und in der Runde der letzten Acht Spanien nach Elfmeterschießen besiegt. Wir Belgier haben eine Asterix-Mentalität. Der kleine David gegen die schier unbesiegbar erscheinende Übermacht – das ist unsere Rolle. Und die spielen wir ziemlich gut und geschickt. Oft mit dem besseren Ende für uns, so wie bei Asterix und den Römern. Was das belgische Team auszeichnet, ist der Geist, wirklich bis zur letzten Minute mit Leidenschaft zu kämpfen. Marc Wilmots, der in der Bundesliga bei Schalke 04 spielt und sich den respektvoll gemeinten Namen »das Kampfschwein« verdient hat, ist der personifizierte Ausdruck dafür und das Symbol der aktuellen Nationalmannschaft geworden. Dass die Auswahl weniger technische Brillanz zeigt, taktisch eher einfach operiert, spielt für die Fans keine Rolle. Sie honorieren es, wenn sich jemand für sein Land die Lunge aus dem Hals rennt und auch in scheinbar aussichtslosen Situationen nicht aufgibt.

Vielleicht ist das einer der Gründe dafür, dass die Fußball-Anhänger unter den zehn Millionen Belgiern kaum Aggressivität entwickeln, sie sind eine weitgehend friedliche Gemeinschaft. Große Krawalle hat es nie gegeben. Und auch das Verhältnis zwischen Flamen und Wallonen, das in anderen Fragen der Landespolitik Einfluss auf den Gang der Dinge hat, spielt keine Rolle. Im Gegenteil. Die Nationalmannschaft ist eines der Symbole, das die beiden Volksgruppen verbindet – wenn die »roten Teufel« spielen, sind alle Teufel. Natürlich ist Fußball der Sport Nummer 1 in Belgien. Da kommt auch Radsport mit seiner großen Tradition seit Eddy Merckx nicht heran. Anderlecht, Brügge, Gent – das sind die Hochburgen, wo jeder kleine Bub dem Ball nachjagt und den Vorbildern nachzueifern versucht. Auch ich bin mit Fußball aufgewachsen, habe in der Schule und an der Universität jeden Tag gespielt. Mal auf dieser, mal auf jener Position. Aber ich war wohl ein besserer Verteidiger als Stürmer. Ich kenne mich heute noch ganz gut aus mit dem, was im internationalen Fußball passiert. Weiß auch, wo Belgier im Ausland spielen. In der deutschen Bundesliga sind es allein 18, und Namen wie Wilmots, Mpenza oder Goor sorgen dafür, dass man im Land des dreimaligen Weltmeisters mit Respekt über den belgischen Fußball spricht. In der Vergangenheit war das fast allein das Verdienst von Jean-Marie Pfaff, der viele Jahre das Tor beim FC Bayern München hütete. Pfaff ist nicht nur ein exzellenter Sportler gewesen, er ist auch nach seiner Karriere eine starke und äußerst sympathische Persönlichkeit geblieben. In Belgien hat er es mit seiner speziellen Art, deutsch zu reden, bis in den Sprachgebrauch des Alltags gebracht. Wenn sich jemand ein wenig holprig und nicht immer grammatikalisch exakt ausdrückt, dann sagt man: Der spricht Pfaff-Deutsch! Vielleicht ist es mit dem belgischen Fußball ähnlich: Nicht immer ist er brillant und elegant, manchmal sogar ein bisschen stockend. Aber sympathisch.

DOMINIQUE STRUYE DE SWIELANDE, Jahrgang 1947, seit 1972 im Auswärtigen Dienst. Als Diplomat in Österreich, Nigeria, Simbabwe, Zaire und bei der UNO. Botschafter in Deutschland seit dem 20. Januar 1997.

15
DIMITRY ALENICHEV
Mittelfeld

11
VLADIMIR BESCHASTNYKH
Angriff

12
STANISLAV CHERCHESOV
Tor

14
IGOR CHUGAINOV
Abwehr

13
VIACHESLAV DAEV
Abwehr

23
ALEKSANDER FILIMONOV
Tor

20
MARAT IZMAILOV
Mittelfeld

8
VALERY KARPIN
Mittelfeld

16
ALEXANDER KERZHAKOV
Angriff

21
DMITRY KHOKHLOV
Mittelfeld

2
YURI KOVTUN
Abwehr

10
ALEXANDR MOSTOVOI
Mittelfeld

1
RUSLAN NIGMATULLIN
Tor

3
YURI NIKIFOROV
Abwehr

7
VIKTOR ONOPKO
Abwehr

19
RUSLAN PIMENOV
Angriff

17
SERGEI SEMAK
Mittelfeld

6
IGOR SEMSHOV
Mittelfeld

18
DIMITRI SENNIKOV
Abwehr

4
ALEXEI SMERTIN
Mittelfeld

5
ANDREI SOLOMATIN
Mittelfeld

22
DIMITRI SYCHEV
Angriff

9
EGOR TITOV
Mittelfeld

RUSSLAND

Hauptstadt	Moskau
Bevölkerung (2001)	145.470.197
Fläche (qkm)	17.075.400
Währung	Rubel
Regierungschef	Vladimir Putin (Präsident)
Sprache/n	Russisch

DER VERBAND

Name	The Football Union of Russia
Postanschrift	Luzhnetskaya Naberezhnaja 8, 119871 Moskau / Russland
Telefon	+70-95-201 0834
Telefax	+7-502-2202037
Internet	www.rfs.ru
Gründungsjahr	1912
Präsident	Dr. Viacheslav Koloskov
Vereine	17.816
Fußballprofis	3.920
Dachverband	Union des Associations Européennes de Football (UEFA)
Weltranglistenplatz	24
WM-Teilnahmen	9
Größter WM-Erfolg	Halbfinale 1966
Spielkleidung	Trikot: weiß – Hose: blau – Stutzen: rot

DER TRAINER

Name	Oleg Romantsev
Nationalität	Russland
Geburtsdatum	04.01.1954
Trainerstationen	
Russland	Spartak Moskau 01/1989 – 12/1995
Russland	Nationalmannschaft 08/1994 – 06/1996
Russland	Spartak Moskau 01/1997 – 12/2001
Russland	Nationalmannschaft seit Dezember 1998

QUALIFIKATION

Spiele in der Europa-Gruppe 1

A	Schweiz	0:1	(0:0)	02.09.2000	Zürich
H	Luxemburg	3:0	(1:0)	11.10.2000	Moskau
H	Slowenien	1:1	(1:1)	24.03.2001	Moskau
H	Färöer	1:0	(1:0)	28.03.2001	Moskau
A	Jugoslawien	0:1	(0:0)	25.04.2001	Belgrad
H	Jugoslawien	1:1	(1:1)	02.06.2001	Moskau
A	Luxemburg	1:2	(0:1)	06.06.2001	Luxemburg
A	Slowenien	2:1	(0:0)	01.09.2001	Ljubljana
A	Färöer	0:3	(0:2)	05.09.2001	Torshavn
H	Schweiz	4:0	(3:0)	06.10.2001	Moskau

Sieger der Europa-Gruppe 1 (23 Punkte, 18:5 Tore)

WM 2002

GH	Tunesien	2:0	(0:0)	05.06.2002	Kobe (JPN)
GH	Japan	0:1	(0:0)	09.06.2002	Yokohama (JPN)
GH	Belgien	2:3	(0:1)	14.06.2002	Shizuoka (JPN)

GH = Vorrundenspiele Gruppe H

Fußball à la Russland Präsident Vladimir Putin hat unser Team mit einer hohen Vorgabe zur Weltmeisterschaft nach Japan und Korea geschickt. Man erwarte, dass die Mannschaft den Titel gewinnt, hat unser erster Mann im Staate bei der Verabschiedung gesagt. Auch in den deutschen Zeitungen war die Meldung zu lesen, und der Tenor der Kommentare war ziemlich einhellig freundlich-ironisch: Ganz schön mutig die Russen, aber daraus wird wohl nichts werden! Zwar waren wir schon neunmal bei Weltmeisterschaften dabei, aber das Halbfinale 1966 blieb der bisher größte Erfolg. Warum soll es diesmal nicht besser werden? Unser sportbegeisterter Präsident, selbst ein sehr guter Judoka, hat doch Recht: Großes schafft nur, wer auch Großes will! Es täte unserem Fußball und natürlich der Stimmung im ganzen Land gut, wenn die Sbornaja bei der Weltmeisterschaft erfolgreich abschneidet.

Die Popularität der Sportart, die sich derzeit wohl um die Nummer 1 im Lande mit Eishockey streitet, würde sprunghaft wieder in die Höhe schnellen. In den vergangenen Jahren baute der Fußball in der öffentlichen Aufmerksamkeit ein bißchen ab, weil größere internationale Erfolge der Auswahl und der Klubs ausblieben und außerdem die besten Spieler fast ausschließlich im Ausland tätig sind. Ganz weit oben in der Resonanz war Fußball in Russland in den dreißiger und vierziger Jahren, als es noch kein Fernsehen gab. Jeder, der altersmäßig in der Lage war, hat selbst gespielt. Und die Familien sind geschlossen mit Großeltern, Eltern und Kindern in die Stadien gezogen, um ihre Teams anzufeuern. Manchmal saß sozusagen die ganze Stadt in der Arena, um dabei zu sein. Die Begeisterung war nicht nur auf das ›gemeine Volk‹ beschränkt, sie ging bis weit hinein in den Regierungsapparat. Es gab einen regelrechten Wettbewerb zwischen den verschiedenen Ministerien – jedes hatte eine eigene Mannschaft, die nach Leibeskräften unterstützt wurde und die damit trotz harter wirtschaftlicher Zeiten auch keine großen finanziellen Probleme hatte.

Das ist heute sicher etwas schwieriger. Die Klubs brauchen die Unterstützung zahlungskräftiger Unternehmen, und diesbezüglich kann Russland sicher noch nicht auf Augenhöhe mit anderen westeuropäischen Ländern konkurrieren. Was zur Abwanderung der einheimischen Stars führt. Allerdings entwickeln sich die Dinge inzwischen Schritt für Schritt in eine positive Richtung – einstweilen sind auch ausländische Spieler, zum Beispiel aus Brasilien, und Trainer in Russland unter Vertrag. Mehr Konkurrenz im eigenen Land erhöht auch die Qualität der einheimischen Fußballer. Und das wiederum hilft dann auch der Auswahl. Spielt die gut, ist das gut für die Atmosphäre zu Hause. Das ist ein Kreislauf, der, wenn er richtig geschlossen wird, am Ende eben auch gute Ergebnisse bringt. Wir waren zuletzt bei den internationalen Turnieren – freilich ohne den ganz großen Erfolg – eigentlich immer dabei. Das ist wichtig, das macht stolz. Man gehört zur Weltelite. Bei allen verschiedenen politischen Meinungen und Standpunkten im Lande – der Sport und der Fußball insbesondere bringen die Gegensätze wieder zusammen, vereinen scheinbar Unvereinbares im Daumendrücken für Russland. Wladimir Putin ist mit seiner Präsidenten-Hoffnung also durchaus die Stimmung des Volkes: alle wollen Russland vorne, alle wollen Russland siegen sehen.

Ob das erreicht werden kann, hängt von vielen Dingen ab. Man muss eine gute Tagesform, aber wohl auch ein wenig Glück haben. Wir werden die Weltmeisterschaft in unserer Botschaft genau verfolgen – es gibt genug Fernseher im Haus. Und natürlich jede Menge Fußball-Fans unter den Mitarbeitern. Ich zähle da eher zu den passiven, aber entgehen lasse ich mir die russischen Spiele natürlich nicht. Als kleiner Junge habe ich auch Fußball gespielt, heute sind Tennis und Skifahren meine sportlichen Freizeitbeschäftigungen. Das Racket kann ich auf einem Platz gleich hinter der Botschaft schwingen, für alpine Schussfahrten muss ich in die Alpen. Wer meint, das sei zu riskant, schließlich könne Russland nicht wegen eines möglichen Knochenbruchs längere Zeit auf seinen Botschafter verzichten, dem sage ich: Das ganze Leben ist Risiko, wer nicht wagt, der nicht gewinnt. Und das ist im Fußball ganz genauso. Ich glaube, nichts anderes hat Wladimir Putin gemeint.

»Großes schafft nur, wer Großes will«

SERGEJ B. KRYLOW
Botschafter der Russischen Föderation

SERGEJ B. KRYLOW, Jahrgang 1949, seit 1971 im Auswärtigen Dienst. Verheiratet, zwei Kinder. Als Diplomat tätig u.a. in Zaire, Portugal und bei der UNO in Genf. Seit dem 3. September 1997 Botschafter in Deutschland.

2
KHALED BADRA
Abwehr

3
ZOUBEIR BAYA
Mittelfeld

16
HASSEN BÉJAOUI
Tor

18
SLIM BEN ACHOUR
Mittelfeld

13
RIADH BOUAZIZI
Mittelfeld

1
ALI BOUMNIJEL
Tor

12
RAOUF BOUZAIENE
Abwehr

23
JOSÉ CLAYTON
Abwehr

8
HASSEN GABSI
Mittelfeld

10
KAIES GHODHBANE
Mittelfeld

15
RADHI JAIDI
Abwehr

22
AHMED JAOUACHI
Tor

5
ZIED JAZIRI
Angriff

9
RIADH JELASSI
Angriff

14
HAMDI MARZOUKI
Abwehr

21
MOURAD MELKI
Mittelfeld

7
IMED MHADHEBI
Angriff

4
MOHAMED MKACHER
Abwehr

19
EMIR MKADEMI
Abwehr

11
ADEL SELLIMI
Angriff

17
TAREK THABET
Abwehr

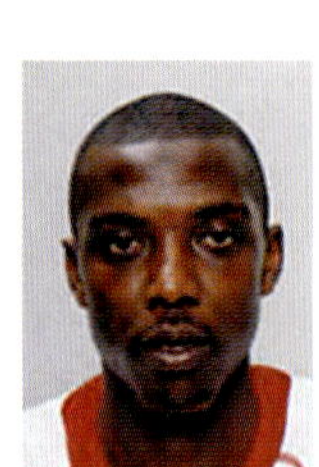
6
HAKEM TRABELSI
Abwehr

20
ALI ZITOUNI
Angriff

TUNESIEN

Hauptstadt	Tunis
Bevölkerung (2001)	9.705.102
Fläche (qkm)	163.610
Währung	Tunesischer Dinar
Regierungschef	Zine al-Abidine Ben Ali (Präsident)
Sprache/n	Arabisch, Französisch

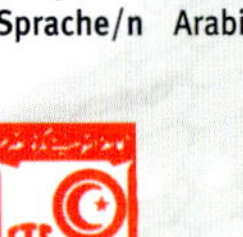

DER VERBAND

Name	Fédération Tunisienne de Football
Postanschrift	16, Rue de la Ligue Arabe, El Menzah VI, Tunis 1004 / Tunesien
Telefon	+216-1-233303
Telefax	+216-1-767929
Internet	www.ftf.org.tn
Gründungsjahr	1956
Präsident	Dr. Tarek Ben M´Barek
Vereine	552
Fußballprofis	311
Dachverband	Confédération Africaine de Football (CAF)
Weltranglistenplatz	29
WM-Teilnahmen	3
Größter WM-Erfolg	Qualifikation zur WM 1978, 1998, 2002
Spielkleidung	Trikot: weiß – Hose: weiß – Stutzen: weiß

DER TRAINER

Name	Ammar Souayah
Nationalität	Tunesien
Geburtsdatum	01.01.1950
Trainerstationen	
Tunesien	13 tunesische Vereine 1970–1992
Frankreich	Auxerre und Bordeaux bis 2000
Tunesien	Nationalmannschaft seit März 2002

QUALIFIKATION

Spiele in der 1. Runde der Afrika-Qualifikation

A	Mauretanien	1:2 (0:0)	07.04.2000	Nouakchott
H	Mauretanien	3:0 (2:0)	22.04.2000	Tunis

Gruppenspiele in der 2. Runde der Afrika-Qualifikation

A	Elfenbeinküste	2:2 (1:2)	18.06.2000	Abidjan
H	Madagaskar	1:0 (1:0)	08.07.2000	Tunis
A	Kongo VR	1:2 (1:1)	28.01.2001	Pointe-Noire
H	Kongo DR	6:0 (3:0)	25.02.2001	Tunis
A	Madagaskar	0:2 (0:0)	05.05.2001	Antananarivo
H	Elfenbeinküste	1:1 (0:1)	20.05.2001	Tunis
H	Kongo VR	6:0 (3:0)	01.07.2001	Tunis
A	Kongo DR	0:3 (0:1)	15.07.2001	Kinshasa

Sieger der Afrika-Gruppe D (20 Punkte, 23:4 Tore)

WM 2002

GH	Russland	0:2 (0:0)	05.06.2002	Kobe (JPN)
GH	Belgien	1:1 (1:1)	10.06.2002	Oita (JPN)
GH	Japan	0:2 (0:0)	14.06.2002	Osaka (JPN)

GH = Vorrundenspiele Gruppe H

Fußball à la Tunesien In Tunesien ist es nicht anders als in den meisten anderen Ländern, die an der Weltmeisterschaft teilnehmen – Fußball ist der König unter den Sportarten. Nicht, was den Erfolg, sehr wohl aber was die Popularität angeht. Wir sind ein kleines Land, das aber in relativ vielen Disziplinen in Afrika und manchmal auch darüber hinaus mit an der Spitze ist. Zum Beispiel im Hand- und Volleyball, im Schwimmen oder im Boxen. Auch im Fußball müssen wir uns nicht verstecken. Immerhin sind wir jetzt zum dritten Mal nach 1978 und 1998 bei einer Weltmeisterschaft dabei. Wenn man bedenkt, dass nur fünf afrikanische Mannschaften von etwa fünfzig teilnehmen dürfen, dann ist das durchaus eine Leistung, auf die man stolz sein kann. Nicht nur die Auswahl, auch die Klubs haben schon oft für Schlagzeilen gesorgt. Fünf Vereine haben bereits die afrikanische Champions League gewonnen, nimmt man die vergangenen zehn Jahre als Maßstab, dann ist Tunesien in den kontinentalen Vereinswettbewerben Afrikas die Nummer 1.

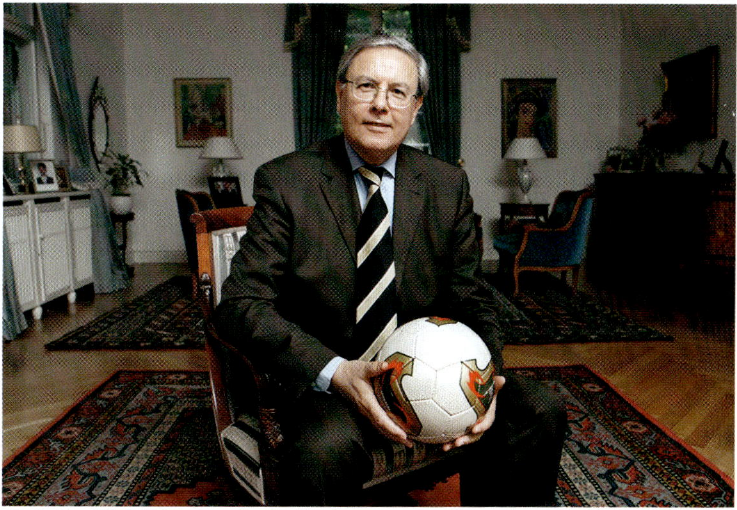

»Hungrige Spieler haben die größte Motivation«

ANOUAR BERRAIES
Botschafter der Tunesischen Republik

Auch die Nationalmannschaft hat viel Talent, aber es ist natürlich schwer, mit den Spitzenteams in der Welt zu konkurrieren, deren Spieler in den besten Ligen der Welt praktisch täglich gefordert und damit fußballerisch gefördert werden. Auch unsere Stärksten spielen im Ausland, wie zum Beispiel die beiden Freiburger Baya und Sellimi. Stürmer Adel Sellimi kommt übrigens aus meinem Heimatverein Club Africain de Tunis, in dem ich einst selbst aktiv und dann lange Zeit Vizepräsident war. 1920 gegründet ist er neben dem ein Jahr zuvor ins Leben gerufenen Klub aus Esperon der tunesische Traditionsklub schlechthin. Die Begegnungen zwischen diesen beiden Vereinen sind die großen Klassiker der nationalen Liga, bei denen es oft sehr laut, farbig und emotional zugeht. Generell ist der Fußball in Tunesien in seiner Entstehung und Entwicklung natürlich stark von Frankreich beeinflusst – vielleicht ist das der Grund dafür, dass die Auswahl einen technisch gepflegten und weniger kämpferisch betonten Fußball bevorzugt.

Ich war so um die neun Jahre alt, als ich richtig angefangen habe, Sport zu treiben. Fußball natürlich, da gab es nichts anderes. Beim Club Africain bekam ich die Nummer 9, wurde in der Jugendmannschaft Mittelstürmer – eine Position, auf der ich Jubel und Verzweiflung gleichermaßen kennen lernen durfte. Das Himmelhochjauchzend als unbeschreibliches Glücksgefühl, wenn man einen Treffer erzielt hatte. Das Zu-Tode-Betrübt, wenn man eine hundertprozentige Chance versiebt hatte. Erfreulicherweise überwog bei mir deutlich das Erste. Ich war relativ schnell und trickreich, oft im richtigen Moment an der richtigen Stelle und habe so eine Menge Tore gemacht. Als Junior habe ich in der ersten Liga Tunesiens und in der Auswahl gespielt, dann ging ich nach Frankreich, habe noch einige Zeit in Nizza gekickt, aber wenig später wegen des Studiums meine junge Fußballer-Karriere beendet. Wer weiß, was geworden wäre, wenn ich mich darauf konzentriert und weiter gemacht hätte. Meine Begeisterung für den Fußball hat deswegen aber nicht nachgelassen. Ich habe zwar keine Zeit mehr, in die Stadien zu gehen, aber per Fernsehen und Zeitung verfolge ich alles, was sich auf dem grünen Rasen tut. Am meisten mag ich die italienische Liga und AS Roma. Sieben Jahre war ich als Diplomat in Italien und habe dort Fußball-Leidenschaft pur erlebt. Das hat mich fasziniert.

In Tunesien geht es da schon etwas dezenter zu. Auch die heutige Fußballer-Generation scheint mir etwas genügsamer als die von 1978, als wir beim Weltmeisterschafts-Turnier mit 3:1 gegen Mexiko gewannen, dann 0:1 gegen Polen verloren, schließlich ein torloses Remis gegen Deutschland erreichten und damit knapp ausschieden. Vielleicht hat das sogar mit dem wirtschaftlichen Aufschwung in unserem Land zu tun. In diesem Jahr haben wir ein Wachstum von 5,5 Prozent, ein Großteil der Bevölkerung gehört zur Mittelklasse, 80 Prozent sind Hausbesitzer. Fußball als Möglichkeit des sozialen Aufstiegs – das ist heute nur noch für wenige ein Antrieb. Wenn man auf die Straße geht, dann sieht man jetzt weit weniger Streetkicker als vor zwanzig oder dreißig Jahren. Hungrige Spieler haben die größte Motivation, das ist wohl so. Hungrig sind auch die ganz Jungen – die sind unsere Fußballzukunft, auf die müssen wir setzen.

ANOUAR BERRAIES, Jahrgang 1939, seit 1965 im Auswärtigen Dienst. Verheiratet, zwei Kinder. Als Diplomat in Italien, Senegal, Mali, Guinea, Gambia, auf den Kapverdischen Inseln, Kanada, den Niederlanden und Dänemark. Seit April 2000 Botschafter in Deutschland.

Sechzehn sind noch im Rennen mit ihren Mannschaften. Strategen und Taktiker, Macher und Magier, Lenker und Denker und all die anderen.

Die Duelle		
	Völler (GER) – Maldini (PAR)	Trapattoni (ITA) – Hiddink (KOR)
	Troussier (JPN) – Günes (TUR)	Camacho (ESP) – McCarthy (IRL)
	Scolari (BRA) – Waseige (BEL)	Lagerbäck (SWE) – Metsu (SEN)
	Aguirre (MEX) – Arena (USA)	Olsen (DEN) – Eriksson (ENG)

ACHTELFINALE

Noch nie war ein WM-Achtelfinale so schillernd: Neunmal Europa, je zweimal Süd-, Nord- und Mittelamerika sowie Asien und einmal Afrika. Und die Fußball-Welt blieb auch danach schön bunt. Vier europäische Teams, erstmals eines aus Asien (Südkorea), eines aus Afrika und je eines aus Nord- und Südamerika zogen in die Runde der besten Acht. Zum Vergleich die Championate davor: 1998 – sechsmal Europa, zweimal Südamerika, 1994 – siebenmal Europa, einmal Südamerika, 1990 – sechsmal Europa, einmal Afrika, einmal Südamerika. Die Weltmeisterschaft in Japan und Korea lehrt, dass die Zeiten der Fußball-Dominanz für bestimmte Kontinente vorbei sind. Für jeden echten Fan eine wunderbare Erkenntnis. Wer will die grandiosen Senegalesen missen, wer die emotionalen Türken, wer die technisch brillanten, dauerlaufenden Koreaner? Der Fußball erobert die Welt! Das prominenteste »Opfer«: Italien verabschiedete sich vom Turnier und versetzte damit das siegreiche Korea in einen kollektiven Jubelsturm.

DEUTSCHLAND – PARAGUAY 1:0

Etwas Erstaunliches sagte Michael Ballack, Deutschlands Jungstar im Mittelfeld, nach dem Schlusspfiff: »Das war ein Spiel, das eigentlich nie so richtig begann.« Er traf damit den Nagel auf den Kopf, denn Deutschland und Paraguay lieferten sich ein Duell, das der Brisanz eines WM-Achtelfinales nicht entsprach. Beide Mannschaften hatten sich für die gleiche Taktik entschieden – und das ist nie ein gutes Vorzeichen. Paraguays italienischer Coach Maldini empfahl seinem Team den einfachen Fußball: hohe Bälle in des Gegners Strafraum. Und die Deutschen antworteten mit vorsichtigem Taktieren. Aus der Summe dieser taktischen Mittel war kein gutes Spiel abzuleiten. Und so zog Langeweile ein ins prächtige, aber nur halb gefüllte Stadion von Seogwipo auf der Urlaubsinsel Jeju. Allein die Schulkinder, ausgestattet mit Freikarten, sorgten für Stimmung. Bis zur Pause erarbeitete sich Paraguay nach einem unendlichen Mittelfeld-Geplänkel wenigstens die eine oder andere nennenswerte Chance. Die der Deutschen war gleich Null. Weil sie mit einer Vierer-Abwehrkette gestartet waren, kam ihr Offensivfußball nicht in Schwung. Alles blieb in Ansätzen hängen. Halbwegs interessant wurde es nach der Pause, weil die Deutschen ihre vornehme Zurückhaltung aufgaben, einen Deckungsspieler (Marko Rehmer) für einen im defensiven Mittelfeld (Sebastian Kehl) opferten und so das Spiel nach und nach in den Griff bekamen. Die Spieler von Paraguay verließen spätestens zur 70. Minute die Kräfte. Von da an war die Mannschaft, die in der Südamerika-Qualifikation zur WM einen glänzenden Eindruck hinterlassen hatte, ohne Wirkung. Allein der exzentrische Torwart Jose Luis Chilavert, der unumstrittene Boss seines Teams, sorgte für Aufheiterung auf den Rängen. Er schoss jeden Freistoß, der sich seiner Mannschaft bot. Oliver Kahn hatte für den Freistoßschützen aus dem paraguayischen Tor kein Verständnis: »Das ist doch eine brutale Selbstdarstellung.« Zwei Minuten vor Schluss hatten die Deutschen ihr Ziel erreicht: Oliver Neuville traf nach Flanke von Bernd Schneider. Ein unbefriedigendes Spiel fand einen verdienten Sieger.

Von hinten werden die Vorderleute angetrieben. Oliver Kahn bringt gegen Paraguay wieder volle Leistung. Sonst ist wenig zu sehen im deutschen Team. Am einzigen Glanzpunkt ist Bernd Schneider (19) entscheidend beteiligt: Er macht die Vorarbeit, und Oliver Neuville (7) vollendet zum Tor des Tages. Dem Teamchef reicht ein Tor, und die Mannschaft zeigt sich zufrieden – man ist eine Runde weiter.

STIMMEN ZU DEUTSCHLAND – PARAGUAY

»Mit Hängen und Würgen hat es Deutschland ins WM-Viertelfinale geschafft und dabei eine Runde Holzschuh-Fußball vorgeführt.« B.T., Dänemark

»Deutschland stolpert weiter.« INDEPENDENT ON SUNDAY, England

»Mit Glück statt Glanz ins Viertelfinale« KRONENZEITUNG, Österreich

»Mit Beharrlichkeit und Fleiß, ohne spielerische Akzente zu setzen« NEUE ZÜRCHER ZEITUNG

»Die Partie war von Anfang bis Ende die schlechteste der gesamten WM.« EL PAÍS, Spanien

»Das Spiel wird nur wegen des Resultats in Erinnerung bleiben. Sonst bot es nichts.« EL MUNDO, Spanien

KCC

DÄNEMARK – ENGLAND 0:3

Kleine Ursachen, große Wirkung. So war es im Match der in der Vorrunde starken Dänen gegen die Engländer, die da nur teilweise überzeugt hatten. Keeper Thomas Sörensen, wie fünf seiner Teamkollegen in der Premier League aktiv, hatte ausgerechnet gegen die Insel-Kicker einen Aussetzer. Und der entschärfte das »Danish Dynamite«, ehe überhaupt die Lunte brannte. In der 5. Minute unterlief der Torwart vom FC Sunderland einen Eckstoß von David Beckham, Englands Verteidiger Rio Ferdinand leitete den Ball per Kopf weiter, und Sörensen boxte beim Rettungsversuch die Kugel ins eigene Netz. Danach war die Luft raus. Zumal erneute Abwehrfehler der ganz auf kühle Effizienz bedachten Eriksson-Elf schnell weitere Treffer von Michael Owen (22.) und Emile Heskey (44.) erlaubten. Beim 0:3 blieb es, weil die Engländer Halbzeit zwei nur als besseres Training nutzten. Dänen-Stürmer Tomasson: »Wir haben es ihnen leicht gemacht.« Die Engländer bedankten sich für das Geschenk. Und die Zeitungen erhoben sie flugs in den Status von kommenden Nationalhelden. »Es kann nach dem Jubiläum der Königin und dem Lennox-Lewis-Sieg über Mike Tyson ein historischer Sommer für England werden«, schrieb »Sunday People«.

SCHWEDEN – SENEGAL 1:2 i.V.

Es war ein Fußball-Thriller der Extraklasse. Zwei verschiedene taktische Systeme, zwei unterschiedliche Interpretationen des Ballspiels prallten an diesem Sonntag im Stadion Big Eye in Oita aufeinander. Die Schweden, ohne ihren verletzten Spielmacher Fredrick Ljungberg angetreten, gingen durch Henrik Larsson (11.) in Führung und vertrauten nun einer abwartenden Defensivtaktik. Mit dem Ausgleich von Henri Camara (37.) begann der offene Schlagabtausch, atemberaubend für Spieler und Zuschauer. Auch die Schweden stürmten mit Mann und Maus. Bis die Zeitnahme nach 103 Minuten und fünf Sekunden abbrach. Das Golden Goal von Camara zum 2:1 für Senegal setzte diesem sportlichen Gesamtkunstwerk ein jähes Ende. Die Westafrikaner tanzten ihren »Jalgati«. Im Mittelpunkt des Jubels standen der Doppel-Torschütze sowie der Trainer Bruno Metsu, den sie »weißen Kakadu« nennen. »Sudden death« heißt die plötzliche Entscheidung im Eishockey. Die Schweden lagen regungslos auf dem Rasen. Senegal setzte seinen grandiosen Erfolgszug fort – ins Viertelfinale.

Oben – Schweden gegen Senegal.
Erst die Arbeit und dann das Vergnügen. Henri Camara macht erst das 1:0 für Senegal, wobei er Mjällby (r.) und Magnus Svensson einfach stehen lässt. Und nachdem ihm auch noch das »Golden Goal« gegen die Skandinavier gelingt, feiert er fröhlich und tanzt den Jalgati. Indes lässt Assistenztrainer Jules Bocande seinen französischen Chef Bruno Metsu hoch leben.

Unten – Dänemark gegen England.
Ganz im Zeichen eines klaren Sieges steht eine starke englische Mannschaft. Beim 1:0 sieht Torhüter Sörensen nicht gerade glücklich aus – Owen (10) kann dabei zusehen, wie der Ball die Torlinie überquert. Beim 2:0 (ganz unten) hat der Dänen-Torhüter keine Chance, und Owen nutzt sie. Sinclair, Owen und Rio Ferdinand (5) erwarten schon die nächste Runde (rechte Seite, unten).

SPANIEN – IRLAND 3:2 i.E. (1:1 n.V.)

Spaniens Fußball, mit seinen großen Klubs seit jeher eine Macht in Europa, kam bisher bei Weltmeisterschaften nie so richtig in Tritt. Und fast immer waren es katastrophale Torwartfehler, die den Spaniern bei WM-Turnieren das Genick brachen. Und nun stellte Trainer José Antonio Camacho, der ausgezogen war, seinen Landsleuten den Stolz zurückzugeben, einen blutjungen Mann zwischen die Pfosten: Iker Casillas, gerade 21 Jahre alt. Im Achtelfinale gegen Irland sollte der zum spanischen Volksheros werden. Mit einem frühen Kopfballtor war seine Mannschaft durch Morientes in der 8. Minute in Führung gegangen. Von diesem Treffer sollten die Spanier lange zehren. Doch dann stand Torwart Casillas im Mittelpunkt, als er sich gleich zwei Foulelfmetern gegenüber sah. Erst hielt er einen von Ian Harte, dann hatte er in der letzten Minute der regulären Spielzeit bei Robbie Keanes Strafstoß keine Chance. In der Verlängerung fielen keine Tore, doch im Elfmeterschießen schlug die Stunde von Casillas. Er parierte die Schüsse von Connolly und Kilbane. Irlands Fans, bisher bei diesem Turnier so sangesfroh, waren traurig, doch Spanien hatte wieder einen Torwart – gute Perspektiven für diese WM.

Spanien gegen Irland.
Spaniens junger Torhüter öffnet das Tor zum Viertelfinale und entscheidet ein spannendes Spiel. Erst hindert Iker Casillas in den letzten Sekunden der Nachspielzeit Robbie Keane am Torerfolg, dann hält er gleich zweimal im späteren Elfmeterschießen. Irlands Team sieht es mit Entsetzen, für Casillas ist die Begeisterung ziemlich erdrückend (rechte Seite, links). Und in seiner Heimat ist er bereits der »heilige Iker«.

MEXIKO – USA 0:2

Die Rollen waren klar verteilt beim Anpfiff in Jeonju. Mexiko hatte sich im Vorrundenspiel gegen Italien in einer hervorragenden Form gezeigt. Die Nationalmannschaft der USA hingegen gönnte Polen beim 1:3 den einzigen WM-Sieg und schlüpfte mit Glück in das Achtelfinale. Doch die spielerisch nicht auf hohem Niveau stehende Partie endete wie so viele bei der WM 2002: »Die nächste Überraschung ist perfekt.« Die Meldungen der großen internationalen Nachrichtenagenturen hatten an diesem Montag nachmittag fast alle den gleichen Wortlaut. Der Patriotismus der US-Boys hatte noch eine Zuspitzung erfahren, als sie am Morgen einen aufmunternden Anruf ihres Präsidenten George W. Bush erhalten hatten. Wenige Stunden später entfalteten sie ihre ganze Kampfkraft und siegten mit 2:0. Brian McBride (8.) erzielte die Führung, Landon Donovan (65.) sicherte den Erfolg gegen den »Erzrivalen« ab. Konzentriert erlebte das deutsche Team die Begegnung an den Fernsehschirmen. Der Viertelfinalgegner USA jage ihnen keinen Schrecken ein, erklärten die DFB-Nationalspieler.

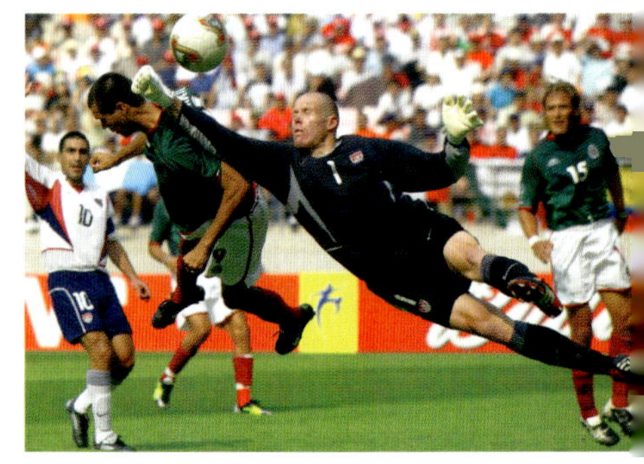

Mexiko gegen USA.
Wieder eine Überraschung dieser WM: Nicht nur den Kopfball von Luis Hernandez (9) kann US-Torhüter Brad Friedel abwehren, seine ganze Mannschaft wehrt gegen Mexiko alles ab, was ihnen entgegen kommt, und kontert selbst erfolgreich. Torschütze Landon Donovan lässt sich von seinem sicheren Schlussmann in die Kabine tragen.

BRASILIEN – BELGIEN 2:0

Als schiere Normalität abhaken wird man das 2:0 der Brasilianer gegen die Belgier später mal, wenn man in WM-Statistiken nachliest. Wer das Spiel gesehen hat, weiß, dass schiere Normalität sehr aufregend sein kann. Der viermalige Weltmeister strauchelte, aber er fiel nicht. Woran Schiedsrichter Peter Prendergast (Jamaika) seinen Anteil hatte. Einem regulären Kopfballtor des Schalkers Marc Wilmots in der 36. Minute, der seinen Gegenspieler Roque Junior glatt übersprungen hatte, versagte er die Anerkennung. Auch danach musste Keeper Marcos mehrfach gegen Belgiens Stürmer retten, weil seine Verteidiger patzten. Am Ende aber entschied Brasiliens rollende Offensive mit Rivaldo, Ronaldo und Ronaldinho das Match. Einen Pass von Ronaldinho mit dem Außenrist stoppte Rivaldo in der 67. Minute mit der Brust, ließ den Ball auf den Spann tippen und verwandelte dann mit links. Ein Geniestreich. Belgiens Trainer Robert Waseige: »Rivaldo hat heute den Unterschied ausgemacht.« Das 2:0 durch Ronaldos fünften WM-Treffer drei Minuten vor Schluss war nur noch Ergebniskosmetik. Der Stürmer-Star versprach nach der »Rumpel-Samba« (BILD-Zeitung) ein heißes Viertelfinale: »Das Spiel gegen England wird besser, weil sie offensiver sein werden als Belgien.«

Unten: Brasilien gegen Belgien.
Gezaubert wird nur wenig. Ronaldinhos Fallrückzieher, nahe an van Kerckhoven, ist mehr fürs Auge als für das Ergebnis. Rivaldos Führungstreffer hat eine befreiende Wirkung auf den Torschützen. Trotz aller Gegenwehr der Belgier ist der Ball am Ende dann doch wieder rund, und Brasilien kommt eine Runde weiter. In Frage stellen können das nur kurzzeitig Gerd Verheyen und Roque Junior.

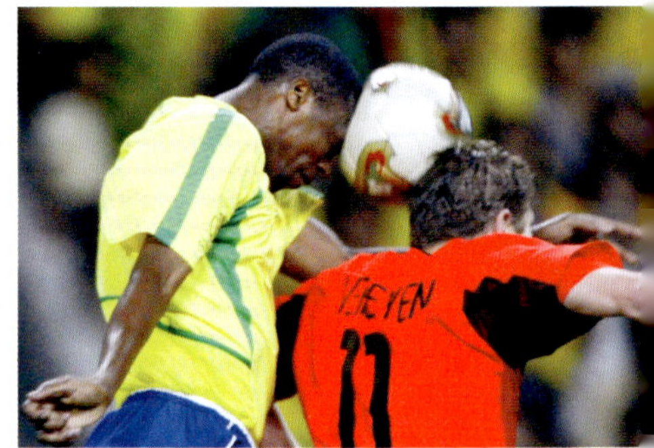

JAPAN – TÜRKEI 0:1

Was für eine Achtelfinal-Paarung! Beide Teams standen erstmals unter den besten 16 der Welt. Was beide Nationen praktisch Fußball-paralysierte. Bei den Türken löste sich das nach dem 1:0 in Jubel und Begeisterung, die artikuliert werden musste – wie auch immer. Daheim am Bosporus sowieso, wo alle TV-Sender nur noch »balla-balla« waren und auf Straßen und Plätzen getanzt, gesungen, getrunken und alles in die Luft geböllert wurde, was ging. Aber auch die 2,5 Millionen deutschen Türken sorgten in Hamburg, Köln oder Berlin für Karneval und ein ausnahmsweise mal sympathisches Verkehrschaos.
Eigentlich hatten Japans »Boys in Blue« und ihr französischer Trainer Philippe Troussier dem Gegner ein »blaues Wunder« besorgen wollen, doch es fand ein rotes statt. Im Land der aufgehenden Sonne strahlte der türkische Halbmond. Japan war gehemmt, dem Druck nicht gewachsen. Nichts zu sehen von der Kreativität, dem Schwung, dem Feuer der Vorrunde. Stattdessen Abspielfehler, Alibi-Pässe, Ideenlosigkeit. Als der in Mannheim geborene und für den AC Mailand kickende Ümit Davala in der 12. Minute einen wuchtigen Kopfball inmitten Japans ungeordneter Abwehr ansetzte, da war das ein Dolchstoß ins

Rechte Seite: Japan gegen die Türkei.
Das blaue Wunder bleibt auf der Strecke. Für Yildiray Bastürk ist auch Volksheld Inamoto (5) kein Hindernis auf dem Weg zum größten Erfolg der türkischen Fußballgeschichte. Nach seinem frühen Siegtor mit dem Kopf nach zwölf Minuten dreht Ümit Davala (22) in Siegerpose ab. Von diesem Moment an wird der Mohikanerschnitt zum Erkennungszeichen des Gewinners. Der Schlusspfiff trennt Freud und Leid: Endstation der Träume für Daisuke Ichikawa (Mitte rechts), Verteidiger Fatih Akyel (4) voll des Glücksgefühls. Unten: Erst kommt das Lob von Tugay Kerimoglu (8) und Hakan Ünsal (20), dann die Anerkennung für den Gegner. Nakata (7) geht als stolzer Verlierer.

Card

ÜMIT DAVALA

Herz der Samurai-Fußballer. Das 1:0 blieb das goldene Tor, weil die Türken mit Routine, Ballsicherheit, und Zweikampfstärke jedes Aufbegehren im Keim erstickten.

Nationalheld Troussier, in der Partie gegen die Türken nicht immer mit glücklicher (Wechsel-)Hand, resümierte: »Der Unterschied liegt in der Erfahrung. Unsere Leute spielen für Kyoto oder Osaka. Die Türken spielen in Mailand.« Gleichwohl lobte er das jüngste WM-Team. »Das japanische Abenteuer ist zu Ende. Aber wir haben gezeigt, dass wir mit den großen Mannschaften spielen können.« Das galt erst recht für die Türken, die mit dem Sieg auch eine Antwort auf die Medienkritik gaben. »Wir haben den Sieg verdient. Es ist ein gutes Gefühl, dem türkischen Volk so viel Freude zu machen«, sagte der Matchwinner mit dem Mohikanerschnitt, Ümit Davala. 48 Jahre nach der ersten WM-Teilnahme 1954, als man in der Vorrunde ausschied, sprach er euphorisch für das ganze Team über die Turnierfortsetzung: »Jetzt müssen wir noch drei Spiele gewinnen, dann werden endlich alle wissen, wie stark die Türkei ist.«

SÜDKOREA – ITALIEN 2:1 i.V.

Es war ein Match voller Emotionen, die die Menschen in beiden Ländern noch lange aufwühlten. Als Jung Hwan Ahn in der 116. Minute den dramatischen Thriller mit dem »Golden Goal« zum 2:1 (1:1, 0:1) stoppte, fiel Südkorea in einen kollektiven Freudentaumel. In Italien brach Traurigkeit aus, die von Empörung überdeckt wurde. Von »Betrug« wurde gesprochen, weil Schiedsrichter Byron Moreno zum zwölften Koreaner auf dem Spielfeld geworden sei. Italiens Trainer Giovanni Trapattoni hatte die wütende Aufarbeitung mit der Äußerung, es wäre »teilweise kriminell« zugegangen, eröffnet. Sogar das italienische Parlament wollte die Vorfälle debattieren. Nachdem Jung Hwan Ahn in der 5. Minute einen Strafstoß verschossen hatte und Italien durch Christian Vieri (18.) führte, fehlten nur zwei Minuten zum Viertelfinale, doch das 1:1 von Ki Hyeon Seol (88.) zerstörte diese Träume. Der Platzverweis für Francesco Totti (104.), dem Moreno eine »Schwalbe« im gegnerischen Strafraum anlastete, brach der Squadra Azzurra das Genick: In Unterzahl war sie machtlos gegen den koreanischen Powerfußball.

Südkorea gegen Italien.
Machtlos beim »Golden Goal«. Italiens Torhüter Gianluigi Buffon (1) wirft sich vergeblich gegen Jung Hwan Ahns Kopfball in der 116. Minute. Sekunden später ist die neue Kultfigur, ein Popstar, eine Ikone geboren. Niedergeschlagen hält Buffon das Spielgerät hinter der Linie (rechte Seite).
Nach dem Spiel sind die Übungsleiter im Anzug. Giovanni Trapattoni (unten) auf dem Weg zur Anklage gegen die Schuldigen für die Niederlage seines Teams. Guus Hiddink (oben) wird von Millionen gefeiert – als König von Korea, dem man alle Wünsche erfüllen mag.

Gillette

Achtelfinale · Spiel 49
Samstag, 15.06.2002
15:30 Uhr (8.30 Uhr MESZ) in Seogwipo (KOR)

DEUTSCHLAND – PARAGUAY
1:0 (0:0)

Deutschland: Kahn – Frings, Rehmer (46. Kehl), Linke, Metzelder (60. Baumann) – Schneider, Jeremies, Ballack, Bode – Neuville (90+3. Asamoah), Klose
Paraguay: Chilavert – Arce, Caceres, Ayala, Gamarra – Bonet (84. Gavilan), Acuna, Struway (90+1. Cuevas), Caniza – Cardozo, Santa Cruz (29. Campos)
Tore: 1:0 Neuville (88.)
Ecken: 5:1
Schiedsrichter: Carlos Batres (Guatemala)
Zuschauer: 25.176
Gelbe Karten: Schneider, Baumann, Ballack – Cardozo
Gelb/Rote Karten: keine
Rote Karten: Acuna (90+2.)

Leise und auch sehr laute Stimmen kommen aus dem italienischen Lager nach der Niederlage gegen die südkoreanische Mannschaft. Christian Vieri (links) erzielte noch den Führungstreffer für die Squadra Azzurra, Giovanni Trapattoni steht nach dem Spiel eher im Abseits.

ITALIENISCHE STIMMEN ZU SÜDKOREA – ITALIEN

»Addio mit Wut. Ganz Italien klagt den Schiedsrichter an. Was für eine hässliche Geschichte, Senor Moreno. Der Fußball der Verdächtigungen hat gewonnen.«
LA REPUBBLICA

»Schande! Skandalöser Schiedsrichter aus Ecuador. Die Schwindeleien Blatters«
LA GAZZETTA DELLO SPORT

»Italien von Südkorea eliminiert. Das sind schmutzige Weltmeisterschaften. Enttäuschung und Wut in Italien«
CORRIERE DELLA SERA

»Diebe. Ein Killer-Schiedsrichter jagt die Azzurri aus der WM. Ein Fluch, der schon zwölf Jahre dauert«
CORRIERE DELLO SPORT

»Basta! Das ist die Schuld des Schiedsrichters und Trapattonis.«
TUTTO SPORT

»Schiedsrichter der Schande«
RAI, der staatliche Fernsehsender

»Skandalöse Weltmeisterschaft. Ein erfundener Elfmeter, Totti vom Platz gestellt, ein Tor verweigert. Betrug schickt Italien nach Hause.«
IL MESSAGGERO

»Italien ist das Opfer eines internationalen Komplotts. So eine skandalöse Schiedsrichter-Leistung habe ich in vierzig Jahren nicht gesehen.«
Delegationsleiter Raffaele Ranucci

»Jeder hat das Spiel gesehen. Die Mannschaft trifft keine Schuld. (...) Was der Schiedsrichter gepfiffen hat, war teilweise kriminell.«
Giovanni Trapattoni

»Ich will Ahn in Perugia nicht sehen. Man muss ein Zeichen für den italienischen Fußball setzen.«
Serse Cosmi, Trainer des AC Perugia

»Es ist sehr schade.«
Silvio Berlusconi, Ministerpräsident des Landes und Präsident von AC Mailand

Achtelfinale · Spiel 53
Montag, 17.06.2002
15:30 Uhr (8.30 Uhr MESZ) in Jeonju (KOR)

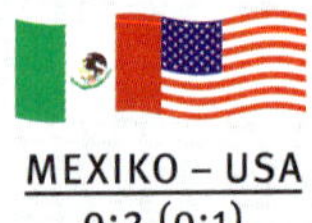

MEXIKO – USA
0:2 (0:1)

Mexiko: Perez – Vidrio (46. Mercado), Marquez, Carmona – Arellano, Morales (28. Hernandez), Torrado (78. Garcia Aspe), J. Rodriguez, Luna – Borgetti, Blanco
USA: Friedel – Sanneh, Pope, Mastroeni (90+2. Llamosa), Berhalter – Lewis, Reyna, O'Brien, Donovan – McBride (79. Jones), Wolff (59. Stewart)
Tore: 0:1 McBride (8.), 0:2 Donovan (65.)
Ecken: 9:3
Schiedsrichter: Vitor Melo Pereira (Portugal)
Zuschauer: 36.380
Gelbe Karten: Vidrio, Hernandez, Blanco, Garcia Aspe, Carmona – Pope, Mastroeni, Wolff, Berhalter, Friedel
Gelb/Rote Karten: keine
Rote Karten: Marquez (88.)

Achtelfinale · Spiel 50
Samstag, 15.06.2002
20:30 Uhr (13.30 Uhr MESZ) in Niigata (JPN)

DÄNEMARK – ENGLAND
0:3 (0:3)

Dänemark: Sörensen – Helveg (7. Bögelund), Laursen, Henriksen, N. Jensen – Töfting (58. C. Jensen), Gravesen – Tomasson – Rommedahl, Grönkjaer, Sand
England: Seaman – Mills, Ferdinand, Campbell, Ashley Cole – Beckham, Butt, Scholes (49. Dyer), Sinclair – Owen (46. Fowler), Heskey (69. Sheringham)
Tore: 0:1 Ferdinand (5.), 0:2 Owen (22.), 0:3 Heskey (44.)
Ecken: 8:3
Schiedsrichter: Markus Merk (Deutschland)
Zuschauer: 40.582
Gelbe Karten: Töfting – Mills
Gelb/Rote Karten: keine
Rote Karten: keine

Achtelfinale · Spiel 51
Sonntag, 16.06.2002
15:30 Uhr (8.30 Uhr MESZ) in Oita (JPN)

SCHWEDEN – SENEGAL
1:2 i.V./Golden Goal (1:1 (1:1))

Schweden: Hedman – Mellberg, Jakobsson, Mjällby, Lucic – Linderoth – Alexandersson (76. Ibrahimovic), A. Svensson, Magnus Svensson (99. Jonson) – Allbäck (65. A. Andersson), Larsson
Senegal: Sylva – Coly, Diatta, P. M. Diop (66. Beye), Daf – Cissé – P. B. Diop, Faye – Thiaw – H. Camara, Diouf
Tore: 1:0 Larsson (11.), 1:1 H. Camara (37.), 1:2 H. Camara (104.)
Ecken: 3:9
Schiedsrichter: Ubaldo Aquino (Paraguay)
Zuschauer: 39.747
Gelbe Karten: Coly, Thiaw
Gelb/Rote Karten: keine
Rote Karten: keine

Achtelfinale · Spiel 52
Sonntag, 16.06.2002
20:30 Uhr (13.30 Uhr MESZ) in Suwon (KOR)

SPANIEN – IRLAND
3:2 i.E. (1:1 n.V., 1:1 (1:0))

Spanien: Casillas – Puyol, Hierro, Helguera, Juanfran – Baraja, Valeron – Luis Enrique, de Pedro (65. Mendieta) – Raul (80. Luque), Morientes (72. Albelda)
Irland: Given – Finnan, Breen, Staunton (50. Cunningham), Harte (82. Connolly) – G. Kelly (55. Quinn), Kinsella, Holland, Kilbane – Keane, Duff
Tore: 1:0 Morientes (8.), 1:1 Keane (90., Foulelfmeter)
Elfmeterschießen: 0:1 Keane, 1:1 Hierro, 2:1 Juanfran, 2:2 Finnan, 3:2 Mendieta
Ecken: 5:6
Schiedsrichter: Anders Frisk (Schweden)
Zuschauer: 38.926
Gelbe Karten: Juanfran, Baraja, Hierro
Gelb/Rote Karten: keine
Rote Karten: keine

Achtelfinale · Spiel 54
Montag, 17.06.2002
20:30 Uhr (13.30 Uhr MESZ) in Kobe (JPN)

BRASILIEN – BELGIEN
2:0 (0:0)

Brasilien: Marcos – Lucio, Edmilson, Roque Junior – Cafu, Paulista (57. Denilson), Silva, Carlos – Ronaldinho (81. Kleberson) – Rivaldo (90+1. Ricardinho), Ronaldo
Belgien: de Vlieger – Peeters, van Buyten, Simons, van Kerckhoven – Vanderhaeghe, Walem, Goor – Wilmots – Mpenza, Verheyen
Tore: 1:0 Rivaldo (67.), 2:0 Ronaldo (87.)
Ecken: 6:7
Eingewechselt: für Juninho Paulista, für Ronaldinho, für Rivaldo – 73. Sonck für Peeters
Schiedsrichter: Peter Prendergast (Jamaika)
Zuschauer: 40.440
Gelbe Karten: Carlos – Vanderhaeghe
Gelb/Rote Karten: keine
Rote Karten: keine

Achtelfinale · Spiel 55
Dienstag, 18.06.2002
15:30 Uhr (8.30 Uhr MESZ) in Miyagi (JPN)

JAPAN – TÜRKEI
0:1 (0:1)

Japan: Narazaki – Matsuda, Miyamoto, K. Nakata – Myojin, Inamoto (46. Ichikawa, 86. Morishima), Toda – Ono, H. Nakata, Alex (46. Suzuki) – Nishizawa
Türkei: Recber – Akyel, Özalan, Korkmaz – Kerimoglu – Davala (74. Kahveci), Ünsal, Penbe – Bastürk (90. Ilhan), Sas (85. Havutcu) – Sükür
Tore: 0:1 Davala (12.)
Ecken: 8:4
Schiedsrichter: Pierluigi Collina (Italien)
Zuschauer: 45.666
Gelbe Karten: Toda – Özalan, Penbe, Sükür
Gelb/Rote Karten: keine
Rote Karten: keine

Achtelfinale · Spiel 56
Dienstag, 18.06.2002
20:30 Uhr (13.30 Uhr MESZ) in Daejeon (KOR)

SÜDKOREA – ITALIEN
2:1 i.V./Golden Goal (1:1 (0:1))

Südkorea: W. J. Lee – J. C. Choi, Hong (83. Cha), T. Y. Kim (63. Hwang) – Song, N. I. Kim (68. C. S. Lee), Yoo, Park, Y. P. Lee, Ahn – Seol
Italien: Buffon – Panucci, Coco, Iuliano, Maldini – Zambrotta (73. di Livio), Tommasi, C. Zanetti – Totti – del Piero (61. Gattuso), Vieri
Tore: 0:1 Vieri (18.), 1:1 Seol (88.), 2:1 Ahn (116.)
Ecken: 10:7
Schiedsrichter: Byron Moreno (Ekuador)
Zuschauer: 38.588
Gelbe Karten: T. Y. Kim, Song, C. S. Lee, J. C. Choi – Coco, Tommasi, C. Zanetti
Gelb/Rote Karten: Totti (104.)
Rote Karten: keine

Die Momente der Entscheidung trennen die Sieger von den Verlierern. Manch einer will dabei allein sein. Doch gemeinsam ist man stärker.

Deutschland – USA	1:0
Spanien – Südkorea	0:0 n.V., 3:5 i.E.
England – Brasilien	1:2
Senegal – Türkei	0:1 n.V.

VIERTELFINALE

Das WM-Viertelfinale –aus Acht mach' Vier! Eine rigide Auslese, die nach Expertenmeinung korrigieren sollte, was bis dahin das Championat der Überraschungen bestimmte. Doch der Aufstand der Kleinen setzte sich weiter fort. Deutschland rettete zwar dank Oliver Kahn ein 1:0 gegen die US-Boys, aber die Spanier erwischte es im Elfmeterschießen gegen Gastgeber Korea. Im Match zweier Außenseiter siegte die Türkei gegen Senegal, in dem zweier Favoriten Brasilien gegen England. Hier wie da verdient. Fazit: im Weltfußball bleibt alles anders. Die Koordinaten sind in Bewegung geraten. Trotz der Konstanten Brasilien und der wieder belebten festen Größe Deutschland. Das Bemerkenswerte aber sind die beiden Unbekannten in der Halbfinalrechnung. Korea und Türkei – Herausforderer für Deutschland und Brasilien, welch eine Fußball-Revolution! Der Streit, ob das ein schlechteres Niveau bedeute, ist akademisch. Leverkusen-Trainer Klaus Toppmöller: »Diese WM ist etwas ganz Spezielles. Es wird ergebnisorientiert gespielt. Fragt nach bei den Favoriten, die längst daheim sitzen.«

Ronaldinho machte die Arbeit, mit einem Solo durch die Reihen der Engländer, und Rivaldo (10) bleibt das Vergnügen des Torerfolgs gegen Campbell (oben). Lächelnd, wie immer, erzielt Ronaldinho (11) kurze Zeit später das Siegtor – und beschert Torhüter-Legende David Seaman (rechte Seite) einen »Alptraum«, der ihn dann selbst einholt, als ihm für dieses Match die Spielberechtigung entzogen wird.

ENGLAND – BRASILIEN 1:2

Das erste Viertelfinalspiel zwischen Brasilien und England wurde mit großer Spannung erwartet, denn nach den vorangegangenen Leistungen prallten in Shizuoka zwei der herausragenden Mannschaften aufeinander. Die Vorfreude auf das Duell zwischen dem viermaligen Weltmeister und dem Champion von 1966 entsprach jedoch überhaupt nicht der spielerischen Gesamtdarbietung. Die Zauberer vom Zuckerhut setzten sich in einer schwachen Partie gegen das enttäuschende englische Team mit 2:1 (1:1) durch. Zwei Spieler übernahmen dabei die Hauptrollen: Stürmer Ronaldinho und Torwart David Seaman. Der junge Brasilianer, sein Name bedeutet »kleiner Ronaldo«, bereitete den Ausgleichstreffer von Rivaldo in der 45. Minute mit einer feinen Einzelleistung vor, erzielte selbst fünf Minuten nach der Pause den Siegtreffer und sah sieben Minuten später die Rote Karte wegen eines groben Foulspiels an Danny Mills. Seaman, der 38-jährige Torwart, wurde bei den Engländern zur tragischen Figur. Beim frechen Freistoßtor von Ronaldinho, aus 35 Metern erzielt, stand der Mann mit dem langen Haarzopf weit vor seinem Kasten und ließ den hoch geschlagenen Ball in den Winkel segeln. »Die Schuld für unser Ausscheiden bei der WM liegt bei mir. Ich habe mich völlig verspekuliert«, sagte Seaman, der weinend aus der Umkleidekabine kam. Dem Unglücksraben war ein ähnlicher Fehler schon einmal im Europapokal-Endspiel der Pokalsieger 1995 mit Arsenal London gegen Real Saragossa passiert. Selten hatten sich die Engländer eine so gute Chance ausgerechnet, Brasilien zu schlagen. Dass keine harten Vorwürfe gegen Seaman laut wurden, hatte auch mit der Selbstkritik der englischen Feldspieler zu tun. Ihnen standen 33 Minuten zur Verfügung, die nach dem Platzverweis von Ronaldinho dezimierten Südamerikaner unter Druck zu setzen. Aber in dieser Phase enttäuschte die müde englische Mannschaft. Der Schwung aus der ersten Halbzeit, als Michael Owen nach einem Fehler von Lucio das 1:0 erzielt hatte, war verflogen.

KAHN

DEUTSCHLAND – USA 1:0

Da ist er wieder, der Spruch des englischen Stürmers Gary Lineker: Fußball ist ein Spiel für 22 Leute, und am Ende gewinnen immer die Deutschen. Ein paar Jahre schien er außer Kraft, nun sahen ihn die Kritiker bei der WM in alter Herrlichkeit erstrahlen. Nach dem 1:0-Sieg der Deutschen gegen die USA, glücklich gegen einen spielerisch stärkeren Kontrahenten errungen, lieferte die spanische Zeitung »El Pais« eine passende Lineker-Variation: »Die Deutschen spielen weder gut noch schlecht. Sie spielen eigentlich etwas anderes als Fußball, aber sie gewinnen.« Und zogen deshalb nach dem Match gegen die kernigen US-Amerikaner, die nach dem 1:0 von 1950 gegen England vor dem größten Erfolg ihrer Kicker-Geschichte standen, auch unter die besten Vier. Ein schier unbezwingbarer Oliver Kahn, den die »Süddeutsche Zeitung« als »beste Einer-Kette der Welt« ablobte, und ein Standard in der 39. Minute, den Michael Ballack nach Ziege-Freistoß per Kopf zum goldenen Tor nutzte, waren fast schon alles auf der Haben-Seite. Das andere blieb Soll – und den US-Boys vorbehalten: Offensivkraft, Kreativität, Inspiration. Nur eines schafften die Mannen des antreibenden Coaches Bruce Arena nicht – ein Tor. Da stand Kahn davor (Kamerun-Trainer Winfried Schäfer: »Das war Kahnland gegen die USA«) oder der schottische Referee Hugh Dallas, der vier Minuten nach der Pause ein Handspiel von Frings auf der Torlinie übersah und nicht auf Rot und Elfer entschied.

Irgendwie brachten sie es am Ende über die Zeit – mit Kampfgeist und dem Mut der Verzweiflung. Sogar Rudi Völler wusste: »Wir haben zu verhalten, zu pomadig gespielt. Wir müssen uns beträchtlich steigern.« Das Experiment mit Sebastian Kehl statt Ramelow als Abwehrchef war nicht aufgegangen, in allen Teamteilen regierte zunehmend Angst vor den keinesfalls als Fußball-Giganten auftretenden US-Kickern. Doch Recht hatte auch DFB-Präsident Gerhard Mayer-Vorfelder, der trocken sagte: »Wir brauchen uns nicht zu entschuldigen, dass wir im Halbfinale sind.« Und Christian Ziege hängte ganz in Lineker-Tradition an: »Wir rumpeln, sind aber unter den letzten Vier. Und vielleicht rumpeln wir uns ins Finale und errumpeln uns auch noch den Titel.«

Die Minen kommentieren ein freudloses Spiel. Mal setzt sich Ballack gegen Mastroeni in Szene, dann kommt dabei sogar der Siegtreffer heraus, und Anthony Sanneh verzweifelt kurz vor Schluss über das Pech, das ihm am Stiefel klebt. Team- und Übungsleiter Rudi Völler und Michael Skibbe haben alles gesehen.
Linke Seite: Einer für alle – dank Oliver Kahn übersteht die deutsche Mannschaft auch das Viertelfinale. Danach spricht man vom »Brandlöscher«, vom »Schutzgott-Gorilla«, vom »Monster im deutschen Tor«, vom »Titan«. Nur einmal hilft Frings (22) auf der Linie.

STIMMEN ZUM SPIEL

»Die Deutschen spielten einen Fußball, wie er in ihrem Lehrbuch steht. Den Rest erledigte Kahn.« MARCA, Spanien

»Eiserne Willenskraft rettet schwaches deutsches Team.« DE VOLKSKRANT, Niederlande

»Man muss schon Deutscher sein, um das zu schätzen.« L'ÉQUIPE, Frankreich

»Kopf oder Kahn – mit einfachstem Erfolgsrezept wird Deutschland ins Halbfinale gespült.« NEUE ZÜRCHER ZEITUNG

»Ballack ist der Topf, Kahn der Deckel.« LA STAMPA, Italien

»Pflicht und Ordnung haben über die Bewegung gesiegt.« LIBÉRATION, Frankreich

»Entschuldigung, aber das war Schützengraben-Fußball.« POLITIKEN, Dänemark

»Kahn gegen Amerika 1:0 – Der Kopf von Ballack und die Hand von Frings halfen auch noch mit.« BILD-Zeitung

SPANIEN – SÜDKOREA 0:0 n.V., 3:5 i.E.

Vom Kampf geprägt und Nerven aufreibend war dieses Spiel in Gwangju, eine der turbulentesten WM-Begegnungen. Das Viertelfinale der Koreaner, die sich nach einem 0:0 über 120 Minuten mit 5:3 im Elfmeterschießen gegen Spanien durchsetzten, sollte ein langes Nachspiel haben. Bei den Gastgebern erfuhr die Begeisterung eine weitere Steigerung. Noch bei keiner WM hatten die Massen die Erfolge ihres Teams so ausgiebig gefeiert wie die Koreaner. Im Überschwang bezeichneten einige Kommentatoren den unerwarteten Halbfinaleinzug als den schönsten Tag für die Nation seit der Befreiung von den Japanern. Die Spanier waren hingegen völlig verbittert und aufgebracht. Das Schiedsrichter-Gespann wurde zur Zielscheibe scharfer Kritik. Beim 0:0, bevor das Elfmeterschießen die Entscheidung herbeiführte, sahen sich die Spanier um ein »Golden Goal« von Fernando Morientes (92.) betrogen und in weiteren Spielsituationen massiv benachteiligt. Der ägyptische Schiedsrichter Gamal Ghandour verweigerte zunächst dem Treffer von Ivan Helguera (49.) die Anerkennung. Beim Treffer von Morientes, mit dem die Spanier erstmals seit 52 Jahren in die Runde der besten vier Mannschaften eingezogen wären, sah der Linienrichter aus Trinidad den Ball zuvor im Aus. Es war eine Fehlentscheidung. »Die Auswahl der Linienrichter durch die FIFA ist ein Skandal«, schimpfte Trainer José Antonio Camacho. Die spanischen Medien sprachen von einer »dreckigen Weltmeisterschaft«. Die Fachzeitung »Marca« versah den Spielbericht mit der Schlagzeile: »Hände hoch, das ist ein Raubüberfall.« Auch viele unabhängige Beobachter konnten die Empörung der Spanier nachvollziehen. Allerdings wurde auch die große Leistung der Koreaner gewürdigt. In einer Partie mit vielen Torchancen auf beiden Seiten entfalteten sie einmal mehr ihre erstaunliche Kampfkraft und eine schier unermüdliche Laufbereitschaft. Torwart Lee Woon Jae, der einen Elfmeter von Joaquin abwehrte, und Hong Myung Bo, der den entscheidenden Treffer erzielte, wurden schließlich zu Helden einer freudetrunkenen Nation.

STIMMEN ZUM SPIEL

»Es war ein schwieriges Spiel ... schade, dass wir verloren haben. Wir haben hart gearbeitet und kämpferisch alles gegeben, aber die andere Mannschaft hatte das Glück auf ihrer Seite. Ich gratuliere der koreanischen Nationalelf zum Sieg.«
José Antonio Camacho, Trainer der spanischen Mannschaft

»Morgen ist morgen, und heute ist heute. Die Mentalität meiner Spieler ist, immer wieder aufzustehen, auch wenn es immer härter wird. Sie kennen fast schon keine Grenzen. Das ist sehr beeindruckend. Ich bin so stolz auf diese Jungs.«
Guus Hiddink, Trainer der koreanischen Mannschaft

»Die FIFA verlangt von uns immer Fair Play. Aber die einzigen, die in Gwangju Fair Play gezeigt haben, waren die beiden Teams.«
Spaniens Kapitän Fernando Hierro

;üdkoreas Ankunft in der Märchenwelt. Jach torlosen 120 Minuten können sie die Virklichkeit nicht mehr fassen. Gewonnene 'weikämpfe wie von Ki Hyeon Seol gegen Aendieta (links) konnten keine Entscheidung oringen. Es sind der parierte Elfmeter durch 'orhüter Woon Jae Lee, der den an diesem Tag esten Spanier Joaquin (22) (rechts oben) rstarren lässt, und der erfolgreiche letzte lfmeter von Myung Bo Hong (20) (links oben) egen Spaniens sonst so überragenden ker Casillas, die keinen Zweifel mehr am rreichten Traum aufkommen lassen.

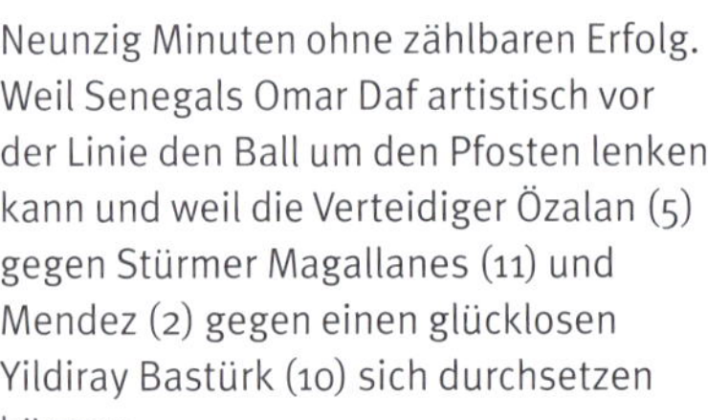

Neunzig Minuten ohne zählbaren Erfolg. Weil Senegals Omar Daf artistisch vor der Linie den Ball um den Pfosten lenken kann und weil die Verteidiger Özalan (5) gegen Stürmer Magallanes (11) und Mendez (2) gegen einen glücklosen Yildiray Bastürk (10) sich durchsetzen können.

Mitunter geht es kräftig zur Sache, an Hemd und Hose: so zwischen Fatih Akyel und Nicolas Oliveira (15) (rechts oben) oder Papa Bouba Diop (19) und dem »Mann des Spiels« Hasan Sas (11).

Pfiffe, die ganze Nationen erschüttern Schiedsrichter sein ist ein Hobby, das einen Hang zum Masochismus erfordert. Gefeiert wird man nie, kritisiert und beschimpft umso öfter. »Schiedsrichter kommt für mich nicht in Frage. Schon eher etwas, das mit Fußball zu tun hat«, hat Lothar Matthäus über die Männer in Nicht-mehr-nur-Schwarz gesagt. Eine Stimme wie die von Ewald Lienen, der meinte, man habe nicht das Recht, jeden Pfiff zu kommentieren, bleibt eine Ausnahme. »Der lacht sich ja auch nicht tot, wenn wir einen Fehlpass spielen.«

Besonders heftig werden die Debatten stets bei Weltmeisterschaften. In Japan und Korea wurde wie nie über die Referees gestritten – und die bei den Teams gefeierte Globalisierung des Weltfußballs in Frage gestellt. Das Prinzip, unter den 36 Spielleitern nur je einen pro Land zuzulassen, galt den Kritikern als überholt. Und schnell war man dabei, den jungen Fußball-Kontinenten Afrika und Asien den »Schwarzen Peter« zuzuschieben. Hatte man vergessen, dass mit Graham Poll der Referee der Partie Italien gegen Kroatien (1:2) mit zwei aberkannten Azzurri-Toren aus England, dass der Mann mit dem Kartenrekord aus Deutschlands Spiel gegen Paraguay aus Spanien (Antonio Lopez Nieto), der mit dem übersehenen Handspiel von Torsten Frings gegen die USA aus Schottland (Hugh Dallas) kam?

Soll heißen: Eine kontinentale Häufung von Schieds- oder Linienrichter-Fehlern hat es nicht gegeben. Schon gar nicht in der behaupteten Richtung. Was die Forderung nach Aufhebung der globalen Berufung von Referees weniger nachvollziehbar macht als es die mediale Aufregung über Pfiffe, die ganze Nationen erschütterten, weismachen will. Von den 36 Schiedsrichter hatten sieben bereits WM-Erfahrung, fünf aus Europa. Nur einer war schon zum dritten Mal dabei: Ali Bujsaim aus den Vereinigten Arabischen Emiraten, der das Eröffnungsspiel zwischen Frankreich und Senegal pfiff. Danach sprach niemand über ihn – ein sicheres Indiz für eine tadelsfreie Leistung.

Manfred Amerell, Sprecher der deutschen Schiedsrichter, relativiert deshalb nassforsche Kritiken. »Fachlich gelten für alle die gleichen Anforderungen. Die wurden doch nicht mit dem Würfelbecher ausgelost, sondern über Jahre beobachtet. Da ist es dann egal, ob der Mann an der Linie aus Benin oder dem Saarland kommt.« Vor allem die Italiener sahen sich benachteiligt. Im Achtelfinale gegen Südkorea habe Schiedsrichter Byron Moreno (Ekuador) – so der TV-Sender RAI – so plumpe Fehler begangen, »dass man sie nur als Ergebnis eines ernsthaften Betrugs bezeichnen kann«. Und weil die FIFA verantwortlich sei, erwäge man eine Millionen-Klage gegen den Weltverband. Freilich ist das, was die Azzurri vehement kritisieren, nichts gegen Vorfälle aus ihrer eigenen Fußball-Historie. Bei der WM 1938 hatte Italien im Viertelfinale gegen Spanien vor allem dank des von den Gastgebern angeforderten (!) Schweizer Schiedsrichters Mercet gewonnen. Er schenkte ihnen ein irreguläres Tor, versagte den Iberern aber den korrekten Ausgleich. Als Mercet später lebenslang gesperrt wurde, war Italien längst Weltmeister. Das hat zwar mit dem Amtieren der WM-Schiedsrichter von 2002, die für ihre Arbeit in Fernost pauschal jeweils 20 000 Dollar erhielten, wenig zu tun. Aber es beweist, dass die Debatte so alt ist wie der Fußball selbst – und diesen weiter begleiten wird. Amerell nennt die Leistungen der Referees angemessen. Umso erschreckender seien die Ausnahmen, die das reale Bild verzerrten. Ein Bild, das der Mexikaner Edgardo Codesal, Mitglied der FIFA-Kommission und 1990 Leiter des WM-Finales, so beschreibt: »Die Schiedsrichter haben in den WM-Partien über 4000 Entscheidungen getroffen. Dabei machten sie fünf oder sechs wichtige Fehler, das ist nicht mal ein Prozent.« Fehlurteile gehörten zum Spiel wie die der Trainer und Akteure. »Wir brauchen mehr Menschlichkeit im Umgang mit den Schiedsrichtern.«

Das schließt aus seiner Sicht Änderungen des Auswahlsystems, wie von FIFA-Präsident Blatter gefordert, nicht aus. »Bei der WM treten die besten Spieler und Teams an. Sie sollten von den besten Schiedsrichtern unter Kontrolle gehalten werden. Dabei ist es gleich, ob sie nur aus einer Hand voll Ländern kommen.« Klingt gut, ist aber schwer machbar. Denn die genannten Herren Poll, Lopez Nieto oder Dallas beweisen, dass Einsätze in starken Ligen und in der Champions League nicht automatisch einen Erfahrungsvorteil bedeuten, wie Franz Beckenbauer meint. Zudem pfeifen sie – englisch, spanisch, schottisch – durchaus unterschiedlich. Weniger Afrikaner, Asiaten oder Südamerikaner als WM-Referees – das kann nicht die Lösung sein. Wird sie dennoch versucht, wird es nicht weniger Streit um Pfiffe geben. Wetten, dass ...?

Wenn sich der Traum für die einen erfüllt, ist die Trauer der Anderen grenzenlos.

DEUTSCHLAND	zum zehnten Mal unter den letzten Vier (1934, 1954, 1958, 1966, 1970, 1974, 1982, 1986, 1990, 2002)
SÜDKOREA	zum ersten Mal unter den letzten Vier (2002)
BRASILIEN	zum zehnten Mal unter den letzten Vier (1938, 1950, 1958, 1962, 1970, 1974, 1978, 1994, 1998, 2002)
TÜRKEI	zum ersten Mal unter den letzten Vier (2002)

HALBFINALE

DEUTSCHLAND – SÜDKOREA 1:0

Im Stimmungsvulkan von Seoul verbrannten sich Deutschlands Profis nicht die Füße. Dieses Halbfinalspiel in der eindrucksvollen Atmosphäre des Stadions in der südkoreanischen Hauptstadt wurde zum erwarteten Duell differierender Fußball-Mentalitäten. Hier die Gastgeber, nach vorn gepeitscht von 65 256 rot gekleideten Fans und beseelt von der Hoffnung, nach Portugal, Italien und Spanien noch einmal einen Großen dieser Fußballwelt mit Kampfgeist, Feuereifer und technischen Finessen eliminieren zu können. Und dort die Deutschen, die mit Teamgeist und Cleverness geduldig auf ihre Chance warteten. Rudi Völlers Spieler waren gewarnt, hatten an den Schauplätzen dieser WM und an den Fernsehgeräten genau hingesehen, wo die Tugenden und wo die Schwächen der Südkoreaner lagen. Noch einmal war Oliver Kahn der Garant seiner Mannschaft. Nachdem er in der 14. Minute Chun Soo Lees Schuss mit den Fingerspitzen abgewehrt hatte, bekam der dreifache Weltmeister das Spiel mehr und mehr in den Griff. »Unsere Spieler hatten zu großen Respekt vor den Deutschen«, sagte später Südkoreas holländischer Trainer Guus Hiddink. Rudi Völler hatte sich wohl auch zu Hiddinks Überraschung zu einer Viererkette in der Abwehr durchgerungen. Carsten Ramelow, der zwei WM-Spiele nicht dabei war, wurde wieder zum Chef der Deckung befördert, und auf dem linken Flügel bekam Marco Bode gegenüber Christian Ziege den Vorzug. Aber ein anderer sollte diesem Halbfinalspiel, in dem die Deutschen in diesem Stimmeninferno nie die Nerven verloren, den Stempel aufdrücken. Leverkusens Michael Ballack wurde zum tragischen Helden des deutschen 1:0-Sieges. Erst handelte er sich in der 71. Minute nach einem »taktischen Foul« an Lee die Gelbe Karte ein, womit er für das Finale gesperrt war, dann schoss er vier Minuten später das Tor des Abends. »Ich ziehe meinen Hut vor Michael Ballack«, sagte Völler den Journalisten. Bis zur letzten Minute suchten die Südkoreaner die Wende, bestürmten mit Macht, aber nicht immer mit Geschick das deutsche Tor. Die große Chance zum Ausgleich verpasste in der Nachspielzeit der in Japan spielende Mittelfeldspieler Ji Sung Park, der aus zwölf Metern den Ball weit am Tor vorbei drosch. Für Südkorea war der Traum vorbei, die Fans feierten ihre Mannschaft dennoch. Und Deutschland konnte das erneute WM-Glück kaum fassen.

Auf dem Weg zum WM-Finale – das deutsche Team und sein starker Rückhalt. Mit Oliver Kahn gelingt ein neuer WM-Rekord: sechs Spiele, ein Gegentor, das war noch nie da. Da darf dann auch ein Stürmer wie Marco Bode stilsicher am Ball rücklings vorbeifallen und wird dennoch von Kollege Oliver Bierhoff auf Händen getragen.
Unten: Personenkult à la Südkorea – Guus Hiddink auf dem Platz der himmlischen Freude.
Rechts: Das Tor zum Finale aufgestoßen: Michael Ballack überwindet Woon Jae Lee und feiert in gewohnt vermummter Manier.

»Es musste ja so kommen.«
TELEGRAAF, Niederlande

»Oh, verdammt, das schon wieder.«
DAILY STAR, England

»Deutschland rächt Italien und Spanien.«
MESSAGERO, Italien

»Treu seiner Tradition, ohne Genie, ohne Mitleid, teuflisch solide und realistisch«
LE PARISIEN, Frankreich

»Endlich ein zum Feiern schönes 1:0.«
»Deutsche Wertarbeit, Aufbau Fernost.«
Roland Zorn, FAZ

20
BALLACK
13
6

BRASILIEN – TÜRKEI 1:0

Der Mann des Spiels hieß Ronaldo. Der 25-Jährige Weltfußballer, Ausnahmekönner der Fußballgeschichte, genoss die Huldigungen seiner Landsleute. Sein Tor, erzielt in der 49. Minute des zweiten Halbfinalspieles in Saitama, entschied die Partie. Einige Beobachter sprachen nach dem 1:0 (0:0)-Erfolg der Südamerikaner von einem »Geniestreich«, mit dem der flinke, gewandte Stürmer von Inter Mailand das Tor zum Finale gegen Deutschland aufgestoßen habe. Andere rümpften die Nase, denn die Ballannahme und die schnellen Dribblings um vier türkische Abwehrspieler auf dem Weg in den Strafraum waren zwar noch ein Beleg für die Extraklasse des Stürmers, doch der Torschuss selbst stammte keineswegs aus dem Lehrbuch. Mit der Fußspitze geschossen, so wie auch der große Pelé manches Tor erzielt hatte, überwand Ronaldo mit seinen neuen silbernen Fußballschuhen den überraschten türkischen Torwart Rüstü. Der Superstar mit dem kindlichen Gemüt schien zu platzen vor Glückseligkeit. Er, der noch vor einem Jahr gefürchtet hatte, wegen eines verschlissenen Kniegelenks in der Sportinvalidität zu enden, war froh darüber, seine fußballbesessene Nation wieder ins WM-Endspiel geführt zu haben. »Es war ein Tor wie von Romario. Nicht schön, aber sehr wichtig«, freute sich Ronaldo über seinen 43. Treffer im 63. Länderspieleinsatz. Aber Eleganz war für die Brasilianer ohnehin weder in dieser Partie noch in den vorgangenenen WM-Begegnungen eine Eigenschaft, die im Wertekatalog oben stand. Die Ballzauberer schienen auch gegen die Türken der Parole nachzugehen: Ergebnis- statt Erlebnis-Fußball. Für das ungleiche Duell gegen die Elf vom Bosporus reichte das. Die Teams gingen mit völlig unterschiedlichen Voraussetzungen in dieses Spiel. Hier die herausragenden Einzelkönner aus Südamerika, dort das sehr gut organisierte Kollektiv der Türken, das eine starke Leistung bot und großes Pech bei einigen Torchancen hatte. Doch der entscheidende Unterschied hieß Ronaldo, der das als Traumfinale bezeichnete Endspiel Brasilien gegen Deutschland perfekt machte.

Hohe Einsätze im Kampf um das Finale: Edilson (20) streckt sich so gut er kann dem Ball entgegen, doch Emre Belözoglu (21) spielt mit Köpfchen. Roberto Carlos (6) stapelt eher tief gegen Überflieger Ümit Davala (22). Nicht nur die letzte Chance im Spiel gehört Ilhan Mansiz (17); er kann sie gegen Lucio und Torhüter Marcos nicht nutzen.
Rechte Seite: Im Solo zum Sieg. Ronaldo startet zum finalen Spurt, lässt Belözoglu (21) stehen, und Bülent Korkmaz (3) kann nicht stören. Der Ball schafft den Weg ins Netz, Edilson dreht freudig ab, Kerimoglu (8) ahnt das Ende. Und die brasilianischen Fans buchstabieren den Namen ihres Glücksbringers.

»Wir sind zur Weltmeisterschaft gekommen, um Erfahrungen zu sammeln und gute Leistungen zu zeigen. Ich denke, wir haben unser Ziel erreicht, und ich bin stolz auf meine Spieler, die wirklich hervorragend gespielt haben. Wir sind lediglich traurig darüber, dem türkischen Volk nicht weitere Freuden beschert zu haben.«
»Der Druck aus der Heimat war so groß, dass wir manchmal übereifrig waren.«
Senol Günes,
Trainer der türkischen Mannschaft

»Es ist eine Sensation, wir stehen zum dritten Mal in Folge im Finale.«
»Wir wollten höher gewinnen, aber die starken Türken ließen uns nicht.«
Luiz Felipe Scolari,
Trainer der brasilianischen Mannschaft

RONALDO

Das Ende der WM für Michael Ballack (13): Der Schweizer Unparteiische Urs Meier zeigt Gelb, und der Ex-Leverkusener – weil gelb-vorbelastet – kann im Finale nicht dabei sein.

Halbfinale · Spiel 61
Dienstag, 25.06.2002
20:30 Uhr (13.30 Uhr MESZ) in Seoul (KOR)

DEUTSCHLAND – SÜDKOREA
1:0 (0:0)

Deutschland: Kahn – Frings, Linke, Ramelow, Metzelder – Schneider (85. Jeremies), Hamann, Ballack, Bode – Neuville (88. Asamoah), Klose (70. Bierhoff)
Südkorea: W. J. Lee – J. C. Choi (56. M. S. Lee), Hong (80. Seol), T. Y. Kim – Song, Y. P. Lee, Yoo, C. S. Lee – Park – Hwang (54. Ahn), Cha
Tore: 1:0 Ballack (75.)
Ecken: 8:6
Schiedsrichter: Urs Meier (Schweiz)
Zuschauer: 65.625
Gelbe Karten: Neuville, Ballack – M. S. Lee
Gelb/Rote Karten: keine
Rote Karten: keine

Halbfinale · Spiel 62
Mittwoch, 26.06.2002
20:30 Uhr (13.30 Uhr MESZ) in Saitama (JPN)

BRASILIEN – TÜRKEI
1:0 (0:0)

Brasilien: Marcos – Lucio, Roque Junior – Cafu, Edmilson, Carlos – Kleberson (86. Belletti), Silva – Edilson (75. Denilson) – Ronaldo (67. Luizao), Rivaldo
Türkei: Recber – Korkmaz, Özalan, Akyel – Belözoglu (62. Mansiz), Kerimoglu – Davala (74. Izzet), Penbe – Bastürk (88. Erdem), Sas – Sükür
Tore: 1:0 Ronaldo (49.)
Ecken: 7:8
Schiedsrichter: Kim Milton Nielsen (Dänemark)
Zuschauer: 61.058
Gelbe Karten: Silva – Kerimoglu, Sas
Gelb/Rote Karten: keine
Rote Karten: keine

Ein Held zwischen Jubel und Tränen. Ganze vier Minuten lagen für Michael Ballack im WM-Halbfinale gegen Korea zwischen zwei an sich normalen Ereignissen im Leben eines Top-Fußballers, die aber diesmal höchst außergewöhnlich sein sollten. In der 71. Minute hatte Teamkollege Torsten Frings in der Vorwärtsbewegung den Ball verloren. Chun Soo Lee dribbelte mit beängstigender Konsequenz Richtung Kahn-Tor. Carsten Ramelow entschied sich, nicht einzugreifen. Für Ballack, den 25-jährigen Sachsen in noch Leverkusener und schon Münchner Diensten, gab es die Wahl der Mittel nicht mehr. »Ich musste es tun, sonst wär's verdammt gefährlich geworden«, sagte er nach seiner Grätsche und der zweiten Gelben Karte, die die Finalsperre bedeutete. Es klang melancholisch und traurig wie bei einem braven Jüngling, der seiner Schwiegermutter gerade die kostbarste Sammeltasse zerschmissen hat. »Das hätte jeder andere auch getan«, erklärte Ballack später den Fluch der guten Tat im Team-Interesse. Langes Grübeln über das Warum-ausgerechnet-ich, Was-wird-nun und Kann-man-nicht-einfach-alles-zurückdrehen war nicht möglich. »Im Moment selbst kann man da nicht drüber nachdenken, sonst würde man es wahrscheinlich nicht machen.« ES, das Foul.

Ballack schrie für Sekundenbruchteile Frings an. Dann spielte er weiter, als wollte er die restlichen zwanzig WM-Minuten, seine letzten bei diesem Championat, intensiver erleben als alles zuvor. In der 75. Minute schoss der Spielmacher und Torjäger in Personalunion den goldenen Treffer, der ihn zum »tragischen Helden« machte. Damit war er nicht der Erste in einer solchen Rolle in der WM-Geschichte: Laurent Blanc, Kapitän der Franzosen, hatte 1998 den 3:0-Triumph der Equipe Tricolore gegen Brasilien nach Platzverweis im Halbfinale auf der Tribüne verfolgt. Italiens Verteidiger Alessandro Costacurta fehlte seinem Team im Finale 1994, Argentiniens Claudio Caniggia im Endspiel 1990. Aber Ballacks Geschichte, so scheint es, hat eine dramatischere Dimension. Vor zwei Jahren platzten Leverkusens Meister-Träume am letzten Bundesliga-Spieltag in Unterhaching – unter anderem wegen eines Ballack-Eigentors. Auch in diesem Jahr wurde es nichts mit dem Titel. Meisterschaft, DFB-Pokal, Champions-League-Finale – immer war Leverkusen mit dem Spieler der Saison nur zweiter Sieger. Und so flüchtete der sich nach Meiers Gelb (»Ich sah ihm die Enttäuschung an. Aber die Schuld liegt eher nicht bei mir, sondern bei ihm«) in Sarkasmus: »Vielleicht ist es ja ein gutes Omen, dass ich nicht dabei bin.«

Das schnöde Foul, an sich kaum als Helden-Tat zu bewerten, hat Michael Ballack so viel Anerkennung verschafft wie keine seiner tatsächlichen Glanztaten zuvor. Immerhin erzielte er drei WM-Tore und gab für vier die Vorlagen. Doch erst jetzt hatte mit dem »Selbstopfer aus Staatsraison« (Süddeutsche Zeitung) laut Teamchef Rudi Völler »ganz Deutschland gesehen, was für ein Typ er ist«. Und als nach dem Jubel über den Finaleinzug in der Kabine über Ballacks Wangen Tränen flossen, da hätte eine ganze Nation am liebsten mitgeheult. »Die Fans und die Mannschaft werden ihm das nie vergessen«, sagt Schalkes Andreas Möller, der bei der EM 1996 nach einer Gelbsperre aus dem Halbfinale gegen England, in dem er im Elfmeterschießen den entscheidenden Strafstoß verwandelte, beim Endspiel gegen die Tschechen zuschauen musste. Ein tragischer Held auch er damals, ein Retter von trauriger Gestalt.

Im Theater gilt die Tragödie als höchste Gattung schlechthin. Sie lebt von der Spannung, die menschlichem Handeln zugrunde liegt. Ein tragischer Held steht vor einer Entscheidung, mit der allein ein Konflikt zu lösen ist. Umgangssprachlich nennen wir das Schicksal. Eine Grenzsituation, in der man hin- und hergerissen ist zwischen zwei einander sich ausschließenden Lösungsmöglichkeiten. Als Michael Ballack grätschte, da wusste er im selben Moment, dass er der schicksalhaften Dimension seiner Attacke kaum entgehen dürfte – so Urs Meier hinsah. Ganz wie in der antiken Tragödie aber gewann der junge Mann gerade jetzt seine Größe. »Schlimm wäre es, wenn ich wegen eines dummen Fouls gesperrt wäre. Aber es war kein dummes, sondern ein erforderliches Foul, das das drohende 0:1 verhindert hat. Es war ein Foul für die Mannschaft.« Dass es weh tut, nicht im Endspiel dabei zu sein, keine Frage! »Ein WM-Finale ist das Größte und zu fehlen ist verdammt bitter«, sagte Ballack vor dem Showdown gegen Brasilien. Es klang irgendwie trocken, fast gelassen und nüchtern. Fußball kann man eben nicht wirklich in Worte fassen. Man muss ihn fühlen: in Schweiß und Tränen, in Jubel und Traurigkeit. Und manchmal braucht es für das alles zusammen gerade mal vier Minuten.

Die Geste, mit der sie sich unvergesslich gemacht haben. Zwei Mannschaften beenden eine Begegnung, die keinen als Verlierer sieht.

Spiel um Platz 3

Oft war es eine ungeliebte Pflichtveranstaltung vor dem großen Finale. Zwei außergewöhnliche Teams, Türkei und Südkorea, sorgten für einen ganz besonderen Höhepunkt.

Es war ein wunderbares Vorspiel für das Finale, dieses Match um Platz 3, dessen Abschaffung schon oft wegen seiner befürchteten Bedeutungslosigkeit gefordert wurde. Nach vier Wochen feierten die Koreaner in Daegu die letzte herzliche Fußball-Party. Nach dem 2:3 des WM-Gastgebers gegen die Türkei im »kleinen Finale«, das große Gefühle hervorrief, waren alle Beteiligten auf der Gewinnerseite. Es waren vielleicht die schönsten Szenen dieser stimmungsvollen koreanischen WM-Tage, als die Spieler beider Mannschaften nach dem Abpfiff gemeinsam Hand in Hand auf dem Rasen standen und die begeisterten

TÜRKIYE

Fans ihnen einen traumhaften Abschied gaben. »Die Unterstützung im ganzen Land war unglaublich. Ich möchte mich bei allen Menschen bedanken«, erklärte Südkoreas Trainer Guus Hiddink ergriffen, dessen Mission beendet war. Auf dem Weg zum vierten Platz bei dieser WM war der Holländer, dessen Vertrag mit dem WM-Ende auslief, zum Volkshelden geworden.

SÜDKOREA – TÜRKEI 2:3

An diesem letzten Abend jedoch stahlen ihm zwei Türken die Schau. Hakan Sükür begann das rassige Spiel mit dem schnellsten Tor der WM-Geschichte, als er nach elf Sekunden das 1:0 erzielte. Eul Yong Lee gelang schon schnell mit einem traumhaft gezirkelten Freistoß der Ausgleich. Doch nach den Toren des im Allgäu geborenen Ilhan Mansiz (13./32.) schien die Partie früh entschieden zu sein. Auch zu den Treffern zum 3:1 hatte Hakan Sükür, der türkische Rekordtorschütze vom AC Parma, die Vorarbeit geleistet. Weil die Koreaner weiter aufopferungsvoll kämpften, konnten die Zuschauer noch einmal einen fußballerischen Leckerbissen genießen. Chong Gug Song (90.) gelang erst in der Nachspielzeit der Schlusstreffer zum 2:3. Die Türken waren überglücklich. Sie schafften es, bei ihrer ersten WM-Teilnahme seit 48 Jahren die Bronzemedaillen mit nach Hause zu nehmen.

»Das ist das Wichtigste: dass wir unserem Volk so viel Freude bereiten konnten«, sagte Ilhan Mansiz, der für Besiktas Istanbul spielende Stürmer, der zu den großen Hoffnungen des türkischen Fußballs zählt. »Das Volk liebt meine Mannschaft, und meine Mannschaft liebt das Volk. So werden sich zwei Liebende treffen«, meinte der türkische Trainer Senol Günes in Vorfreude auf den Empfang in der Türkei. Und seine Gedanken richten sich bereits auf die nächste Weltmeisterschaft 2006 in Deutschland: »Da sind wir einer von zwei Gastgebern …« Sein Kollege Guus Hiddink auf koreanischer Seite: »Ich weiß nicht, was die Zukunft für den Fußball in Südkorea bringt, aber wir haben eine gute Basis gelegt. Es war für mich ein großes Glück, hier arbeiten zu dürfen. Südkorea hat mein Herz in ganz kurzer Zeit erobert. Im Geiste werde ich Südkorea niemals verlassen.« Gemeinsam ist den Trainern, dass sie die beiden größten Überraschungsmannschaften dieser Weltmeisterschaft in das kleine Finale mit einem der schönsten Spiele des Turniers gebracht hatten.

Trost für den, der sich nur für kurze Momente als der Unterlegene fühlen braucht. Bülent Korkmaz (3) kümmert sich um Young Pyo Lee, dessen Mannschaft gleich darauf Guus Hiddink, den Vater des südkoreanischen Höhenflugs, in den Himmel heben möchte.

Sie feiern sich selbst und werden gefeiert: der türkische Coach Senol Günes von seinen Spielern, Kapitän Hakan Sükür von FIFA-Präsident Sepp Blatter, die bronzenen Medaillen gemeinsam von Torhüter Rüstü Recber, Alpay Özalan und Hakan Sükür (9), Hakan Ünsal von Ünsal junior und die gesamte türkische Mannschaft von 63 483 Zuschauern und – allen voran – den südkoreanischen Spielern.

Spiel um Platz 3 · Spiel 63
Samstag, 29.06.2002
20:00 Uhr (13.00 Uhr MESZ) in Daegu (KOR)

SÜDKOREA – TÜRKEI
2:3 (1:3)

Südkorea: W. J. Lee – Yoo, Hong (46. T. Y. Kim), M. S. Lee – Song, Y. P. Lee, E. Y. Lee (65. Cha) – Park – Seol (79. T. U. Choi), Ahn, C. S. Lee
Türkei: Recber – Akyel, Özalan, Korkmaz, Penbe – Kerimoglu – Davala (76. Buruk), Bastürk (86. Havutcu), Belözoglu (41. Ünsal) – Mansiz, Sükür
Tore: 0:1 Sükür (1.), 1:1 E. Y. Lee (9.), 1:2 Mansiz (13.), 1:3 Mansiz (32.), 2:3 Song (90+3.)
Ecken: 10:4
Schiedsrichter: Saad Mane (Kuwait)
Zuschauer: 63.483
Gelbe Karten: E. Y. Lee – Kerimoglu, Recber
Gelb/Rote Karten: keine
Rote Karten: keine

Zwei stille Momente des Oliver Kahn. In Minute 67 und nach dem Abpfiff. Einen Vorwurf machte ihm nur einer. Er selbst.

DEUTSCHLAND	Weltmeister 1954, 1974, 1990 Vizeweltmeister 1966, 1982, 1986 Weltmeisterschaftsdritter 1934, 1970
BRASILIEN	Weltmeister 1958, 1962, 1970, 1994 Vizeweltmeister 1950, 1998 Weltmeisterschaftsdritter 1938, 1978

DAS FINALE

Mangel an Stoff hatten die Journalisten vor der letzten Partie der WM 2002 nicht. Das Finale der Giganten: Immer stand eines der beiden Teams seit 1950 (Ausnahme 1978) im Endspiel. Drei Titel hatten die einen, vier die anderen vor dem Anpfiff von Pierluigi Collina auf dem Konto. Nun wollten die Außenseiter von Rudi Völler gleich ziehen. Gegen einen Favoriten, für den nur die »Penta«, die fünfte Weltmeisterschaft, zählte. Beste Verteidigung – Kahn hatte in sechs Spielen nur einen Treffer kassiert – gegen beste Offensive, das versprach das Duell zweier Fußball-Philosophien.

Erfolgreiche Drohgebärden brachten keinen Torerfolg. Der fliegende Jens Jeremies beeindruckt Brasiliens Torhüter Marcos und Verteidiger Edmilson nicht weniger als Carsten Ramelows Körpereinsatz Wirkung bei Ronaldo zeigt.

DEUTSCHLAND – BRASILIEN 0:2

Hier die Malocher mit mächtigem Teamgeist, dort die Ballkünstler, die simples Handwerk verschmähen und auf geniale Geistesblitze setzen. Ein verkürztes Bild, wie man bei der Weltmeisterschaft lernen durfte. Luiz Felipe Scolari, daheim scharf kritisiert, hatte seine Mannschaft nicht auf Schönspielen, sondern Erfolg diszipliniert. Und angekündigt: »Wir werden deutscher als die Deutschen spielen.« In der Tat kickten Cafu, Ronaldinho, Rivaldo und Ronaldo mit beeindruckender Effektivität. Sie hatten nur 44 Prozent Ballbesitz, aber sie gewannen mehr Kopfbälle und Zweikämpfe. Und sie warteten geduldig auf Momente, in denen Genie gefragt war. Momente, für die Ronaldo zuständig war. Als ausgerechnet Oliver Kahn, ohne den die Chance, im Finale Fehler zu machen, gar nicht da gewesen wäre, in der 67. Minute einen Rivaldo-Schuss vor die Füße von Ronaldo prallen ließ, hieß es 1:0. Zwölf Minuten später erzielte der Stürmerstar sein achtes Tor bei dieser WM – Brasilien war Weltmeister!
Für Scolari Anlass zu einem Vermächtnis an die Landsleute, das auch von Völler hätte stammen können: »Vergesst nie dieses Team, denn das ist der Weg. Zusammen, in der Gemeinschaft, sind so viele Dinge möglich.« Sowohl Brasilianer als auch Deutsche hatten vor der WM nicht zum Favoritenkreis gehört. Nun präsentierte sich auch der Finalverlierer von seiner besten Seite. Während der Champion »deutsch« spielte, versuchte es Völlers Team »brasilianisch«. Der überragende Bernd Schneider & Co. waren im Spiel nach vorn nahezu gleichwertig, hatten hochkarätige Chancen, nicht zuletzt Neuvilles Pfostenknaller. Am Ende waren alle Kritiker einig: Deutschland hat verblasstes Renommee mit einem Team der Zukunft eindrucksvoll wieder aufpoliert. »Deutschland spielt besser, aber Brasilien behält dank seiner Champions die Oberhand«, schrieb »La Stampa« in Italien. Das Kompliment von »Trouw« (Niederlande): »Das Finale gegen Deutschland war die attraktivste Schluss-Gala seit 1986.« Und Franz Beckenbauer zieht Bilanz und schaut nach vorne: »Ich denke, wir haben ein gutes Spiel gesehen. Wer immer das Tor gemacht hätte, wäre als Sieger vom Platz gegangen. Der Fehler von Oliver Kahn hat mich sofort an Toni Schumacher 1986 erinnert. Man wird nie an Oliver Kahn herankommen, er ist introvertiert, der nur draußen auf dem Platz explodiert. Der Erfolg der Deutschen hat große Auswirkungen auf die Bundesliga und die Weltmeisterschaft 2006.«

Respekt verschaffen konnte sich Oliver Neuville (7) spätestens durch seinen Pfostenknaller. Aber manchmal fehlt eben ein Stückchen zum Glück.

Szenen, die zum Titel führten. Dem erfolglosen Versuch folgt ein machtloser Oliver Kahn, der Ronaldo die Vorlage vor die Füße gelegt hatte. Dann h erald Asamoah das Nachsehen und Oliver Kahn die Ahnung von der finalen Entscheidung.

Ein Lachen kehrt zurück. Und mit ihm ein Stück Fußball-Kultur. Gefeiert von Pelé, anerkannt von Franz Beckenbauer (oben) und in freundschaftlicher Verbundenheit mit Rudi Völler kann Ronaldo nach getaner Arbeit das Glück genießen.

Der Star der Weltmeisterschaft: Ronaldo Der große Pelé hat einmal gesagt: »Ich bin glücklich, wenn ich mit Ronaldo verglichen werde.« Ronaldo – der Star der Fußball-WM 2002, Torschützenkönig, Triumphator des Finales gegen Deutschland. Er hat längst einen Platz in der »Hall of Fame« seiner Sportart, dabei ist er gerade mal 25 Jahre alt. Ein Jahr älter als Deutschlands Entdeckung und Zukunftshoffnung Miroslav Klose, der in seiner Bescheidenheit wirkt, als sitze er morgen wieder auf der Schulbank. Ronaldo hat einen Status der Verehrung und Zuneigung erreicht, der von einem Mittzwanziger erst einmal getragen werden muss. Bei der WM hat sich ein reifer, in sich ruhender, starker Ronaldo präsentiert, dessen phänomenale Art der Berufsausübung viel mit dem zu tun hat, was er in den Jahren erlebte. Bei der WM 1994 hat er als 17-Jähriger kein einziges Spiel bestritten, wurde auf der Ersatzbank Weltmeister. Vier Jahre später in Frankreich galt der Weltfußballer der Jahre 1996 und 1997 als designierter WM-Held, aber ein rätselhafter Kreislaufkollaps kurz vor dem 0:3-Finale gegen Frankreich und der desolate Endspiel-Auftritt kürten Zinedine Zidane zum alleinigen Hauptdarsteller. Eine ganze Serie schwerster, vor allem Knieverletzungen danach schien den Star aus dem Rio-Armenviertel Bento Ribeiro schon zur Fußball-Vergangenheit zu machen, ehe Gegenwart und Zukunft für ihn beginnen konnten.

Ein Arzt hat ihn mühevoll wieder aufgebaut, monatelang hat Ronaldo seinem Körper bedeutet: Gib' den Widerstand auf, mein Willen ist stärker. Zweifel blieben, aber Trainer Scolari nahm ihn mit zur WM, obwohl es noch Defizite gab. Ronaldos WM-Spiele haben alle belohnt: vor allem ihn selbst, aber auch Scolari, Brasilien und nicht zuletzt die Fußball-Liebhaber in der ganzen Welt. Der Star genoss das wunderbare Comeback auf eher stille Art. Aber die Körpersprache signalisierte den Ausstoß von reichlich Glückshormonen. »Ich kann wieder lachen und mich beim Spielen freuen. Die dunklen Gedanken habe ich verdrängt.« Die Rückkehr dieses Lachens auf die Bühne des Weltfußballs ist eine der schönsten WM-Geschichten des Jahres 2002. Eine, über die sich alle freuen – ob Freund, ob sportlicher Gegner, ob Fan oder Skeptiker. Ronaldo ist ein Stück Fußball-Kultur. Mit 25 Jahren. Zinedine Zidane, wie Pelé Ikone der Ballartistik, erzählt: »Wenn ich mit meinem Sohn Fußball spiele, dann spielt er Zidane. Ich bin lieber Ronaldo.«

Er hat ein Spiel entschieden, das er als Triumphator verlässt. Er hat eine ganze Weltmeisterschaft nicht nur als Torschützenkönig geprägt. Er hat mit Hilfe seiner Mannschaft zu seinem Spiel wiedergefunden, das er manchmal schon verloren glaubte. Ronaldo weiß es in aller Stille zu feiern.

»Das Kollektiv war den Individualisten unterlegen – durch individuelle Fehler. Das war die bittere Ironie dieses großen Finales.«
SÜDDEUTSCHE ZEITUNG

»Der Fußball, so er denn einen eigenen Willen hat, hat im Endspiel von Yokohama entschieden: Er will doch lieber gespielt, nicht gearbeitet werden.«
DIE TAGESZEITUNG

»Das letzte Spiel einer großen WM bot alles, was Fans von 90 Minuten verlangen können. Einzige Einschränkung: Am Schluss reichte es nicht für einen Sieg der Elf von Rudi Völler.«
DIE WELT

»Am Ende eines verblüffenden Weges wartete auf die deutsche Mannschaft nicht das Wunder von Yokohama. Brasilien war zu stark und Kahn erstmals schwach.«
HANDELSBLATT

»Danke, Rudi. Du hast uns den Spaß am Fußball wiedergegeben.«
BILD-Zeitung

»Natürlich trauert die deutsche Mannschaft nach dem verlorenen Endspiel. Und mit ihr trauert mancher Politiker. Schließlich hätten sich die Wahlkämpfer gern im Glanz der Sieger gesonnt.«
BERLINER ZEITUNG

»Die Deutschen hatten eigentlich keine Chance, und dann spielten sie das beste ihrer sieben Spiele bei dieser WM.«
DER TAGESSPIEGEL

»Dass ausgerechnet ›King Kahn‹ den entscheidenden Fehler beging, der Brasilien das Tor zur fünften Weltmeisterschaft öffnete, gehört zu den Launen, die der Fußball auch an seinen Festtagen nie ablegt.«
FRANKFURTER ALLGEMEINE ZEITUNG

Endspiel · Spiel 64
Sonntag, 30.06.2002
20:00 Uhr (13.00 Uhr MESZ) in Yokohama (JPN)

DEUTSCHLAND – BRASILIEN
0:2 (0:0)

Deutschland: Kahn – Linke, Ramelow, Metzelder – Frings, Hamann, Jeremies (77. Asamoah), Bode (84. Ziege) – Schneider – Klose (74. Bierhoff), Neuville
Brasilien: Marcos – Lucio, Edmilson, Roque Junior – Cafu, Gilberto Silva, Roberto Carlos – Kleberson, Rivaldo – Ronaldo (90. Denilson), Ronaldinho (85. Paulista)
Tore: 0:1 Ronaldo (67.), 0:2 Ronaldo (79.)
Ecken: 13:3
Schiedsrichter: Pierluigi Collina (Italien)
Zuschauer: 69.029
Gelbe Karten: Klose – Roque Junior
Gelb/Rote Karten: keine
Rote Karten: keine

anz oben Kapitän Cafu, als hätte ihm der immel die Trophäe geschenkt. Und keiner ann es erwarten, sie in Händen zu halten. onaldinho und Rivaldo beim gemeinsamen uß, während die Unterlegenen noch die nttäuschung mit sich tragen. Doch nicht nur ranz Beckenbauer weiß eine große Leistung u würdigen.

Tagebuch der deut

»Elf Freunde müsst Ihr sein, um Siege zu erringen«, so heißt es. Bei dieser WM sind es 23, dazu ein Teamchef, der weiß, was sonst noch dazu gehör

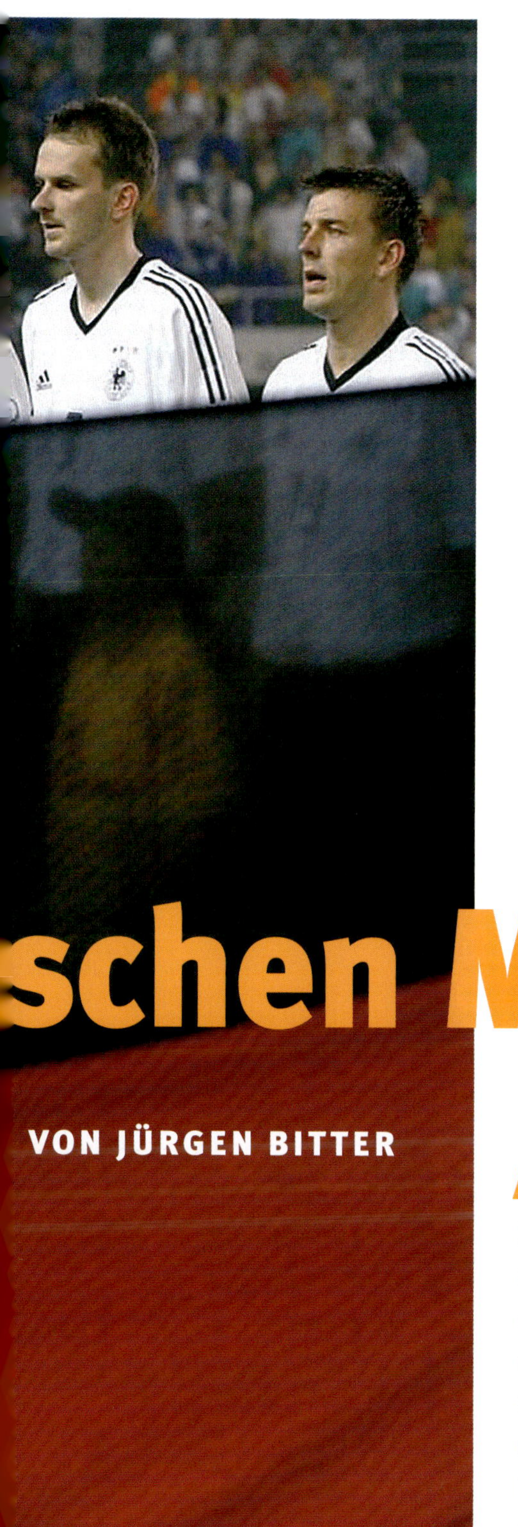

Stets gehörten sie zum Kreis der Favoriten, doch diesmal waren Deutschlands Kicker bestenfalls Außenseiter. Aber Rudi Völler meinte, aus der Harmonie werde sein Team Kraft für die Spiele in Japan und Südkorea schöpfen.

schen Mannschaft

VON JÜRGEN BITTER

Andy Herzog ist Kummer gewohnt. Nun sagt man dem österreichischen Fußball nach, er sei in einem besonders hohen Maße leidensfähig. Spätestens seit dem Debakel auf den Färöer-Inseln und der mittleren Katastrophe in der Relegation gegen die Türkei. Nach dem 2:6 im Leverkusener Testspiel gegen die Deutschen diktiert Herzog den Journalisten in ihre Notizblöcke: »Der Klose, das ist einer. Der ist supergefährlich, physisch stark und ein toller Kopfballspieler. Der könnte es bei der WM schaffen.« Gute Fußballer gibt es in der Alpenrepublik kaum noch – aber gute Propheten haben sie …

Und die Deutschen? Das Verletzungspech heftet sich an ihre Fersen. Jetzt hat es endgültig auch Sebastian Deisler erwischt. Die Geschichte der WM-Invaliden ist dem Bulletin einer kaum enden wollenden Serie operativer Eingriffe nicht ganz unähnlich. Erst Mehmet Scholls etwas überraschender Verzicht, den manche partout nicht verstehen wollen, dann das Dilemma mit Jens Nowotny und Christian Wörns und nun Deisler. Gerade halbwegs genesen, geht er schon wieder am Stock. Was im Spiel gegen Österreich passiert, liest sich dann durch die Brille von Nationalmannschaftsarzt Hans-Wilhelm Müller-Wohlfahrt so: Kniescheibe verrutscht und ein Stück herausgesprungen, Bluterguss, Prellung. Eigentlich kein Problem, meint Uli Hoeneß, in München bald einer der Chefs von »Basti-Fantasti«. Die Bänder seien eben »locker« und müssten bei Gelegenheit »gerafft« werden. Was dann nicht irgendwer vornimmt, sondern gleich der Guru unter den globalen Orthopäden: Dr. Richard Steadman im fernen Vail im US-Bundesstaat Colorado, wo einst schon Lothar Matthäus seine Bänder im Knie flicken ließ. Deisler muss seine WM-Ambitionen eben aufschieben – viel Glück bei der WM 2006 in Deutschland …

MONTAG, 20. MAI 2002

»Familientag« für die WM-Kandidaten – der letzte komplette für längere Zeit. Die Spieler nehmen Abschied von Frau, Freundin, Lebensgefährtin, von den Kindern und vom Dackel. Rudi Völler schaut noch mal in Leverkusen vorbei, ist aber mit seinen Gedanken längst im fernen Miyazaki. »Ich kann einfach nicht mehr abschalten – die Gedanken kreisen ständig um die WM«, sagt er und ist froh, dass es nun endlich los geht. Er stimmt sich noch einmal ab mit seinem Trainer-Spezi Michael Skibbe, denn nach der ständigen Achterbahn-Fahrt in den Testspielen (7:0 gegen Kuwait, 0:1 in Wales und 6:2 gegen Österreich) sowie den neuen Hiobsbotschaften müssen Alternativen her. Nichts ist mit: Die Reserve »hat Ruh'«.

DIENSTAG, 21. MAI 2002

Das hat es eigentlich ganz selten gegeben. Bisher war es in aller Regel so, dass Stars und Sternchen des deutschen Fußballs je nach Temperament und Selbstwertgefühl kleinere Hopser oder große Jubelsprünge machten, wenn man ihnen die Tickets zu einer Weltmeisterschaft schickte. Jörg Heinrich, soeben Deutscher Meister mit Borussia Dortmund geworden, verzichtet freiwillig. »Ich muss selbstkritisch eingestehen, dass ich in meiner derzeitigen körperlichen Verfassung keine Hilfe für die Nationalmannschaft sein kann«, sagt er den Medien. Einer, der so redet, hat ohne Wenn und Aber Respekt verdient. Teamchef Völler aktiviert die Warteliste seiner Kandidaten und holt noch in letzter Minute und kurz vor Schließung der »Wahllokale« den Dortmunder Lars Ricken und den Schalker Jörg Böhme. Beide sind frisch dekoriert mit Meisterschale bzw. Pokal-Pott.

MITTWOCH, 22. MAI 2002

Bunt geht's zu beim Abflug der deutschen WM-Expedition auf dem Frankfurter Flughafen. Alle Augen richten sich auf den Irokesenschnitt von Christian Ziege. Schwarz-rot-gold hat er sich die paar Haarstoppel in der Schädelmitte einfärben lassen. Seine Frau hat dabei mitgeholfen – also wird sie ihren »Chris« auch mit diesem Haarputz gut finden. Der Lufthansa-Flug LH 740 ist ein ganz besonderer, denn auf dem Weg nach Osaka legt die Maschine einen bislang unplanmäßigen Stopp in Miyazaki auf der südjapanischen Insel Kyushu ein. Dieser Kurskorrektur gingen wochenlange Verhandlungen mit der Lufthansa und den japanischen Luftfahrtbehörden voraus, denn der 300 000-Seelen-Ort verfügt eigentlich nur über einen Inlandflughafen. Doch die Zeitersparnis beträgt gut vier Stunden – da lässt auch der DFB schon mal mit sich verhandeln. In Deutsch-

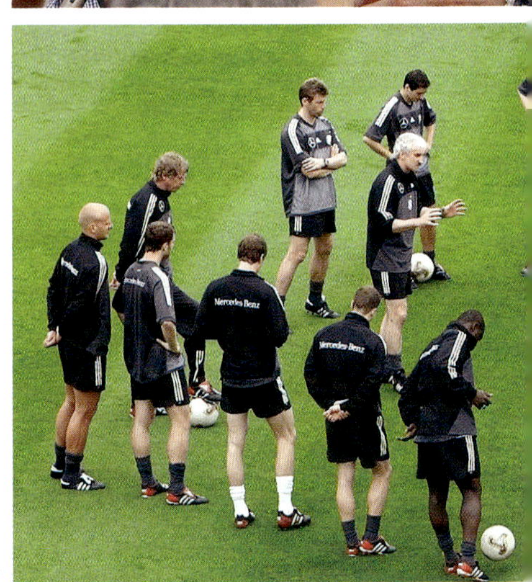

Gemeinsam fliegen sie, wohnen sie, entschlüsseln Geheimnisse des Landes, sprechen mit einer

land sind mittlerweile Fans und Kritiker ein Herz und eine Seele. Selbst Günter Netzer, der nach der Niederlage in Wales kaum noch ein gutes Haar an Völlers Team gelassen hatte, schwenkt auf Schmusekurs zur Nationalmannschaft: »Ich glaube an euch.« Was er so ganz genau glaubt, sagt er nicht.

DONNERSTAG, 23. MAI 2002

Toshiharu Fukuishi ist Manager des Hotels mit dem schönen Namen »Sheraton Phoenix Golf Resort«. Wie die meisten Japaner ist er ausgesprochen höflich zu den Menschen, die ihm begegnen, aber auch ebenso korrekt. Als DFB-Chefplaner Bernd Pfaff irgendwann im tiefen Winter die Verträge mit ihm unterschrieb, ließ ihn Herr Fukuishi wissen: »Journalisten sind hier tabu – lassen Sie keinen ins Haus.« Und so weiß niemand ganz genau, wie »Olli« und Co. in Miyazaki logieren. Ob die Betten bequem und die Zimmer, wie sonst in Japan üblich, eng sind. Ob sie eine Aussicht auf den Pazifik haben – und so weiter.

FREITAG, 24. MAI 2002

Was macht man gegen den Jetlag? Jeder Welttourist hat da seinen ganz speziellen Tipp, doch wenn man ehrlich ist, gibt es kein Patentrezept. Das Geheimnis liegt wohl darin, so schnell wie möglich einen neuen Lebens- und Schlafrhythmus zu finden. Rudi Völler hat sich da auch so seine Gedanken gemacht und verordnet seinen Spielern erst mal zwei Trainingseinheiten. Schlechte Nachrichten bringt ein Mann namens Dr. Johannes Preisinger mit, auf dessen Visitenkarte »Deutscher Generalkonsul« steht. Der ist zum offiziellen Empfang der DFB-Crew schnell mal eben von Osaka nach Miyasaki geflogen und spricht fast nur vom Regen: »Der wird bald kommen – und dann ist es hier so wie im November in Bonn.« Das kann sich zwar im Augenblick niemand vorstellen – angesichts der tropischen Hitze – doch man kann sich die Warnungen ja mal anhören. Aber es gibt auch schon gänzlich andere Probleme. Bernd Schneider beklagt das, was noch ein paar andere Spieler bemerkt haben: »Es bereitet mir Kopfzerbrechen, dass es für meine Playstation keine Anschlüsse gibt.«

SAMSTAG, 25. MAI 2002

Dem Himmel und den Technikern sei Dank – die Playstation ist in Betrieb. Aber so richtig können sich die Spieler noch nicht darauf konzentrieren. Immer wieder fallen ihnen die Augen zu, denn es ist einfach ein Kreuz mit dieser Zeitumstellung, die die innere Uhr nicht kapieren will. »Da geht man mittags mal kurz aufs Zimmer, setzt sich aufs Bett – und schon passiert‘s. Es fallen einem die Augen zu«, verrät der neue Abwehrchef Carsten Ramelow. »Das wird sich schon geben – in den nächsten Tagen können wir richtig Gas geben«, verbreitet Trainer Michael Skibbe Optimismus unter seinen müden Kriegern. Und Kapitän Oliver Kahn gibt Einblicke in die Tiefen seines Gefühlslebens. Er habe, so sagt er, das Gefühl, »dass wir für eine ganz große Überraschung mit unserer Mannschaft sorgen werden«. Alle vernehmen das gern, auch wenn sie nicht so richtig verstehen, warum der Torwartstar plötzlich mit so viel Zuversicht ausgestattet ist.

Stimme, schlagen sich den Jetlag aus den Gliedern und stehen zusammen. Einer kommt gestreift.

SONNTAG, 26. MAI 2002

Die Müdigkeit ist nach der Zeitumstellung aus den Köpfen – das bekommen auch die netten Jungs von Miyazaki zu spüren. Die Nachwuchsauswahl des südjapanischen Provinzstädtchens wehrt sich nach Kräften, doch am Ende steht ein standesgemäßer deutscher 10:0-Sieg. Doch Rudi Völler hätte es ganz gern gesehen, wenn seine Kicker noch eine Schippe draufgelegt hätten. Immerhin waren 15 000 Zuschauer im kleinen Stadion, und zu Hause probt die Fernsehnation schon mal die WM – zu ungewohnt früher Stunde. Im Stadion von Miyazaki betteln die Verlierer nach dem Abpfiff bei den Siegern um Autogramme.

MONTAG, 27. MAI 2002

Die Mischung macht's – das war schon bei früheren WM-Turnieren das Patentrezept der Bundestrainer. Sie muss stimmig sein zwischen dem täglichen Einerlei und den individuellen Ansprüchen nach freier Zeit. Und so heißt es an diesem frühsommerlichen Tag in Miyazaki: Macht, was Ihr wollt! Doch kaum ein Spieler kann mit dieser Freizeit etwas anfangen. In die City wollen die wenigsten, für einen 18-Loch-Gang auf dem benachbarten Golfplatz in Seagaia ist es eigentlich schon zu heiß. Also sitzen die meisten am Pool oder in der Lobby und unterhalten sich über das Testspiel gegen die 17-jährigen Bubis aus Miyazika. Und über das Verhalten der Fans. Oliver Neuville wundert sich: »Das ist hier schon komisch. Die Japaner verhalten sich ganz still – es sei denn, es fällt gerade mal ein Tor. Und die lachen auch an Stellen, wo es eigentlich nichts zu lachen gibt.«

DIENSTAG, 28. MAI 2002

Es gibt den ersten Streit. Nicht unter den Spielern, sondern hinter den Kulissen. Der Fernsehsender SAT. 1 fühlt sich, um es mal salopp zu sagen, veräppelt. Jörg Wontorra und die im Vorfeld des ersten Spiels um WM-News verlegenen TV-Journalisten hatten mit dem DFB abgesprochen, die Ankunft der Mannschaft und der Offiziellen zu einem luftigen Dinner im 42. Stock des feudalen Restaurant Grand Bleu im Hotel Ocean 45 zu filmen. Eigentlich kein Problem, doch die Nobelherberge hat nun mal mehrere Eingänge, und der DFB-Tross hält mit dem Bus eine Etage tiefer als dort, wo die Kameras stehen. Die Fernsehmacher schimpfen, der Presseabteilung des DFB ist es peinlich. Man regelt die Sache auf dem kleinen Dienstweg und gelobt Besserung. Den Spielern ist es wohl so oder so egal – sie lassen es sich mit dem Blick auf die wuchtigen Wellen des Pazifiks munden. Sie können wählen zwischen japanischem Sushi oder Rindfleisch mit Burgundersoße. Ersatz-Keeper Hans-Jörg Butt kommt so preiswert an seine Geburtstagsfete – er wird am gleichen Tag 28 Jahre alt.

MITTWOCH, 29. MAI 2002

Popstar Sasha schaut bei den deutschen Kickern vorbei. Er ist begeisterter Freizeitfußballer, doch sein Hiersein hat wohl auch handfeste kommerzielle Gründe. Für die tägliche SAT.1-WM-Sendung liefert er den Song (»This is my time«), und nach der Besichtigung des Mannschaftstrainings sagt er: »Da könnt' ich

Auch wenn es mit den Stäbchen nicht immer klappen will: Im fremden Land des Lächelns macht

wohl mithalten.« Das erste WM-Spiel rückt näher – alle reden nur noch über Saudi-Arabien. Viel weiß man von den Arabern nicht – aber sie haben sich nun mal qualifiziert und sind entsprechend ernst zu nehmen. Trainer Erich Rutemöller hat die Saudis gesehen und warnt vorsichtshalber auch schon mal: »Man darf sie nicht unterschätzen, die spielen einen guten Fußball.« Er sagt nicht, dass im Land des Öls und der Scheichs eine andere sportliche Variante als Fußball der eigentliche Hit ist: Kamelrennen.

DONNERSTAG 30. MAI 2002

Die nächste Journalistengruppe aus Deutschland kommt an – allmählich füllt sich das Pressezentrum im Sea-Side-Hotel, das nach der WM abgerissen werden soll, weil kaum jemand es nutzen will. Alles scheint in Seagaia, der grünen Lunge vor der Haustür Miyazakis, eine Nummer so groß geraten zu sein. Rudi Völler wirkt auf dem Podium noch immer entspannt bei den täglichen öffentlichen Auftritten. Seine Spieler führt er konsequent – aber es ist nicht seine Art, aufdringlich zu sein. Mittlerweile beherrscht »Tante Käthe« auch die hohe Kunst, viel zu reden und wenig zu sagen. »Alles ist relativ«, sagt er und schaut dabei sehr ernst drein. »Fußball ist doch gar nicht so schwer.«

FREITAG, 31. MAI 2002

Weiter Flug mit kleinem Gepäck! Ein paar Sporttaschen, die üblichen Koffer mit Trikots, Schuhen und Medikamenten – alles wird in den frühen Morgenstunden verstaut. Kurz nach neun bauen sich Köche und Kellnerinnen des Phoenix Golf Resorts im Eingangsbereich auf, sie wedeln mit deutschen Fähnchen und strahlen in die noch milde Morgensonne. Als der Bus rollt, winkt das Personal – jenseits der Scheiben winkt kaum jemand zurück. Rudi Völlers Mannen wirken ernst und in sich gekehrt vor dem Flug nach Sapporo, auf die nordjapanische Insel Hokkaido. Dies ist die WM der weiten Wege. Miyazaki – Sapporo, das ist fast so weit wie von Frankfurt nach Lissabon.

SAMSTAG, 1. JUNI 2002

Nun ist es endlich da – das WM-Feeling. Doch es ist so ganz anders als zu Hause. Die Japaner machen im Stadion das, was sie bei ihren Trips durch Europa ebenfalls am liebsten tun – sie knipsen. Als Schiedsrichter Ubaldo Aquino aus Paraguay das Spiel anpfeift, weht ein Blitzlichtgewitter durch den imposanten Sapporo-Dom. Sie jubeln bei den Toren – ansonsten sind sie mucksmäuschenstill. Nie zuvor bestritt eine deutsche Nationalmannschaft in einer Halle ein WM-Spiel. Doch der Favorit fühlt sich wohl und fegt wie ein Taifun über die bedauernswerten Saudis hinweg. 8:0 – anderntags titelt die japanische Zeitung »The Daily Yomiuri« ihren Bericht mit »After the blitzkrieg«.

SONNTAG, 2. JUNI 2002

Mit einer Chartermaschine der Japan Airlines geht es am Morgen nach dem Kantersieg zurück nach Miyazaki. Mannschaft, Offizielle, ein paar WM-Touris-

manch einer eine gute Figur. Unter dem sicheren Dach des Sapporo-Doms gelingt dies fast allen.

ten und die Journalisten fliegen gemeinsam. Allerdings hübsch voneinander getrennt. Die Sieger von Sapporo räkeln sich schon in ihren Sitzen, als die »Pressemeute« an Bord gelassen wird. In der japanischen Metropole der Bierbrauer regnet es in Strömen – bei der Ankunft in Miyazaki scheint wieder die Sonne. Und alle, die den höchsten deutschen WM-Sieg aller Zeiten erlebten, beeilen sich, ihn zu relativieren. »Ich kann mir nicht vorstellen, dass die Saudis in dieser Verfassung bei der WM einen Punkt holen werden«, sagt Rudi Völler. Die Journalisten vermissen den dreifachen Torschützen Miroslav Klose in der Pressekonferenz, doch der Teamchef hat ihn aus dem Verkehr gezogen: »Dem Jungen tut es gut, wenn man ihn jetzt zufrieden lässt«, sagt er.

MONTAG, 3. JUNI 2002

Gerhard Mayer-Vorfelder kann von nun an seiner Rolle als Delegationschef des DFB bei der WM gerecht werden. In Seoul hat er an den Sitzungen des Welt-Fußballverbandes (FIFA) teilgenommen, und es können ihm nur wenige folgen bei seiner Argumentation, warum der DFB dem umstrittenen FIFA-Boss Sepp Blatter ohne Wenn und Aber die Treue hielt. Es bleibt das Gefühl, dass es da ein übergeordnetes europäisches Fußball-Gesamtinteresse gibt, das dem Schweizer die Stimmen der Alten Welt einbrachte. Zu den Aussichten der Blatter-Gegner, bei Schweizer Gerichten etwas zu erreichen, sagt »MV«: »Vor Gericht und auf hoher See begibt man sich in Gottes Hand.« Mit anderen Worten: Man weiß nie, wie's ausgeht – beim Fußball ist das nun mal so.

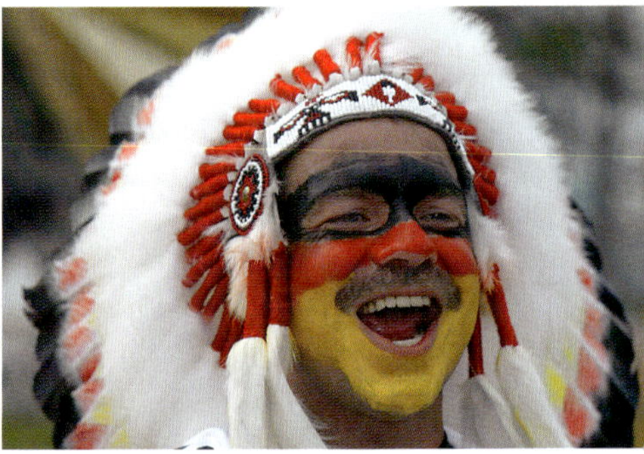

DIENSTAG, 4. JUNI 2002

Einige WM-Teilnehmer haben noch gar nicht gespielt, da packen die Deutschen in Miyazaki zu ihrem zweiten Match schon wieder die Koffer. Diesmal geht's nach Tokio, doch von der quirligen Metropole mit ihren überquellenden S-Bahnen und den lärmerfüllten Straßen bekommen die Spieler nichts zu sehen. Sie beziehen ihr Quartier vor dem Spiel gegen Irland in Narita. Im Kashima-Stadion von Ibaraki, das für 213 Millionen Euro errichtet wurde, wundern sich die Beobachter der deutschen WM-Städte für das Turnier 2006. Was, so fragen sie sich, passiert eigentlich nach dieser WM mit einer so teuren Fußballarena in einer Region, die eher ländlich strukturiert ist? Nach dem 1:1 gegen Irland macht sich dagegen im deutschen Team der Katzenjammer breit. Ein paar Sekunden fehlen zum Einzug ins Achtelfinale, doch dann zerstört Robbie Keane die deutschen Träume, und Oliver Kahn sagt: »Wir haben um dieses Ausgleichstor ja regelrecht gebettelt.«

MITTWOCH, 5. JUNI 2002

Wieder mal gibt es Erklärungsbedarf. Wie konnte das passieren, ist es nach diesem 1:1 vorbei mit der Harmonie im deutschen Team, hängt das Weiterkommen nun am seidenen Faden? Rudi Völler berichtet von einer »schlechten Nacht« und gibt dann Durchhalteparolen aus: »Natürlich schmerzt dieses Tor, aber wir wissen nun, woran wir sind. Mit der neuen Situation werden wir fertig – das ist

Nicht nur Häuptlinge, ob vom Weltfußballverband oder auch selbst ernannt, stehen im Blitzlicht-

doch klar.« Die Medizinmänner haben viel Arbeit. Miroslav Klose hat einen Schlag abgekommen – unterhalb des Knies. »Da tut es besonders weh«, erklärt der Torjäger, der gegen die Iren nun schon zum vierten Mal hingelangt hat. Die Physiotherapeuten bearbeiten den Bluterguss im Dauereinsatz. Klose wird in den nächsten Tagen täglich bis zu sieben Stunden auf der Massagebank liegen. Auch Christoph Metzelder, das Nesthäkchen im Team, hat Probleme am Knöchel. Darum verlor er womöglich auch das dem irischen Ausgleichstor vorangegangene Kopfballduell gegen den langen Quinn. Der WM-Ernst, der nach den acht Toren gegen die Saudis vorübergehend Miyazaki verlassen hatte, ist zu den Deutschen zurückgekehrt.

DONNERSTAG, 6. JUNI 2002

Die Chefs im Team machen sich ihre Gedanken, ob auch die Mannschaft einen solchen benötigt. Eigentlich, so war die offizielle Lesart, sollten hierarchische Strömungen zwischen der Nummer eins und der Nummer 23 ausgeschaltet werden. Mit anderen Worten: Alle haben was zu sagen. Oder besser: Alle haben nichts zu sagen – sie sollen einfach nur gut Fußball spielen. Das haben sie bisher ja auch in drei von vier WM-Halbzeiten praktiziert und dabei immerhin neun Tore geschossen. Doch nach den eher miserablen zweiten 45 Minuten gegen die Iren melden sich da ein paar Vordenker zu Wort – allen voran Franz Beckenbauer. Die Mannschaft sei zu leise, sagt er. Und es fehle eben der Chef im Team. Rudi Völler hat des »Kaisers« Ansichten natürlich auch vernommen und ist gewappnet, als die Journalisten ihn danach befragen. Er sagt zwar nicht, der Franz solle, bitt'schön, die Klappe halten. Er redet drum herum – und alle wissen, wie er's meint. Es kann keinen Chef geben, weil keiner, von Kahn mal abgesehen, dazu in der Lage wäre. Und Kahn steht im Tor und schreit sich in den Spielen sowieso schon die Kehle wund.

FREITAG, 7. JUNI 2002

Spionagetätigkeit ist im großen Fußball ein Teil des Wettbewerbs. Sie ist völlig legal, spielt sich nicht im Verborgenen ab, und sie arbeitet auch nicht mit toten Briefkästen. Michael Skibbe, der Bundestrainer, ist als Spion vom Spiel des dritten WM-Gegners Kamerun gegen Saudi-Arabien zurückgekehrt. Der Afrika-Champion hat mit Ach und Krach in Saitama 1:0 gewonnen, und das macht den Deutschen Mut. Michael Skibbe ist zwar einerseits Mahner und rühmt die individuellen Fähigkeiten der schwarzen Gazellen des Winfried Schäfer, doch vom Weiterkommen seiner Mannschaft ist er felsenfest überzeugt: »Auf der einen Seite ist es schwierig, diesen einen Punkt, den wir noch brauchen, zu holen. Andererseits hat Kamerun gegen die Saudis so viele Fehler in der Abwehr gemacht, dass wir uns gleiches noch einmal wünschen.«

SAMSTAG, 8. JUNI 2002

Alle wollten mit ihm sprechen – kaum jemand bekommt ihn zu Gesicht. Nun ist er wieder da – und Miroslav Klose, der WM-Star »made in Germany« (was

gewitter der unermüdlichen Knipser – auch deutsche Torschützen und Übungsleiter sind gefragt.

nicht ganz stimmt, weil er im polnischen Opole zur Welt kam), führt ein lockeres Gespräch mit den Journalisten. Und wohl jeder, die ihn so unbefangen plaudern hört, ist angetan von der klugen Schlichtheit dieses jungen Mannes, der am nächsten Tag in Miyazaki seinen 24. Geburtstag feiern wird. Als er vor etwas mehr als einem Jahr in Leverkusen sein erstes Länderspiel bestritt und gleich gegen Albanien ein wichtiges Tor erzielte, war der Teamchef noch leicht irritiert, als ihn sein Stürmer mit den Worten »Guten Tag, Herr Völler« begrüßte. Inzwischen hat er sich das abgewöhnt. Aber er findet es heute noch in Ordnung, so die große Bühne betreten zu haben: »Ich weiß nicht, wie Sie das halten«, schaut er in die Runde der Journalisten. »Wenn Sie zum ersten Mal einen Menschen sehen, sagen Sie doch wohl auch nicht gleich ›hallo Rudi‹.«

SONNTAG, 9. JUNI 2002

Alles dreht sich um diese Frage: Schöpft die Mannschaft von Kamerun einen Vorteil aus der Tatsache, dass sie in Winfried Schäfer einen deutschen Trainer auf der Bank hat? Michael Skibbe sieht das ganz gelassen: »Natürlich weiß der Winni eine Menge vom deutschen Fußball. Aber wir kennen auch die Stärken und Schwächen seines Teams.« Die Spekulationen über die Formation für das entscheidende Spiel schießen immer heftiger ins Kraut. Doch Skibbe gibt sich bedeckt: »Wir wollen uns noch ein paar Überraschungen bewahren.« Wohl auch, um den Kollegen Schäfer ein wenig zu ärgern.

MONTAG, 10. JUNI 2002

Das war's! Die Deutschen packen die Koffer, und in ihrer Erinnerung wird Miyazaki dem Titel einer beliebten Fernsehserie entsprechen: Gute Zeiten – schlechte Zeiten. Der Zuversicht nach dem 8:0 gegen die »Saudis« folgte das Last-Minute-Tor zum 1:1 gegen Irland und mit ihm ein dickes WM-Fragezeichen. Am Abend vor der Abreise bedankt sich die Teamleitung beim Gouverneur der Provinz und bei den örtlichen Komitees. »Wir haben Freundschaften geschlossen«, sagt DFB-Chef Gerhard Mayer-Vorfelder und lädt spontan eine Jugendmannschaft aus Miyazaki zu einem Besuch nach Deutschland ein.

DIENSTAG, 11. JUNI 2002

Auf der Wetterkarte ist es deutlich zu sehen – ein Taifun nähert sich den japanischen Hauptinseln, und die erst an diesem Tag aus Miyazaki abreisenden Journalisten befürchten, nicht mehr rechtzeitig nach Shizuoka zum Spiel gegen Kamerun zu gelangen. Aber Fukurokuju und Jurojin, Japans Göttern für Glück, langes Leben und Weisheit, sei Dank – der Taifun zieht nach Norden ab und lässt nur einen warmen Regen zurück. Er verwandelt die Region zwischen Nagoya und Tokio zur Waschküche. 93 Grad Luftfeuchtigkeit wird zum Zeitpunkt des Anpfiffs im Stadion gemessen. Nach dem 2:0 gegen Kamerun freuen sich ein paar Spieler aus der zweiten Reihe aus naheliegendem Grund: Ramelow, Ziege und Hamann sind gesperrt – im Achtelfinale naht die Stunde der Reservisten.

Quartierwechsel per Flieger – es ist die Weltmeisterschaft der großen Entfernungen. Abreisen

MITTWOCH, 12. JUNI 2002

Das erste Ziel ist bei dieser WM erreicht, doch einer aus dem deutschen 23er-Kader fliegt nach Hause. Jörg Böhme ist am Vorabend beim »Warmlaufen« – muss wohl auch bei großer Hitze notwendig sein – mit dem Stollen im Rasen hängengeblieben. Die Diagnose ist für ihn erschütternd: Muskelfaserriss, zwei Wochen Pause! In zwei Wochen steht das Finale an. »Er hatte gute Chancen, im Achtelfinale dabei zu sein«, sagt Rudi Völler. Ein schwacher Trost für den Schalker mit den tätowierten Armen.

DONNERSTAG, 13. JUNI 2002

Jetzt wohnen sie im »Paradies«. Denn so heißt es, das Hotel in Seogwipo auf der Insel Jeju. Sechs Sterne soll es besitzen, doch da haben die Koreaner wohl ihre eigenen Wertvorstellungen. Aber: Keiner der Spieler hat echten Grund zur Klage, sieht man einmal von Michael Ballack ab, der das »Quietsch-Rosa« an seiner Bettwäsche moniert. Andere Probleme hat da Pressechef Harald Stenger, denn aus der 15-Minuten-Fahrt zur täglichen Pressekonferenz wird schon mal mehr als eine Dreiviertelstunde, weil die begleitenden Sicherheitskräfte vom Festland stammen und den Weg nicht kennen.

FREITAG, 14. JUNI 2002

24 Stunden vorher wollten sie von ihm wissen, wie es mit seiner Fußverletzung bestellt sei. Michael Ballacks Antwort war eindeutig: »Es gibt da keine Probleme.« Gibt sie aber doch – nicht mit dem Fuß, sondern etwas höher, mit der Wade. Dort hat sich bei dem Neu-Bayern eine Muskelverhärtung eingenistet. Worauf die Physiotherapeuten mal wieder eine Doppelschicht einlegen müssen. Der Rest ist fit und brennt gegen Paraguay auf den Einsatz. Was auch für Oliver Bierhoff gilt – am Abend seiner Karriere, den er sich wohl etwas anders vorgestellt hat.

SAMSTAG, 15. JUNI 2002

Nur die Schulkinder, die man mit Freikarten ins kühne Stadion am Meer gelassen hat, sind guter Dinge. Der Rest der knapp 25 000 Fans langweilt sich. »Ergebnisorientiert« nennt man Spiele dieser Art. »Paraguay wollte keine Tore schießen sondern sie nur verhindern«, mosert Rudi Völler und gibt sich alle Mühe, ein Spiel zu erklären, das nur dank Oliver Neuvilles Tor in der 88. Minute für die Deutschen erwähnenswert bleiben wird. Michael Ballack hat durchgehalten und sagt später etwas Bemerkenswertes: »Es war ein Spiel, das eigentlich nie begann.« Aber man hat ein Ziel erreicht – das Viertelfinale. Wovon man vorher bestenfalls zu träumen gewagt hatte.

SONNTAG, 16. JUNI 2002

Es gibt einige Aufregung beim Training. Ein paar deutsche Fans wollen es sich ansehen, doch die FIFA verbietet in ihrem WM-Sicherheitskatalog den Mannschaften die Öffentlichkeit zwischen den Spielen. Das wollen einige nicht begreifen, auch Gerhard Mayer-Vorfelder nicht. DFB-Pressechef Harald Stenger hat

heißt auch wieder Ankommen. Sicherheit, Blumenkränze und schönste Ausblicke sind garantiert.

Verständnis für die Wünsche der weit gereisten Sympathisanten der Nationalmannschaft und öffnet ihnen die Tür. Womit er die Sicherheitsbeamten sichtlich irritiert.

MONTAG, 17. JUNI 2002

Am früheren »Tag der deutschen Einheit« hält Uneinigkeit Einzug bei den Deutschen. Rudi Völler hat Reisemarschall Bernd Pfaff davon überzeugt, dass es gut sei, nach dem Viertelfinalspiel gegen die USA nicht wieder nach Jeju-Island zurückzukehren, sondern gleich nach Seoul zu jetten. Rudi hat die Rechnung ohne die Wünsche der Fernsehanstalten gemacht, denn die haben viel Geld investiert, um täglich Pressekonferenzen aus Seogwipo senden zu können. Auch die Journalisten sind sauer, weil sie ihre Hotelzimmer nach den vorgegebenen Reiseplänen buchten und bezahlten. Gerhard Mayer-Vorfelder flattert ein Brief auf den Tisch, der ihn getroffen haben muß. »Wir hätten unter Männern darüber reden sollen«, sagt er und legt Völlers Wünsche mit einem gewissen Bedauern zu den Akten. Das Fernsehen hat gewonnen – auch keine neue Erkenntnis, seitdem im Fußball die großen Gelder von den TV-Anstalten rollen.

DIENSTAG, 18. JUNI 2002

Es herrscht Trauer im deutschen Quartier in Seogwipo. Kurz vor Mitternacht ist die Nachricht vom Ableben Fritz Walters eingetroffen. Die Spieler erfahren sie erst an diesem Morgen. Gerhard Mayer-Vorfelder und DFB-Generalsekretär Horst R. Schmidt wollen zur Trauerfeier des ersten Ehrenspielführers der Nationalmannschaft zurück nach Deutschland fliegen. Die FIFA entspricht dem Antrag der Deutschen, am Freitag gegen die USA mit einem Trauerflor antreten zu dürfen. Rudi Völler erinnert in der Pressekonferenz an seinen Vater, der immer leuchtende Augen bekam, wenn er von Fritz Walter sprach. Einer der Legenden des deutschen Fußballs hat sich verabschiedet, und Miroslav Klose verspricht, dass er ein Tor gegen die USA diesem großen Fußballer widmen werde.

MITTWOCH, 19. JUNI 2002

Die Aufregung um einen verbalen Ausrutscher von Rudi Völler hat sich gelegt. Er hat in einem Interview gegenüber SAT.1. Südkoreas Bum-Kun Cha, den Helden einer früheren südkoreanischen Fußball-Epoche, recht derb diffamiert. Cha hatte die Deutschen nach ihrem Sieg gegen Paraguay kritisiert, und bei seinem Konter vergriff sich Völler in der Tonlage. Cha habe, so meint der Teamchef, während seiner Leverkusener Zeit offenbar »zu viel Aspirin gefressen«. Die Worte tun Völler leid, und die südkoreanische Fußballseele wollte er schon gar nicht verletzen. Er hat das gerade gerückt und sich bei seinem alten Kumpel entschuldigt.

DONNERSTAG, 20. JUNI 2002

Aufbruchstimmung im »Paradies« – die Spieler packen die Koffer, und sie wissen, dass sie nur dann nach Jeju-Island zurückkommen, wenn sie die Amerikaner geschlagen haben. Wenn nicht, geht es gleich über Seoul heim nach Deutsch-

Nachricht aus der Heimat. Die Fußballwelt hat ihn verloren – das Vorbild, die Legende, den Helden

land. Aber: Alle, die der Mannschaft nahe stehen, lassen keinen Zweifel daran, dass sie gemeinsam ihren Traum verwirklichen wollen. Karl-Heinz Rummenigge, der Repräsentant der Arbeitsgruppe »Nationalmannschaft« im Ligaverband, ist vom Sieg gegen die USA überzeugt: »Die allgemeine Wetterlage stand vor der WM gegen den deutschen Fußball. Jetzt steuert er das Halbfinale an – ich bin sicher, dass er es erreicht.«

FREITAG, 21. JUNI 2002

Die Propheten behielten recht – ein einziges Tor und zahlreiche Weltklasseparaden von Oliver Kahn genügten, um die Amerikaner auszuschalten und das Halbfinale zu erreichen. In der stickigen Mixedzone des Stadions der Industriestadt Ulsan sieht Rudi Völler nicht wie ein strahlender Sieger aus. »Wir haben alles erreicht – aber wir haben nicht so gespielt, wie wir das wollten«, sagt er, und kein Lächeln huscht ihm über die Lippen. »Fußball in Holzschuhen«, spottet ein dänischer Journalist. Oliver Kahn, dem eigentlichen Heros des Abends, wird es irgendwann zu bunt: »Wir reißen uns da unten den Arsch auf und ihr sitzt da oben auf eurer Tribüne.« Der Triumph der Deutschen geht am Ort des Geschehens in einem freudlosen Klima einher, weil niemand Gefallen am holprigen Spiel der Mannschaft findet.

SAMSTAG, 22. JUNI 2002

20 000 rot gekleidete junge Leute sind im Stadion von Seogwipo außer Rand und Band. Mit Trommeln, Luftballons, Fähnchen, Kleinkindern in Tragegurten und viel guter Laune sind sie gekommen, um fernab von Gwanju das Spiel ihrer »Reds« gegen Spanien auf einer Videowand mitzuerleben. Korea erliegt sehr bereitwillig dem Freudenrausch – die Menschen des geteilten Landes sind geeint in einer Mischung aus purem Staunen und grenzenloser Begeisterung. Der Jubel nach dem Elfmetersieg schallt hinüber zum kleinen Trainingsplatz der Nationalmannschaft, die nun auf Asiens Fußballstolz treffen wird. »Wenn wir im Halbfinale keine spielerischen Impulse setzen können, haben wir keine Chance«, sagt Rudi Völler. Trotz aller Freude hat Nachdenklichkeit Einzug gehalten im Team der Deutschen.

SONNTAG, 23. JUNI 2002

Michael Skibbe ist aus Gwanju zurückgekehrt. Er war wieder mal als Spion tätig und hat eine hohe Meinung vom Halbfinalgegner Südkorea mitgebracht: »Die werden von der unglaublich intensiven Atmosphäre in den Stadien getragen. Hoffentlich lassen sich unsere Spieler anstecken von der Begeisterung.« Oliver Kahn kann sich an 1994 errinnern. Damals, beim 3:2 gegen Südkorea bei der WM in den USA, herrschten Temperaturen von über vierzig Grad im Schatten. Und Schatten gab es nicht. Illgner stand im Tor – Kahn war glücklich: »Es war das einzige Mal in meinem Leben, dass ich froh war, nicht spielen zu müssen.« Vor dieser Generation südkoreanischer Fußballer hat der deutsche Torwartweltstar großen Respekt: »Für uns wird das am Dienstag ein Marathonlauf …«

von Bern 1954. Die Spieler tragen Trauer, und sie wollen für ihn spielen. Für den großen Fritz Walter.

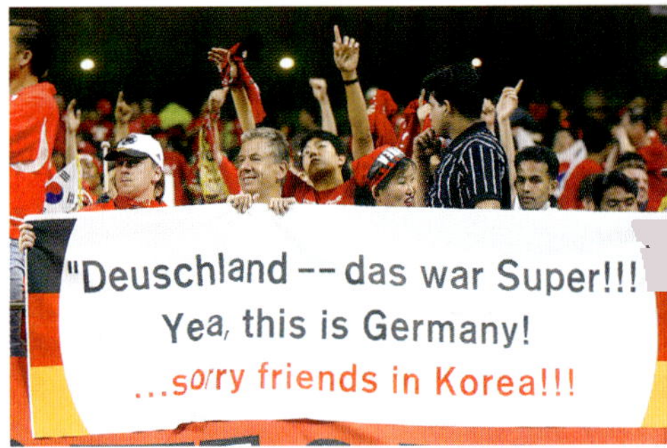

MONTAG, 24. JUNI 2002

Es wird Zeit, das »Hawaii des Ostens« zu verlassen, denn die Regenzeit ist nun da. Der Himmel öffnet alle Schleusen, und der DFB packt seine Siebensachen. In den Morgenstunden fliegt der Tross von Jeju-City nach Seoul, und in den Koffern steckt die Hoffnung auf ein großes Spiel im Halbfinale. Aus Trotz zu neuer Stärke – das ist die neue deutsche Devise. Den Kritikern will man es zeigen, und Rudi Völler glaubt zu wissen, dass die »große Masse der Fans zu Hause« sowieso hinter der Mannschaft steht. Zu seinen Fußballern sagt er: »Männer, dieses Spiel ist für uns alle ein Traum, ihr könnt noch Jahre davon zehren.«

DIENSTAG, 25. JUNI 2002

Der Traum wird wahr. Deutschlands Fußballer stehen im Finale. Und der tragische Held weint in der Kabine. Michael Ballack hat sich die zweite Gelbe Karte eingehandelt und ist gesperrt. Ein Tor hat er geschossen, ein blaues Auge hat er sich eingehandelt – und nun das. »Ich ziehe meinen Hut vor ihm«, sagt Rudi Völler nach dem 1:0 gegen Südkorea. Das Feuerwerk am Himmel spiegelt sich in den traurigen Augen der Verlierer. Michael Ballack ist einer von ihnen.

MITTWOCH, 26. JUNI 2002

Der Tag beginnt für die WM-Finalisten mit einem Bankett im Hotel Sheraton Walkers Inn, wo sich die Häuserschluchten Seouls verlieren und einer lieblichen Hügellandschaft weichen. DFB-Präsident Gerhard Mayer-Vorfelder hält eine Rede: »Ich bin stolz auf diese Mannschaft.« Auch die angereisten Spielerfrauen sind stolz auf ihre Männer. Und sogar der Kanzler lobt die Kicker. Nach dem Sieg gegen Südkorea hat er mit Rudi Völler, noch in der Kabine, telefoniert und ihn beglückwünscht. Am Sonntag will er zum Endspiel nach Yokohama kommen. Und da Wahlzeit ist, kommt sein Herausforderer Edmund Stoiber gleich mit.

DONNERSTAG, 27. JUNI 2002

Michael Skibbe ist der Vielflieger im DFB-Tross. In den Mittagsstunden kehrt er aus Osaka zurück, wo die Brasilianer mit dem 1:0 gegen die Türkei ins Finale dribbelten. Er hat eine »schwer auszurechnende« südamerikanische Mannschaft gesehen, doch der Ansicht des türkischen Trainers Senol Günes, die Brasilianer seien im Finale eine Nummer zu groß für die Deutschen, will er sich nicht anschließen. In der Pressekonferenz entschuldigt sich ein BBC-Reporter bei Dietmar Hamann »im Namen der englischen Presse« für die Negativberichterstattung auf der Insel. Mehr noch: Ein britischer Priester hatte von der Kanzel in seiner Fürbitte den Wunsch geäußert, der liebe Gott möge doch, bitte, verhindern, dass die Deutschen das Finale erreichen. Die himmlischen Mächte hatten dafür offenbar kein Ohr.

FREITAG, 28. JUNI 2002

Die Mannschaft brennt vor Ehrgeiz – so jedenfalls will es Rudi Völler bemerkt haben. Der Teamchef selbst wirkt eher gelassen, als er am Morgen um acht Uhr

Auf dem Weg zum Traumfinale war manches Hindernis zu überwinden. Als der Tag gekommen war,

vor die internationale Presse tritt. Und daran wird sich bei ihm bis zum Anpfiff auch nichts verändern. »Vor den Spielen kann ich gut schlafen, hinterher oft überhaupt nicht«, sagt er und lässt sich wieder einmal nicht in die Karten schauen, was seine Aufstellung für das Finale angeht. Den Brasilianern bescheinigt Rudi Völler noch einmal die »absolute Favoritenrolle«. Sie verfügten nun mal über ein »unerschöpfliches Reservoir« an tollen Einzelkönnern. Und das sei schon »seit Menschengedenken« so. Einem Journalisten aus Mailand antwortet er in dessen Sprache. Plötzlich spricht der Chef des Sensationsfinalisten nicht mehr über das große Spiel, das vor der Tür steht, sondern er spricht über seine »italienische Frau« und über seine beiden »italienischen Kinder«. Zwei Stunden später fliegt Rudi Völler mit dem DFB-Charter von Seoul nach Tokio. Am Abend schaut sich die Mannschaft schon mal das Stadion in Yokohama an.

SAMSTAG, 29. JUNI 2002

Im Sheraton-Hotel in Yokohama ist es wie in einem Bienenhaus – die Journalisten aus aller Welt fliegen ein und aus. Doch die Deutschen lassen sich nur einmal kurz sehen – zur Pressekonferenz. 250 Medienvertreter werden gezählt; so eng war es im Saal noch nie. Die Fragen der internationalen Fußballreporter aus aller Welt sind die gleichen, die die deutschen Kollegen schon viele Male gestellt haben. Rudi Völler schaut ernst in die Kameras, als er sagt: »Jeder muss das Spiel seines Lebens machen, sonst können wir gegen die Brasilianer nicht bestehen.« Deutschlands Politikprominenz ist auf dem Anflug. Kanzler Schröder besteht darauf, dass die deutschen Fußballer »schon jetzt Helden« sind, egal wie das Finale auch ausgehen mag. Und Bundespräsident Rau meint, die deutschen Spiele bei der WM seien viel besser gewesen, als in den Zeitungen zu lesen war. Fast alles im Leben ist Ansichtssache – besonders beim Fußball.

SONNTAG, 30. JUNI 2002

Die letzten Meter eines langen Weges. Die deutschen Spieler sind in diesen Wochen zu einer verschworenen Gemeinschaft zusammengewachsen. Doch so weit geht die mannschaftliche Geschlossenheit nun auch wieder nicht, dass alle gleichzeitig zum Frühstück erscheinen, wie das früher bei Klassenfahrten üblich war. Jeder kann vor dem Finale schlafen, so lange er will. Am späten Vormittag nehmen sich Rudi Völler und Michael Skibbe noch einmal viel Zeit für Einzelgespräche. Um 12.15 Uhr gibt es die »Henkersmahlzeit«, knapp vier Stunden später steht eine letzte Mannschaftsbesprechung an, danach geht es per Bus zum Traumziel aller, dem Yokohama International Stadium – vorbei an fröhlich feiernden Fans aus allen Teilen der Welt. Noch ein paar Dehnübungen auf dem Rasen. Zwanzig Minuten vor dem Anpfiff sitzen sie alle in der Kabine, die meisten sind mit sich und ihren Gedanken allein. Draußen vom Gang ertönt der Pfiff des italienischen Schiedsrichters Pierluigi Collina – die Spieler klatschen sich gegenseitig ab, und »Didi« Hamann sagt zu seinen Kameraden das, was er immer sagt, wenn das Tor zum Spielfeld von Schritt zu Schritt größer wird: »Ordnung halten!« Diesmal sagt er es etwas lauter als sonst …

kamen sie alle. Sie wollten dabei sein, und mancher auch gesehen werden. Nur einer fehlte.

Das Team

Man sagt den Deutschen nach, dass sie zur Gründlichkeit neigen, bei großen Dingen nichts dem Zufall überlassen und geradezu pingelig sind, wenn es um strategische Details geht. Schade nur, dass man den Fußball nicht planen kann – sonst hätte sich von vornherein die Frage erübrigt, wer in Japan und Korea am Ende triumphiert.

hinter dem Team

Gut aufgehoben fühlten sich die Spieler des Deutschen Fußball-Bundes im Fernen Osten. Das hatte seine Gründe, und das hatte natürlich auch seinen Preis. Nie zuvor war eine Weltmeisterschaft so teuer, nie waren die Wege weiter, nie waren die logistischen Herausforderungen so groß. Dreimal jettete DFB-Direktor Bernd Pfaff, der Organisationschef des Unternehmens WM, nach Japan und Südkorea. »Was waren das noch für Zeiten, als man mal eben, wie vor vier Jahren, nach Nizza fliegen konnte«, erinnert sich Pfaff, der schon monatelang vor dem Abflug die Fäden im Organisationsstab zusammenhielt.

Mit drei Tonnen Fracht flog der DFB am 22. Mai 2002 von Frankfurt Rhein/Main nach Miyasaki. Pfaff hatte seine ganze Überredungskunst aufbieten müssen, um die Lufthansa davon zu überzeugen, auf dem Weg nach Osaka einen unplanmäßigen Stopp in der Stadt des deutschen WM-Quartiers auf der südjapanischen Insel Kyushu einzulegen.

Als die übermüdeten Spieler nach elfstündigem Flug ihr Ziel erreichten, war alles gerichtet. Köche und Kellnerinnen standen vor der Tür des Sheraton Phoenix Golf Resorts und winkten mit schwarz-rot-goldenen Fähnchen, und in der Küche führte Heinz Imhof mit seinem Assistenten Jürgen Deppe das Regiment. Allerdings mit sanfter Hand und weicher Stimme, um die japanischen Köche nicht zu verprellen. Da die Liebe, auch die zur vorübergehenden Wahlheimat, bekanntlich durch den Magen geht, war der 49-jährige Küchenchef des Kempinski Hotels Gravenbruch in Neu-Isenburg zweifellos einer der wichtigsten Männer im Team hinter dem Team.

Eine Tonne Lebensmittel steckte im Bauch des Lufthansa-Fliegers nach Japan – unter anderem ein Brotaufstrich namens Nutella. Vor allem Kräuter und europäische Öle. »Sportlermägen sind nun mal sensibel, und mit einem rebellierenden Magen lässt es sich schlecht Fußball spielen«, erklärte Heinz Imhof, bei dem auch schon mal der eine oder andere Spieler vorbeischaute, um sich, wie Michael Ballack, schlicht und ergreifend Milchreis zu bestellen. Imhof war in Miyazaki der Frühaufsteher im Team. Er schaute persönlich auf dem Markt vorbei, um Frisches auf den Tisch zu bringen. Fleisch und Wurst kamen von einem einheimischen Metzger, der sich lange in Deutschland umgeschaut hatte, das Brot lieferte ein deutscher Bäcker, der sich – warum auch immer – in diesem Zipfel der Welt niederließ.

Ein besonderes Augenmerk legt der DFB bei den großen Turnieren, aus gutem Grund, auf seine medizinische Abteilung. Noch vor sechs Jahren, bei der Europameisterschaft in England, gab es einigen Wirbel, weil sich die Münchner Spieler bei diversen Blessuren die Konsultation von Dr. Hans-Wilhelm Müller-Wohlfahrt erbaten. Der Ärger war vorprogrammiert – und so befand der DFB, es sei doch eigentlich besser, den vielgelobten bajuwarischen Orthopäden gleich mit ins Boot zu nehmen. Der »Doc« hatte in Japan und Südkorea mit Dr. Josef Schmitt einen weiteren Orthopäden an seiner Seite. Komplettiert wurde das Ärzteteam durch Dr. Tim Meyer, ein Internist, der auch für die Fitnesspläne verantwortlich zeichnete.

Viel zu tun hatten insbesondere die vier Physiotherapeuten – und es ist ihnen allen heute noch völlig unverständlich, wie einst der legendäre Erich Deuser diese Arbeit allein schaffen konnte. Adolf Katzenmeier, der seine Praxis in der DFB-Zentrale in der Frankfurter Otto-Fleck-Schneise hat, kann sich an diese Zeiten noch erinnern und wurde einst von Sepp Herberger verpflichtet. In Japan und Südkorea erlebte er seine sechste Weltmeisterschaft. Er war schon dabei, als man die Physiotherapeuten noch Masseure nannte und als Eintracht Frankfurt 1960 im Europacupfinale der Landesmeister gegen Real Madrid spielte. Mit Klaus Eder, der in Donaustauf ein florierendes Reha-Zentrum betreibt, Christian Müller und Wolfgang Bunz arbeiteten die Physiotherapeuten in mehreren Schichten fast rund um die Uhr. Als nach dem zweiten Gruppenspiel, dem 1:1 gegen Irland, Torjäger Miroslav Klose einen Schlag unterhalb der Kniescheibe abbekommen hatte, war der Pfälzer Dauergast auf der Massagebank der DFB-»Kneter«, die bemüht waren, mit allen Tricks ihrer Zunft einem Bluterguss den Garaus zu machen.

Harald Stenger war einer der meistfotografierten und gefragten Menschen im Team hinter dem Team. Er ist als Nachfolger des in den Organisationsstab für die Weltmeisterschaft 2006 gerückten Wolfgang Niersbach nunmehr einer der beiden Pressechefs des DFB. Er kennt das Geschäft aus dem eff-eff, denn als Fußballchef der »Frankfurter Rundschau« hat er über die Spiele von sechs Weltmeisterschaften berichtet. Nun sitzt er nicht mehr unten bei der Medien-»Meute«, sondern auf dem Podium neben Rudi Völler oder den Spielern und moderiert Pressekonferenzen. Für die elektronischen Medien ist Gerhard Meier-Röhn, der vorher seine Brötchen beim Süddeutschen Rundfunk verdiente, Stengers Partner. Kompetenzstreitigkeiten gibt es offenbar nicht, denn die Zuständigkeiten sind klar geregelt und abgegrenzt. Die Splittung der Aufgaben in der Medienarbeit entsprach einem Wunsch des DFB-Präsidenten Gerhard Mayer-Vorfelder, der sich eine »offensive Pressearbeit« wünschte. Stenger und Meier-Röhn verstehen sich als »flexible Serviceeinheit«.

Er wird häufig als »Mädchen für alles« bezeichnet, doch das verniedlicht im Grunde den wichtigen Job des Flavio Battisti. Bei der Weltmeisterschaft 2002 fungierte er offiziell als »Attaché«. Selbst ergraute Journalisten können sich kaum noch daran erinnern, dass es mal eine WM ohne Flavio gab. Dabei scheut der eher die Öffentlichkeit, doch er ist für alle im Team seit ewigen Zeiten quasi unersetzlich, weil stets präsent.

Battisti hat einen italienischen Pass und ist im Hauptberuf Betriebsratsvorsitzender beim Darmstädter Pharma-Giganten Merck. Als Sprachtalent wurde er vor vielen Jahren für die Nationalmannschaft auf ihren diversen

Reisen unersetzlich. Er spricht Spanisch, Italienisch, Englisch und Deutsch – und wenn es dieses oder jenes Problemchen gibt, ist er der Mann für alle Fälle. Flavio besorgt Fahrgelegenheiten, kauft mit den Spielern ein, beseitigt Verständigungsschwierigkeiten an der Hotel-Rezeption, besorgt zuweilen auch schon mal einem Journalisten eine Kaufkarte für das nächste Spiel. Er ist halt das Multitalent im Team.

Einen offiziellen Dolmetscher hatte der DFB ebenfalls mit auf die Reise nach Fernost genommen. Thomas Schnelker, Anhänger des VfL Bochum, übersetzt, wenn's sein muß, auch schon mal simultan bei den Pressekonferenzen. Die italienische, spanische, englische und französische Mundart ist ihm nicht fremd. Keith Cooper, der Pressechef des Welt-Fußball-Verbandes, hat einmal gesagt: »Die Deutschen machen die beste Pressearbeit. Sie sind ein Vorbild für alle Fußballverbände der Welt.« Dass dies so ist, ist auch einem wie Thomas Schnelker zu verdanken.

Manfred Drexler, einst Fußballprofi beim 1. FC Nürnberg, Schalke 04 und Darmstadt 98, ist einer der Dinos im Umfeld der deutschen Fußball-Nationalmannschaft. Er ist vom DFB-Partner Adidas delegiert und der Chef der Schuhabteilung. In Japan und Südkorea arbeitete er eng zusammen mit den beiden Zeugwarten Thomas Mai und Wolfgang Hochfellner. Letzterer ist eigentlich gar nicht für das »Zeug« der Spieler zuständig sondern für deren Transport. Seit etlichen Jahren ist Hochfellner Busfahrer der Nationalmannschaft, doch da in Asien die Wege weit und die Straßen für ihn unbekannt sind, bekam er dennoch im Team einen Job, den des Zeugwarts.

Aus der DFB-Direktion Kommunikation bevölkerten zwei Mitarbeiter das DFB-Büro in Miyazaki: Thomas Dohren und Michael Herz. Für die Fan-Betreuung war im Fernen Osten Peter Radziwill zuständig, und für den Problembereich Sicherheit zeichnete aus der DFB-Zentrale Hans Florien verantwortlich. Sicherheitsbeauftragter war Alfred Sengle, Vizepräsident des DFB.

Bei einer so wichtigen Mission wie der einer WM gibt es natürlich auch Männer, deren Aufgabe es ist, zu repräsentieren. Gerhard Mayer-Vorfelder, der Präsident des DFB, war in Japan und Südkorea Delegationsleiter. Er traf erst mit Verspätung in Miyazaki ein, weil er zunächst als neugewähltes Mitglied der FIFA-Exekutive an deren Sitzungen in Seoul teilzunehmen hatte. Zur Delegation gehörten aber auch DFB-Generalsekretär Horst R. Schmidt, Franz Beckenbauer als Präsident des Organisationskomitees für die WM 2006 sowie Karl-Heinz Rummenigge, der Vertreter der Arbeitsgruppe »Nationalmannschaft«.

Übrigens: Eine Frau gab es auch in dieser Fußball-Männerwelt des DFB. Es war Katja Sichtig, die Chefin des Ticketing.

DER DEUTSCHE FUSSBALL-BUND BEI DER FUSSBALL-WELTMEISTERSCHAFT IN SÜDKOREA UND JAPAN

DELEGATION	
GERHARD MAYER-VORFELDER	Präsident und Delegationsleiter
WERNER HACKMANN	1. Vizepräsident und Präsident des Ligaverbandes
HORST R. SCHMIDT	Generalsekretär
FRANZ BECKENBAUER	Präsident des Organisationskomitees für die WM 2006
KARL-HEINZ RUMMENIGGE	Vertreter der Arbeitsgruppe »Nationalmannschaft«
ALFRED SENGLE	Vizepräsident und Sicherheitsbeauftragter
ADMINISTRATION UND TECHNISCHER STAB	
BERND PFAFF	Teammanager
GERHARD MEIER-RÖHN	Pressechef
HARALD STENGER	Pressechef
DR. HANS-WILHELM MÜLLER-WOHLFAHRT	Mannschaftsarzt
DR. JOSEF SCHMITT	Mannschaftsarzt
DR. TIM MEYER	Mannschaftsarzt
ADOLF KATZENMEIER	Physiotherapeut
KLAUS EDER	Physiotherapeut
CHRISTIAN MÜLLER	Physiotherapeut
WOLFGANG BUNZ	Physiotherapeut
FLAVIO BATTISTI	Attaché
WOLFGANG WIRTHMANN	Geschäftsführer Euro Lloyd DFB Reisebüro
HEINZ IMHOF	Küchenmeister
MANFRED DREXLER	adidas
THOMAS MAI	Zeugwart
WOLFGANG HOCHFELLNER	Zeugwart
THOMAS DOHREN	Direktion Kommunikation (DFB-Büro Miyazaki)
MICHAEL HERZ	Direktion Kommunikation (DFB-Büro Miyazaki)
THOMAS SCHNELKER	Dolmetscher

Viel Lärm um das Runde rund um die Welt. Wenn der Ball rollt, rücken die Menschen zusammen. Wie, wann und wo immer es geht.

Zwischen Berlin und Copacabana

König Fußball regierte die Welt. Vier Wochen lang. Gefeiert wurde überall. Nicht nur in den Gastgeberländern. Die Medien trugen ihren Teil dazu bei. Den entscheidenden.

Es war die erste Weltmeisterschaft in Asien, in Fernost. Wenn die Kicker dort bei schwüler Wärme ihre morgendliche Trainingseinheit absolvierten, dann wurde in Süd- und Nordamerika noch das Datum des Vortages notiert. Und wenn am späten Nachmittag oder Abend in Japan und Korea gekickt wurde, dann war es in Europa Morgen oder Mittag, in Amerika noch Nacht oder kurz nach Sonnenaufgang. Sepp Herbergers Fundamentalerkenntnis, dass ein Spiel 90 Minuten dauert, sah sich auf diese Weise – auf die jeweilige lokale Zeit bezogen – drastisch widerlegt. Global gesehen dauerte ein Fußball-WM-Match in Raum und Zeit viel länger, quasi einen halben Tag oder noch mehr. Aber irgendwie und überraschend wurde das zum Glücksfall – denn der Fußball regierte auf dem Erdball in Permanenz und ohne Pause. Die Weltmeisterschaft, doppelt so lang wie Olympische Sommerspiele, war das größte Medienereignis, das die Menschheit je gesehen hat. Und schienen lange Zeit allein die Stadien als Kultstätten des Massenspektakels zu taugen, so ist das nun anders geworden. 40 Milliarden Menschen haben alles in allem die 64 WM-Partien im Fernsehen verfolgt, 2,7 Millionen kamen in die Stadien in Korea und Japan.

Was zuvor als Manko des Championats befürchtet wurde, die Entfernung und die Zeitverschiebung, verwandelte sich in eine quasi weltumspannende Mission des Fußballs: Rund um die Uhr wurde auf dem Globus vor Großleinwänden, auf Plätzen und Straßen, in Restaurants und Bars, in Fabriken und Büros, an Stränden und in privaten Wohnzimmern vor den Fernsehern mitgefiebert, mitgefeiert, mitgelitten und Zeugnis davon abgelegt, dass auch beim Zuschauen der Star die Mannschaft ist. Denn nie zuvor in der Geschichte wurde Fußball so kollektiv verkonsumiert und die Erkenntnis, dass geteilte Freude vielfach potenzierte ist, so eindrucksvoll bestätigt. Wobei sich das in multikulturellen Metropolen wie Berlin oder Paris über Herkunftsgrenzen, Staatsbürgerschaften, Religionen hinaus bewegte und Fußball damit eine Art positiver Entwurf für ein friedliches Miteinander in der Welt wurde. Koreaner feierten mit Türken, Türken mit Deutschen, Deutsche mit Brasilianern, Dänen mit Afrikanern. Ein Karneval der Kulturen fast ohne negative Ausrisse, ohne Straßenschlachten, Hooligans und Großeinsätze der Polizei. Die deutschen Ordnungshüter zeigten sich stattdessen allerbestens aufgelegt: Sie schwenkten rote Fahnen mit Halbmond, schrien im Massenchor »Türkiye« oder tanzten mit rassigen Brasilianerinnen Samba. So etwas »De-Eskalation« zu nennen, trifft das Ganze nicht annähernd: auch ein Polizist ist nun mal nur ein Fußball-Fan, und das überzeugt mehr als alle anderen Argumente staatlicher Ordnungsmacht.

Dass in einer Gesellschaft der zumindest in Westeuropa zunehmenden Individualisierung das Gruppenerlebnis so fröhliche Urständ feierte, war indirekt auch der Fernsehrechte-Vergabe durch den Weltverband FIFA an die Kirch-Gruppe zu verdanken. In Deutschland war erstmals seit der WM 1962 in Chile nicht jedes Spiel bei den Öffentlich-Rechtlichen zu sehen. Premiere übertrug alle 64 Partien live, ARD und ZDF waren zunächst auf maximal ein Spiel pro Tag und insgesamt 24 festgelegt. Dafür hatte man 125 Millionen Euro ausgegeben, später kamen noch einige weitere Millionen dazu, als man dem Privatsender Live-Rechte der Türkei-Spiele in der Finalrunde abkaufte. Die Limitierung auf etwas mehr als ein Drittel der Begegnungen wurde vor der Weltmeisterschaft öffentlich heftig debattiert und beklagt, danach war die Debatte wesentlich ruhiger geworden. Denn man hatte versucht, aus der Not eine Tugend zu machen – und diese Tugend hieß: Rücken wir näher zusammen, genauer: aufeinander zu! Das ZDF installierte sein WM-Studio im Sony Center auf dem Potsdamer Platz mitten im Herzen Berlins. Die Übertragungen und Veranstaltungen dort wurden alsbald Kult – selten war der Sender seinen Adressaten so nahe wie in diesen Tagen. Und betrieb damit eine Sympathiewerbung der besonderen Art, die neben den Quotenhochs – jeweils um die 20 Millionen Zuschauer und im Finale gar 25 Millionen machten die deutschen Spiele mit bis zu 90 Prozent Marktanteil zu den meistgesehenen TV-Sendungen des Jahres – für erstklassige Umfragewerte in eigener Sache sorgte. Schon zur Morgenzeit standen die ersten, in deutsche Fahnen gehüllte Fans am 4000 Quadratmeter großen Potsdamer Platz, der Ort einer permanenten Pro-Fußball-Demonstration Tausender wurde – am Ende waren es weit über 100 000. »Alle Erwartungen, es werde eine flaue WM geben, sind Lügen gestraft worden. Wir sind über die Maßen glücklich, das ist grandiose Werbung für uns«, resümierte ZDF-Sprecher Walter Kehr. Auch bei der WM 2006 im eigenen Land soll der Potsdamer Platz nach dem Willen des ZDF wieder eine Rolle spielen.

Gewinner der Kirch'schen Exklusivbeschränkungen für den Empfang von WM-Spielen waren auch Internetdienste, die mit Live-Tickern, interaktiven Angeboten, bewegten Bildern und jeder Menge Statistik eine Rolle einnahmen, die sie bisher noch nie erreichten. 1998 hatten 1,1 Milliarden Menschen die offizielle Homepage der WM in Frankreich angeklickt. Jetzt erzielte www.fifa-worldcup.com knapp 1,7 Milliarden Seitenaufrufe und wurde damit die erfolgreichste Sport-Website aller Zeiten. An erster Stelle lag dabei die englische Version (51,6 Prozent) vor der japanischen (11,0) und der deutschen (10,4). Da damit nur ein Internet-Angebot von Hunderten genannt ist, kann von einer fast zweistelligen Milliardenzahl an Nutzern ausgegangen werden. Das World Wide Web bot zudem für viele Fans rund um die Welt die Chance, trotz der Zeitverschiebungen in Nacht- und Arbeitsstunden immer am Ball zu sein. Dass Spiele um 8.30 Uhr, 11.00 Uhr oder 13.30 Uhr westeuropäischer Zeit Konsequenzen für Wirtschaftsabläufe haben würden, war abzusehen. Schon zuvor hatten sich Experten in Sachen Arbeitsrecht mit der Rechtslage und möglichen Konsequenzen beschäftigt. Danach galten nur Unfälle, Heirat, Sterbefälle etc. als »persönliche Arbeitsverhinderung«, für die der Arbeitgeber freie Zeit zur Verfügung stellen muss. »Fußball zählt definitiv nicht dazu.« Dennoch fuhren die Unternehmer nur in ganz wenigen Fällen harten Kurs. Stattdessen handelten sie mit den Betriebsräten Ausnahmeregelungen aus, stellten oftmals sogar Fernsehgeräte auf, räumten nachzuarbeitende Freizeit während der Spiele ein – und brüllten manchmal mit der Belegschaft vorm Fernseher gemeinsam und am lautesten.

Das hielt das Blaumachen auf Grund des epidemisch um sich greifenden Fußball-Fiebers in Grenzen. Ein Karriere-Netzwerk hatte vor dem Championat ermittelt, dass 35 Prozent der deutschen Arbeitnehmer bereit seien, sich krank zu melden, um die WM im Fernsehsessel verfolgen zu können. Grund: die Arbeitgeber in Deutschland seien besonders restriktiv. Dagegen habe Italien die fußballtolerantesten Arbeitgeber in Europa – ein Drittel der Beschäftigten darf sich die Spiele am Arbeitsplatz ansehen. Die Nach-WM-Resultate sehen wahrscheinlich anders aus. Von fußballresistenten deutschen Unternehmern hat man jedenfalls kaum gehört, umso mehr aber von ausgelassenen Feiern, die oft vor Betrieben nicht halt machten. Der weitgehende Stillstand des öffentlichen Lebens während der neunzig Fußball-Minuten bei WM-Spielen hatte für manchen aber auch ganz andere Auswirkungen: Hier und da hörte man von Dieben, die sich in Supermärkten oder Geldinstituten bedienten. Die Frauen genossen die fast leeren Kaufhäuser, in denen sie nach Lust und Laune shoppen konnten, die Produzenten von Fahnen – türkischen vor allem – und Nationaltrikots kamen mit der Produktion nicht mehr hinterher. Adidas verkaufte weltweit 150 000 deutsche Shirts, allein hierzulande 100 000. Das vorproduzierte passende Trikot für den Fall des Titelgewinns musste leider im Lager bleiben.

Die Satire-Zeitschrift »Eulenspiegel« hat das »Fußball-Fieber« mal als »allwöchentliche Selbstzerfleischung unter Alkoholeinfluss und Starr-Fixierung auf einen runden Ball, der von einigen Männern hin- und herbewegt wird« definiert. Die Fußball-WM hat dies auf schöne Weise korrigiert. Zum einen, weil Männer und Frauen als begeisterte Zuschauer gleichermaßen Spaß an der Sache hatten, zum anderen, weil trotz der Rekordumsätze für Bierbrauer Delirien welcher Art auch immer ausblieben. Nationalstolz wurde allerorten ausgelebt, Nationalismus aber war, wenn es ihn denn gab, eine rare Ausnahme. Die Welt wurde für ein paar Wochen auf wunderbare Weise infantil – sie sah einen Ball und freute sich daran wie ein Kind. Sie tanzte, lachte und sang. In Senegal, als man die »Mutternation« Frankreich mit 1:0 besiegte, der Präsident danach – in eine Fahne gehüllt – den Autokorso anführte und seinem Volk schul- und arbeitsfrei gab. Ganz Afrika hielt später den »Löwen von Terranga« die Daumen. In Südkorea, wo sich am Tag des Halbfinales gegen Deutschland acht Millionen Menschen auf den Freiflächen und vier Millionen in der Hauptstadt vor Leinwänden versammelten und stundenlang ein »asiates Woodstock« (Tagesspiegel) zelebrierten. Das Land, bis dahin weitgehend Terra Incognita, hat sich mit dem Fußball geöffnet und verändert. In der Türkei, wo sich nach den Siegen gegen Japan und Senegal die Freude über den Halbfinaleinzug bei der zweiten WM-Teilnahme nach 48 Jahren Wartezeit in einem Feuerwerk der Emotionen und der gesammelten Böllervorräte entlud und wo die Rückkehr des Teams in das Heimatland zum Feiertag erklärt wurde. In Brasilien, wo die Bongos und Congas an Rios Copacabana schon in der Morgendämmerung zu ihrem Rhythmus fanden, weil da die Spiele im fernen Asien angepfiffen wurden. In Deutschland, wo so viel Schwarz-Rot-Gold zu sehen war, wie seit der Wiedervereinigung nicht mehr. Und wo sich ein ansonsten oft kollektivem Mäkeln an allem und jedem verpflichtetes Volk kollektivem Jubel vor Großleinwänden und in Kneipen und Sportbars (allein in Berlin 170) in der ganzen Republik hingab, dabei sogar das Versteckspiel voreinander vergaß und rausließ, was raus musste. Dass Fußball das geschafft hat – das ist 48 Jahre nach dem »Wunder von Bern«, als die Leute sich vor den wenigen schon existierenden Fernsehern versammelten, vielleicht so etwas wie ein kleines Wunder.

Das WM-Spieler-ABC

Name	Vorname	Land	Geburtsdatum	Position	WM 2002: Rückennummer	Einsätze	Auswechslungen	Einwechslungen	Tore	Davon Elfmeter	Eigentore	Gelbe Karten	Gelb/Rote Karten	Rote Karten	Bisherige WM-Einsätze (Jahre)	Länderspiele vor WM 2002	Länderspieltore vor WM 2002	Verein (Land)
A																		
Abbiati	Christian	Italien	08.07.1977	Tor	12	0	0	0	0	0	0	0	0	0	–	0	0	AC Mailand (ITA)
Abreu	Sebastian	Uruguay	17.10.1976	Angriff	13	3	2	0	0	0	0	1	0	0	–	13	9	Cruz Azul Mexico City (MEX)
Acimovic	Milenko	Slowenien	15.02.1977	Mittelfeld	18	3	2	1	1	0	0	0	0	0	–	39	9	Crvena Zwezda (YUG)
Acuna	Roberto	Paraguay	25.03.1972	Mittelfeld	10	4	0	0	0	0	0	0	0	1	3 (98)	77	5	Real Saragossa (ESP)
Adepoju	Mutiu	Nigeria	22.12.1970	Mittelfeld	8	0	0	0	0	0	0	0	0	0	3 (98)	49	5	UD Salamanca (ESP)
Afolabi	Rabiu	Nigeria	18.04.1980	Abwehr	13	0	0	0	0	0	0	0	0	0	–	5	0	Standard Lüttich (BEL)
Aghahowa	Julius	Nigeria	12.02.1982	Angriff	17	3	0	0	1	0	0	0	0	0	–	17	11	Schachtjor Donezk (UKR)
Agoos	Jeff	USA	02.05.1968	Abwehr	12	3	1	0	0	0	1	1	0	0	–	130	4	San Jose Earthquakes (USA)
Aguinaga	Alex	Ekuador	09.07.1968	Mittelfeld	10	3	1	2	0	0	0	0	0	0	–	93	20	CID Necaxa Mexico City (MEX)
Ahn	Jung Hwan	Südkorea	27.01.1976	Mittelfeld	19	7	1	3	2	0	0	1	0	0	–	21	4	AC Perugia (ITA)
Aimar	Pablo	Argentinien	03.11.1979	Mittelfeld	16	3	0	2	0	0	0	0	0	0		18	2	FC Valencia (ESP)
Akita	Yutaka	Japan	06.08.1970	Abwehr	2	0	0	0	0	0	0	0	0	0	3 (98)	39	3	Kashima Antlers (JPN)
Akwuegbu	Benedict	Nigeria	03.11.1974	Angriff	18	1	0	0	0	0	0	0	0	0	–	16	5	Shenyang Haishi (CHN)
Akyel	Fatih	Türkei	26.12.1977	Abwehr	4	7	0	0	0	0	0	1	0	0	–	36	0	Fenerbahce Istanbul (TUR)
Al Deayea	Mohammed	Saudi-Arabien	02.08.1972	Tor	1	3	0	0	0	0	0	0	0	0	4 (94) + 3 (98)	168	0	Al-Hilal Riad (KSA)
Al Dosari	Ahmed Dukhi	Saudi-Arabien	25.10.1976	Abwehr	12	2	0	1	0	0	0	0	0	0	–	47	0	Al-Hilal Riad (KSA)
Al Dosari	Obaid	Saudi-Arabien	02.10.1975	Angriff	11	1	1	0	0	0	0	0	0	0	–	97	25	Al-Ahli Dschidda (KSA)
Al Dosary	Abdullah Gaman	Saudi-Arabien	10.11.1977	Angriff	15	3	0	3	0	0	0	0	0	0	–	20	6	Al-Hilal Riad (KSA)
Al Dossari	Khamis Alowairan	Saudi-Arabien	08.09.1973	Mittelfeld	16	2	1	0	0	0	0	0	0	0	–	76	2	Al-Ittihad Dschidda (KSA)
Al Ghamdi	Omar	Saudi-Arabien	11.04.1979	Mittelfeld	19	0	0	0	0	0	0	0	0	0	–	28	0	Al-Hilal Riad (KSA)
Al Jaber	Sami	Saudi-Arabien	11.12.1972	Angriff	9	1	0	0	0	0	0	0	0	0	2 (94) + 3 (98)	148	38	Al-Hilal Riad (KSA)
Al Jahani	Mohammed	Saudi-Arabien	28.09.1975	Abwehr	2	2	1	0	0	0	0	0	0	0	3 (98)	73	0	Al-Ahli Dschidda (KSA)
Al Shahrani	Abdullah Alwaked	Saudi-Arabien	29.09.1975	Mittelfeld	17	2	0	0	0	0	0	0	0	0	–	45	4	Al-Shabab Riad (KSA)
Al Shahrani	Ibrahim	Saudi-Arabien	21.07.1974	Mittelfeld	7	3	0	1	0	0	0	0	0	0	2 (98)	59	8	Al-Ahli Dschidda (KSA)
Al Shehri	Fouzi	Saudi-Arabien	15.05.1980	Abwehr	6	2	0	0	0	0	0	0	0	0	–	2	0	Al-Ahli Dschidda (KSA)
Al Shlhoub	Mohammad	Saudi-Arabien	08.12.1980	Mittelfeld	10	1	0	1	0	0	0	0	0	0	–	17	6	Al-Hilal Riad (KSA)
Al Temyat	Nawaf	Saudi-Arabien	28.06.1976	Mittelfeld	18	3	1	0	0	0	0	1	0	0	1 (98)	48	12	Al-Hilal Riad (KSA)
Al Yami	Al Hasan	Saudi-Arabien	21.08.1972	Angriff	20	3	1	1	0	0	0	1	0	0	–	18	5	Al-Ittihad Dschidda (KSA)
Albelda		Spanien	01.09.1977	Mittelfeld	14	2	1	1	0	0	0	0	0	0	–	2	0	FC Valencia (ESP)
Alenichev	Dimitry	Russland	20.10.1972	Mittelfeld	15	2	0	1	0	0	0	2	0	0	–	43	6	FC Porto (POR)
Alexandersson	Niclas	Schweden	29.12.1971	Mittelfeld	7	4	1	0	1	0	0	1	0	0	–	59	6	FC Everton (ENG)
Allbäck	Marcus	Schweden	05.07.1973	Angriff	10	4	4	0	0	0	0	1	0	0	–	19	9	SC Heerenveen (NED)
Almeyda	Matias	Argentinien	21.12.1973	Mittelfeld	5	1	1	0	0	0	0	1	0	0	5 (98)	33	1	AC Parma (ITA)
Alnoudji	Nicolas	Kamerun	09.12.1979	Mittelfeld	15	0	0	0	0	0	0	0	0	0	–	16	0	Caykur Rizespor (TUR)
Althagafi	Mansour	Saudi-Arabien	14.01.1979	Abwehr	23	0	0	0	0	0	0	0	0	0	–	0	0	Al-Nassr Riad (KSA)
Alvarenga	Guido	Paraguay	24.08.1970	Mittelfeld	8	2	2	0	0	0	0	0	0	0	–	18	2	Leon (MEX)
An	Qi	China	21.06.1981	Tor	1	0	0	0	0	0	0	0	0	0	–	5	0	Dalian Shide (CHN)
Andersson	Andreas	Schweden	10.04.1974	Angriff	22	4	0	4	0	0	0	0	0	0	–	33	8	AIK Solna (SWE)
Andersson	Daniel	Schweden	28.08.1977	Mittelfeld	20	0	0	0	0	0	0	0	0	0	–	38	0	AC Venedig (ITA)
Andersson	Patrik	Schweden	18.08.1971	Abwehr	3	0	0	0	0	0	0	0	0	0	7 (94)	96	3	FC Barcelona (ESP)
Andrade	Jorge	Portugal	09.04.1978	Abwehr	13	2	0	2	0	0	0	0	0	0	–	6	1	FC Porto (POR)
Antonelius	Tomas	Schweden	07.05.1973	Abwehr	13	0	0	0	0	0	0	0	0	0	–	6	0	FC Kopenhagen (DEN)
Arce	Francisco	Paraguay	02.04.1971	Abwehr	2	4	0	0	1	0	0	1	0	0	3 (98)	51	4	Palmeiras (BRA)
Arellano	Jesus	Mexiko	08.05.1973	Angriff	21	3	0	0	0	0	0	1	0	0	–	49	5	CF Monterrey (MEX)
Arendse	Andre	Südafrika	27.06.1967	Tor	16	3	0	0	0	0	0	0	0	0	–	50	0	Santos FC Kapstadt (RSA)
Asamoah	Gerald	Deutschland	03.10.1978	Angriff	14	3	0	3	0	0	0	0	0	0	–	11	2	FC Schalke 04 (GER)
Asencio	Nicolas	Ekuador	26.04.1975	Mittelfeld	7	1	0	1	0	0	0	0	0	0	–	5	0	Barcelona SC Guayaquil (ECU)
Asik	Emre	Türkei	13.12.1973	Abwehr	2	2	0	0	0	0	0	2	0	0	–	16	2	Galatasaray Istanbul (TUR)
Ayala	Celso	Paraguay	20.08.1970	Abwehr	5	4	0	0	0	0	0	0	0	0	4 (98)	76	6	Club Atletico River Plate (ARG)
Ayala	Roberto	Argentinien	12.04.1973	Abwehr	2	0	0	0	0	0	0	0	0	0	5 (98)	74	3	FC Valencia (ESP)
Ayovi	Marlon	Ekuador	27.09.1971	Abwehr	15	3	0	2	0	0	0	0	0	0	–	26	0	CS Deportivo Quito (ECU)
Ayovi	Walter	Ekuador	11.08.1979	Abwehr	23	0	0	0	0	0	0	0	0	0	–	2	0	Emelec Guayaquil (ECU)
B																		
Babayaro	Celestine	Nigeria	29.08.1978	Abwehr	3	2	1	0	0	0	0	0	0	0	3 (98)	24	0	FC Chelsea (ENG)
Babkr	Mohammed Khojali	Saudi-Arabien	15.01.1973	Tor	22	0	0	0	0	0	0	0	0	0	–	12	0	Al-Nassr Riad (KSA)
Badra	Khaled	Tunesien	08.04.1973	Abwehr	2	3	1	0	0	0	0	1	0	0	1 (98)	73	9	L'Esperance Tunis (TUN)
Baez	Richart	Paraguay	31.07.1973	Angriff	7	0	0	0	0	0	0	0	0	0	–	15	2	Olimpia Asuncion (PAR)
Baia	Vitor	Portugal	15.10.1969	Tor	1	3	0	0	0	0	0	0	0	0	–	76	0	FC Porto (POR)
Bak	Arkadiusz	Polen	06.10.1974	Mittelfeld	17	1	0	1	0	0	0	1	0	0	–	12	0	Widzew Lodz (POL)
Bak	Jacek	Polen	24.03.1973	Abwehr	20	1	1	0	0	0	0	0	0	0	–	36	1	RC Lens (FRA)
Balaban	Bosko	Kroatien	15.10.1978	Angriff	22	0	0	0	0	0	0	0	0	0	–	13	6	Aston Villa (ENG)
Ballack	Michael	Deutschland	26.09.1976	Mittelfeld	13	6	0	0	3	0	0	3	0	0	–	22	6	Bayer 04 Leverkusen (GER)
Baraja		Spanien	11.07.1975	Mittelfeld	8	4	0	0	0	0	0	2	0	0	–	9	3	FC Valencia (ESP)
Barbosa	Pedro	Portugal	06.08.1970	Mittelfeld	14	0	0	0	0	0	0	0	0	0	–	22	5	Sporting Lissabon (POR)
Barthez	Fabien	Frankreich	28.06.1971	Tor	16	3	0	0	0	0	0	0	0	0	7 (98)	48	0	Manchester United (ENG)

Name	Vorname	Land	Geburtsdatum	Position	WM 2002										Bisherige WM-Einsätze (Jahre)	Länderspiele vor WM 2002	Länderspieltore vor WM 2002	Verein (Land)
					Rückennummer	Einsätze	Auswechslungen	Einwechslungen	Tore	Davon Elfmeter	Eigentore	Gelbe Karten	Gelb/Rote Karten	Rote Karten				
Bastürk	Yildiray	Türkei	24.12.1978	Mittelfeld	10	7	6	0	0	0	0	0	0	0	–	13	1	Bayer 04 Leverkusen (GER)
Batistuta	Gabriel	Argentinien	01.02.1969	Angriff	9	3	3	0	1	0	0	1	0	0	4 (94) + 5 (98)	75	55	AS Rom (ITA)
Baumann	Frank	Deutschland	29.10.1975	Abwehr	4	1	0	1	0	0	0	1	0	0	–	11	2	SV Werder Bremen (GER)
Baya	Zoubeir	Tunesien	15.05.1971	Mittelfeld	3	3	0	3	0	0	0	0	0	0	2 (98)	78	18	Besiktas Istanbul (TUR)
Beasley	DaMarcus	USA	24.05.1982	Mittelfeld	17	3	1	1	0	0	0	1	0	0	–	12	3	Chicago Fire (USA)
Beckham	David	England	02.05.1975	Mittelfeld	7	5	1	0	1	1	0	0	0	0	2 (98)	49	6	Manchester United (ENG)
Béjaoui	Hassen	Tunesien	14.02.1976	Tor	16	0	0	0	0	0	0	0	0	0	–	2	0	CA Bizerte (TUN)
Belletti		Brasilien	20.06.1976	Abwehr	13	1	0	1	0	0	0	0	0	0	–	11	1	FC Sao Paulo (BRA)
Belözoglu	Emre	Türkei	07.09.1980	Mittelfeld	21	6	3	0	1	0	0	3	0	0	–	11	1	Inter Mailand (ITA)
Ben Achour	Slim	Tunesien	08.09.1981	Mittelfeld	18	3	0	0	0	0	0	0	0	0	–	4	0	FC Martigues (FRA)
Bento	Paulo	Portugal	20.06.1969	Mittelfeld	17	3	0	1	0	0	0	0	0	0	–	32	0	Sporting Lissabon (POR)
Berhalter	Gregg	USA	01.08.1973	Abwehr	3	2	0	0	0	0	0	2	0	0	–	25	0	Crystal Palace (ENG)
Beschastnykh	Vladimir	Russland	01.04.1974	Angriff	11	3	1	1	1	0	0	0	0	0	–	64	24	Spartak Moskau (RUS)
Beto		Portugal	03.05.1976	Abwehr	22	3	0	1	1	0	0	1	1	0	–	17	1	Sporting Lissabon (POR)
Beye	Habib	Senegal	19.10.1977	Abwehr	21	3	0	3	0	0	0	1	0	0	–	6	0	Racing Strasbourg (FRA)
di Biagio	Luigi	Italien	03.06.1971	Mittelfeld	14	1	1	0	0	0	0	0	0	0	4 (98)	28	2	Inter Mailand (ITA)
Bierhoff	Oliver	Deutschland	01.05.1968	Angriff	20	5	0	5	1	0	0	0	0	0	5 (98)	65	36	AS Monaco (FRA)
Bizera	Joe	Uruguay	17.05.1980	Abwehr	19	0	0	0	0	0	0	0	0	0	–	9	1	Penarol Montevideo (URU)
Blanco	Cuauhtemoc	Mexiko	17.01.1973	Angriff	10	4	2	0	1	1	0	1	0	0	4 (98)	75	16	Real Valladolid (ESP)
Bode	Marco	Deutschland	23.07.1969	Angriff	17	6	1	3	1	0	0	0	0	0	–	34	8	SV Werder Bremen (GER)
de Boeck	Glen	Belgien	22.08.1971	Abwehr	3	2	1	0	0	0	0	0	0	0	–	34	1	RSC Anderlecht (BEL)
Boffin	Danny	Belgien	10.07.1965	Mittelfeld	21	0	0	0	0	0	0	0	0	0	2 (94) + 2 (98)	53	1	VV St. Truiden (BEL)
Bögelund	Kasper	Dänemark	08.10.1980	Abwehr	20	2	0	2	0	0	0	0	0	0	–	2	0	PSV Eindhoven (NED)
Boghossian	Alain	Frankreich	27.10.1970	Mittelfeld	14	0	0	0	0	0	0	0	0	0	1 (98)	26	2	AC Parma (ITA)
Böhme	Jörg	Deutschland	22.01.1974	Abwehr	18	0	0	0	0	0	0	0	0	0	–	6	1	FC Schalke 04 (GER)
Boksic	Alen	Kroatien	21.01.1970	Angriff	11	3	1	0	0	0	0	0	0	0	–	36	10	FC Middlesbrough (ENG)
Bonano	Roberto	Argentinien	24.01.1970	Tor	23	0	0	0	0	0	0	0	0	0		13	0	FC Barcelona (ESP)
Bonet	Carlos	Paraguay	02.10.1977	Mittelfeld	15	1	1	0	0	0	0	0	0	0	–	3	0	Libertad Asuncion (PAR)
Borgetti	Jared	Mexiko	14.08.1973	Angriff	9	4	3	0	2	0	0	0	0	0	–	29	10	Santos Laguna (MEX)
Bouazizi	Riadh	Tunesien	08.04.1973	Mittelfeld	13	3	0	0	0	0	0	1	0	0	2 (98)	48	2	Bursaspor (TUR)
Boukar	Alioum	Kamerun	03.01.1972	Tor	1	3	0	0	0	0	0	0	0	0	–	48	0	Samsunspor (TUR)
Boumnijel	Ali	Tunesien	13.04.1966	Tor	1	3	0	0	0	0	0	0	0	0	–	15	0	SC Bastia (FRA)
Bouzaiene	Raouf	Tunesien	16.08.1970	Abwehr	12	3	1	0	1	0	0	0	0	0	–	40	0	FC Genua 1893 (ITA)
Breen	Gary	Irland	12.12.1973	Abwehr	14	4	0	0	1	0	0	0	0	0	–	43	5	Coventry City (ENG)
Bridge	Wayne	England	05.08.1980	Abwehr	14	2	0	2	0	0	0	0	0	0	–	5	0	FC Southampton (ENG)
Brown	Melvin	Mexiko	28.01.1979	Abwehr	20	0	0	0	0	0	0	0	0	0	–	8	0	Cruz Azul Mexico City (MEX)
Brown	Wes	England	13.10.1979	Abwehr	12	0	0	0	0	0	0	0	0	0	–	6	0	Manchester United (ENG)
Bryce	Steven	Costa Rica	16.08.1977	Angriff	16	3	0	3	0	0	0	0	0	0	–	34	4	LD Alajuelense (CRC)
Buckley	Delron	Südafrika	07.12.1977	Mittelfeld	18	1	0	1	0	0	0	0	0	0	–	33	6	VfL Bochum (GER)
Buffon	Gianluigi	Italien	28.01.1978	Tor	1	4	0	0	0	0	0	0	0	0	–	26	0	Juventus Turin (ITA)
Bulajic	Spasoje	Slowenien	24.11.1975	Abwehr	23	2	0	1	0	0	0	0	0	0	–	15	1	1. FC Köln (GER)
Burbano	Juan Carlos	Ekuador	15.02.1969	Mittelfeld	14	0	0	0	0	0	0	0	0	0	–	18	0	El Nacional Quito (ECU)
Burgos	German	Argentinien	16.04.1969	Tor	1	0	0	0	0	0	0	0	0	0		35	0	Atletico Madrid (ESP)
Buruk	Okan	Türkei	19.10.1973	Mittelfeld	7	1	0	1	0	0	0	0	0	0	–	26	4	Inter Mailand (ITA)
Butina	Tomislav	Kroatien	30.03.1974	Tor	12	0	0	0	0	0	0	0	0	0	–	7	0	NK Dinamo Zagreb (CRO)
Butt	Hans-Jörg	Deutschland	28.05.1974	Tor	23	0	0	0	0	0	0	0	0	0	–	2	0	Bayer 04 Leverkusen (GER)
Butt	Nicky	England	21.01.1975	Mittelfeld	21	4	0	0	0	0	0	0	0	0	–	18	0	Manchester United (ENG)
van Buyten	Daniel	Belgien	07.02.1978	Abwehr	16	4	0	0	0	0	0	1	0	0	–	8	1	Olympique Marseille (FRA)
C																		
Caballerro	Gabriel	Mexiko	05.02.1971	Mittelfeld	19	3	0	2	0	0	0	0	0	0	–	5	0	Atletico Pachuca (MEX)
Caceres	Julio César	Paraguay	05.10.1979	Abwehr	18	4	0	0	0	0	0	1	0	0	–	2	0	Olimpia Asuncion (PAR)
Cafu		Brasilien	07.06.1970	Abwehr	2	7	0	0	0	0	0	1	0	0	3 (94) + 6 (98)	104	5	AS Rom (ITA)
Camara	Henri	Senegal	10.05.1977	Angriff	7	4	1	1	2	0	0	1	0	0	–	34	7	CS Sedan (FRA)
Camara	Souleymane	Senegal	22.12.1982	Angriff	9	1	1	1	0	0	0	0	0	0	–	10	3	AS Monaco (FRA)
Campbell	Sol	England	18.09.1974	Abwehr	6	5	0	0	1	0	0	1	0	0	4 (98)	46	0	FC Arsenal (ENG)
Campos	Jorge	Paraguay	11.08.1970	Angriff	11	4	1	3	1	0	0	0	0	0	3 (98)	31	4	Universidad Catolica Santiago de Chile (CHI)
Campos	Jorge	Mexiko	15.10.1966	Tor	23	0	0	0	0	0	0	0	0	0	4 (94) + 4 (98)	123	0	Pumas UNAM Mexico City (MEX)
Candela	Vincent	Frankreich	24.10.1973	Abwehr	2	2	0	1	0	0	0	0	0	0	1 (98)	37	2	AS Rom (ITA)
Caneira	Marco	Portugal	09.02.1979	Abwehr	4	0	0	0	0	0	0	0	0	0	–	2	0	Benfica Lissabon (POR)
Caniggia	Claudio	Argentinien	09.01.1967	Angriff	21	0	0	0	0	0	0	0	0	1	5 (90) + 3 (94)	50	16	Glasgow Rangers (SCO)
Caniza	Denis	Paraguay	29.08.1974	Abwehr	21	4	1	0	0	0	0	1	0	0	2 (98)	49	1	Santos Laguna (MEX)
Cannavaro	Fabio	Italien	13.09.1973	Abwehr	5	3	0	0	0	0	0	2	0	0	5 (98)	58	0	AC Parma (ITA)
Capucho		Portugal	21.02.1972	Angriff	19	1	0	1	0	0	0	0	0	0	–	30	2	FC Porto (POR)
Cardozo	José	Paraguay	19.03.1971	Angriff	20	3	2	0	0	0	0	1	0	0	3 (98)	57	15	Deportivo Toluca (MEX)
Carini	Fabian	Uruguay	26.12.1979	Tor	1	3	0	0	0	0	0	1	0	0	–	35	0	Juventus Turin (ITA)
Carlos	Roberto	Brasilien	10.04.1973	Abwehr	6	6	0	0	1	0	0	1	0	0	7 (98)	85	6	Real Madrid (ESP)
Carmona	Salvador	Mexiko	22.08.1975	Abwehr	16	4	0	0	0	0	0	1	0	0	1 (98)	56	0	Deportivo Toluca (MEX)
Carnell	Bradley	Südafrika	21.01.1977	Abwehr	3	3	0	0	0	0	0	1	0	0	–	22	0	VfB Stuttgart (GER)
Carsley	Lee	Irland	28.02.1974	Mittelfeld	22	1	0	1	0	0	0	0	0	0	–	19	0	FC Everton (ENG)

Name	Vorname	Land	Geburtsdatum	Position	WM 2002										Bisherige WM-Einsätze (Jahre)	Länderspiele vor WM 2002	Länderspieltore vor WM 2002	Verein (Land)
					Rückennummer	Einsätze	Auswechslungen	Einwechslungen	Tore	Davon Elfmeter	Eigentore	Gelbe Karten	Gelb/Rote Karten	Rote Karten				
Casillas	Iker	Spanien	20.05.1981	Tor	1	5	0	0	0	0	0	0	0	0	–	13	0	Real Madrid (ESP)
Castro	Carlos	Costa Rica	10.09.1978	Abwehr	22	3	0	0	0	0	0	1	0	0	–	23	0	LD Alajuelense (CRC)
Catkic	Ömer	Türkei	15.10.1974	Tor	12	1	0	1	0	0	0	0	0	0	–	6	0	Gaziantepspor (TUR)
Cavallero	Pablo	Argentinien	13.04.1974	Tor	12	3	0	0	0	0	0	0	0	0		8	0	Celta Vigo (ESP)
Ceh	Ales	Slowenien	07.04.1968	Mittelfeld	8	3	0	0	0	0	0	1	0	0	–	71	1	Grazer AK (AUT)
Ceh	Nastja	Slowenien	26.01.1978	Mittelfeld	20	2	0	2	0	0	0	0	0	1	–	6	2	FC Brügge (BEL)
Ceni	Rogerio	Brasilien	22.01.1973	Tor	22	0	0	0	0	0	0	0	0	0	–	12	0	FC Sao Paulo (BRA)
Centeno	Walter	Costa Rica	06.10.1974	Mittelfeld	10	3	1	0	0	0	0	1	0	0	–	50	6	Deportivo Saprissa San Jose (CRC)
Cevallos	José	Ekuador	17.04.1971	Tor	1	3	0	0	0	0	0	1	0	0	–	63	0	Barcelona SC Guayaquil (ECU)
Cha	Du Ri	Südkorea	25.07.1980	Angriff	16	4	0	3	0	0	0	1	0	0	–	15	1	Korea University (KOR)
Chala	Cléver	Ekuador	29.06.1971	Mittelfeld	16	3	1	0	0	0	0	2	0	0	–	65	6	El Nacional Quito (ECU)
Chamot	Jose	Argentinien	17.05.1969	Abwehr	22	1	0	0	0	0	0	1	0	0	4 (94) + 3 (98)	42	2	AC Mailand (ITA)
Cherchesov	Stanislav	Russland	02.09.1963	Tor	12	0	0	0	0	0	0	0	0	0	1 (94)	49	0	FC Tirol Innsbruck (AUT)
Cherundolo	Steve	USA	19.02.1979	Abwehr	14	0	0	0	0	0	0	0	0	0	–	10	0	Hannover 96 (GER)
Chilavert	Jose Luis	Paraguay	27.07.1965	Tor	1	3	0	0	0	0	0	0	0	0	4 (98)	69	8	Racing Strasbourg (FRA)
Chinchilla	Pablo	Costa Rica	21.12.1978	Abwehr	21	0	0	0	0	0	0	0	0	0	–	12	0	LD Alajuelense (CRC)
Choi	Eun Sung	Südkorea	05.04.1971	Tor	23	0	0	0	0	0	0	0	0	0	–	1	0	Taejon Citizens (KOR)
Choi	Jin Cheul	Südkorea	26.03.1971	Abwehr	4	6	1	0	0	0	0	1	0	0	–	18	1	Chonbuk Hyundai (KOR)
Choi	Sung Yong	Südkorea	15.12.1975	Mittelfeld	3	0	0	0	0	0	0	0	0	0	2 (98)	61	1	Suwon Bluewings (KOR)
Choi	Tae Uk	Südkorea	13.03.1981	Angriff	8	1	0	1	0	0	0	0	0	0	–	19	4	Anyang LG (KOR)
Choi	Yong Soo	Südkorea	10.09.1973	Angriff	11	1	0	1	0	0	0	0	0	0	2 (98)	59	27	JEF United Ichihara (JPN)
Christanval	Philippe	Frankreich	31.08.1978	Abwehr	5	0	0	0	0	0	0	0	0	0	–	4	0	FC Barcelona (ESP)
Christiansen	Jesper	Dänemark	24.04.1978	Tor	22	0	0	0	0	0	0	0	0	0	–	0	0	Glasgow Rangers (SCO)
Christopher	Justice	Nigeria	24.12.1981	Mittelfeld	15	3	0	1	0	0	0	0	0	0	–	7	0	FC Antwerpen (BEL)
Chugainov	Igor	Russland	06.04.1970	Abwehr	14	0	0	0	0	0	0	0	0	0	–	30	0	Uralan Elista (RUS)
Cimirotic	Sebastjan	Slowenien	14.09.1974	Angriff	21	3	1	1	1	0	0	1	0	0	–	12	1	US Lecce (ITA)
Cisse	Djibril	Frankreich	12.08.1981	Angriff	9	3	0	3	0	0	0	0	0	0	–	2	0	AJ Auxerre (FRA)
Cissé	Aliou	Senegal	24.03.1976	Abwehr	6	4	0	0	0	0	0	2	0	0	–	21	0	HSC Montpellier (FRA)
Cissokho	Kalidou	Senegal	14.12.1972	Tor	22	0	0	0	0	0	0	0	0	0	–	0	0	Jeanne d'Arc Dakar (SEN)
Clayton	José	Tunesien	21.03.1974	Abwehr	23	1	1	0	0	0	0	0	0	0	2 (98)	12	0	L'Esperance Tunis (TUN)
Coco	Francesco	Italien	08.01.1977	Abwehr	4	2	0	1	0	0	0	1	0	0	–	13	0	FC Barcelona (ESP)
Cole	Ashley	England	20.12.1980	Abwehr	3	5	2	0	0	0	0	1	0	0	–	8	0	FC Arsenal (ENG)
Cole	Joe	England	08.11.1981	Mittelfeld	19	1	0	1	0	0	0	0	0	0	–	6	0	West Ham United (ENG)
Coly	Ferdinand	Senegal	10.09.1973	Abwehr	17	5	1	0	0	0	0	2	0	0	–	17	0	RC Lens (FRA)
Conceicao	Sergio	Portugal	15.11.1974	Angriff	11	3	1	0	0	0	0	0	0	0	–	42	11	Inter Mailand (ITA)
Connolly	David	Irland	06.06.1977	Angriff	13	1	0	1	0	0	0	0	0	0	–	33	8	FC Wimbledon (ENG)
Contreras	Pedro	Spanien	07.01.1972	Tor	23	0	0	0	0	0	0	0	0	0	–	0	0	FC Malaga (ESP)
Cordero	Rodrigo	Costa Rica	04.12.1973	Mittelfeld	19	0	0	0	0	0	0	0	0	0	–	25	1	CS Herediano (CRC)
Costa	Jorge	Portugal	14.10.1971	Abwehr	2	3	1	0	0	0	1	2	0	0	–	47	2	FC Porto (POR)
Costa	Rui	Portugal	29.03.1972	Mittelfeld	10	2	1	1	1	0	0	0	0	0	–	68	20	AC Mailand (ITA)
Coupet	Grégory	Frankreich	31.12.1972	Tor	23	0	0	0	0	0	0	0	0	0	–	1	0	Olympique Lyon (FRA)
Couto	Fernando	Portugal	02.08.1969	Abwehr	5	3	0	0	0	0	0	0	0	0	–	83	6	Lazio Rom (ITA)
Crespo	Hernan	Argentinien	05.07.1975	Angriff	19	3	0	3	1	0	0	0	0	0		33	17	Lazio Rom (ITA)
de la Cruz	Ulises	Ekuador	08.02.1974	Abwehr	4	3	0	0	0	0	0	1	0	0	–	53	3	Hibernian Edinburgh (SCO)
Cuevas	Nelson	Paraguay	10.01.1980	Angriff	23	2	1	2	2	0	0	0	0	0	–	11	0	Club Atletico River Plate (ARG)
Cunningham	Kenny	Irland	28.06.1971	Abwehr	4	1	0	1	0	0	0	0	0	0	–	38	0	FC Wimbledon (ENG)
D																		
Dabanovic	Mladen	Slowenien	13.09.1971	Tor	12	1	0	0	0	0	0	0	0	0	–	20	0	SC Lokeren (BEL)
Daev	Viacheslav	Russland	06.09.1972	Abwehr	13	0	0	0	0	0	0	0	0	0	–	7	0	ZSKA Moskau (RUS)
Daf	Omar	Senegal	12.02.1977	Abwehr	2	5	0	0	0	0	0	2	0	0	–	32	0	FC Sochaux (FRA)
Davala	Umit	Türkei	30.07.1973	Mittelfeld	22	7	3	1	2	0	0	0	0	0	–	24	1	AC Mailand (ITA)
Deflandre	Eric	Belgien	02.08.1973	Abwehr	2	1	0	0	0	0	0	0	0	0	2 (98)	42	0	Olympique Lyon (FRA)
Delgado	Agustin	Ekuador	23.12.1974	Angriff	11	3	0	0	1	0	0	1	0	0	–	46	21	FC Southampton (ENG)
Delvecchio	Marco	Italien	07.04.1973	Angriff	18	0	0	0	0	0	0	0	0	0	–	16	3	AS Rom (ITA)
Denilson		Brasilien	24.08.1977	Angriff	17	5	0	5	0	0	0	1	0	0	1 (98)	54	8	Betis Sevilla (ESP)
Desailly	Marcel	Frankreich	07.09.1968	Abwehr	8	3	0	0	0	0	0	0	0	0	7 (98)	94	3	FC Chelsea (ENG)
Diallo	Omar	Senegal	28.09.1972	Tor	16	0	0	0	0	0	0	0	0	0	–	42	0	Olypique Khourigba (MAR)
Diao	Salif	Senegal	10.02.1977	Mittelfeld	15	3	0	0	1	0	0	0	0	1	–	21	2	CS Sedan (FRA)
Diatta	Lamine	Senegal	02.07.1975	Abwehr	13	5	0	0	0	0	0	0	0	0	–	20	1	Stade Rennes (FRA)
Dida		Brasilien	07.10.1973	Tor	12	0	0	0	0	0	0	0	0	0	–	50	0	Corinthians (BRA)
Diop	Papa Bouba	Senegal	28.01.1978	Mittelfeld	19	5	0	0	3	0	0	1	0	0	–	13	3	RC Lens (FRA)
Diop	Papa Malick	Senegal	29.12.1974	Abwehr	4	5	1	0	0	0	0	0	0	0	–	26	2	FC Lorient (FRA)
Diouf	El Hadji	Senegal	15.01.1981	Angriff	11	5	0	0	0	0	0	1	0	0	–	22	13	RC Lens (FRA)
Djemba	Eric	Kamerun	04.05.1981	Angriff	19	0	0	0	0	0	0	0	0	0	–	7	0	FC Nantes (FRA)
Djorkaeff	Youri	Frankreich	09.03.1968	Mittelfeld	6	2	1	1	0	0	0	0	0	0	6 (98)	80	28	Bolton Wanderers (ENG)
Doni	Cristiano	Italien	01.04.1973	Mittelfeld	11	2	2	0	0	0	0	0	0	0	–	3	1	Atalanta Bergamo (ITA)
Donovan	Landon	USA	04.03.1982	Mittelfeld	21	5	1	0	2	0	0	0	0	0	–	23	5	San Jose Earthquakes (USA)
Drummond	Jervis	Costa Rica	08.09.1976	Abwehr	2	0	0	0	0	0	0	0	0	0	–	38	1	Deportivo Saprissa San Jose (CRC)
Du	Wei	China	09.02.1982	Abwehr	17	2	0	0	0	0	0	0	0	0	–	4	0	Shanghai Shenhua (CHN)
Dudek	Jerzy	Polen	23.03.1973	Tor	1	2	0	0	0	0	0	0	0	0	–	21	0	FC Liverpool (ENG)

Name	Vorname	Land	Geburtsdatum	Position	WM 2002										Bisherige WM-Einsätze (Jahre)	Länderspiele vor WM 2002	Länderspieltore vor WM 2002	Verein (Land)
					Rückennummer	Einsätze	Auswechslungen	Einwechslungen	Tore	Davon Elfmeter	Eigentore	Gelbe Karten	Gelb/Rote Karten	Rote Karten				
Duff	Damian	Irland	02.03.1979	Angriff	9	4	0	0	1	0	0	0	0	0	–	26	1	Blackburn Rovers (ENG)
Dugarry	Christophe	Frankreich	24.03.1972	Angriff	21	3	1	2	0	0	0	1	0	0	1 (98)	52	8	Girondins Bordeaux (FRA)
Dunne	Richard	Irland	21.09.1979	Abwehr	15	0	0	0	0	0	0	0	0	0	–	14	3	Manchester City (ENG)
Dyer	Kieron	England	29.12.1978	Mittelfeld	23	3	0	3	0	0	0	0	0	0	–	9	0	Newcastle United (ENG)
E																		
Edilson		Brasilien	17.09.1970	Angriff	20	4	2	2	0	0	0	0	0	0	–	18	6	Cruzeiro (BRA)
Edman	Erik	Schweden	11.11.1978	Abwehr	14	0	0	0	0	0	0	0	0	0	–	5	0	SC Heerenveen (NED)
Edmilson		Brasilien	10.07.1976	Abwehr	5	6	0	0	1	0	0	0	0	0	–	13	0	Olympique Lyon (FRA)
Ejide	Austin	Nigeria	08.04.1984	Tor	12	0	0	0	0	0	0	0	0	0	–	3	0	Gabros International (NGA)
Ejiofor	Eric	Nigeria	21.07.1979	Abwehr	19	0	0	0	0	0	0	0	0	0	–	12	0	Maccabi Haifa (ISR)
Elduayen	Federico	Uruguay	25.06.1977	Tor	23	0	0	0	0	0	0	0	0	0	–	1	0	Penarol Montevideo (URU)
Englebert	Gaetan	Belgien	11.06.1976	Mittelfeld	17	0	0	0	0	0	0	0	0	0	–	4	0	FC Brügge (BEL)
Enyeama	Vincent	Nigeria	29.08.1982	Tor	22	1	0	0	0	0	0	0	0	0	–	2	0	Enyimba Abia (NGA)
Epalle	Joel	Kamerun	20.02.1978	Angriff	14	0	0	0	0	0	0	0	0	0	–	27	2	Panahaiki Patras (GRE)
Ercan	Abdullah	Türkei	08.12.1971	Mittelfeld	19	0	0	0	0	0	0	0	0	0	–	70	0	Fenerbahce Istanbul (TUR)
Erdem	Arif	Türkei	02.01.1972	Angriff	6	4	0	4	0	0	0	0	0	0	–	50	8	Galatasaray Istanbul (TUR)
Espinoza	Giovanny	Ekuador	12.04.1977	Abwehr	17	0	0	0	0	0	0	0	0	0	–	20	1	SD Aucas Quito (ECU)
Eto'o	Samuel	Kamerun	10.03.1981	Angriff	9	3	0	0	1	0	0	0	0	0	–	28	11	RCD Mallorca (ESP)
F																		
Fadiga	Khalilou	Senegal	30.12.1974	Mittelfeld	10	4	0	0	1	1	0	2	0	0	–	26	2	AJ Auxerre (FRA)
Fan	Zhiyi	China	22.01.1970	Abwehr	5	1	1	0	0	0	0	0	0	0	–	105	16	Dundee FC (SCO)
Farnerud	Pontus	Schweden	04.06.1980	Mittelfeld	19	0	0	0	0	0	0	0	0	0	–	2	0	AS Monaco (FRA)
Faye	Amdy	Senegal	12.03.1977	Mittelfeld	12	2	0	1	0	0	0	0	0	0	–	6	0	AJ Auxerre (FRA)
Ferdinand	Rio	England	07.11.1978	Abwehr	5	5	0	0	1	0	0	1	0	0	–	22	0	Leeds United (ENG)
Fernandez	Angel	Ekuador	02.08.1971	Angriff	13	0	0	0	0	0	0	0	0	0	–	69	12	El Nacional Quito (ECU)
Figo	Luis	Portugal	04.11.1972	Angriff	7	3	0	0	0	0	0	0	0	0	–	82	27	Real Madrid (ESP)
Filimonov	Aleksander	Russland	15.10.1973	Tor	23	0	0	0	0	0	0	0	0	0	–	16	0	Uralan Elista (RUS)
Finnan	Steve	Irland	20.04.1976	Abwehr	2	4	0	1	0	0	0	1	0	0	–	13	1	FC Fulham (ENG)
Foe	Marc-Vivien	Kamerun	01.05.1975	Mittelfeld	17	3	0	0	0	0	0	1	0	0	3 (94)	57	8	Olympique Lyon (FRA)
Fonseca	Rolando	Costa Rica	06.06.1974	Angriff	7	2	1	1	0	0	0	0	0	0	–	80	38	Deportivo Saprissa San Jose (CRC)
Forlán	Diego	Uruguay	19.05.1979	Angriff	21	1	0	1	1	0	0	0	0	0	–	4	1	Manchester United (ENG)
Fortune	Quinton	Südafrika	21.05.1977	Mittelfeld	7	3	2	0	1	1	0	0	0	0	3 (98)	40	0	Manchester United (ENG)
Fowler	Robbie	England	09.04.1975	Angriff	9	1	0	1	0	0	0	0	0	0	–	25	7	Leeds United (ENG)
Franco	Juan Carlos	Paraguay	17.04.1973	Abwehr	17	2	0	2	0	0	0	1	0	0	–	10	0	Olimpia Asuncion (PAR)
Frechaut	Nuno	Portugal	24.09.1977	Abwehr	18	1	1	0	0	0	0	1	0	0	–	10	0	Boavista Porto (POR)
Friedel	Brad	USA	18.05.1971	Tor	1	5	0	0	0	0	0	1	0	0	–	76	0	Blackburn Rovers (ENG)
Frings	Torsten	Deutschland	22.11.1976	Mittelfeld	22	7	0	0	0	0	0	1	0	0	–	8	2	SV Werder Bremen (GER)
Fukunishi	Takashi	Japan	01.09.1976	Mittelfeld	15	1	0	1	0	0	0	0	0	0	–	6	0	Jubilo Iwata (JPN)
G																		
Gabriel de Anda	Francisco	Mexiko	05.06.1971	Abwehr	2	0	0	0	0	0	0	0	0	0	–	15	1	Atletico Pachuca (MEX)
Gabsi	Hassen	Tunesien	23.02.1974	Mittelfeld	8	2	2	0	0	0	0	2	0	0	–	49	16	FC Genua 1893 (TUN)
Gajser	Sasa	Slowenien	11.02.1974	Mittelfeld	14	1	0	1	0	0	0	0	0	0	–	20	1	AA Gent (BEL)
Galic	Marinko	Slowenien	22.04.1970	Abwehr	5	1	0	0	0	0	0	0	0	0	–	65	0	NK Koper (SVN)
Gallardo	Marcelo	Argentinien	18.01.1976	Mittelfeld	20	0	0	0	0	0	0	0	0	0	1 (98)	42	14	AS Monaco (FRA)
Gamarra	Carlos	Paraguay	17.02.1971	Abwehr	4	4	0	0	0	0	0	0	0	0	4 (98)	76	5	AEK Athen (GRE)
Gao	Yao	China	13.07.1970	Abwehr	13	0	0	0	0	0	0	0	0	0	–	7	0	Shandong Luneng (CHN)
Garcia	Pablo	Uruguay	11.05.1977	Mittelfeld	5	3	0	0	0	0	0	2	0	0	–	36	2	AC Venedig (ITA)
Garcia	Rafael	Mexiko	14.08.1974	Mittelfeld	3	1	0	1	0	0	0	0	0	0	–	21	2	Deportivo Toluca (MEX)
Garcia Aspe	Alberto	Mexiko	11.05.1967	Mittelfeld	8	1	0	1	0	0	0	1	0	0	3 (94) + 4 (98)	108	22	CF Pueblade la Franja (MEX)
Gattuso	Gennaro	Italien	09.01.1978	Mittelfeld	8	2	0	2	0	0	0	0	0	0	–	13	1	AC Mailand (ITA)
Gavilan	Diego	Paraguay	01.03.1980	Mittelfeld	14	3	0	2	0	0	0	1	0	0	–	21	0	Tecos (MEX)
Geremi		Kamerun	20.12.1978	Abwehr	8	3	0	0	0	0	0	1	0	0	–	49	1	Real Madrid (ESP)
Ghodhbane	Kaies	Tunesien	08.01.1976	Mittelfeld	10	2	0	0	0	0	0	1	0	0	2 (98)	62	3	ES du Sahel Sousse (TUN)
Given	Shay	Irland	20.04.1976	Tor	1	4	0	0	0	0	0	0	0	0	–	39	0	Newcastle United (ENG)
Glowacki	Arkadiusz	Polen	13.03.1979	Abwehr	13	1	0	0	0	0	0	0	0	0	–	2	0	Wisla Kraków (POL)
Gomes	Nuno	Portugal	05.07.1976	Angriff	21	2	0	2	0	0	0	0	0	0	–	29	14	AC Florenz (ITA)
Gomez	Luis	Ekuador	20.04.1972	Abwehr	8	0	0	0	0	0	0	0	0	0	–	9	1	Barcelona SC Guayaquil (ECU)
Gomez	Ronald	Costa Rica	24.01.1975	Angriff	11	3	0	0	2	0	0	1	0	0	–	54	17	OFI Kreta (GRE)
Gonzalez	Kily	Argentinien	04.08.1974	Angriff	18	3	1	2	0	0	0	1	0	0		30	5	FC Valencia (ESP)
Goor	Bart	Belgien	09.04.1973	Mittelfeld	8	4	0	0	0	0	0	0	0	0	–	39	10	Hertha BSC Berlin (GER)
Gravesen	Thomas	Dänemark	11.03.1976	Mittelfeld	7	4	1	0	0	0	0	0	0	0	–	23	2	FC Everton (ENG)
Grönkjaer	Jesper	Dänemark	12.08.1977	Angriff	8	4	2	1	0	0	0	0	0	0	–	26	2	FC Chelsea (ENG)
Guerron	Raul	Ekuador	12.10.1976	Abwehr	6	3	0	0	0	0	0	1	0	0	–	24	0	CS Deportivo Quito (ECU)
Guigou	Gianni	Uruguay	22.02.1975	Mittelfeld	7	2	0	1	0	0	0	0	0	0	–	36	0	AS Rom (ITA)
H																		
Hajto	Tomasz	Polen	16.10.1972	Abwehr	6	2	0	0	0	0	0	1	0	0	–	44	6	FC Schalke 04 (GER)
Hamann	Dietmar	Deutschland	27.08.1973	Mittelfeld	8	6	0	0	0	0	0	2	0	0	3 (98)	40	4	FC Liverpool (ENG)
Hao	Haidong	China	25.08.1970	Angriff	10	3	2	0	0	0	0	0	0	0	–	91	32	Dalian Shide (CHN)
Hargreaves	Owen	England	20.01.1981	Mittelfeld	18	2	1	0	0	0	0	0	0	0	–	6	0	FC Bayern München (GER)
Harte	Ian	Irland	31.08.1977	Abwehr	3	4	4	0	0	0	0	0	0	0	–	40	8	Leeds United (ENG)

Name	Vorname	Land	Geburtsdatum	Position	WM 2002: Rückennummer	Einsätze	Auswechslungen	Einwechslungen	Tore	Davon Elfmeter	Eigentore	Gelbe Karten	Gelb/Rote Karten	Rote Karten	Bisherige WM-Einsätze (Jahre)	Länderspiele vor WM 2002	Länderspieltore vor WM 2002	Verein (Land)
Harthi	Mohsin	Saudi-Arabien	15.07.1976	Abwehr	5	0	0	0	0	0	0	0	0	0	–	20	2	Al-Nassr Riad (KSA)
Hattori	Toshihiro	Japan	23.09.1973	Abwehr	6	1	0	1	0	0	0	0	0	0	–	36	2	Jubilo Iwata (JPN)
Havutcu	Tayfur	Türkei	23.04.1970	Mittelfeld	14	3	0	3	0	0	0	0	0	0	–	38	6	Besiktas Istanbul (TUR)
Hedman	Magnus	Schweden	19.03.1973	Tor	1	4	0	0	0	0	0	0	0	0	–	45	0	Coventry City (ENG)
Heintze	Jan	Dänemark	17.08.1963	Abwehr	5	2	1	0	0	0	0	1	0	0	3 (98)	84	4	PSV Eindhoven (NED)
Hejduk	Frankie	USA	05.08.1974	Abwehr	2	4	1	0	0	0	0	2	0	0	1 (98)	40	5	Bayer 04 Leverkusen (GER)
Helguera	Ivan	Spanien	28.03.1975	Mittelfeld	4	5	1	2	0	0	0	0	0	0	–	22	2	Real Madrid (ESP)
Helveg	Thomas	Dänemark	24.06.1971	Abwehr	6	4	1	0	0	0	0	1	0	0	5 (98)	68	2	AC Mailand (ITA)
Henriksen	Rene	Dänemark	27.08.1969	Abwehr	3	4	0	0	0	0	0	0	0	0	–	40	0	Panathinaikos Athen (GRE)
Henry	Thierry	Frankreich	17.08.1977	Angriff	12	2	0	0	0	0	0	0	0	1	3 (98)	36	12	FC Arsenal (ENG)
Hernandez	Luis	Mexiko	22.12.1968	Angriff	15	3	0	3	0	0	0	1	0	0	4 (98)	85	35	America Mexico City (MEX)
Herpoel	Frederic	Belgien	16.08.1974	Tor	23	0	0	0	0	0	0	0	0	0	–	7	0	AA Gent (BEL)
Heskey	Emile	England	11.01.1978	Angriff	11	5	3	0	1	0	0	1	0	0	–	24	3	FC Liverpool (ENG)
van der Heyden	Peter	Belgien	16.07.1976	Abwehr	12	2	0	0	1	0	0	1	0	0	–	4	0	FC Brügge (BEL)
Hierro	Fernando	Spanien	23.03.1968	Abwehr	6	4	0	0	2	2	0	1	0	0	3 (94) + 3 (98)	85	27	Real Madrid (ESP)
Holland	Matt	Irland	11.04.1974	Mittelfeld	8	4	0	0	1	0	0	0	0	0	–	19	3	Ipswich Town (ENG)
Hong	Myung Bo	Südkorea	12.02.1969	Abwehr	20	7	3	0	0	0	0	1	0	0	3 (90) + 3 (94) + 3 (98)	125	9	Pohang Steelers (KOR)
Hurtado	Ivan	Ekuador	16.08.1974	Abwehr	3	3	0	0	0	0	0	0	0	0	–	91	4	Barcelona SC Guayaquil (ECU)
Husain	Claudio	Argentinien	20.10.1974	Mittelfeld	15	0	0	0	0	0	0	0	0	0		14	1	Club Atletico River Plate (ARG)
Hwang	Sun Hong	Südkorea	14.07.1968	Angriff	18	5	3	2	1	0	0	0	0	0	1 (90) + 3 (94)	97	49	Kashiwa Reysol (JPN)
Hyun	Young Min	Südkorea	25.12.1979	Abwehr	2	0	0	0	0	0	0	0	0	0	–	8	0	Ulsan Hyundai (KOR)
I																		
Ibarra	Oswaldo	Ekuador	08.09.1969	Tor	12	0	0	0	0	0	0	0	0	0	–	21	0	El Nacional Quito (ECU)
Ibrahimovic	Zlatan	Schweden	03.10.1981	Angriff	21	2	0	2	0	0	0	0	0	0	–	10	1	Ajax Amsterdam (NED)
Ichikawa	Daisuke	Japan	14.05.1980	Mittelfeld	22	3	1	2	0	0	0	0	0	0	–	2	0	Shimizu S-Pulse (JPN)
Ikedia	Pius	Nigeria	11.07.1980	Angriff	7	3	0	3	0	0	0	0	0	0	–	9	0	Ajax Amsterdam (NED)
Inamoto	Junichi	Japan	18.09.1979	Mittelfeld	5	4	3	0	2	0	0	1	0	0	–	23	1	FC Arsenal (ENG)
Inzaghi	Filippo	Italien	09.08.1973	Angriff	9	2	1	1	0	0	0	0	0	0	–	38	15	AC Mailand (ITA)
Isaksson	Andreas	Schweden	03.10.1981	Tor	23	0	0	0	0	0	0	0	0	0	–	1	0	Djurgardens IF (SWE)
Issa	Pierre	Südafrika	11.09.1975	Abwehr	13	1	1	0	0	0	0	1	0	0	3 (98)	42	0	FC Watford (ENG)
Iuliano	Mark	Italien	12.08.1973	Abwehr	15	1	0	0	0	0	0	0	0	0	–	16	1	Juventus Turin (ITA)
Izmailov	Marat	Russland	21.09.1982	Mittelfeld	20	2	2	0	0	0	0	0	0	0	–	8	0	Lokomotive Moskau (RUS)
Izzet	Muzzy	Türkei	31.10.1974	Mittelfeld	13	1	0	1	0	0	0	0	0	0	–	7	0	Leicester City (ENG)
J																		
Jaidi	Radhi	Tunesien	30.08.1975	Abwehr	15	3	0	0	0	0	0	0	0	0	–	41	3	L'Esperance Tunis (TUN)
Jakobsson	Andreas	Schweden	06.10.1972	Abwehr	15	4	0	0	0	0	0	1	0	0	–	13	0	FC Hansa Rostock (GER)
James	David	England	01.08.1970	Tor	22	0	0	0	0	0	0	0	0	0	–	9	0	West Ham United (ENG)
Jancker	Carsten	Deutschland	28.08.1974	Angriff	9	3	3	0	1	0	0	1	0	0	–	26	7	FC Bayern München (GER)
Jaouachi	Ahmed	Tunesien	13.07.1975	Tor	22	0	0	0	0	0	0	0	0	0	–	0	0	Monastir (TUN)
Jarni	Robert	Kroatien	26.10.1968	Abwehr	17	3	0	0	0	0	0	0	0	0	7 (98)	78	1	Panathinaikos Athen (GRE)
Jaziri	Zied	Tunesien	12.07.1978	Angriff	5	3	1	0	0	0	0	1	0	0	–	27	9	ES du Sahel Sousse (TUN)
Jelassi	Riadh	Tunesien	07.07.1971	Angriff	9	0	0	0	0	0	0	0	0	0	–	20	5	Club Africain Tunis (TUN)
Jensen	Claus	Dänemark	29.04.1977	Mittelfeld	14	1	0	1	0	0	0	0	0	0	–	14	1	Charlton Athletic (ENG)
Jensen	Niclas	Dänemark	17.08.1974	Abwehr	12	3	0	1	0	0	0	1	0	0	–	8	0	Manchester City (ENG)
Jeremies	Jens	Deutschland	05.03.1974	Mittelfeld	16	7	1	5	0	0	0	1	0	0	3 (98)	33	1	FC Bayern München (GER)
Jiang	Jin	China	07.10.1969	Tor	22	3	0	0	0	0	0	0	0	0	–	53	0	Tianjin Teda (CHN)
Joaquin		Spanien	21.07.1981	Mittelfeld	22	2	0	0	0	0	0	0	0	0	–	3	0	Betis Sevilla (ESP)
Job	Joseph-Desire	Kamerun	01.12.1977	Angriff	21	1	0	1	0	0	0	0	0	0	1 (98)	36	5	FC Metz (FRA)
Jones	Cobi	USA	16.06.1970	Mittelfeld	13	4	0	4	0	0	0	0	0	0	1 (94) + 3 (98)	155	14	Los Angeles Galaxy (USA)
Jonson	Mattias	Schweden	16.01.1974	Mittelfeld	18	2	0	2	0	0	0	0	0	0	–	23	2	Bröndby IF (DEN)
Jorge	Rui	Portugal	27.03.1973	Abwehr	23	3	2	0	0	0	0	1	0	0	–	21	1	Sporting Lissabon (POR)
Jörgensen	Martin	Dänemark	06.10.1976	Angriff	10	3	1	2	0	0	0	0	0	0	5 (98)	32	4	Udinese Calcio (ITA)
Juanfran		Spanien	15.07.1976	Abwehr	3	3	1	0	0	0	0	1	0	0	–	7	0	Celta Vigo (ESP)
Junior	Roque	Brasilien	31.08.1976	Abwehr	4	6	0	0	0	0	0	2	0	0	–	18	2	AC Mailand (ITA)
Junior		Brasilien	20.06.1973	Abwehr	16	1	0	0	1	0	0	0	0	0	–	13	0	AC Parma (ITA)
K																		
Kahn	Oliver	Deutschland	15.06.1969	Tor	1	7	0	0	0	0	0	1	0	0	–	45	0	FC Bayern München (GER)
Kahveci	Nihat	Türkei	23.11.1979	Angriff	15	2	0	2	0	0	0	0	0	0	–	11	1	Real Sociedad (ESP)
Kaka		Brasilien	22.04.1982	Angriff	23	1	0	1	0	0	0	0	0	0	–	3	1	FC Sao Paulo (BRA)
Kalla	Raymond	Kamerun	22.04.1975	Abwehr	5	3	0	0	0	0	0	1	0	0	3 (94) + 2 (98)	58	2	Extremadura (ESP)
Kaluzny	Radoslaw	Polen	02.02.1974	Mittelfeld	10	2	2	0	0	0	0	0	0	0	–	30	10	FC Energie Cottbus (GER)
Kameni	Idriss	Kamerun	18.02.1984	Tor	22	0	0	0	0	0	0	0	0	0	–	2	0	AC Le Havre (FRA)
Kanu	Nwankwo	Nigeria	01.08.1976	Angriff	4	2	1	1	0	0	0	0	0	0	2 (98)	36	6	FC Arsenal (ENG)
Karic	Amir	Slowenien	31.12.1973	Mittelfeld	19	3	0	0	0	0	0	2	0	0	–	43	1	NK Maribor (SVK)
Karpin	Valery	Russland	02.02.1969	Mittelfeld	8	3	1	0	1	1	0	0	0	0	2 (94)	69	16	Celta Vigo (ESP)
Kaviedes	Ivan	Ekuador	24.10.1977	Angriff	9	2	1	1	0	0	0	1	0	0	–	27	10	Barcelona SC Guayaquil (ECU)
Kawaguchi	Yoshikatsu	Japan	15.08.1975	Tor	1	0	0	0	0	0	0	0	0	0	3 (98)	43	0	FC Portsmouth (ENG)
Keane	Robbie	Irland	08.07.1980	Angriff	10	4	0	0	3	1	0	0	0	0	–	33	10	Leeds United (ENG)
Keane	Roy	Irland	10.08.1971	Mittelfeld	6	0	0	0	0	0	0	0	0	0	4 (94)	58	9	Manchester United (ENG)

Name	Vorname	Land	Geburtsdatum	Position	WM 2002										Bisherige WM-Einsätze (Jahre)	Länderspiele vor WM 2002	Länderspieltore vor WM 2002	Verein (Land)
					Rückennummer	Einsätze	Auswechslungen	Einwechslungen	Tore	Davon Elfmeter	Eigentore	Gelbe Karten	Gelb/Rote Karten	Rote Karten				
Kehl	Sebastian	Deutschland	13.02.1980	Abwehr	15	2	0	1	0	0	0	1	0	0	–	8	1	Borussia Dortmund (GER)
Keller	Kasey	USA	29.11.1969	Tor	18	0	0	0	0	0	0	0	0	0	3 (98)	60	0	Tottenham Hotspur (ENG)
Kelly	Alan	Irland	11.08.1968	Tor	23	1	0	1	0	0	0	0	0	0	–	34	0	Blackburn Rovers (ENG)
Kelly	Gary	Irland	09.07.1974	Abwehr	18	4	3	0	0	0	0	0	0	0	2 (94)	46	2	Leeds United (ENG)
Keown	Martin	England	24.07.1966	Abwehr	15	0	0	0	0	0	0	0	0	0	–	43	2	FC Arsenal (ENG)
van Kerckhoven	Nico	Belgien	14.12.1970	Abwehr	5	2	0	0	0	0	0	0	0	0	1 (98)	41	3	FC Schalke 04 (GER)
Kerimoglu	Tugay	Türkei	24.08.1970	Mittelfeld	8	7	3	0	0	0	0	3	0	0	–	60	2	Blackburn Rovers (ENG)
Kerzhakov	Alexander	Russland	27.11.1982	Angriff	16	1	0	1	0	0	0	0	0	0	–	3	0	FC Zenit St. Petersburg (RUS)
Khathran	Abdulaziz	Saudi-Arabien	31.07.1973	Mittelfeld	14	3	2	1	0	0	0	0	0	0	–	0	0	Al-Shabab Riad (KSA)
Khokhlov	Dmitry	Russland	22.12.1975	Mittelfeld	21	3	0	2	0	0	0	1	0	0	–	38	3	Real Sociedad (ESP)
Kiely	Dean	Irland	10.10.1970	Tor	16	0	0	0	0	0	0	0	0	0	–	6	0	Charlton Athletic (ENG)
Kihlstedt	Magnus	Schweden	29.02.1972	Tor	12	0	0	0	0	0	0	0	0	0	–	12	0	FC Kopenhagen (DEN)
Kilbane	Kevin	Irland	01.02.1977	Angriff	11	4	0	0	0	0	0	0	0	0	–	31	3	FC Sunderland (ENG)
Kim	Byung Ji	Südkorea	08.04.1970	Tor	12	0	0	0	0	0	0	0	0	0	3 (98)	60	0	Pohang Steelers (KOR)
Kim	Nam Il	Südkorea	14.03.1977	Mittelfeld	5	5	2	0	0	0	0	1	0	0	–	23	1	Chunnam Dragons (KOR)
Kim	Tae Young	Südkorea	08.11.1970	Abwehr	7	7	2	1	0	0	0	2	0	0	2 (98)	75	3	Chunnam Dragons (KOR)
Kinsella	Mark	Irland	12.08.1972	Mittelfeld	12	4	1	0	0	0	0	0	0	0	–	28	3	Charlton Athletic (ENG)
Kjaer	Peter	Dänemark	05.11.1965	Tor	16	0	0	0	0	0	0	0	0	0	–	4	0	FC Aberdeen (SCO)
Kleberson		Brasilien	19.06.1979	Mittelfeld	15	5	1	2	0	0	0	0	0	0	–	6	2	Atlético Paranaense (BRA)
Klos	Tomasz	Polen	07.03.1973	Abwehr	2	2	1	1	0	0	0	0	0	0	–	37	1	1. FC Kaiserslautern (GER)
Klose	Miroslav	Deutschland	09.06.1978	Angriff	11	7	6	0	5	0	0	1	0	0	–	12	8	1. FC Kaiserslautern (GER)
Knavs	Aleksander	Slowenien	05.12.1975	Abwehr	6	2	1	0	0	0	0	0	0	0	–	38	2	1. FC Kaiserslautern (GER)
Korkmaz	Bülent	Türkei	24.11.1968	Abwehr	3	6	1	0	1	0	0	0	0	0	–	69	1	Galatasaray Istanbul (TUR)
Koumantarakis	George	Südafrika	27.03.1974	Angriff	23	3	0	3	0	0	0	0	0	0	–	7	1	FC Basel (SUI)
Kovac	Niko	Kroatien	15.10.1971	Mittelfeld	10	3	1	0	0	0	0	0	0	0	–	20	3	FC Bayern München (GER)
Kovac	Robert	Kroatien	06.04.1974	Abwehr	21	3	0	0	0	0	0	1	0	0	–	19	0	FC Bayern München (GER)
Kovtun	Yuri	Russland	05.01.1970	Abwehr	2	3	0	0	0	0	0	0	0	0	–	44	2	Spartak Moskau (RUS)
Kozminski	Marek	Polen	07.02.1971	Mittelfeld	21	3	0	0	0	0	0	1	0	0	–	42	1	Ancona Calcio (ITA)
Kryszalowicz	Pawel	Polen	23.06.1974	Angriff	9	3	0	1	1	0	0	0	0	0	–	23	5	Eintracht Frankfurt (GER)
Krzynowek	Jacek	Polen	15.05.1976	Mittelfeld	18	3	0	0	0	0	0	1	0	0	–	23	1	1. FC Nürnberg (GER)
Kucharski	Cezary	Polen	17.02.1972	Angriff	8	1	1	0	0	0	0	1	0	0	–	15	3	Legia Warschau (POL)
L																		
Larsson	Henrik	Schweden	20.09.1971	Angriff	11	4	1	0	3	1	0	1	0	0	1 (94)	68	21	Celtic Glasgow (SCO)
Lauren		Kamerun	19.01.1977	Mittelfeld	12	3	0	0	0	0	0	1	0	0	–	22	1	FC Arsenal (ENG)
Laursen	Martin	Dänemark	26.07.1977	Abwehr	4	4	0	0	0	0	0	1	0	0	–	16	0	AC Mailand (ITA)
Lawal	Garba	Nigeria	22.05.1974	Mittelfeld	11	1	0	0	0	0	0	0	0	0	4 (98)	34	4	Roda JC Kerkrade (NED)
Leboeuf	Frank	Frankreich	22.01.1968	Abwehr	18	2	1	0	0	0	0	0	0	0	3 (98)	48	5	Olympique Marseille (FRA)
Lee	Chun Soo	Südkorea	09.07.1981	Angriff	14	7	0	5	0	0	0	1	0	0	–	24	4	Ulsan Hyundai (KOR)
Lee	Eul Yong	Südkorea	08.09.1975	Mittelfeld	13	4	1	1	1	0	0	1	0	0	–	21	0	Puchon SK (KOR)
Lee	Min Sung	Südkorea	23.06.1973	Abwehr	15	2	0	1	0	0	0	1	0	0	3 (98)	55	2	Pusan I.cons (KOR)
Lee	Woon Jae	Südkorea	26.04.1973	Tor	1	7	0	0	0	0	0	0	0	0	–	32	0	Suwon Bluewings (KOR)
Lee	Young Pyo	Südkorea	23.04.1977	Mittelfeld	10	5	0	0	0	0	0	0	0	0	–	51	3	Anyang LG (KOR)
Lehmann	Jens	Deutschland	10.11.1969	Tor	12	0	0	0	0	0	0	0	0	0	–	14	0	Borussia Dortmund (GER)
Lekgetho	Jacob	Südafrika	24.03.1977	Abwehr	5	1	0	1	0	0	0	0	0	0	–	15	0	Lokomotive Moskau (RUS)
Lembo	Alejandro	Uruguay	15.02.1978	Abwehr	3	2	0	0	0	0	0	0	0	0	–	31	1	Nacional Montevideo (URU)
Lewis	Eddie	USA	17.05.1974	Mittelfeld	7	3	0	1	0	0	0	1	0	0	–	38	3	FC Fulham (ENG)
Li	Tie	China	18.09.1977	Mittelfeld	8	3	0	0	0	0	0	1	0	0	–	68	5	Liaoning Bodao (CHN)
Li	Weifeng	China	26.01.1978	Abwehr	14	3	0	0	0	0	0	1	0	0	–	49	8	Shenzhen Pingan (CHN)
Li	Xiaopeng	China	05.11.1976	Mittelfeld	18	3	0	0	0	0	0	1	0	0	–	21	1	Shandong Luneng (CHN)
Linderoth	Tobias	Schweden	21.04.1979	Mittelfeld	6	4	0	0	0	0	0	0	0	0	–	20	1	FC Everton (ENG)
Linke	Thomas	Deutschland	26.12.1969	Abwehr	2	7	0	0	1	0	0	0	0	0	–	34	0	FC Bayern München (GER)
di Livio	Angelo	Italien	26.07.1966	Mittelfeld	16	2	0	2	0	0	0	0	0	0	1 (98)	38	0	AC Florenz (ITA)
Lizarazu	Bixente	Frankreich	09.12.1969	Abwehr	3	3	0	0	0	0	0	0	0	0	6 (98)	75	2	FC Bayern München (GER)
Ljungberg	Freddie	Schweden	16.04.1977	Mittelfeld	9	2	0	0	0	0	0	0	0	0	–	32	2	FC Arsenal (ENG)
Llamosa	Carlos	USA	30.06.1969	Abwehr	16	2	0	2	0	0	0	0	0	0	–	27	0	New England Revolution (USA)
Lonnis	Erick	Costa Rica	09.09.1965	Tor	1	3	0	0	0	0	0	0	0	0	–	75	0	Deportivo Saprissa San Jose (CRC)
Lopez	Claudio	Argentinien	17.07.1974	Angriff	7	3	1	1	0	0	0	0	0	0	4 (98)	49	10	Lazio Rom (ITA)
Lopez	Gustavo	Argentinien	13.04.1973	Angriff	17	0	0	0	0	0	0	0	0	0		31	4	Celta Vigo (ESP)
Lopez	Wilmer	Costa Rica	03.08.1971	Mittelfeld	6	3	1	1	0	0	0	0	0	0	–	69	6	LD Alajuelense (CRC)
Lövenkrands	Peter	Dänemark	29.01.1980	Angriff	18	1	0	1	0	0	0	0	0	0	–	4	0	Glasgow Rangers (SCO)
Lucic	Teddy	Schweden	15.04.1973	Abwehr	16	4	0	0	0	0	0	0	0	0	–	42	0	AIK Solna (SWE)
Lucio		Brasilien	08.05.1978	Abwehr	3	7	0	0	0	0	0	0	0	0	–	16	0	Bayer 04 Leverkusen (GER)
Luis Enrique		Spanien	08.05.1970	Mittelfeld	21	5	2	2	0	0	0	0	0	0	4 (94) + 3 (98)	57	12	FC Barcelona (ESP)
Luizao		Brasilien	14.11.1975	Angriff	21	2	0	2	0	0	0	0	0	0	–	9	2	Gremio (BRA)
Luna	Braulio	Mexiko	08.09.1974	Mittelfeld	11	4	0	0	0	0	0	0	0	0	2 (98)	15	1	CID Necaxa Mexico City (MEX)
Luque	Albert	Spanien	11.03.1978	Angriff	12	2	0	2	0	0	0	0	0	0	–	0	0	RCD Mallorca (ESP)
Lustu	Steven	Dänemark	13.04.1971	Abwehr	13	0	0	0	0	0	0	0	0	0	–	5	0	Lyn Oslo (NOR)
M																		
Ma	Mingyu	China	10.08.1972	Mittelfeld	9	2	1	0	0	0	0	0	0	0	–	87	13	Sichuan Dahe (CHN)
Madsen	Peter	Dänemark	26.04.1978	Angriff	21	0	0	0	0	0	0	0	0	0	–	5	0	Bröndby IF (DEN)

Name	Vorname	Land	Geburtsdatum	Position	WM 2002										Bisherige WM-Einsätze (Jahre)	Länderspiele vor WM 2002	Länderspieltore vor WM 2002	Verein (Land)
					Rückennummer	Einsätze	Auswechslungen	Einwechslungen	Tore	Davon Elfmeter	Eigentore	Gelbe Karten	Gelb/Rote Karten	Rote Karten				
Magallanes	Federico	Uruguay	22.08.1976	Angriff	11	2	0	2	0	0	0	0	0	0	–	24	7	AC Venedig (ITA)
Majdan	Radoslaw	Polen	10.05.1972	Tor	12	1	0	0	0	0	0	1	0	0	–	5	0	Göztepspor Izmir (TUR)
Makelele	Claude	Frankreich	18.02.1973	Mittelfeld	7	1	0	0	0	0	0	0	0	0	–	15	0	Real Madrid (ESP)
Maldini	Paolo	Italien	26.06.1968	Abwehr	3	4	0	0	0	0	0	0	0	0	7 (90) + 7 (94) + 5 (98)	122	7	AC Mailand (ITA)
Mansiz	Ilhan	Türkei	10.08.1975	Angriff	17	7	0	6	3	0	0	1	0	0	–	6	2	Besiktas Istanbul (TUR)
Marcos		Brasilien	04.08.1973	Tor	1	7	0	0	0	0	0	0	0	0	–	16	0	Palmeiras (BRA)
Marin	Luis	Costa Rica	10.08.1974	Abwehr	3	3	0	0	0	0	0	1	0	0	–	75	3	LD Alajuelense (CRC)
Marlin	Calvin	Südafrika	20.04.1976	Tor	20	0	0	0	0	0	0	0	0	0	–	2	0	Ajax Capetown (RSA)
Marquez	Rafael	Mexiko	13.02.1979	Mittelfeld	4	4	0	0	0	0	0	0	0	1	–	36	4	AS Monaco (FRA)
Martinez	Gilberto	Costa Rica	01.10.1979	Abwehr	5	3	1	0	0	0	0	1	0	0	–	28	0	Deportivo Saprissa San Jose (CRC)
Martyn	Nigel	England	11.08.1966	Tor	13	0	0	0	0	0	0	0	0	0	–	23	0	Leeds United (ENG)
Marzouki	Hamdi	Tunesien	23.01.1977	Abwehr	14	0	0	0	0	0	0	0	0	0	–	7	0	Club Africain Tunis (TUN)
Mastroeni	Pablo	USA	26.08.1976	Abwehr	4	3	2	0	0	0	0	2	0	0	–	10	0	Colorado Rapids (USA)
Materazzi	Marco	Italien	19.08.1973	Abwehr	23	1	0	1	0	0	0	0	0	0	–	7	0	Inter Mailand (ITA)
Mathis	Clint	USA	25.11.1976	Angriff	11	3	1	1	1	0	0	0	0	0	–	22	9	N.Y./N.J. Metro Stars (USA)
Matsuda	Naoki	Japan	14.03.1977	Abwehr	3	4	0	0	0	0	0	0	0	0	–	25	0	Yokohama F-Marinos (JPN)
Matysek	Adam	Polen	19.07.1968	Tor	22	0	0	0	0	0	0	0	0	0	–	34	0	RKS Radomsko (POL)
Mboma	Patrick	Kamerun	15.11.1970	Angriff	10	3	3	0	1	0	0	0	0	0	3 (98)	49	27	FC Sunderland (ENG)
McAteer	Jason	Irland	18.06.1971	Mittelfeld	7	2	1	1	0	0	0	1	0	0	1 (94)	47	3	FC Sunderland (ENG)
McBride	Brian	USA	19.06.1972	Angriff	20	5	3	0	2	0	0	0	0	0	1 (98)	60	18	Columbus Crew (USA)
McCarthy	Benedict	Südafrika	12.11.1977	Angriff	17	3	2	0	1	0	0	1	0	0	3 (98)	44	13	FC Porto (POR)
Medford	Hernan	Costa Rica	23.05.1968	Angriff	17	2	0	2	0	0	0	0	0	0	–	88	20	Deportivo Saprissa San Jose (CRC)
van Meir	Eric	Belgien	28.02.1968	Abwehr	4	2	0	1	0	0	0	1	0	0	–	33	1	Standard Lüttich (BEL)
Melki	Mourad	Tunesien	09.05.1975	Mittelfeld	21	2	2	0	0	0	0	1	0	0	–	12	1	L'Esperance Tunis (TUN)
Mellberg	Olof	Schweden	03.09.1977	Abwehr	2	4	0	0	0	0	0	0	0	0	–	22	0	Aston Villa (ENG)
Mendez	Gustavo	Uruguay	03.02.1971	Abwehr	2	1	0	0	0	0	0	1	0	0	–	45	0	Nacional Montevideo (URU)
Méndez	Edison	Ekuador	16.03.1979	Mittelfeld	19	3	0	0	1	0	0	0	0	0	–	25	2	CS Deportivo Quito (ECU)
Mendieta	Gaiza	Spanien	17.03.1974	Mittelfeld	16	3	0	2	1	0	0	0	0	0	–	32	7	Lazio Rom (ITA)
Meola	Tony	USA	21.02.1969	Tor	19	0	0	0	0	0	0	0	0	0	3 (90) + 4 (94)	99	0	Kansas City Wizards (USA)
Mercado	Sigifredo	Mexiko	21.12.1968	Mittelfeld	13	3	0	2	0	0	0	0	0	0	–	18	0	Atlas Guadalajara (MEX)
Mesén	Alvaro	Costa Rica	24.12.1972	Tor	18	0	0	0	0	0	0	0	0	0	–	16	0	LD Alajuelense (CRC)
Mettomo	Lucien	Kamerun	19.04.1977	Abwehr	13	0	0	0	0	0	0	0	0	0	–	23	1	Manchester City (ENG)
Metzelder	Christoph	Deutschland	05.11.1980	Abwehr	21	7	1	0	0	0	0	0	0	0	–	6	0	Borussia Dortmund (GER)
Mhadhebi	Imed	Tunesien	22.03.1976	Angriff	7	2	0	2	0	0	0	0	0	0	–	31	9	FC Genua 1893 (ITA)
Michaelsen	Jan	Dänemark	28.11.1970	Mittelfeld	15	0	0	0	0	0	0	0	0	0	–	11	1	Panathinaikos Athen (GRE)
Micoud	Johan	Frankreich	24.07.1973	Mittelfeld	22	2	0	1	0	0	0	0	0	0	–	14	1	AC Parma (ITA)
Milinovic	Zeljko	Slowenien	12.10.1969	Abwehr	3	3	0	0	0	0	0	2	0	0	–	35	3	JEF United Ichihara (JPN)
Mills	Danny	England	18.05.1977	Abwehr	2	5	0	0	0	0	0	1	0	0	–	7	0	Leeds United (ENG)
Miyamoto	Tsuneyasu	Japan	07.02.1977	Abwehr	17	4	0	1	0	0	0	1	0	0	–	6	0	Gamba Osaka (JPN)
Mjällby	Johan	Schweden	09.02.1971	Abwehr	4	4	0	0	0	0	0	1	0	0	–	36	4	Celtic Glasgow (SCO)
Mkacher	Mohamed	Tunesien	25.05.1975	Abwehr	4	1	0	0	0	0	0	0	0	0	–	15	0	ES du Sahel Sousse (TUN)
Mkademi	Emir	Tunesien	20.08.1978	Abwehr	19	0	0	0	0	0	0	0	0	0	–	9	0	ES du Sahel Sousse (TUN)
Mngomeni	Thabo	Südafrika	24.06.1969	Mittelfeld	8	0	0	0	0	0	0	0	0	0	–	38	6	Orlando Pirates Johannesburg (RSA)
Mnguni	Bennett	Südafrika	18.03.1974	Mittelfeld	10	0	0	0	0	0	0	0	0	0	–	10	0	Lokomotive Moskau (RUS)
Mokoena	Aaron	Südafrika	25.11.1980	Abwehr	4	3	0	0	0	0	0	2	0	0	–	22	0	GB Antwerpen (BEL)
Mokoena	Teboho	Südafrika	10.07.1974	Mittelfeld	12	3	0	0	1	0	0	1	0	0	–	10	1	FC St. Gallen (SUI)
Molefe	Thabang	Südafrika	11.04.1979	Abwehr	22	1	0	1	0	0	0	0	0	0	–	6	0	Jomo Cosmos Johannesburg (RSA)
Montella	Vincenzo	Italien	18.06.1974	Angriff	20	1	0	1	0	0	0	1	0	0	–	14	3	AS Rom (ITA)
Montero	Paolo	Uruguay	03.09.1971	Abwehr	4	3	0	0	0	0	0	1	0	0	–	45	3	Juventus Turin (ITA)
Moore	Joe-Max	USA	23.02.1971	Angriff	9	2	0	2	0	0	0	0	0	0	1 (98)	98	24	FC Everton (ENG)
Morales	Ramon	Mexiko	10.10.1975	Mittelfeld	7	4	2	0	0	0	0	0	0	0	–	17	1	Atlas Guadalajara (MEX)
Morales	Richard	Uruguay	21.02.1975	Angriff	18	2	0	2	1	0	0	0	0	0	–	12	5	Nacional Montevideo (URU)
Morgan	Lester	Costa Rica	02.05.1976	Tor	23	0	0	0	0	0	0	0	0	0	–	5	0	CS Herediano (CRC)
Morientes	Fernando	Spanien	05.04.1976	Angriff	9	5	2	2	3	0	0	1	0	0	1 (98)	19	14	Real Madrid (ESP)
Morinigo	Gustavo	Paraguay	23.01.1977	Mittelfeld	16	1	0	1	0	0	0	0	0	0	–	11	2	Libertad Asuncion (PAR)
Morioka	Ryuzo	Japan	07.10.1975	Abwehr	4	1	1	0	0	0	0	0	0	0	–	33	0	Shimizu S-Pulse (JPN)
Morishima	Hiroaki	Japan	30.04.1972	Mittelfeld	8	3	0	3	1	0	0	0	0	0	–	58	11	Cerezo Osaka (JPN)
Morrison	Clinton	Irland	14.05.1979	Angriff	19	0	0	0	0	0	0	0	0	0	–	7	2	Crystal Palace (ENG)
Mostovoi	Alexandr	Russland	22.08.1968	Mittelfeld	10	0	0	0	0	0	0	0	0	0	1 (94)	59	12	Celta Vigo (ESP)
Mpenza	Mbo	Belgien	04.12.1976	Angriff	22	3	1	1	0	0	0	0	0	0	–	27	0	Excelsior Mouscron (BEL)
Mukasi	MacDonald	Südafrika	26.05.1975	Mittelfeld	9	1	0	1	0	0	0	0	0	0	–	7	0	Lokomotive Plovdiv (BUL)
Munua	Gustavo	Uruguay	27.01.1978	Tor	12	0	0	0	0	0	0	0	0	0	–	9	0	Nacional Montevideo (URU)
Murawski	Maciej	Polen	20.02.1974	Mittelfeld	16	1	0	0	0	0	0	0	0	0	–	4	0	Legia Warschau (POL)
Myojin	Tomokazu	Japan	24.01.1978	Mittelfeld	20	3	0	0	0	0	0	0	0	0	–	17	2	Kashiwa Reysol (JPN)
N																		
Nadal		Spanien	28.07.1966	Abwehr	20	4	0	0	0	0	0	0	0	0	3 (94) + 2 (98)	59	3	RCD Mallorca (ESP)
Nakata	Hidetoshi	Japan	22.01.1977	Mittelfeld	7	4	1	0	1	0	0	0	0	0	3 (98)	40	7	AC Parma (ITA)
Nakata	Koji	Japan	09.07.1979	Abwehr	16	4	0	0	0	0	0	1	0	0	–	21	0	Kashima Antlers (JPN)
Nakayama	Masashi	Japan	23.09.1967	Angriff	10	1	0	1	0	0	0	1	0	0	3 (98)	48	21	Jubilo Iwata (JPN)

					WM 2002													
Name	Vorname	Land	Geburtsdatum	Position	Rückennummer	Einsätze	Auswechslungen	Einwechslungen	Tore	Davon Elfmeter	Eigentore	Gelbe Karten	Gelb/Rote Karten	Rote Karten	Bisherige WM-Einsätze (Jahre)	Länderspiele vor WM 2002	Länderspieltore vor WM 2002	Verein (Land)
Narazaki	Seigo	Japan	15.04.1976	Tor	12	4	0	0	0	0	0	0	0	0	–	16	0	Nagoya Grampus Eight (JPN)
Ndiaye	Makhtar	Senegal	31.12.1981	Mittelfeld	23	0	0	0	0	0	0	0	0	0	–	11	0	Stade Rennes (FRA)
Ndiaye	Moussa	Senegal	20.02.1979	Mittelfeld	14	3	1	1	0	0	0	0	0	0	–	38	4	CS Sedan (FRA)
Ndiaye	Sylvain	Senegal	25.06.1976	Mittelfeld	20	0	0	0	0	0	0	0	0	0	–	6	0	OSC Lille (FRA)
Ndiefi	Pius	Kamerun	05.07.1975	Angriff	11	1	0	1	0	0	0	0	0	0	–	19	3	CS Sedan (FRA)
Ndo	Joseph	Kamerun	28.04.1976	Mittelfeld	7	0	0	0	0	0	0	0	0	0	3 (98)	21	0	Al-Kahalees (UAE)
Ndour	Alassane	Senegal	12.12.1981	Abwehr	5	1	1	0	0	0	0	0	0	0	–	8	0	AS St. Etienne (FRA)
Nelson		Portugal	20.10.1975	Tor	15	0	0	0	0	0	0	0	0	0	–	2	0	Sporting Lissabon (POR)
Nemec	Dejan	Slowenien	01.03.1977	Tor	22	0	0	0	0	0	0	0	0	0	–	1	0	FC Brügge (BEL)
Nesta	Alessandro	Italien	19.03.1976	Abwehr	13	3	1	0	0	0	0	0	0	0	2 (98)	43	0	Lazio Rom (ITA)
Neuville	Oliver	Deutschland	01.05.1973	Angriff	7	6	3	2	1	0	0	1	0	0	–	30	3	Bayer 04 Leverkusen (GER)
Ngom Komé	Daniel	Kamerun	19.05.1980	Mittelfeld	23	2	1	1	0	0	0	0	0	0	–	13	0	CD Numancia (ESP)
Nielsen	Brian	Dänemark	28.12.1968	Mittelfeld	23	1	0	1	0	0	0	0	0	0	–	65	3	Malmö FF (SWE)
Nigmatullin	Ruslan	Russland	07.10.1974	Tor	1	3	0	0	0	0	0	0	0	0	–	20	0	Hellas Verona (ITA)
Nikiforov	Yuri	Russland	16.09.1970	Abwehr	3	3	1	0	0	0	0	0	0	0	3 (94)	56	6	PSV Eindhoven (NED)
Nishizawa	Akinori	Japan	18.06.1976	Angriff	9	1	0	0	0	0	0	0	0	0	–	24	9	Cerezo Osaka (JPN)
Njanka	Pierre	Kamerun	15.03.1975	Abwehr	6	1	0	1	0	0	0	0	0	0	4 (98)	33	2	Racing Strasbourg (FRA)
Nomvethe	Siyabonga	Südafrika	02.12.1977	Angriff	14	2	2	0	1	0	0	1	0	0	–	31	6	Udinese Calcio (ITA)
Noor	Mohammed	Saudi-Arabien	26.02.1978	Mittelfeld	8	2	0	1	0	0	0	1	0	0	–	29	4	Al-Ittihad Dschidda (KSA)
Novak	Doni	Slowenien	04.09.1969	Mittelfeld	7	3	1	0	0	0	0	0	0	0	–	4 JUG + 68 SLO	3	SpVgg Unterhaching (GER)
Nzama	Cyril	Südafrika	26.06.1974	Abwehr	2	3	0	0	0	0	0	1	0	0	–	20	0	Kaizer Chiefs Johannesburg (RSA)
O																		
Obiorah	James	Nigeria	24.08.1978	Mittelfeld	20	1	0	0	0	0	0	0	0	0	–	2	1	Lokomotive Moskau (RUS)
Obregon	Alfonso	Ekuador	12.05.1972	Mittelfeld	5	3	2	0	0	0	0	0	0	0	–	41	0	LDU Quito (ECU)
O'Brien	Andrew	Irland	29.06.1979	Abwehr	20	0	0	0	0	0	0	0	0	0	–	5	0	Newcastle United (ENG)
O'Brien	John	USA	29.08.1977	Mittelfeld	5	5	0	0	1	0	0	0	0	0	–	13	1	Ajax Amsterdam (NED)
Ogasawara	Mitsuo	Japan	05.04.1979	Mittelfeld	19	1	0	1	0	0	0	0	0	0	–	1	0	Kashima Antlers (JPN)
Ogbeche	Bartholomew	Nigeria	01.10.1984	Angriff	9	2	1	0	0	0	0	0	0	0	–	4	0	Paris SG (FRA)
Okocha	Jay Jay	Nigeria	14.08.1973	Mittelfeld	10	3	0	0	0	0	0	0	0	0	1 (94) + 3 (98)	56	8	Paris SG (FRA)
Okoronkwo	Isaac	Nigeria	01.05.1978	Abwehr	5	3	0	0	0	0	0	0	0	0	–	12	0	Schachtjor Donezk (UKR)
Olembe	Salomon	Kamerun	08.12.1980	Mittelfeld	20	3	1	1	0	0	0	1	0	0	2 (98)	49	6	Olympique Marseille (FRA)
Olic	Ivica	Kroatien	14.09.1979	Angriff	18	2	0	1	1	0	0	0	0	0	–	4	1	NK Zagreb (CRO)
Olisadebe	Emmanuel	Polen	22.12.1978	Angriff	11	3	1	0	1	0	0	1	0	0	–	16	10	Panathinaikos Athen (GRE)
Olivera	Nicolas	Uruguay	30.05.1978	Mittelfeld	15	0	0	0	0	0	0	0	0	0	–	26	6	FC Sevilla (ESP)
O'Neill	Fabian	Uruguay	14.10.1973	Angriff	10	0	0	0	0	0	0	0	0	0	–	19	2	AC Perugia (ITA)
Ono	Shinji	Japan	27.09.1979	Mittelfeld	18	4	2	0	0	0	0	0	0	0	–	22	2	Feyenoord Rotterdam (NED)
Onopko	Viktor	Russland	14.10.1969	Abwehr	7	3	0	0	0	0	0	0	0	0	2 (94)	97	6	Real Oviedo (ESP)
Opabunmi	Femi	Nigeria	03.03.1985	Angriff	23	1	1	0	0	0	0	0	0	0	–	2	1	3SC Ibadan (NGA)
Ortega	Ariel	Argentinien	04.03.1974	Mittelfeld	10	3	0	0	0	0	0	0	0	0	1 (94) + 5 (98)	81	17	Club Atletico River Plate (ARG)
Osterc	Milan	Slowenien	04.07.1975	Angriff	9	3	2	1	0	0	0	0	0	0	–	41	8	Hapoel Tel Aviv (ISR)
Ou	Chuliang	China	26.08.1968	Tor	23	1	0	1	0	0	0	0	0	0	–	0	0	Yunnan Hongta (CHN)
Owen	Michael	England	14.12.1979	Angriff	10	5	4	0	2	0	0	0	0	0	2 (98)	36	16	FC Liverpool (ENG)
Özalan	Alpay	Türkei	29.05.1973	Abwehr	5	5	0	0	0	0	0	1	0	1	–	60	4	Aston Villa (ENG)
Özat	Ümit	Türkei	30.10.1976	Abwehr	16	2	0	0	0	0	0	0	0	0	–	14	0	Fenerbahce Istanbul (TUR)
Özgültekyn	Zafer	Türkei	10.03.1975	Tor	23	0	0	0	0	0	0	0	0	0	–	1	0	MKE Ankaragücü (TUR)
P																		
Palencia	Francisco	Mexiko	28.04.1973	Angriff	17	2	0	2	0	0	0	0	0	0	2 (98)	67	9	Espanyol Barcelona (ESP)
Panucci	Christian	Italien	12.04.1973	Abwehr	2	4	1	0	0	0	0	1	0	0	–	24	2	AS Rom (ITA)
Paredes	Carlos	Paraguay	16.07.1976	Mittelfeld	13	2	0	0	0	0	0	0	1	0	3 (98)	41	7	FC Porto (POR)
Park	Ji Sung	Südkorea	25.02.1981	Mittelfeld	21	7	1	0	1	0	0	1	0	0	–	33	3	Kyoto Purple Sanga (JPN)
Parks	Winston	Costa Rica	12.10.1981	Angriff	12	2	0	2	1	0	0	0	0	0	–	4	1	Udinese Calcio (ITA)
Pauleta	Pedro Resendes	Portugal	28.04.1973	Angriff	9	3	1	0	3	0	0	0	0	0	–	34	13	Girondins Bordeaux (FRA)
Paulista	Juninho	Brasilien	22.02.1973	Mittelfeld	19	5	4	1	0	0	0	0	0	0	–	44	5	Flamengo (BRA)
Pavlin	Miran	Slowenien	08.10.1971	Mittelfeld	11	3	1	0	0	0	0	2	0	0	–	45	5	FC Porto (POR)
Pavlovic	Zoran	Slowenien	27.06.1976	Mittelfeld	17	0	0	0	0	0	0	0	0	0	–	21	0	Austria Wien (AUT)
de Pedro	Francisco	Spanien	04.08.1973	Mittelfeld	11	4	2	0	0	0	0	1	0	0	–	5	1	Real Sociedad (ESP)
Peeters	Jacky	Belgien	13.12.1969	Abwehr	15	3	1	0	0	0	0	0	0	0	–	13	0	AA Gent (BEL)
Penbe	Ergun	Türkei	17.05.1972	Mittelfeld	18	5	0	0	0	0	0	1	0	0	–	21	0	Galatasaray Istanbul (TUR)
Perez	Oscar	Mexiko	01.02.1973	Tor	1	4	0	0	0	0	0	1	0	0	–	37	0	Cruz Azul Mexico City (MEX)
Petit	Emmanuel	Frankreich	22.09.1970	Mittelfeld	17	2	0	0	0	0	0	2	0	0	5 (98)	58	6	FC Chelsea (ENG)
Petit		Portugal	25.09.1976	Mittelfeld	20	3	1	0	0	0	0	1	0	0	–	10	0	Boavista Porto (POR)
Pienaar	Steven	Südafrika	17.03.1982	Mittelfeld	21	0	0	0	0	0	0	0	0	0	–	1	0	Ajax Amsterdam (NED)
del Piero	Alessandro	Italien	09.11.1974	Angriff	7	3	1	2	1	0	0	0	0	0	3 (98)	49	17	Juventus Turin (ITA)
Pimenov	Ruslan	Russland	25.11.1981	Angriff	19	2	1	0	0	0	0	1	0	0	–	1	0	Lokomotive Moskau (RUS)
Pinto	Joao	Portugal	19.08.1971	Angriff	8	3	1	0	0	0	0	0	0	1	–	78	23	Sporting Lissabon (POR)
Placente	Diego	Argentinien	24.04.1977	Abwehr	13	2	0	0	0	0	0	0	0	0	–	6	0	Bayer 04 Leverkusen (GER)
Pletikosa	Stipe	Kroatien	08.01.1979	Tor	1	3	0	0	0	0	0	0	0	0	–	17	0	HNK Hajduk Split (CRO)
Pochettino	Mauricio	Argentinien	02.03.1972	Abwehr	4	3	0	0	0	0	0	0	0	0	–	16	2	Paris SG (FRA)
Polga	Anderson	Brasilien	09.02.1979	Abwehr	14	2	0	0	0	0	0	0	0	0	–	6	3	Gremio (BRA)

Name	Vorname	Land	Geburtsdatum	Position	WM 2002										Bisherige WM-Einsätze (Jahre)	Länderspiele vor WM 2002	Länderspieltore vor WM 2002	Verein (Land)
					Rückennummer	Einsätze	Auswechslungen	Einwechslungen	Tore	Davon Elfmeter	Eigentore	Gelbe Karten	Gelb/Rote Karten	Rote Karten				
Pope	Eddie	USA	24.12.1973	Abwehr	23	5	1	0	0	0	0	2	0	0	3 (98)	50	5	Washington DC United (USA)
Poroso	Augusto	Ekuador	13.04.1974	Abwehr	2	3	0	0	0	0	0	1	0	0	–	27	0	Emelec Guayaquil (ECU)
Poulsen	Christian	Dänemark	28.02.1980	Mittelfeld	17	3	1	2	0	0	0	2	0	0	–	3	0	FC Kopenhagen (DEN)
Prosinecki	Robert	Kroatien	12.01.1969	Mittelfeld	8	1	1	0	0	0	0	0	0	0	1 (90) + 4 (98)	48	10	FC Portsmouth (ENG)
Pule	Jabu	Südafrika	11.07.1980	Mittelfeld	11	1	0	1	0	0	0	0	0	0	–	9	1	Kaizer Chiefs Johannesburg (RSA)
Puyol		Spanien	13.04.1978	Abwehr	5	4	0	0	0	0	1	0	0	0	–	8	1	FC Barcelona (ESP)
Q																		
Qi	Hong	China	03.06.1976	Mittelfeld	19	1	1	0	0	0	0	0	0	0	–	34	10	Shanghai Zhongyuan (CHN)
Qu	Bo	China	15.07.1981	Angriff	16	2	0	2	0	0	0	0	0	0	–	1	0	Qingdao Hairiu (CHN)
Quinn	Niall	Irland	06.10.1966	Angriff	17	3	0	3	0	0	0	0	0	0	3 (90)	88	21	FC Sunderland (ENG)
R																		
Radebe	Lucas	Südafrika	12.04.1969	Abwehr	19	3	1	0	1	0	0	1	0	0	3 (98)	66	1	Leeds United (ENG)
Ramé	Ulrich	Frankreich	19.09.1972	Tor	1	0	0	0	0	0	0	0	0	0	–	11	0	Girondins Bordeaux (FRA)
Ramelow	Carsten	Deutschland	20.03.1974	Mittelfeld	5	5	1	0	0	0	0	0	1	0	–	25	0	Bayer 04 Leverkusen (GER)
Rapaic	Milan	Kroatien	16.08.1973	Mittelfeld	5	3	1	1	1	0	0	0	0	0	–	23	1	Fenerbahce Istanbul (TUR)
Raul		Spanien	27.06.1977	Angriff	7	4	2	0	3	0	0	0	0	0	2 (98)	51	25	Real Madrid (ESP)
Recber	Rüstü	Türkei	10.05.1973	Tor	1	7	1	0	0	0	0	1	0	0	–	64	0	Fenerbahce Istanbul (TUR)
Recoba	Alvaro	Uruguay	17.03.1976	Angriff	20	3	1	0	1	1	0	0	0	0	–	43	8	Inter Mailand (ITA)
Régis	David	USA	02.12.1968	Abwehr	6	0	0	0	0	0	0	0	0	0	3 (98)	27	0	FC Metz (FRA)
Regueiro	Mario	Uruguay	14.09.1978	Angriff	17	2	0	2	0	0	0	0	0	0	–	14	0	Racing Santander (ESP)
Rehmer	Marko	Deutschland	29.04.1972	Abwehr	3	1	1	0	0	0	0	0	0	0	–	27	4	Hertha BSC Berlin (GER)
Reid	Steven	Irland	10.03.1981	Angriff	21	2	0	2	0	0	0	1	0	0	–	5	2	FC Millwall (ENG)
Reyna	Claudio	USA	20.07.1973	Mittelfeld	10	4	0	0	0	0	0	1	0	0	3 (98)	88	8	FC Sunderland (ENG)
Ricardinho		Brasilien	23.05.1976	Mittelfeld	7	3	0	3	0	0	0	0	0	0	–	3	0	Corinthians (BRA)
Ricardo		Spanien	30.12.1971	Tor	13	0	0	0	0	0	0	0	0	0	–	1	0	Real Valladolid (ESP)
Ricardo		Portugal	11.02.1976	Tor	16	0	0	0	0	0	0	0	0	0	–	10	0	Boavista Porto (POR)
Ricken	Lars	Deutschland	10.07.1976	Mittelfeld	10	0	0	0	0	0	0	0	0	0	–	16	1	Borussia Dortmund (GER)
Rivaldo		Brasilien	19.04.1972	Mittelfeld	10	7	2	0	5	1	0	0	0	0	7 (98)	59	28	FC Barcelona (ESP)
Rodriguez	Alberto	Mexiko	01.04.1974	Abwehr	22	0	0	0	0	0	0	0	0	0	–	13	0	Atletico Pachuca (MEX)
Rodriguez	Dario	Uruguay	17.09.1974	Abwehr	6	3	2	0	1	0	0	1	0	0	–	21	2	Penarol Montevideo (URU)
Rodriguez	Joahan	Mexiko	15.08.1975	Mittelfeld	18	3	2	0	0	0	0	0	0	0	–	14	1	Santos Laguna (MEX)
Rodriguez	Juan José	Costa Rica	23.06.1967	Abwehr	14	0	0	0	0	0	0	0	0	0	–	3	0	San Carlos (CRC)
Romero	Marcelo	Uruguay	04.07.1976	Mittelfeld	16	2	2	0	0	0	0	2	0	0	–	22	0	FC Malaga (ESP)
Romero		Spanien	23.06.1971	Abwehr	15	3	0	1	0	0	0	0	0	0	–	3	0	Deportivo La Coruna (ESP)
Rommedahl	Dennis	Dänemark	22.07.1978	Angriff	19	4	1	0	1	0	0	0	0	0	–	20	6	PSV Eindhoven (NED)
Ronaldinho		Brasilien	21.03.1980	Mittelfeld	11	5	4	0	2	1	0	1	0	1	–	25	10	Paris SG (FRA)
Ronaldo		Brasilien	22.09.1976	Angriff	9	7	5	0	8	0	0	0	0	0	7 (98)	57	37	Inter Mailand (ITA)
Rudonja	Mladen	Slowenien	26.07.1971	Angriff	13	3	0	1	0	0	0	1	0	0	–	58	1	FC Portsmouth (ENG)
Rzasa	Tomasz	Polen	11.03.1973	Abwehr	5	1	0	1	0	0	0	0	0	0	–	9	1	Feyenoord Rotterdam (POL)
S																		
Sagnol	Willy	Frankreich	18.03.1977	Abwehr	19	0	0	0	0	0	0	0	0	0	–	10	0	FC Bayern München (GER)
Samuel	Walter	Argentinien	23.03.1978	Abwehr	6	3	0	0	0	0	0	1	0	0		30	3	AS Rom (ITA)
Sanabria	Daniel	Paraguay	08.02.1977	Abwehr	19	0	0	0	0	0	0	0	0	0	–	6	0	Libertad Asuncion (PAR)
Sanchez	Oswaldo	Mexiko	21.09.1973	Tor	12	0	0	0	0	0	0	0	0	0	–	22	0	Atlas Guadalajara (MEX)
Sanchez	Wellington	Ekuador	19.06.1974	Mittelfeld	21	0	0	0	0	0	0	0	0	0	–	36	3	Emelec Guayaquil (ECU)
Sand	Ebbe	Dänemark	19.07.1972	Angriff	11	3	1	0	0	0	0	1	0	0	2 (98)	45	18	FC Schalke 04 (GER)
Sankovic	Goran	Slowenien	18.06.1979	Abwehr	2	0	0	0	0	0	0	0	0	0	–	5	0	Slavia Prag (CZE)
Sanneh	Anthony	USA	01.06.1971	Abwehr	22	5	0	0	0	0	0	0	0	0	–	32	2	1. FC Nürnberg (GER)
Santa Cruz	Roque	Paraguay	16.08.1981	Angriff	9	4	1	0	1	0	0	1	0	0	–	24	8	FC Bayern München (GER)
de los Santos	Gonzalo	Uruguay	19.07.1976	Mittelfeld	22	1	0	1	0	0	0	0	0	0	–	28	1	FC Valencia (ESP)
dos Santos	Alessandro	Japan	20.07.1977	Mittelfeld	14	2	1	1	0	0	0	0	0	0	–	1	0	Shimizu S-Pulse (JPN)
Sarabia	Pedro	Paraguay	05.07.1975	Abwehr	3	0	0	0	0	0	0	0	0	0	4 (98)	40	0	Club Atletico River Plate (ARG)
Saric	Daniel	Kroatien	04.08.1972	Mittelfeld	15	3	1	1	0	0	0	0	0	0	–	25	0	Panathinaikos Athen (GRE)
Sarr	Papa	Senegal	07.12.1977	Mittelfeld	3	1	1	0	0	0	0	0	0	0	–	22	1	RC Lens (FRA)
Sas	Hasan	Türkei	01.08.1976	Angriff	11	6	1	0	2	0	0	2	0	0	–	14	0	Galatasaray Istanbul (TUR)
Schneider	Bernd	Deutschland	17.11.1973	Mittelfeld	19	7	4	0	1	0	0	1	0	0	–	9	0	Bayer 04 Leverkusen (GER)
Scholes	Paul	England	16.11.1974	Mittelfeld	8	5	1	0	0	0	0	1	0	0	3 (98)	44	13	Manchester United (ENG)
Seaman	David	England	19.09.1963	Tor	1	5	0	0	0	0	0	0	0	0	4 (98)	68	0	FC Arsenal (ENG)
Sellimi	Adel	Tunesien	16.11.1972	Angriff	11	2	1	1	0	0	0	0	0	0	3 (98)	65	17	SC Freiburg (GER)
Semak	Sergei	Russland	27.02.1976	Mittelfeld	17	0	0	0	0	0	0	0	0	0	–	30	1	ZSKA Moskau (RUS)
Semshov	Igor	Russland	06.04.1978	Mittelfeld	6	2	1	0	0	0	0	1	0	0	–	2	0	Torpedo Moskau (RUS)
Sennikov	Dimitri	Russland	24.06.1976	Abwehr	18	1	0	1	0	0	0	1	0	0	–	4	0	Lokomotive Moskau (RUS)
Seol	Ki Hyeon	Südkorea	08.01.1979	Angriff	9	7	2	1	1	0	0	1	0	0	–	33	8	RSC Anderlecht (BEL)
Sergio		Spanien	10.11.1976	Mittelfeld	18	1	0	1	0	0	0	0	0	0	–	5	0	Deportivo La Coruna (ESP)
Seric	Anthony	Kroatien	15.01.1979	Abwehr	2	0	0	0	0	0	0	0	0	0	–	8	0	Hellas Verona (ITA)
Shao	Jiayi	China	10.04.1980	Mittelfeld	6	2	0	2	0	0	0	0	0	1	–	21	0	Beijing Guoan (CHN)
Sheringham	Teddy	England	02.04.1966	Angriff	17	4	0	4	0	0	0	0	0	0	2 (98)	47	11	Tottenham Hotspur (ENG)
Shorunmu	Ike	Nigeria	16.10.1967	Tor	1	2	0	0	0	0	0	0	0	0	–	34	0	FC Luzern (SUI)
Sibaya	MacBeth	Südafrika	25.11.1977	Mittelfeld	6	3	0	0	0	0	0	0	0	0	–	10	0	Jomo Cosmos Johannesburg (RSA)
Sibik	Pawel	Polen	15.02.1971	Mittelfeld	23	1	0	1	0	0	0	0	0	0	–	2	0	Odra Wodzislaw (POL)

Name	Vorname	Land	Geburtsdatum	Position	WM 2002										Bisherige WM-Einsätze (Jahre)	Länderspiele vor WM 2002	Länderspieltore vor WM 2002	Verein (Land)
					Rückennummer	Einsätze	Auswechslungen	Einwechslungen	Tore	Davon Elfmeter	Eigentore	Gelbe Karten	Gelb/Rote Karten	Rote Karten				
Silva	Dario	Uruguay	02.11.1972	Angriff	9	3	1	0	0	0	0	1	0	0	–	36	12	FC Malaga (ESP)
Silva	Gilberto	Brasilien	07.10.1976	Mittelfeld	8	7	0	0	0	0	0	1	0	0	–	7	3	Atlético Mineiro (BRA)
Silvestre	Mikael	Frankreich	09.08.1977	Abwehr	13	0	0	0	0	0	0	0	0	0	–	11	1	Manchester United (ENG)
Simeone	Diego	Argentinien	28.04.1970	Mittelfeld	14	2	0	0	0	0	0	1	0	0	4 (94) + 4 (98)	104	11	Lazio Rom (ITA)
Simeunovic	Marko	Slowenien	16.02.1967	Tor	1	2	0	0	0	0	0	0	0	0	–	43	0	NK Maribor (SVN)
Simic	Dario	Kroatien	12.11.1975	Abwehr	20	2	1	1	0	0	0	0	0	0	6 (98)	48	1	Inter Mailand (ITA)
Simons	Timmy	Belgien	11.12.1976	Mittelfeld	6	4	1	1	0	0	0	0	0	0	–	13	0	FC Brügge (BEL)
Simunic	Josip	Kroatien	18.02.1978	Abwehr	3	3	0	0	0	0	0	1	0	0	–	6	0	Hertha BSC Berlin (GER)
Sinclair	Trevor	England	02.03.1973	Mittelfeld	4	4	1	1	0	0	0	0	0	0	–	4	0	West Ham United (ENG)
Smertin	Alexei	Russland	01.05.1975	Mittelfeld	4	2	2	0	0	0	0	1	0	0	–	26	0	Girondins Bordeaux (FRA)
Sodje	Efetobore	Nigeria	05.10.1972	Abwehr	16	2	1	0	0	0	0	1	0	0	–	7	1	Crewe Alexandra (ENG)
Sogahata	Hitoshi	Japan	02.08.1979	Tor	23	0	0	0	0	0	0	0	0	0	–	1	0	Kashima Antlers (JPN)
Soldo	Zvonimir	Kroatien	02.11.1967	Mittelfeld	14	2	1	0	0	0	0	0	0	0	6 (98)	59	3	VfB Stuttgart (GER)
Solis	Mauricio	Costa Rica	13.12.1972	Mittelfeld	8	3	1	0	0	0	0	1	0	0	–	85	5	LD Alajuelense (CRC)
Solomatin	Andrei	Russland	09.09.1975	Mittelfeld	5	3	0	0	0	0	0	2	0	0	–	5	1	ZSKA Moskau (RUS)
Sonck	Wesley	Belgien	09.08.1978	Angriff	9	4	0	4	1	0	0	0	0	0	–	12	2	RC Genk (BEL)
Song	Rigobert	Kamerun	01.07.1976	Abwehr	4	3	0	0	0	0	0	1	0	0	2 (94) + 3 (98)	67	2	1. FC Köln (GER)
Song	Chong Gug	Südkorea	20.02.1979	Mittelfeld	22	7	0	0	1	0	0	1	0	0	–	30	2	Pusan I.cons (KOR)
Songo'o	Jacques	Kamerun	17.03.1964	Tor	16	0	0	0	0	0	0	0	0	0	1 (94) + 3 (98)	60	0	FC Metz (FRA)
Sörensen	Thomas	Dänemark	12.06.1976	Tor	1	4	0	0	0	0	0	0	0	0	–	15	0	FC Sunderland (ENG)
Sorin	Juan	Argentinien	05.05.1976	Mittelfeld	3	3	1	0	0	0	0	0	0	0		35	6	Cruzeiro (BRA)
Sorondo	Gonzalo	Uruguay	09.10.1979	Abwehr	14	3	1	0	0	0	0	0	0	0	–	18	0	Inter Mailand (ITA)
Sousa	Paulo	Portugal	30.08.1970	Mittelfeld	6	0	0	0	0	0	0	0	0	0	–	51	0	Espanyol Barcelona (POR)
Southgate	Gareth	England	03.09.1970	Abwehr	16	0	0	0	0	0	0	0	0	0	2 (98)	49	1	FC Middlesbrough (ENG)
Stanic	Mario	Kroatien	10.04.1972	Angriff	13	2	0	2	0	0	0	0	0	0	7 (98)	43	7	FC Chelsea (ENG)
Staunton	Steve	Irland	19.01.1969	Abwehr	5	4	2	0	0	0	0	1	0	0	5 (90) + 4 (94)	98	7	Aston Villa (ENG)
Stewart	Ernie	USA	28.03.1969	Mittelfeld	8	4	2	2	0	0	0	0	0	0	4 (94) + 2 (98)	80	15	NAC Breda (NED)
Strupar	Branko	Belgien	09.02.1970	Angriff	20	2	1	1	0	0	0	0	0	0	–	15	5	Derby County (ENG)
Struway	Estanislao	Paraguay	25.06.1968	Mittelfeld	6	3	2	1	0	0	0	0	0	0	–	69	3	Libertad Asuncion (PAR)
Su	Maozhen	China	23.07.1972	Angriff	12	1	0	1	0	0	0	0	0	0	–	49	24	Shandong Luneng (CHN)
Suffo	Patrick	Kamerun	17.01.1978	Angriff	18	2	0	2	0	0	0	0	1	0	–	27	4	Sheffield United (ENG)
Suker	Davor	Kroatien	01.01.1968	Angriff	9	1	1	0	0	0	0	0	0	0	7 (98)	2 YUG + 68 CRO	45	TSV 1860 München (GER)
Sükür	Hakan	Türkei	01.09.1971	Angriff	9	7	2	0	1	0	0	1	0	0	–	73	35	AC Parma (ITA)
Sulimani	Hussein	Saudi-Arabien	21.01.1977	Abwehr	13	3	0	0	0	0	0	0	0	0	3 (98)	80	3	Al-Ahli Dschidda (KSA)
Sun	Jihai	China	30.09.1977	Abwehr	7	1	1	0	0	0	0	0	0	0	–	58	0	Dalian Shide (CHN)
Sunsing	William	Costa Rica	12.05.1977	Angriff	20	0	0	0	0	0	0	0	0	0	–	23	3	CS Herediano (CRC)
Suzuki	Takayuki	Japan	05.06.1976	Angriff	11	4	2	1	1	0	0	0	0	0	–	11	3	Kashima Antlers (JPN)
Svensson	Anders	Schweden	17.07.1976	Mittelfeld	8	4	2	1	1	0	0	0	0	0	–	25	6	FC Southampton (ENG)
Svensson	Magnus	Schweden	10.03.1969	Mittelfeld	17	4	2	1	0	0	0	1	0	0	–	25	2	Bröndby IF (DEN)
Svensson	Michael	Schweden	25.11.1975	Abwehr	5	0	0	0	0	0	0	0	0	0	–	11	0	ES Troyes AC (FRA)
Swierczewski	Piotr	Polen	08.04.1972	Mittelfeld	7	2	0	0	0	0	0	2	0	0	–	65	1	Olympique Marseille (FRA)
Sychev	Dimitri	Russland	26.10.1983	Angriff	22	3	0	3	1	0	0	0	0	0	–	3	1	Spartak Moskau (RUS)
Sylva	Tony	Senegal	17.05.1975	Tor	1	5	0	0	0	0	0	0	0	0	–	16	0	AS Monaco (FRA)
T																		
Tavarelli	Ricardo	Paraguay	02.08.1970	Tor	22	1	0	0	0	0	0	1	0	0	–	20	0	Olimpia Asuncion (PAR)
Tavcar	Rajko	Slowenien	21.07.1974	Mittelfeld	15	1	0	0	0	0	0	0	0	0	–	6	0	1. FC Nürnberg (GER)
Tchato	Bill	Kamerun	14.05.1975	Abwehr	2	3	1	0	0	0	0	1	0	0	–	24	1	HSC Montpellier (FRA)
Tenorio	Carlos	Ekuador	14.05.1979	Angriff	18	3	1	2	0	0	0	1	0	0	–	10	2	LDU Quito (ECU)
Tenorio	Edwin	Ekuador	16.06.1976	Mittelfeld	20	2	2	0	0	0	0	0	0	0	–	34	0	Barcelona SC Guayaquil (ECU)
Thabet	Tarek	Tunesien	16.08.1971	Abwehr	17	0	0	0	0	0	0	0	0	0	1 (98)	71	3	L'Esperance Tunis (TUN)
Thiaw	Pape	Senegal	05.02.1981	Angriff	18	1	0	0	0	0	0	1	0	0	–	13	5	Racing Strasbourg (FRA)
Thijs	Bernd	Belgien	28.06.1978	Mittelfeld	19	0	0	0	0	0	0	0	0	0	–	2	0	RC Genk (BEL)
Thuram	Lilian	Frankreich	01.01.1972	Abwehr	15	3	0	0	0	0	0	0	0	0	6 (98)	74	2	Juventus Turin (ITA)
Tiganj	Senad	Slowenien	28.08.1975	Angriff	16	1	0	1	0	0	0	0	0	0	–	3	1	Olimpija Ljubljana (SVN)
Titov	Egor	Russland	29.05.1976	Mittelfeld	9	3	0	0	1	0	0	0	0	0	–	33	4	Spartak Moskau (RUS)
Toda	Kazuyuki	Japan	30.12.1977	Mittelfeld	21	4	0	0	0	0	0	2	0	0	–	11	0	Shimizu S-Pulse (JPN)
Töfting	Stig	Dänemark	14.08.1969	Mittelfeld	2	4	2	0	0	0	0	1	0	0	–	37	2	Bolton Wanderers (ENG)
Toldo	Francesco	Italien	02.12.1971	Tor	22	0	0	0	0	0	0	0	0	0	–	22	0	Inter Mailand (ITA)
Tomas	Stjepan	Kroatien	06.03.1976	Abwehr	4	3	0	0	0	0	0	1	0	0	–	17	1	Vicenza Calcio (ITA)
Tomasson	Jon Dahl	Dänemark	29.08.1976	Angriff	9	4	0	0	4	1	0	1	0	0	–	39	15	Feyenoord Rotterdam (NED)
Tommasi	Damiano	Italien	17.05.1974	Mittelfeld	17	4	0	0	0	0	0	1	0	0	–	14	1	AS Rom (ITA)
Torrado	Gerardo	Mexiko	30.04.1979	Mittelfeld	6	4	1	0	1	0	0	1	0	0	–	28	2	FC Sevilla (ESP)
Torres	Curro	Spanien	27.12.1976	Abwehr	2	1	0	0	0	0	0	0	0	0	–	4	0	FC Valencia (ESP)
Totti	Francesco	Italien	27.09.1976	Angriff	10	4	2	0	0	0	0	1	1	0	–	29	5	AS Rom (ITA)
Trabelsi	Hakem	Tunesien	25.01.1977	Abwehr	6	3	0	0	0	0	0	1	0	0	1 (98)	28	0	Ajax Amsterdam (NED)
Traoré	Amara	Senegal	25.09.1965	Angriff	8	0	0	0	0	0	0	0	0	0	–	12	2	FC Gueugnon (FRA)
Trezeguet	David	Frankreich	15.10.1977	Angriff	20	3	1	0	0	0	0	0	0	0	2 (98)	37	20	Juventus Turin (ITA)
Tristan	Diego	Spanien	05.01.1976	Angriff	10	2	2	0	0	0	0	0	0	0	–	7	2	Deportivo La Coruna (ESP)
Tukar	Redha	Saudi-Arabien	29.11.1975	Abwehr	3	3	0	0	0	0	0	0	0	0	–	5	0	Al-Shabab Riad (KSA)

Name	Vorname	Land	Geburtsdatum	Position	WM 2002										Bisherige WM-Einsätze (Jahre)	Länderspiele vor WM 2002	Länderspieltore vor WM 2002	Verein (Land)
					Rückennummer	Einsätze	Auswechslungen	Einwechslungen	Tore	Davon Elfmeter	Eigentore	Gelbe Karten	Gelb/Rote Karten	Rote Karten				
U																		
Udeze	Ifeanyi	Nigeria	21.07.1980	Abwehr	14	2	0	0	0	0	0	0	0	0	–	15	0	PAOK Saloniki (GRE)
Ünsal	Hakan	Türkei	14.05.1973	Abwehr	20	4	0	1	0	0	0	0	1	0	–	24	0	Blackburn Rovers (ENG)
Utaka	John	Nigeria	08.01.1982	Angriff	21	1	0	0	0	0	0	0	0	0	–	4	0	Al Saad Doha (QAT)
V																		
Valeron	Juan Carlos	Spanien	17.06.1975	Mittelfeld	17	4	2	0	1	0	0	1	0	0	–	20	0	Deportivo La Coruna (ESP)
Vallejos	Daniel	Costa Rica	27.05.1981	Mittelfeld	13	0	0	0	0	0	0	0	0	0	–	3	0	CS Herediano (CRC)
Vampeta		Brasilien	13.03.1974	Mittelfeld	18	1	0	1	0	0	0	0	0	0	–	37	2	Corinthians (BRA)
Vandendriessche	Franky	Belgien	07.04.1971	Tor	13	0	0	0	0	0	0	0	0	0	–	0	0	Excelsior Mouscron (BEL)
Vanderhaeghe	Yves	Belgien	30.01.1970	Mittelfeld	18	4	0	0	0	0	0	2	0	0	–	31	2	RSC Anderlecht (BEL)
Varela	Gustavo	Uruguay	14.05.1978	Angriff	8	3	0	0	0	0	0	0	0	0	–	7	0	Nacional Montevideo (URU)
Vasilj	Vladimir	Kroatien	06.07.1975	Tor	23	0	0	0	0	0	0	0	0	0	–	2	0	NK Dinamo Zagreb (CRO)
Vassell	Darius	England	13.06.1980	Angriff	20	3	1	2	0	0	0	0	0	0	–	5	3	Aston Villa (ENG)
Verheyen	Gert	Belgien	20.09.1972	Mittelfeld	11	4	3	0	0	0	0	1	0	0	–	47	10	FC Brügge (BEL)
Vermant	Sven	Belgien	04.04.1973	Mittelfeld	14	1	0	1	0	0	0	0	0	0	–	13	0	FC Schalke 04 (GER)
Veron	Juan	Argentinien	09.03.1975	Mittelfeld	11	3	2	1	0	0	0	0	0	0	5 (98)	47	8	Manchester United (ENG)
Viana	Hugo	Portugal	15.01.1983	Mittelfeld	12	0	0	0	0	0	0	0	0	0	–	4	0	Sporting Lissabon (POR)
Vidrio	Manuel	Mexiko	23.08.1972	Abwehr	5	4	1	0	0	0	0	1	0	0	–	27	1	Atletico Pachuca (MEX)
Vieira	Patrick	Frankreich	23.06.1976	Mittelfeld	4	3	1	0	0	0	0	0	0	0	1 (98)	53	3	FC Arsenal (ENG)
Vieri	Christian	Italien	12.07.1973	Angriff	21	4	0	0	4	0	0	1	0	0	5 (98)	24	10	Inter Mailand (ITA)
Villa	German	Mexiko	02.04.1973	Mittelfeld	14	0	0	0	0	0	0	0	0	0	2 (98)	46	0	America Mexico City (MEX)
Villar	Justo	Paraguay	30.06.1977	Tor	12	0	0	0	0	0	0	0	0	0	–	3	0	Libertad Asuncion (PAR)
Viteri	Daniel	Ekuador	12.12.1981	Tor	22	0	0	0	0	0	0	0	0	0	–	0	0	Emelec Guayaquil (ECU)
Vlaovic	Goran	Kroatien	07.08.1972	Angriff	19	0	0	0	0	0	0	0	0	0	3 (98)	50	15	Panathinaikos Athen (GRE)
de Vlieger	Geert	Belgien	16.10.1971	Tor	1	4	0	0	0	0	0	0	0	0	–	26	0	Willem II (NED)
Vonk	Hans	Südafrika	30.01.1970	Tor	1	0	0	0	0	0	0	0	0	0	3 (98)	29	0	SC Heerenveen (NED)
Vranjes	Jurica	Kroatien	31.01.1980	Mittelfeld	16	2	0	2	0	0	0	0	0	0	–	7	0	Bayer 04 Leverkusen (GER)
Vugdalic	Muamer	Slowenien	25.08.1977	Abwehr	4	1	0	0	0	0	0	1	0	0	–	13	0	Schachtjor Donezk (SVN)
Vugrinec	Davor	Kroatien	24.03.1975	Mittelfeld	7	2	1	1	0	0	0	0	0	0	–	21	7	US Lecce (ITA)
W																		
Waldoch	Tomasz	Polen	10.05.1971	Abwehr	15	3	0	1	0	0	0	0	0	0	–	71	2	FC Schalke 04 (GER)
Walem	Johan	Belgien	01.02.1972	Mittelfeld	10	3	1	0	1	0	0	0	0	0	–	34	1	Standard Lüttich (BEL)
Wallace	Harold	Costa Rica	07.09.1975	Abwehr	15	3	3	0	0	0	0	0	0	0	–	55	1	LD Alajuelense (CRC)
Wanchope	Paulo	Costa Rica	31.07.1976	Angriff	9	3	1	0	1	0	0	0	0	0	–	49	34	Manchester City (ENG)
West	Taribo	Nigeria	26.03.1974	Abwehr	6	2	0	0	0	0	0	1	0	0	4 (98)	38	0	1. FC Kaiserslautern (GER)
Wilmots	Marc	Belgien	22.02.1969	Angriff	7	4	0	0	3	0	0	0	0	0	1 (94) + 3 (98)	67	26	FC Schalke 04 (GER)
Wiltord	Sylvain	Frankreich	10.05.1974	Angriff	11	3	3	0	0	0	0	0	0	0	–	39	12	FC Arsenal (ENG)
Wolff	Josh	USA	25.02.1977	Angriff	15	2	1	1	0	0	0	1	0	0	–	18	6	Chicago Fire (USA)
Wome	Pierre	Kamerun	26.03.1979	Abwehr	3	3	1	0	0	0	0	1	0	0	3 (98)	54	1	FC Bologna (ITA)
Wright	Mauricio	Costa Rica	20.12.1970	Abwehr	4	3	0	0	1	0	0	0	0	0	–	41	4	CS Herediano (CRC)
Wu	Chengying	China	21.04.1975	Abwehr	4	3	1	0	0	0	0	0	0	0	–	48	2	Shanghai Shenhua (CHN)
X																		
Xavi		Spanien	25.01.1980	Abwehr	19	3	0	2	0	0	0	0	0	0	–	3	0	FC Barcelona (ESP)
Xavier	Abel	Portugal	30.11.1972	Abwehr	3	1	0	1	0	0	0	0	0	0	–	19	2	FC Liverpool (ENG)
Xu	Yunlong	China	17.02.1979	Abwehr	21	3	0	0	0	0	0	1	0	0	–	1	0	Beijing Guoan (CHN)
Y																		
Yanagisawa	Atsushi	Japan	27.05.1977	Angriff	13	3	1	0	0	0	0	0	0	0	–	23	9	Kashima Antlers (JPN)
Yang	Chen	China	17.01.1974	Angriff	20	2	2	0	0	0	0	0	0	0	–	25	10	Eintracht Frankfurt (GER)
Yang	Pu	China	30.03.1978	Abwehr	3	2	0	1	0	0	0	1	0	0	–	10	0	Beijing Guoan (CHN)
Yobo	Joseph	Nigeria	06.09.1980	Mittelfeld	2	3	0	0	0	0	0	0	0	0	–	14	0	Olympique Marseille (FRA)
Yoo	Sang Chul	Südkorea	18.10.1971	Mittelfeld	6	7	3	0	1	0	0	1	0	0	3 (98)	95	15	Kashiwa Reysol (JPN)
Yoon	Jong Hwan	Südkorea	16.02.1973	Mittelfeld	17	0	0	0	0	0	0	0	0	0	–	38	3	Cerezo Osaka (JPN)
Yu	Genwei	China	19.08.1976	Mittelfeld	11	2	0	2	0	0	0	0	0	0	–	14	1	Tianjin Teda (CHN)
Z																		
Zahovic	Zlatko	Slowenien	01.02.1971	Mittelfeld	10	1	1	0	0	0	0	0	0	0	–	64	32	Benfica Lissabon (POR)
Zaid	Mabrouk	Saudi-Arabien	11.02.1979	Tor	21	0	0	0	0	0	0	0	0	0	–	1	0	Al-Ittihad Dschidda (KSA)
Zambrotta	Gianluca	Italien	19.02.1977	Mittelfeld	19	4	1	0	0	0	0	1	0	0	–	23	0	Juventus Turin (ITA)
Zanetti	Cristiano	Italien	10.04.1977	Mittelfeld	6	3	0	0	0	0	0	1	0	0	–	4	0	Inter Mailand (ITA)
Zanetti	Javier	Argentinien	10.08.1973	Mittelfeld	8	3	0	0	0	0	0	0	0	0	5 (98)	66	3	Inter Mailand (ITA)
Zewlakow	Marcin	Polen	24.04.1976	Angriff	14	3	0	3	1	0	0	0	0	0	–	17	4	Excelsior Mouscron (BEL)
Zewlakow	Michal	Polen	24.04.1976	Abwehr	4	2	1	0	0	0	0	0	0	0	–	25	1	Excelsior Mouscron (BEL)
Zhang	Enhua	China	11.05.1974	Abwehr	2	0	0	0	0	0	0	0	0	0	–	65	7	Dalian Shide (CHN)
Zhao	Junzhe	China	18.04.1979	Mittelfeld	15	2	0	0	0	0	0	0	0	0	–	1	0	Beijing Guoan (CHN)
Zidane	Zinedine	Frankreich	23.06.1972	Mittelfeld	10	1	0	0	0	0	0	0	0	0	5 (98)	74	19	Real Madrid (ESP)
Ziege	Christian	Deutschland	01.02.1972	Abwehr	6	5	0	1	0	0	0	2	0	0	1 (98)	66	9	Tottenham Hotspur (ENG)
Zielinski	Jacek	Polen	10.10.1967	Abwehr	3	1	0	0	0	0	0	0	0	0	–	52	1	Legia Warschau (POL)
Zitouni	Ali	Tunesien	11.01.1981	Angriff	20	3	0	3	0	0	0	0	0	0	–	23	9	Club Africain Tunis (TUN)
Zivkovic	Boris	Kroatien	15.11.1975	Abwehr	6	1	0	0	0	0	0	0	0	1	–	15	1	Bayer 04 Leverkusen (GER)
Zubromawi	Abdullah	Saudi-Arabien	15.11.1973	Abwehr	4	3	2	0	0	0	0	0	0	0	2 (94) + 3 (98)	115	4	Al-Ahli Dschidda (KSA)
Zuma	Sibusiso	Südafrika	23.06.1975	Mittelfeld	15	3	0	0	0	0	0	1	0	0	–	23	3	FC Kopenhagen (DEN)
Zurawski	Maciej	Polen	12.09.1976	Angriff	19	3	2	0	0	0	0	0	0	0	–	9	3	Wisla Kraków (POL)

Alle Qualifikationsspiele zur WM 2002

EUROPA · GRUPPE 1

Schweiz – Russland	0 : 1	(0 : 0)	02.09.00	Zürich
Färöer – Slowenien	2 : 2	(0 : 1)	03.09.00	Toftir
Luxemburg – Jugoslawien	0 : 2	(0 : 2)	03.09.00	Luxemburg
Luxemburg – Slowenien	1 : 2	(0 : 2)	07.10.00	Luxemburg
Schweiz – Färöer	5 : 1	(4 : 1)	07.10.00	Zürich
Slowenien – Schweiz	2 : 2	(1 : 1)	11.10.00	Ljubljana
Russland – Luxemburg	3 : 0	(1 : 0)	11.10.00	Moskau
Luxemburg – Färöer	0 : 2	(0 : 0)	24.03.01	Luxemburg
Russland – Slowenien	1 : 1	(1 : 1)	24.03.01	Moskau
Jugoslawien – Schweiz	1 : 1	(0 : 0)	24.03.01	Belgrad
Russland – Färöer	1 : 0	(1 : 0)	28.03.01	Moskau
Schweiz – Luxemburg	5 : 0	(2 : 0)	28.03.01	Zürich
Slowenien – Jugoslawien	1 : 1	(0 : 1)	28.03.01	Ljubljana
Jugoslawien – Russland	0 : 1	(0 : 0)	25.04.01	Belgrad
Russland – Jugoslawien	1 : 1	(1 : 1)	02.06.01	Moskau
Slowenien – Luxemburg	2 : 0	(1 : 0)	02.06.01	Ljubljana
Färöer – Schweiz	0 : 1	(0 : 0)	02.06.01	Toftir
Färöer – Jugoslawien	0 : 6	(0 : 2)	06.06.01	Toftir
Schweiz – Slowenien	0 : 1	(0 : 0)	06.06.01	Basel
Luxemburg – Russland	1 : 2	(0 : 1)	06.06.01	Luxemburg
Jugoslawien – Färöer	2 : 0	(1 : 0)	15.08.01	Belgrad
Färöer – Luxemburg	1 : 0	(0 : 0)	01.09.01	Toftir
Slowenien – Russland	2 : 1	(0 : 0)	01.09.01	Ljubljana
Schweiz – Jugoslawien	1 : 2	(1 : 1)	01.09.01	Basel
Jugoslawien – Slowenien	1 : 1	(0 : 1)	05.09.01	Belgrad
Luxemburg – Schweiz	0 : 3	(0 : 1)	05.09.01	Luxemburg
Färöer – Russland	0 : 3	(0 : 2)	05.09.01	Torshavn
Jugoslawien – Luxemburg	6 : 2	(1 : 1)	06.10.01	Belgrad
Slowenien – Färöer	3 : 0	(2 : 0)	06.10.01	Ljubljana
Russland – Schweiz	4 : 0	(3 : 0)	06.10.01	Moskau

Europa · Gruppe 1 (Abschlusstabelle)

Platz	Mannschaft	Spiele	S	U	N	Tore	Diff	Pkte
1	**Russland**	**10**	**7**	**2**	**1**	**18 : 5**	**13**	**23**
2	Slowenien	10	5	5	0	17 : 9	8	20
3	Jugoslawien	10	5	4	1	22 : 8	14	19
4	Schweiz	10	4	2	4	18 : 12	6	14
5	Färöer	10	2	1	7	6 : 23	-17	7
6	Luxemburg	10	0	0	10	4 : 28	-24	0

Gruppensieger direkt für WM, der Zweite für Play-Off-Spiel gegen Zweiten der Europa-Gruppe 8 qualifiziert

EUROPA · GRUPPE 2

Estland – Andorra	1 : 0	(0 : 0)	16.08.00	Tallinn
Niederlande – Irland	2 : 2	(0 : 1)	02.09.00	Amsterdam
Andorra – Zypern	2 : 3	(1 : 1)	02.09.00	Andorra la vella
Estland – Portugal	1 : 3	(0 : 1)	03.09.00	Tallinn
Zypern – Niederlande	0 : 4	(0 : 0)	07.10.00	Nikosia
Andorra – Estland	1 : 2	(0 : 0)	07.10.00	Andorra la vella
Portugal – Irland	1 : 1	(0 : 0)	07.10.00	Lissabon
Niederlande – Portugal	0 : 2	(0 : 2)	11.10.00	Rotterdam
Irland – Estland	2 : 0	(1 : 0)	11.10.00	Dublin
Zypern – Andorra	5 : 0	(3 : 0)	15.11.00	Nikosia
Portugal – Andorra	3 : 0	(2 : 0)	28.02.01	Funchal
Andorra – Niederlande	0 : 5	(0 : 2)	24.03.01	Barcelona
Zypern – Irland	0 : 4	(0 : 2)	24.03.01	Nikosia
Andorra – Irland	0 : 3	(0 : 1)	28.03.01	Barcelona
Portugal – Niederlande	2 : 2	(0 : 1)	28.03.01	Porto
Zypern – Estland	2 : 2	(0 : 0)	28.03.01	Limassol
Irland – Andorra	3 : 1	(2 : 1)	25.04.01	Dublin
Niederlande – Zypern	4 : 0	(2 : 0)	25.04.01	Eindhoven
Estland – Niederlande	2 : 4	(0 : 0)	02.06.01	Tallinn
Irland – Portugal	1 : 1	(0 : 0)	02.06.01	Dublin
Portugal – Zypern	6 : 0	(1 : 0)	06.06.01	Lissabon
Estland – Irland	0 : 2	(0 : 2)	06.06.01	Tallinn
Estland – Zypern	2 : 2	(0 : 1)	15.08.01	Tallinn
Andorra – Portugal	1 : 7	(1 : 5)	01.09.01	Lleida
Irland – Niederlande	1 : 0	(0 : 0)	01.09.01	Dublin
Niederlande – Estland	5 : 0	(5 : 0)	05.09.01	Eindhoven
Zypern – Portugal	1 : 3	(1 : 0)	05.09.01	Larnaca
Niederlande – Andorra	4 : 0	(2 : 0)	06.10.01	Arnheim
Irland – Zypern	4 : 0	(2 : 0)	06.10.01	Dublin
Portugal – Estland	5 : 0	(1 : 0)	06.10.01	Lissabon

Europa · Gruppe 2 (Abschlusstabelle)

Platz	Mannschaft	Spiele	S	U	N	Tore	Diff	Pkte
1	**Portugal**	**10**	**7**	**3**	**0**	**33 : 7**	**26**	**24**
2	Irland	10	7	3	0	23 : 5	18	24
3	Niederlande	10	6	2	2	30 : 9	21	20
4	Estland	10	2	2	6	10 : 26	-16	8
5	Zypern	10	2	2	6	13 : 31	-18	8
6	Andorra	10	0	0	10	5 : 36	-31	0

Gruppensieger direkt für WM, der Zweite für Play-Off-Spiel gegen Sieger der 3. Asien-Runde qualifiziert

EUROPA · GRUPPE 3

Island – Dänemark	1 : 2	(1 : 1)	02.09.00	Reykjavik
Nordirland – Malta	1 : 0	(0 : 0)	02.09.00	Belfast
Bulgarien – Tschechien	0 : 1	(0 : 0)	02.09.00	Sofia
Bulgarien – Malta	3 : 0	(1 : 0)	07.10.00	Sofia
Nordirland – Dänemark	1 : 1	(1 : 0)	07.10.00	Belfast
Tschechien – Island	4 : 0	(3 : 0)	07.10.00	Teplice
Malta – Tschechien	0 : 0	(0 : 0)	11.10.00	Valletta
Island – Nordirland	1 : 0	(0 : 0)	11.10.00	Reykjavik
Dänemark – Bulgarien	1 : 1	(0 : 0)	11.10.00	Kopenhagen
Malta – Dänemark	0 : 5	(0 : 1)	24.03.01	Valletta
Nordirland – Tschechien	0 : 1	(0 : 1)	24.03.01	Belfast
Bulgarien – Island	2 : 1	(1 : 1)	24.03.01	Sofia
Tschechien – Dänemark	0 : 0	(0 : 0)	28.03.01	Prag
Bulgarien – Nordirland	4 : 3	(2 : 1)	28.03.01	Sofia
Malta – Island	1 : 4	(1 : 2)	25.04.01	Valletta
Nordirland – Bulgarien	0 : 1	(0 : 0)	02.06.01	Belfast
Dänemark – Tschechien	2 : 1	(1 : 1)	02.06.01	Kopenhagen
Island – Malta	3 : 0	(2 : 0)	02.06.01	Reykjavik
Tschechien – Nordirland	3 : 1	(1 : 1)	06.06.01	Teplice
Island – Bulgarien	1 : 1	(1 : 0)	06.06.01	Reykjavik
Dänemark – Malta	2 : 1	(1 : 1)	06.06.01	Kopenhagen
Island – Tschechien	3 : 1	(1 : 0)	01.09.01	Reykjavik
Malta – Bulgarien	0 : 2	(0 : 0)	01.09.01	Valletta
Dänemark – Nordirland	1 : 1	(1 : 0)	01.09.01	Kopenhagen
Tschechien – Malta	3 : 2	(2 : 1)	05.09.01	Teplice
Nordirland – Island	3 : 0	(0 : 0)	05.09.01	Belfast
Bulgarien – Dänemark	0 : 2	(0 : 0)	05.09.01	Sofia
Malta – Nordirland	0 : 1	(0 : 0)	06.10.01	Valletta
Tschechien – Bulgarien	6 : 0	(3 : 0)	06.10.01	Prag
Dänemark – Island	6 : 0	(4 : 0)	06.10.01	Kopenhagen

Europa · Gruppe 3 (Abschlusstabelle)

Platz	Mannschaft	Spiele	S	U	N	Tore	Diff	Pkte
1	**Dänemark**	**10**	**6**	**4**	**0**	**22 : 6**	**16**	**22**
2	Tschechien	10	6	2	2	20 : 8	12	20
3	Bulgarien	10	5	2	3	14 : 15	-1	17
4	Island	10	4	1	5	14 : 20	-6	13
5	Nordirland	10	3	2	5	11 : 12	-1	11
6	Malta	10	0	1	9	4 : 24	-20	1

Gruppensieger direkt für WM, der Zweite für Play-Off-Spiel gegen Zweiten der Europa-Gruppe 6 qualifiziert

EUROPA · GRUPPE 4

Aserbaidschan – Schweden	0 : 1	(0 : 1)	02.09.00	Baku
Türkei – Moldawien	2 : 0	(1 : 0)	02.09.00	Istanbul
Slowakei – Mazedonien	2 : 0	(1 : 0)	03.09.00	Bratislava
Mazedonien – Aserbaidschan	3 : 0	(2 : 0)	06.10.00	Skopje
Schweden – Türkei	1 : 1	(0 : 0)	07.10.00	Göteborg
Moldawien – Slowakei	0 : 1	(0 : 0)	07.10.00	Chisinau
Moldawien – Mazedonien	0 : 0	(0 : 0)	11.10.00	Chisinau
Slowakei – Schweden	0 : 0	(0 : 0)	11.10.00	Bratislava
Aserbaidschan – Türkei	0 : 1	(0 : 0)	11.10.00	Baku
Türkei – Slowakei	1 : 1	(0 : 0)	24.03.01	Istanbul
Schweden – Mazedonien	1 : 0	(1 : 0)	24.03.01	Göteborg
Aserbaidschan – Moldawien	0 : 0	(0 : 0)	24.03.01	Baku
Slowakei – Aserbaidschan	3 : 1	(2 : 1)	28.03.01	Trnava
Moldawien – Schweden	0 : 2	(0 : 0)	28.03.01	Chisinau

Mazedonien – Türkei	1 : 2	(1 : 0)	28.03.01	Skopje
Schweden – Slowakei	2 : 0	(1 : 0)	02.06.01	Stockholm
Türkei – Aserbaidschan	3 : 0	(3 : 0)	02.06.01	Istanbul
Mazedonien – Moldawien	2 : 2	(1 : 1)	02.06.01	Skopje
Türkei – Mazedonien	3 : 3	(1 : 2)	06.06.01	Bursa
Schweden – Moldawien	6 : 0	(1 : 0)	06.06.01	Göteborg
Aserbaidschan – Slowakei	2 : 0	(1 : 0)	06.06.01	Baku
Slowakei – Türkei	0 : 1	(0 : 1)	01.09.01	Bratislava
Moldawien – Aserbaidschan	2 : 0	(1 : 0)	01.09.01	Chisinau
Mazedonien – Schweden	1 : 2	(0 : 2)	01.09.01	Skopje
Aserbaidschan – Mazedonien	1 : 1	(0 : 1)	05.09.01	Baku
Slowakei – Moldawien	4 : 2	(0 : 1)	05.09.01	Trencin
Türkei – Schweden	1 : 2	(0 : 0)	05.09.01	Istanbul
Moldawien – Türkei	0 : 3	(0 : 1)	06.10.01	Chisinau
Schweden – Aserbaidschan	3 : 0	(0 : 0)	07.10.01	Stockholm
Mazedonien – Slowakei	0 : 5	(0 : 1)	07.10.01	Skopje

Europa · Gruppe 4 (Abschlusstabelle)

Platz	Mannschaft	Spiele	S	U	N	Tore	Diff	Pkte
1	**Schweden**	**10**	**8**	**2**	**0**	**20 : 3**	**17**	**26**
2	Türkei	10	6	3	1	18 : 8	10	21
3	Slowakei	10	5	2	3	16 : 9	7	17
4	Mazedonien	10	1	4	5	11 : 18	-7	7
5	Moldawien	10	1	3	6	6 : 20	-14	6
6	Aserbaidschan	10	1	2	7	4 : 17	-13	5

Gruppensieger direkt für WM, der Zweite für Play-Off-Spiel gegen Zweiten der Europa-Gruppe 7 qualifiziert

EUROPA · GRUPPE 5

Norwegen – Armenien	0 : 0	(0 : 0)	02.09.00	Oslo
Weißrussland – Wales	2 : 1	(1 : 0)	02.09.00	Minsk
Ukraine – Polen	1 : 3	(1 : 2)	02.09.00	Kiew
Wales – Norwegen	1 : 1	(0 : 0)	07.10.00	Cardiff
Armenien – Ukraine	2 : 3	(2 : 1)	07.10.00	Eriwan
Polen – Weißrussland	3 : 1	(1 : 1)	07.10.00	Lodz
Norwegen – Ukraine	0 : 1	(0 : 0)	11.10.00	Oslo
Weißrussland – Armenien	2 : 1	(2 : 0)	11.10.00	Minsk
Polen – Wales	0 : 0	(0 : 0)	11.10.00	Warschau
Armenien – Wales	2 : 2	(1 : 1)	24.03.01	Eriwan
Ukraine – Weißrussland	0 : 0	(0 : 0)	24.03.01	Kiew
Norwegen – Polen	2 : 3	(0 : 2)	24.03.01	Oslo
Wales – Ukraine	1 : 1	(1 : 0)	28.03.01	Cardiff
Weißrussland – Norwegen	2 : 1	(1 : 0)	28.03.01	Minsk
Polen – Armenien	4 : 0	(2 : 0)	28.03.01	Warschau
Ukraine – Norwegen	0 : 0	(0 : 0)	02.06.01	Kiew
Armenien – Weißrussland	0 : 0	(0 : 0)	02.06.01	Eriwan
Wales – Polen	1 : 2	(1 : 1)	02.06.01	Cardiff
Ukraine – Wales	1 : 1	(1 : 0)	06.06.01	Kiew
Norwegen – Weißrussland	1 : 1	(0 : 1)	06.06.01	Oslo
Armenien – Polen	1 : 1	(1 : 1)	06.06.01	Eriwan
Polen – Norwegen	3 : 0	(1 : 0)	01.09.01	Chorzow
Weißrussland – Ukraine	0 : 2	(0 : 1)	01.09.01	Minsk
Wales – Armenien	0 : 0	(0 : 0)	01.09.01	Cardiff
Ukraine – Armenien	3 : 0	(1 : 0)	05.09.01	Kiew
Weißrussland – Polen	4 : 1	(1 : 0)	05.09.01	Minsk
Norwegen – Wales	3 : 2	(1 : 2)	05.09.01	Oslo
Armenien – Norwegen	1 : 4	(0 : 0)	06.10.01	Eriwan
Wales – Weißrussland	1 : 0	(0 : 0)	06.10.01	Cardiff
Polen – Ukraine	1 : 1	(1 : 0)	06.10.01	Chorzow

Europa · Gruppe 5 (Abschlusstabelle)

Platz	Mannschaft	Spiele	S	U	N	Tore	Diff	Pkte
1	**Polen**	**10**	**6**	**3**	**1**	**21 : 11**	**10**	**21**
2	Ukraine	10	4	5	1	13 : 8	5	17
3	Weißrussland	10	4	3	3	12 : 11	1	15
4	Norwegen	10	2	4	4	12 : 14	-2	10
5	Wales	10	1	6	3	10 : 12	-2	9
6	Armenien	10	0	5	5	7 : 19	-12	5

Gruppensieger direkt für WM, der Zweite für Play-Off-Spiel gegen Zweiten der Europa-Gruppe 9 qualifiziert

EUROPA · GRUPPE 6

Lettland – Schottland	0 : 1	(0 : 0)	02.09.00	Riga
Belgien – Kroatien	0 : 0	(0 : 0)	02.09.00	Brüssel
Lettland – Belgien	0 : 4	(0 : 2)	07.10.00	Riga
San Marino – Schottland	0 : 2	(0 : 0)	07.10.00	Serravalle
Kroatien – Schottland	1 : 1	(1 : 1)	11.10.00	Zagreb
San Marino – Lettland	0 : 1	(0 : 1)	15.11.00	San Marino
Belgien – San Marino	10 : 1	(3 : 0)	28.02.01	Brüssel
Schottland – Belgien	2 : 2	(2 : 0)	24.03.01	Glasgow
Kroatien – Lettland	4 : 1	(3 : 0)	24.03.01	Osijek
Schottland – San Marino	4 : 0	(3 : 0)	28.03.01	Glasgow
Lettland – San Marino	1 : 1	(1 : 0)	25.04.01	Riga
Belgien – Lettland	3 : 1	(2 : 0)	02.06.01	Brüssel
Kroatien – San Marino	4 : 0	(2 : 0)	02.06.01	Varazdin
San Marino – Belgien	1 : 4	(1 : 1)	06.06.01	Serravalle
Lettland – Kroatien	0 : 1	(0 : 1)	06.06.01	Riga
Schottland – Kroatien	0 : 0	(0 : 0)	01.09.01	Glasgow
Belgien – Schottland	2 : 0	(1 : 0)	05.09.01	Brüssel
San Marino – Kroatien	0 : 4	(0 : 1)	05.09.01	Serravalle
Schottland – Lettland	2 : 1	(1 : 1)	06.10.01	Glasgow
Kroatien – Belgien	1 : 0	(0 : 0)	06.10.01	Zagreb

Europa · Gruppe 6 (Abschlusstabelle)

Platz	Mannschaft	Spiele	S	U	N	Tore	Diff	Pkte
1	**Kroatien**	**8**	**5**	**3**	**0**	**15 : 2**	**13**	**18**
2	Belgien	8	5	2	1	25 : 6	19	17
3	Schottland	8	4	3	1	12 : 6	6	15
4	Lettland	8	1	1	6	5 : 16	-11	4
5	San Marino	8	0	1	7	3 : 30	-27	1

Gruppensieger direkt für WM, der Zweite für Play-Off-Spiel gegen Zweiten der Europa-Gruppe 3 qualifiziert

EUROPA · GRUPPE 7

Bosnien-Herzegowina – Spanien	1 : 2	(1 : 1)	02.09.00	Sarajevo
Israel – Liechtenstein	2 : 0	(1 : 0)	03.09.00	Tel Aviv
Liechtenstein – Österreich	0 : 1	(0 : 1)	07.10.00	Vaduz
Spanien – Israel	2 : 0	(1 : 0)	07.10.00	Madrid
Österreich – Spanien	1 : 1	(1 : 1)	11.10.00	Wien
Israel – Bosnien-Herzegowina	3 : 1	(1 : 0)	11.10.00	Tel Aviv
Spanien – Liechtenstein	5 : 0	(2 : 0)	24.03.01	Alicante
Bosnien-Herzegowina – Österreich	1 : 1	(1 : 0)	24.03.01	Sarajevo
Österreich – Israel	2 : 1	(2 : 1)	28.03.01	Wien
Liechtenstein – Bosnien-Herzegowina	0 : 3	(0 : 1)	28.03.01	Vaduz
Österreich – Liechtenstein	2 : 0	(1 : 0)	25.04.01	Innsbruck
Spanien – Bosnien-Herzegowina	4 : 1	(1 : 1)	02.06.01	Oviedo
Liechtenstein – Israel	0 : 3	(0 : 3)	02.06.01	Vaduz
Israel – Spanien	1 : 1	(1 : 0)	06.06.01	Tel Aviv
Spanien – Österreich	4 : 0	(1 : 0)	01.09.01	Valencia
Bosnien-Herzegowina – Israel	0 : 0	(0 : 0)	01.09.01	Sarajevo
Liechtenstein – Spanien	0 : 2	(0 : 1)	05.09.01	Vaduz
Österreich – Bosnien-Herzegowina	2 : 0	(1 : 0)	05.09.01	Wien
Bosnien-Herzegowina – Liechtenstein	5 : 0	(2 : 0)	07.10.01	Zenica
Israel – Österreich	1 : 1	(0 : 0)	27.10.01	Tel Aviv

Europa · Gruppe 7 (Abschlusstabelle)

Platz	Mannschaft	Spiele	S	U	N	Tore	Diff	Pkte
1	**Spanien**	**8**	**6**	**2**	**0**	**21 : 4**	**17**	**20**
2	Österreich	8	4	3	1	10 : 8	2	15
3	Israel	8	3	3	2	11 : 7	4	12
4	Bosnien-Herzegowina	8	2	2	4	12 : 12	0	8
5	Liechtenstein	8	0	0	8	0 : 23	-23	0

Gruppensieger direkt für WM, der Zweite für Play-Off-Spiel gegen Zweiten der Europa-Gruppe 4 qualifiziert

EUROPA · GRUPPE 8

Ungarn – Italien	2 : 2	(1 : 2)	03.09.00	Budapest
Rumänien – Litauen	1 : 0	(0 : 0)	03.09.00	Bukarest
Italien – Rumänien	3 : 0	(3 : 0)	07.10.00	Mailand
Litauen – Georgien	0 : 4	(0 : 2)	07.10.00	Kaunas
Italien – Georgien	2 : 0	(0 : 0)	11.10.00	Ancona
Litauen – Ungarn	1 : 6	(0 : 2)	11.10.00	Kaunas
Rumänien – Italien	0 : 2	(0 : 2)	24.03.01	Bukarest
Ungarn – Litauen	1 : 1	(0 : 0)	24.03.01	Budapest
Italien – Litauen	4 : 0	(1 : 0)	28.03.01	Triest
Georgien – Rumänien	0 : 2	(0 : 0)	28.03.01	Tiflis
Rumänien – Ungarn	2 : 0	(1 : 0)	02.06.01	Bukarest
Georgien – Italien	1 : 2	(0 : 1)	02.06.01	Tiflis
Litauen – Rumänien	1 : 2	(0 : 1)	06.06.01	Kaunas
Ungarn – Georgien	4 : 1	(2 : 0)	06.06.01	Budapest
Litauen – Italien	0 : 0	(0 : 0)	01.09.01	Kaunas
Georgien – Ungarn	3 : 1	(1 : 1)	01.09.01	Tiflis
Georgien – Litauen	2 : 0	(0 : 0)	05.09.01	Tiflis
Ungarn – Rumänien	0 : 2	(0 : 2)	05.09.01	Budapest
Rumänien – Georgien	1 : 1	(0 : 0)	06.10.01	Bukarest
Italien – Ungarn	1 : 0	(1 : 0)	06.10.01	Parma

Europa · Gruppe 8 (Abschlusstabelle)

Platz	Mannschaft	Spiele	S	U	N	Tore	Diff	Pkte
1	**Italien**	**8**	**6**	**2**	**0**	**16 : 3**	**13**	**20**
2	Rumänien	8	5	1	2	10 : 7	3	16
3	Georgien	8	3	1	4	12 : 12	0	10
4	Ungarn	8	2	2	4	14 : 13	1	8
5	Litauen	8	0	2	6	3 : 20	-17	2

Gruppensieger direkt für WM, der Zweite für Play-Off-Spiel gegen Zweiten der Europa-Gruppe 1 qualifiziert

EUROPA · GRUPPE 9

Spiel	Ergebnis	Halbzeit	Datum	Ort
Finnland – Albanien	2 : 1	(1 : 0)	02.09.00	Helsinki
Deutschland – Griechenland	2 : 0	(1 : 0)	02.09.00	Hamburg
Griechenland – Finnland	1 : 0	(0 : 0)	07.10.00	Athen
England – Deutschland	0 : 1	(0 : 1)	07.10.00	London
Albanien – Griechenland	2 : 0	(0 : 0)	11.10.00	Tirana
Finnland – England	0 : 0	(0 : 0)	11.10.00	Helsinki
England – Finnland	2 : 1	(1 : 1)	24.03.01	Liverpool
Deutschland – Albanien	2 : 1	(0 : 0)	24.03.01	Leverkusen
Albanien – England	1 : 3	(0 : 0)	28.03.01	Tirana
Griechenland – Deutschland	2 : 4	(2 : 2)	28.03.01	Athen
Finnland – Deutschland	2 : 2	(2 : 0)	02.06.01	Helsinki
Griechenland – Albanien	1 : 0	(0 : 0)	02.06.01	Heraklion
Albanien – Deutschland	0 : 2	(0 : 1)	06.06.01	Tirana
Griechenland – England	0 : 2	(0 : 0)	06.06.01	Athen
Albanien – Finnland	0 : 2	(0 : 0)	01.09.01	Tirana
Deutschland – England	1 : 5	(1 : 2)	01.09.01	München
England – Albanien	2 : 0	(1 : 0)	05.09.01	Newcastle
Finnland – Griechenland	5 : 1	(4 : 1)	05.09.01	Helsinki
England – Griechenland	2 : 2	(0 : 1)	06.10.01	Manchester
Deutschland – Finnland	0 : 0	(0 : 0)	06.10.01	Gelsenkirchen

Europa · Gruppe 9 (Abschlusstabelle)

Platz	Mannschaft	Spiele	S	U	N	Tore	Diff	Pkte
1	**England**	**8**	**5**	**2**	**1**	**16 : 6**	**10**	**17**
2	Deutschland	8	5	2	1	14 : 10	4	17
3	Finnland	8	3	3	2	12 : 7	5	12
4	Griechenland	8	2	1	5	7 : 17	-10	7
5	Albanien	8	1	0	7	5 : 14	-9	3

Gruppensieger direkt für WM, der Zweite für Play-Off-Spiel gegen Zweiten der Europa-Gruppe 5 qualifiziert

EUROPA · PLAY-OFF-SPIELE

Spiel	Ergebnis	Halbzeit	Datum	Ort
Belgien – Tschechien	1 : 0	(1 : 0)	10.11.01	Brüssel
Tschechien – **Belgien**	0 : 1	(0 : 0)	14.11.01	Prag
Slowenien – Rumänien	2 : 1	(1 : 1)	10.11.01	Ljubljana
Rumänien – **Slowenien**	1 : 1	(0 : 0)	14.11.01	Bukarest
Ukraine – Deutschland	1 : 1	(1 : 1)	10.11.01	Kiew
Deutschland – Ukraine	4 : 1	(3 : 0)	14.11.01	Dortmund
Österreich – Türkei	0 : 1	(0 : 0)	10.11.01	Wien
Türkei – Österreich	5 : 0	(3 : 0)	14.11.01	Istanbul

INTERKONTINENTALES PLAY-OFF-SPIEL

Spiel	Ergebnis	Halbzeit	Datum	Ort
Irland – Iran	2 : 0	(1 : 0)	10.11.01	Dublin
Iran – **Irland**	1 : 0	(0 : 0)	15.11.01	Teheran

Die Sieger der Play-Off-Spiele für WM qualifiziert

SÜDAMERIKA · QUALIFIKATION

Spiel	Ergebnis	Halbzeit	Datum	Ort
Kolumbien – Brasilien	0 : 0	(0 : 0)	28.03.00	Bogota
Ekuador – Venezuela	2 : 0	(1 : 0)	29.03.00	Quito
Peru – Paraguay	2 : 0	(0 : 0)	29.03.00	Lima
Argentinien – Chile	4 : 1	(2 : 1)	29.03.00	Buenos Aires
Uruguay – Bolivien	1 : 0	(1 : 0)	29.03.00	Montevideo
Paraguay – Uruguay	1 : 0	(1 : 0)	26.04.00	Asuncion
Venezuela – Argentinien	0 : 4	(0 : 2)	26.04.00	Maracaibo
Bolivien – Kolumbien	1 : 1	(1 : 1)	26.04.00	La Paz
Brasilien – Ekuador	3 : 2	(2 : 1)	26.04.00	Sao Paulo
Chile – Peru	1 : 1	(1 : 1)	26.04.00	Santiago de Chile
Paraguay – Ekuador	3 : 1	(2 : 0)	03.06.00	Asuncion
Uruguay – Chile	2 : 1	(2 : 1)	03.06.00	Montevideo
Peru – Brasilien	0 : 1	(0 : 1)	04.06.00	Lima
Kolumbien – Venezuela	3 : 0	(2 : 0)	04.06.00	Bogota
Argentinien – Bolivien	1 : 0	(0 : 0)	04.06.00	Buenos Aires
Venezuela – Bolivien	4 : 2	(2 : 0)	28.06.00	San Cristobal
Brasilien – Uruguay	1 : 1	(0 : 1)	28.06.00	Rio de Janeiro
Chile – Paraguay	3 : 1	(2 : 0)	29.06.00	Santiago de Chile
Ekuador – Peru	2 : 1	(1 : 0)	29.06.00	Quito
Kolumbien – Argentinien	1 : 3	(1 : 2)	29.06.00	Bogota
Paraguay – Brasilien	2 : 1	(1 : 0)	18.07.00	Asuncion
Uruguay – Venezuela	3 : 1	(1 : 1)	18.07.00	Montevideo
Peru – Kolumbien	0 : 1	(0 : 0)	19.07.00	Lima
Argentinien – Ekuador	2 : 0	(1 : 0)	19.07.00	Buenos Aires
Bolivien – Chile	1 : 0	(0 : 0)	19.07.00	La Paz
Venezuela – Chile	0 : 2	(0 : 0)	25.07.00	San Cristobal
Ekuador – Kolumbien	0 : 0	(0 : 0)	25.07.00	Quito
Brasilien – Argentinien	3 : 1	(2 : 1)	26.07.00	Sao Paulo
Uruguay – Peru	0 : 0	(0 : 0)	26.07.00	Montevideo
Bolivien – Paraguay	0 : 0	(0 : 0)	27.07.00	La Paz
Chile – Brasilien	3 : 0	(2 : 0)	15.08.00	Santiago de Chile
Kolumbien – Uruguay	1 : 0	(0 : 0)	15.08.00	Bogota
Ekuador – Bolivien	2 : 0	(1 : 0)	16.08.00	Quito
Argentinien – Paraguay	1 : 1	(0 : 0)	16.08.00	Buenos Aires
Peru – Venezuela	1 : 0	(0 : 0)	16.08.00	Lima
Paraguay – Venezuela	3 : 0	(3 : 0)	02.09.00	Asuncion
Chile – Kolumbien	0 : 1	(0 : 0)	02.09.00	Santiago de Chile
Uruguay – Ekuador	4 : 0	(2 : 0)	03.09.00	Montevideo
Brasilien – Bolivien	5 : 0	(1 : 0)	03.09.00	Rio de Janeiro
Peru – Argentinien	1 : 2	(0 : 2)	03.09.00	Lima
Kolumbien – Paraguay	0 : 2	(0 : 1)	07.10.00	Bogota
Argentinien – Uruguay	2 : 1	(2 : 0)	08.10.00	Buenos Aires
Ekuador – Chile	1 : 0	(0 : 0)	08.10.00	Quito
Venezuela – Brasilien	0 : 6	(0 : 5)	08.10.00	Maracaibo
Bolivien – Peru	1 : 0	(1 : 0)	08.10.00	La Paz
Paraguay – Peru	5 : 1	(3 : 0)	15.11.00	Asuncion
Brasilien – Kolumbien	1 : 0	(0 : 0)	15.11.00	Sao Paulo
Chile – Argentinien	0 : 2	(0 : 1)	15.11.00	Santiago de Chile
Bolivien – Uruguay	0 : 0	(0 : 0)	15.11.00	La Paz
Venezuela – Ekuador	1 : 2	(0 : 2)	15.11.00	Maracaibo
Peru – Chile	3 : 1	(0 : 0)	27.03.01	Lima
Kolumbien – Bolivien	2 : 0	(0 : 0)	27.03.01	Bogota
Argentinien – Venezuela	5 : 0	(2 : 0)	28.03.01	Buenos Aires
Uruguay – Paraguay	0 : 1	(0 : 0)	28.03.01	Montevideo
Ekuador – Brasilien	1 : 0	(0 : 0)	28.03.01	Quito
Venezuela – Kolumbien	2 : 2	(1 : 0)	24.04.01	San Cristobal
Ekuador – Paraguay	2 : 1	(1 : 1)	24.04.01	Quito
Chile – Uruguay	0 : 1	(0 : 1)	24.04.01	Santiago de Chile
Bolivien – Argentinien	3 : 3	(1 : 1)	25.04.01	La Paz
Brasilien – Peru	1 : 1	(0 : 0)	25.04.01	Sao Paulo
Paraguay – Chile	1 : 0	(0 : 0)	02.06.01	Asuncion
Peru – Ekuador	1 : 2	(1 : 1)	02.06.01	Lima
Bolivien – Venezuela	5 : 0	(3 : 0)	03.06.01	La Paz
Argentinien – Kolumbien	3 : 0	(3 : 0)	03.06.01	Buenos Aires
Uruguay – Brasilien	1 : 0	(1 : 0)	01.07.01	Montevideo
Chile – Bolivien	2 : 2	(1 : 1)	14.08.01	Santiago de Chile
Venezuela – Uruguay	2 : 0	(0 : 0)	14.08.01	Maracaibo
Ekuador – Argentinien	0 : 2	(0 : 2)	15.08.01	Quito
Brasilien – Paraguay	2 : 0	(1 : 0)	15.08.01	Porto Alegre
Kolumbien – Peru	0 : 1	(0 : 0)	16.08.01	Bogota
Chile – Venezuela	0 : 2	(0 : 0)	04.09.01	Santiago de Chile
Peru – Uruguay	0 : 2	(0 : 2)	04.09.01	Lima
Kolumbien – Ekuador	0 : 0	(0 : 0)	05.09.01	Bogota
Paraguay – Bolivien	5 : 1	(2 : 1)	05.09.01	Asuncion
Argentinien – Brasilien	2 : 1	(0 : 1)	05.09.01	Buenos Aires
Bolivien – Ekuador	1 : 5	(0 : 2)	06.10.01	La Paz
Venezuela – Peru	3 : 0	(0 : 0)	06.10.01	San Cristobal
Uruguay – Kolumbien	1 : 1	(1 : 0)	07.10.01	Montevideo
Brasilien – Chile	2 : 0	(0 : 0)	07.10.01	Curitiba
Paraguay – Argentinien	2 : 2	(0 : 0)	07.10.01	Asuncion
Bolivien – Brasilien	3 : 1	(1 : 1)	07.11.01	La Paz
Ekuador – Uruguay	1 : 1	(0 : 1)	07.11.01	Quito
Kolumbien – Chile	3 : 1	(1 : 1)	07.11.01	Bogota
Argentinien – Peru	2 : 0	(0 : 0)	08.11.01	Buenos Aires
Venezuela – Paraguay	3 : 1	(3 : 1)	08.11.01	San Cristobal
Peru – Bolivien	1 : 1	(1 : 0)	14.11.01	Lima
Chile – Ekuador	0 : 0	(0 : 0)	14.11.01	Santiago de Chile
Brasilien – Venezuela	3 : 0	(3 : 0)	14.11.01	Sao Luis
Uruguay – Argentinien	1 : 1	(1 : 1)	14.11.01	Montevideo
Paraguay – Kolumbien	0 : 4	(0 : 2)	14.11.01	Asuncion

Südamerika · Qualifikation (Abschlusstabelle)

Platz	Mannschaft	Spiele	S	U	N	Tore	Diff	Pkte
1	**Argentinien**	**18**	**13**	**4**	**1**	**42 : 15**	**27**	**43**
2	Ekuador	18	9	4	5	23 : 20	3	31
3	Brasilien	18	9	3	6	31 : 17	14	30
4	Paraguay	18	9	3	6	29 : 23	6	30
5	Uruguay	18	7	6	5	19 : 13	6	27
6	Kolumbien	18	7	6	5	20 : 15	5	27
7	Bolivien	18	4	6	8	21 : 33	-12	18
8	Peru	18	4	4	10	14 : 25	-11	16
9	Venezuela	18	5	1	12	18 : 44	-26	16
10	Chile	18	3	3	12	15 : 27	-12	12

Die ersten vier Mannschaften direkt für WM, die fünftplatzierte für Play-Off-Spiel gegen Sieger der Ozeanien-Qualifikation qualifiziert

INTERKONTINALES PLAY-OFF-SPIEL

Spiel	Ergebnis	Halbzeit	Datum	Ort
Australien – Uruguay	1 : 0	(0 : 0)	20.11.01	Melbourne
Uruguay – Australien	3 : 0	(1 : 0)	25.11.01	Montevideo

Der Sieger des Play-Off-Spiels für WM qualifiziert

AFRIKA · 1 RUNDE

Djibouti – Kongo DR	1 : 1	(1 : 0)	07.04.00	Djibouti
Kongo DR – Djibouti	9 : 1	(4 : 1)	23.04.00	Kinshasa
Mauretanien – Tunesien	1 : 2	(0 : 0)	07.04.00	Nouakchott
Tunesien – Mauretanien	3 : 0	(2 : 0)	22.04.00	Tunis
Botswana – Sambia	0 : 1	(0 : 0)	08.04.00	Gaborone
Sambia – Botswana	1 : 0	(0 : 0)	22.04.00	Lusaka
Guinea Bissau – Togo	0 : 0	(0 : 0)	08.04.00	Bissau
Togo – Guinea Bissau	3 : 0	(1 : 0)	23.04.00	Lome
Madagaskar – Gabon	2 : 0	(1 : 0)	08.04.00	Antananarivo
Gabon – Madagaskar	1 : 0	(1 : 0)	22.04.00	Libreville
Malawi – Kenia	2 : 0	(0 : 0)	08.04.00	Blantyre
Kenia – **Malawi**	0 : 0	(0 : 0)	22.04.00	Nairobi
Sao Tomé und Principé – Sierra Leone	2 : 0	(1 : 0)	08.04.00	Sao Tome
Sierra Leone – Sao Tomé und Principé	4 : 0	(2 : 0)	22.04.00	Freetown
Seychellen – Namibia	1 : 1	(1 : 1)	08.04.00	Mahe
Namibia – Seychellen	3 : 0	(2 : 0)	22.04.00	Windhuk
Tansania – Ghana	0 : 1	(0 : 1)	08.04.00	Arusha
Ghana – Tansania	3 : 2	(2 : 1)	23.04.00	Accra
Uganda – Guinea	4 : 4	(0 : 1)	08.04.00	Kampala
Guinea – Uganda	3 : 0	(0 : 0)	23.04.00	Conakry
Benin – Senegal	1 : 1	(1 : 1)	09.04.00	Cotonou
Senegal – Benin	1 : 0	(0 : 0)	23.04.00	Dakar
Eritrea – Nigeria	0 : 0	(0 : 0)	09.04.00	Asmara
Nigeria – Eritrea	4 : 0	(2 : 0)	22.04.00	Lagos
Gambia – Marokko	0 : 1	(0 : 0)	09.04.00	Banjul
Marokko – Gambia	2 : 0	(2 : 0)	22.04.00	Casablanca
Kapverdische Inseln – Algerien	0 : 0	(0 : 0)	09.04.00	Praia
Algerien – Kapverdische Inseln	2 : 0	(2 : 0)	21.04.00	Annaba
Lesotho – Südafrika	0 : 2	(0 : 1)	09.04.00	Maseru
Südafrika – Lesotho	1 : 0	(0 : 0)	22.04.00	Bloemfontein
Libyen – Mali	3 : 0	(1 : 0)	09.04.00	Tripolis
Mali – **Libyen**	3 : 1	(0 : 1)	23.04.00	Bamako
Ruanda – Elfenbeinküste	2 : 2	(0 : 1)	09.04.00	Kigali
Elfenbeinküste – Ruanda	2 : 0	(1 : 0)	23.04.00	Abidjan
Sudan – Mosambik	1 : 0	(1 : 0)	09.04.00	Omdurman
Mosambik – **Sudan**	2 : 1	(1 : 0)	23.04.00	Maputo
Swaziland – Angola	0 : 1	(0 : 0)	09.04.00	Mbabane
Angola – Swaziland	7 : 1	(4 : 0)	23.04.00	Luanda
Tschad – Liberia	0 : 1	(0 : 1)	09.04.00	N'djamena
Liberia – Tschad	0 : 0	(0 : 0)	23.04.00	Monrovia
Zentralafrikanische R. – Simbabwe	0 : 1	(0 : 1)	09.04.00	Bangui
Simbabwe – Zentralafrikanische R.	3 : 1	(2 : 1)	23.04.00	Harare
Äquatorial Guinea – Kongo VR	1 : 3	(1 : 2)	09.04.00	Malabo
Kongo VR – Äquatorial Guinea	2 : 1	(1 : 1)	23.04.00	Pointe Noire
Äthiopien – Burkina Faso	2 : 1	(0 : 0)	09.04.00	Addis Abeba
Burkina Faso – Äthiopien	3 : 0	(3 : 0)	23.04.00	Ouagadougou
Somalia – Kamerun	0 : 3	(0 : 3)	19.04.00	Yaounde
Kamerun – Somalia	3 : 0	(2 : 0)	23.04.00	Yaounde
Mauritius – Ägypten	0 : 2	(0 : 1)	20.04.00	Kairo
Ägypten – Mauritius	4 : 2	(1 : 1)	23.04.00	Alexandria

Sieger der Erstrundenspiele für die 2. Runde qualifiziert

AFRIKA · 2. RUNDE

AFRIKA · GRUPPE A

Angola – Sambia	2 : 1	(0 : 1)	18.06.00	Luanda
Libyen – Kamerun	0 : 3	(0 : 1)	18.06.00	Tripolis
Sambia – Togo	2 : 0	(1 : 0)	08.07.00	Lusaka
Kamerun – Angola	3 : 0	(1 : 0)	09.07.00	Yaounde
Togo – Kamerun	0 : 2	(0 : 0)	26.01.01	Lome
Angola – Libyen	3 : 1	(0 : 1)	26.01.01	Luanda
Libyen – Togo	3 : 3	(2 : 2)	23.02.01	Benghazi
Kamerun – Sambia	1 : 0	(1 : 0)	25.02.01	Yaounde
Sambia – Libyen	2 : 0	(2 : 0)	10.03.01	Chingola
Togo – Angola	1 : 1	(0 : 0)	11.03.01	Lome
Sambia – Angola	1 : 1	(1 : 0)	21.04.01	Chingola
Kamerun – Libyen	1 : 0	(0 : 0)	22.04.01	Yaounde
Togo – Sambia	3 : 2	(0 : 1)	06.05.01	Lome
Angola – Kamerun	2 : 0	(0 : 0)	06.05.01	Luanda
Libyen – Angola	1 : 1	(1 : 0)	29.06.01	Tripolis
Kamerun – Togo	2 : 0	(1 : 0)	01.07.01	Yaounde
Sambia – Kamerun	2 : 2	(0 : 0)	14.07.01	Lusaka
Togo – Libyen	2 : 0	(2 : 0)	15.07.01	Lome
Libyen – Sambia	2 : 4	(2 : 0)	27.07.01	Tripolis
Angola – Togo	1 : 1	(1 : 1)	29.07.01	Luanda

Afrika · Gruppe A (Abschlusstabelle)

Platz	Mannschaft	Spiele	S	U	N	Tore	Diff	Pkte
1	**Kamerun**	**8**	**6**	**1**	**1**	**14 : 4**	**10**	**19**
2	Angola	8	3	4	1	11 : 9	2	13
3	Sambia	8	3	2	3	14 : 11	3	11
4	Togo	8	2	3	3	10 : 13	-3	9
5	Libyen	8	0	2	6	7 : 19	-12	2

Gruppensieger direkt für WM qualifiziert

AFRIKA · GRUPPE B

Nigeria – Sierra Leone	2 : 0	(2 : 0)	17.06.00	Lagos
Sudan – Liberia	2 : 0	(0 : 0)	18.06.00	Omdurman
Liberia – Nigeria	2 : 1	(1 : 1)	09.07.00	Monrovia
Ghana – Sierra Leone	5 : 0	(1 : 0)	09.07.00	Accra
Nigeria – Sudan	3 : 0	(0 : 0)	27.01.01	Port Harcourt
Ghana – Liberia	1 : 3	(0 : 1)	28.01.01	Accra
Liberia – Sierra Leone	1 : 0	(0 : 0)	25.02.01	Paynesville
Sudan – Ghana	1 : 0	(0 : 0)	25.02.01	Omdurman
Sierra Leone – Sudan	0 : 2	(0 : 2)	10.03.01	Freetown
Ghana – Nigeria	0 : 0	(0 : 0)	11.03.01	Accra
Sierra Leone – Nigeria	1 : 0	(1 : 0)	21.04.01	Freetown
Liberia – Sudan	2 : 0	(1 : 0)	22.04.01	Paynesville
Sierra Leone – Ghana	1 : 1	(0 : 1)	05.05.01	Freetown
Nigeria – Liberia	2 : 0	(1 : 0)	05.05.01	Port Harcourt
Sudan – Nigeria	0 : 4	(0 : 1)	01.07.01	Omdurman
Liberia – Ghana	1 : 2	(1 : 1)	01.07.01	Paynesville
Sierra Leone – Liberia	0 : 1	(0 : 0)	14.07.01	Freetown
Ghana – Sudan	1 : 0	(1 : 0)	15.07.01	Accra
Nigeria – Ghana	3 : 0	(3 : 0)	29.07.01	Port Harcourt
Sudan – Sierra Leone	3 : 0	(2 : 0)	29.07.01	Omdurman

Afrika · Gruppe B (Abschlusstabelle)

Platz	Mannschaft	Spiele	S	U	N	Tore	Diff	Pkte
1	**Nigeria**	**8**	**5**	**1**	**2**	**15 : 3**	**12**	**16**
2	Liberia	8	5	0	3	10 : 8	2	15
3	Sudan	8	4	0	4	8 : 10	-2	12
4	Ghana	8	3	2	3	10 : 9	1	11
5	Sierra Leone	8	1	1	6	2 : 15	-13	4

Gruppensieger direkt für WM qualifiziert

AFRIKA · GRUPPE C

Algerien – Senegal	1 : 1	(1 : 1)	16.06.00	Annaba
Namibia – Marokko	0 : 0	(0 : 0)	17.06.00	Windhuk
Marokko – Algerien	2 : 1	(0 : 1)	09.07.00	Casablanca
Senegal – Ägypten	0 : 0	(0 : 0)	09.07.00	Dakar
Algerien – Namibia	1 : 0	(1 : 0)	26.01.01	Algier
Ägypten – Marokko	0 : 0	(0 : 0)	28.01.01	Kairo
Marokko – Senegal	0 : 0	(0 : 0)	24.02.01	Rabat
Namibia – Ägypten	1 : 1	(0 : 0)	24.02.01	Windhuk
Senegal – Namibia	4 : 0	(2 : 0)	10.03.01	Dakar
Ägypten – Algerien	5 : 2	(3 : 2)	11.03.01	Kairo
Senegal – Algerien	3 : 0	(1 : 0)	21.04.01	Dakar
Marokko – Namibia	3 : 0	(0 : 0)	21.04.01	Rabat
Algerien – Marokko	1 : 2	(1 : 1)	04.05.01	Algier
Ägypten – Senegal	1 : 0	(0 : 0)	06.05.01	Kairo
Marokko – Ägypten	1 : 0	(1 : 0)	30.06.01	Rabat
Namibia – Algerien	0 : 4	(0 : 3)	30.06.01	Windhuk
Ägypten – Namibia	8 : 2	(5 : 0)	13.07.01	Alexandria
Senegal – Marokko	1 : 0	(1 : 0)	14.07.01	Dakar
Algerien – Ägypten	1 : 1	(0 : 0)	21.07.01	Annaba
Namibia – Senegal	0 : 5	(0 : 3)	21.07.01	Windhuk

Afrika · Gruppe C (Abschlusstabelle)

Platz	Mannschaft	Spiele	S	U	N	Tore	Diff	Pkte
1	**Senegal**	**8**	**4**	**3**	**1**	**14 : 2**	**12**	**15**
2	Marokko	8	4	3	1	8 : 3	5	15
3	Ägypten	8	3	4	1	16 : 7	9	13
4	Algerien	8	2	2	4	11 : 14	-3	8
5	Namibia	8	0	2	6	3 : 26	-23	2

Gruppensieger direkt für WM qualifiziert

AFRIKA · GRUPPE D

Madagaskar – Kongo DR	3 : 0	(1 : 0)	17.06.00	Antananarivo
Elfenbeinküste – Tunesien	2 : 2	(1 : 2)	18.06.00	Abidjan
Tunesien – Madagaskar	1 : 0	(1 : 0)	08.07.00	Tunis
Kongo DR – Kongo VR	2 : 0	(1 : 0)	09.07.00	Kinshasa
Kongo VR – Tunesien	1 : 2	(1 : 1)	28.01.01	Pointe-Noire
Madagaskar – Elfenbeinküste	1 : 3	(0 : 1)	28.01.01	Antananarivo
Tunesien – Kongo DR	6 : 0	(3 : 0)	25.02.01	Tunis
Kongo DR – Elfenbeinküste	1 : 2	(0 : 2)	10.03.01	Kinshasa
Kongo DR – Madagaskar	1 : 0	(1 : 0)	22.04.01	Kinshasa
Elfenbeinküste – Kongo VR	2 : 0	(1 : 0)	22.04.01	Abidjan
Kongo VR – Madagaskar	2 : 0	(1 : 0)	28.04.01	Pointe-Noire

Madagaskar – Tunesien	0 : 2	(0 : 0)	05.05.01	Antananarivo
Kongo VR – Kongo DR	1 : 1	(0 : 0)	06.05.01	Pointe-Noire
Tunesien – Elfenbeinküste	1 : 1	(0 : 1)	20.05.01	Tunis
Tunesien – Kongo VR	6 : 0	(3 : 0)	01.07.01	Tunis
Elfenbeinküste – Madagaskar	6 : 0	(2 : 0)	01.07.01	Abidjan
Kongo VR – Elfenbeinküste	1 : 1	(0 : 0)	15.07.01	Pointe-Noire
Kongo DR – Tunesien	0 : 3	(0 : 1)	15.07.01	Kinshasa
Elfenbeinküste – Kongo DR	1 : 2	(0 : 1)	29.07.01	Abidjan
Madagaskar – Kongo VR	1 : 0	(0 : 0)	29.07.01	Antananarivo

Afrika · Gruppe D (Abschlusstabelle)

Platz	Mannschaft	Spiele	S	U	N	Tore	Diff	Pkte
1	**Tunesien**	**8**	**6**	**2**	**0**	**23 : 4**	**19**	**20**
2	Elfenbeinküste	8	4	3	1	18 : 8	10	15
3	Kongo DR	8	3	1	4	7 : 16	-9	10
4	Madagaskar	8	2	0	6	5 : 15	-10	6
5	Kongo VR	8	1	2	5	5 : 15	-10	5

Gruppensieger direkt für WM qualifiziert

AFRIKA · GRUPPE E

Malawi – Burkina Faso	1 : 1	(1 : 1)	17.06.00	Blantyre
Simbabwe – Südafrika	0 : 2	(0 : 1)	09.07.00	Harare
Südafrika – Burkina Faso	1 : 0	(1 : 0)	27.01.01	Pretoria
Burkina Faso – Simbabwe	1 : 2	(1 : 2)	24.02.01	Bobo dioulasso
Malawi – Südafrika	1 : 2	(0 : 1)	25.02.01	Blantyre
Simbabwe – Malawi	2 : 0	(1 : 0)	11.03.01	Harare
Burkina Faso – Malawi	4 : 2	(1 : 1)	21.04.01	Ouagadougou
Südafrika – Simbabwe	2 : 1	(2 : 0)	05.05.01	Johannesburg
Burkina Faso – Südafrika	1 : 1	(0 : 1)	01.07.01	Ouagadougou
Südafrika – Malawi	2 : 0	(1 : 0)	14.07.01	Bloemfontein
Simbabwe – Burkina Faso	1 : 0	(1 : 0)	15.07.01	Harare
Malawi – Simbabwe	0 : 1	(0 : 0)	28.07.01	Blantyre

Afrika · Gruppe E (Abschlusstabelle)

Platz	Mannschaft	Spiele	S	U	N	Tore	Diff	Pkte
1	**Südafrika**	**6**	**5**	**1**	**0**	**10 : 3**	**7**	**16**
2	Simbabwe	6	4	0	2	7 : 5	2	12
3	Burkina Faso	6	1	2	3	7 : 8	-1	5
4	Malawi	6	0	1	5	4 : 12	-8	1

Der Gruppensieger direkt für WM qualifiziert

AMERIKA · 1. RUNDE
QUALIFIKATIONSRUNDE · KARIBIK 1

PAARUNG A				
Barbados – Grenada	2 : 2	(1 : 0)	05.03.00	Bridgetown
Grenada – **Barbados**	2 : 3	(1 : 2)	18.03.00	St. George
PAARUNG B				
Kuba – Cayman Islands	4 : 0	(1 : 0)	05.03.00	Havanna
Cayman Islands – **Kuba**	0 : 0	(0 : 0)	19.03.00	Georgetown
PAARUNG C				
St. Lucia – Surinam	1 : 0	(0 : 0)	05.03.00	Castries
Surinam – St. Lucia	4 : 1	(0 : 0)	19.03.00	Paramaribo
PAARUNG D				
Aruba – Puerto Rico	4 : 2	(0 : 2)	11.03.00	Oranjestad
Puerto Rico – **Aruba**	2 : 2	(2 : 2)	18.03.00	San Juan
HALBFINALE I				
Aruba – Barbados	1 : 3	(0 : 2)	01.04.00	Oranjestad
Barbados – Aruba	4 : 0	(1 : 0)	16.04.00	Bridgetown
HALBFINALE II				
Kuba – Surinam	1 : 0	(1 : 0)	02.04.00	Havanna
Surinam – **Kuba**	0 : 0	(0 : 0)	16.04.00	Paramaribo
FINALE				
Kuba – Barbados	1 : 1	(1 : 1)	07.05.00	Havanna
Barbados – Kuba	6 : 5	(0 : 0)	21.05.00	Bridgetown

Der Finalsieger direkt für 2. Runde, der -verlierer für die Qualifikationszwischenrunde qualifiziert

QUALIFIKATIONSRUNDE · KARIBIK 2

PAARUNG A				
Guyana – **Antigua & Barbuda**	*Guyana von der FIFA suspendiert*			
PAARUNG B				
British Virgin – Bermuda	1 : 5	(0 : 2)	05.03.00	Tortola
Bermuda – British Virgin	9 : 0	(2 : 0)	19.03.00	Hamilton
PAARUNG C				
St. Vincent/Grenadines – US Virgin Islands	9 : 0	(5 : 0)	05.03.00	Kingstown
US Virgin Islands – **St. Vincent/Grenadines**	1 : 5	(0 : 3)	19.03.00	St. Croix
PAARUNG D				
St. Kitts & Nevis – Turks & Caicos Islands	8 : 0	(2 : 0)	18.03.00	Basseterre
Turks & Caicos Islands – **St. Kitts & Nevis**	0 : 6	(0 : 2)	21.03.00	Basseterre
HALBFINALE I				
Antigua & Barbuda – Bermuda	0 : 0	(0 : 0)	16.04.00	St. John's
Bermuda – **Antigua & Barbuda**	1 : 1	(0 : 0)	23.04.00	Hamilton
HALBFINALE II				
St. Vincent/Grenadines – St. Kitts & Nevis	1 : 0	(0 : 0)	16.04.00	Kingstown
St. Kitts & Nevis – **St. Vincent/Grenadines**	1 : 2	(0 : 1)	22.04.00	Basseterre
FINALE				
Antigua & Barbuda – St. Vincent/Grenadines	2 : 1	(1 : 0)	07.05.00	St. John's
St. Vincent/Grenadines – Antigua & Barbuda	4 : 0	(1 : 0)	21.05.00	Kingstown

Der Finalsieger direkt für 2. Runde, der -verlierer für die Qualifikationszwischenrunde qualifiziert

QUALIFIKATIONSRUNDE · KARIBIK 3

PAARUNG A				
Trinidad & Tobago – Niederländische Antillen	5 : 0	(2 : 0)	04.03.00	Port of Spain
Niederländische Antillen – **Trinidad & Tobago**	1 : 1	(1 : 0)	18.03.00	Willemstad
PAARUNG B				
Anguilla – Bahamas	1 : 3	(0 : 3)	05.03.00	The Valley
Bahamas – Anguilla	2 : 1	(1 : 1)	19.03.00	Nassau
PAARUNG C				
Dominikanische Republik – Montserrat	3 : 0	(3 : 0)	05.03.00	San Christobal
Montserrat – **Dominikanische Republik**	1 : 3	(0 : 1)	19.03.00	Port of Spain
PAARUNG D				
Haiti – Dominica	4 : 0	(3 : 0)	11.03.00	Port-au-Prince
Dominica – **Haiti**	1 : 3	(1 : 0)	19.03.00	Roseau
HALBFINALE I				
Haiti – Bahamas	9 : 0	(6 : 0)	01.04.00	Port-au-Prince
Bahamas – **Haiti**	0 : 4	(0 : 1)	16.04.00	Nassau
HALBFINALE II				
Trinidad & Tobago – Dominikanische Republik	3 : 0	(0 : 0)	02.04.00	Port of Spain
Dominikanische Republik – **Trinidad & Tobago**	0 : 1	(0 : 0)	16.04.00	Santo Domingo
FINALE				
Trinidad & Tobago – Haiti	3 : 1	(1 : 0)	07.05.00	Port of Spain
Haiti – **Trinidad & Tobago**	1 : 1	(0 : 1)	19.05.00	Port-au-Prince

Der Finalsieger direkt für 2. Runde, der -verlierer für die Qualifikationszwischenrunde qualifiziert

QUALIFIKATIONSRUNDE · ZENTRAL · GRUPPE A

El Salvador – Belize	5 : 0	(2 : 0)	05.03.00	San Salvador
Belize – Guatemala	1 : 2	(1 : 1)	19.03.00	San Pedro Sula
Guatemala – El Salvador	0 : 1	(0 : 0)	02.04.00	Guatemala-City
Belize – El Salvador	1 : 3	(0 : 1)	16.04.00	Belize City
El Salvador – Guatemala	1 : 1	(1 : 1)	07.05.00	San Salvador
Guatemala – Belize	0 : 0	(0 : 0)	19.05.00	San Pedro Sula

Qualifikationsrunde · Zentral · Gruppe A (Abschlusstabelle)

Platz	Mannschaft	Spiele	S	U	N	Tore	Diff	Pkte
1	**El Salvador**	**4**	**3**	**1**	**0**	**10 : 2**	**8**	**10**
2	Guatemala	4	1	2	1	3 : 3	0	5
3	Belize	4	0	1	3	2 : 10	-8	1

Der Gruppensieger direkt für 2. Runde, der Zweitplatzierte für die Qualifikationszwischenrunde qualifiziert

QUALIFIKATIONSRUNDE · ZENTRAL · GRUPPE B

Honduras – Nicaragua	3 : 0	(2 : 0)	04.03.00	San Pedro Sula
Nicaragua – Panama	0 : 2	(0 : 1)	19.03.00	Diriamba
Panama – Honduras	1 : 0	(0 : 0)	02.04.00	Panama City
Nicaragua – Honduras	0 : 1	(0 : 0)	16.04.00	Diriamba
Honduras – Panama	3 : 1	(0 : 0)	07.05.00	Tegucigalpa
Panama – Nicaragua	4 : 0	(0 : 0)	21.05.00	Panama City

Qualifikationsrunde · Zentral · Gruppe B (Abschlusstabelle)

Platz	Mannschaft	Spiele	S	U	N	Tore	Diff	Pkte
1	**Panama**	**4**	**3**	**0**	**1**	**8 : 3**	**5**	**9**
2	Honduras	4	3	0	1	7 : 2	5	9
3	Nicaragua	4	0	0	4	0 : 10	-10	0

Der Gruppensieger direkt für 2. Runde, der Zweitplatzierte für die Qualifikationszwischenrunde qualifiziert

QUALIFIKATIONSZWISCHENRUNDE · INTERZONE · PAARUNG 1

Honduras – Haiti	4 : 0	(2 : 0)	03.06.00	San Pedro Sula
Haiti – **Honduras**	1 : 3	(0 : 1)	17.06.00	Port-au-Prince

QUALIFIKATIONSZWISCHENRUNDE · INTERZONE · PAARUNG 2

Kuba – Kanada	0 : 1	(0 : 1)	04.06.00	Havanna
Kanada – Kuba	0 : 0	(0 : 0)	11.06.00	Winnipeg

QUALIFIKATIONSZWISCHENRUNDE · INTERZONE · PAARUNG 3

Antigua & Barbuda – Guatemala	0 : 1	(0 : 1)	11.06.00	St. John's
Guatemala – Antigua & Barbuda	8 : 1	(4 : 0)	18.06.00	Guatemala-City

Die Sieger der Qaulifikationszwischenrunden-Spiele für 2. Runde qualifiziert

AMERIKA · 2. RUNDE

AMERIKA · GRUPPE C

Kanada – Trinidad & Tobago	0 : 2	(0 : 1)	16.07.00	Edmonton
Panama – Mexiko	0 : 1	(0 : 0)	16.07.00	Panama City
Panama – Kanada	0 : 0	(0 : 0)	23.07.00	Panama City
Trinidad & Tobago – Mexiko	1 : 0	(0 : 0)	23.07.00	Port of Spain
Mexiko – Kanada	2 : 0	(0 : 0)	15.08.00	Mexico City
Trinidad & Tobago – Panama	6 : 0	(3 : 0)	16.08.00	Port of Spain
Trinidad & Tobago – Kanada	4 : 0	(2 : 0)	03.09.00	Port of Spain
Mexiko – Panama	7 : 1	(3 : 0)	03.09.00	Mexico City
Mexiko – Trinidad & Tobago	7 : 0	(4 : 0)	08.10.00	Mexico City
Kanada – Panama	1 : 0	(0 : 0)	09.10.00	Winnipeg
Panama – Trinidad & Tobago	0 : 1	(0 : 1)	15.11.00	Port of Spain
Kanada – Mexiko	0 : 0	(0 : 0)	15.11.00	Toronto

Amerika · Gruppe C (Abschlusstabelle)

Platz	Mannschaft	Spiele	S	U	N	Tore	Diff	Pkte
1	**Trinidad & Tobago**	**6**	**5**	**0**	**1**	**14 : 7**	**7**	**15**
2	Mexiko	6	4	1	1	17 : 2	15	13
3	Kanada	6	1	2	3	1 : 8	-7	5
4	Panama	6	0	1	5	1 : 16	-15	1

Die beiden Gruppenersten für die 3. Runde (Finalrunde) qualifiziert

AMERIKA · GRUPPE D

St. Vincent/Grenadines – Jamaika	0 : 1	(0 : 1)	16.07.00	Kingstown
El Salvador – Honduras	2 : 5	(1 : 3)	16.07.00	San Salvador
Jamaika – Honduras	3 : 1	(1 : 1)	23.07.00	Kingston
El Salvador – St. Vincent/Grenadines	7 : 1	(2 : 1)	23.07.00	San Salvador
Jamaika – El Salvador	1 : 0	(1 : 0)	16.08.00	Kingston
Honduras – St. Vincent/Grenadines	6 : 0	(3 : 0)	16.08.00	Tegucigalpa
Honduras – El Salvador	5 : 0	(2 : 0)	02.09.00	San Pedro Sula
Jamaika – St. Vincent/Grenadines	2 : 0	(1 : 0)	03.09.00	Kingston
Honduras – Jamaika	1 : 0	(0 : 0)	08.10.00	Tegucigalpa
St. Vincent/Grenadines – El Salvador	1 : 2	(0 : 1)	08.10.00	Kingstown
St. Vincent/Grenadines – Honduras	0 : 7	(0 : 2)	14.11.00	Kingstown
El Salvador – Jamaika	2 : 0	(2 : 0)	15.11.00	San Salvador

Amerika · Gruppe D (Abschlusstabelle)

Platz	Mannschaft	Spiele	S	U	N	Tore	Diff	Pkte
1	**Honduras**	**6**	**5**	**0**	**1**	**25 : 5**	**20**	**15**
2	Jamaika	6	4	0	2	7 : 4	3	12
3	El Salvador	6	3	0	3	13 : 13	0	9
4	St. Vincent/Grenadines	6	0	0	6	2 : 25	-23	0

Die beiden Gruppenersten für die 3. Runde (Finalrunde) qualifiziert

AMERIKA · GRUPPE E

Barbados – Costa Rica	2 : 1	(0 : 0)	16.07.00	Waterford
Guatemala – USA	1 : 1	(0 : 1)	16.07.00	Mazatenango
Guatemala – Barbados	2 : 0	(1 : 0)	22.07.00	Quetzaltenango
Costa Rica – USA	2 : 1	(1 : 0)	23.07.00	San Jose
Costa Rica – Guatemala	2 : 1	(1 : 0)	15.08.00	Alajuela
USA – Barbados	7 : 0	(3 : 0)	16.08.00	Foxboro
Costa Rica – Barbados	3 : 0	(2 : 0)	03.09.00	San Jose
USA – Guatemala	1 : 0	(0 : 0)	03.09.00	Washington
Barbados – Guatemala	1 : 3	(1 : 2)	08.10.00	Bridgetown
USA – Costa Rica	0 : 0	(0 : 0)	11.10.00	Columbus
Barbados – USA	0 : 4	(0 : 0)	15.11.00	Waterford
Guatemala – Costa Rica	2 : 1	(0 : 0)	15.11.00	Mazatenango

Amerika · Gruppe E (Abschlusstabelle)

Platz	Mannschaft	Spiele	S	U	N	Tore	Diff	Pkte
1	**USA**	**6**	**3**	**2**	**1**	**14 : 3**	**11**	**11**
2	Costa Rica	6	3	1	2	9 : 6	3	10
2	Guatemala	6	3	1	2	9 : 6	3	10
4	Barbados	6	1	0	5	3 : 20	-17	3

Der Gruppenerste für die 3. Runde (Finalrunde) qualifiziert, Play-Off-Spiel um den Einzug in die 3. Runde zwischen Costa Rica und Guatemala

GRUPPE E PLAY-OFF-SPIEL

Costa Rica – Guatemala	5 : 2	(2 : 1)	06.01.01	Miami

Costa Rica für 3. Runde (Finalrunde) qualifiziert

AMERIKA · 3. RUNDE · FINALRUNDE

USA – Mexiko	2 : 0	(0 : 0)	28.02.01	Columbus
Jamaika – Trinidad & Tobago	1 : 0	(1 : 0)	28.02.01	Kingston
Costa Rica – Honduras	2 : 2	(0 : 1)	28.02.01	San Jose
Mexiko – Jamaika	4 : 0	(2 : 0)	25.03.01	Mexico City
Honduras – USA	1 : 2	(0 : 1)	28.03.01	San Pedro Sula
Costa Rica – Trinidad & Tobago	3 : 0	(0 : 0)	28.03.01	San Jose
Trinidad & Tobago – Mexiko	1 : 1	(1 : 0)	25.04.01	Port of Spain
USA – Costa Rica	1 : 0	(0 : 0)	25.04.01	Kansas City
Jamaika – Honduras	1 : 1	(0 : 0)	25.04.01	Kingston
Mexiko – Costa Rica	1 : 2	(1 : 0)	16.06.01	Mexico City
Jamaika – USA	0 : 0	(0 : 0)	16.06.01	Kingston
Trinidad & Tobago – Honduras	2 : 4	(0 : 2)	16.06.01	Port of Spain
Honduras – Mexiko	3 : 1	(1 : 0)	20.06.01	San Pedro Sula
USA – Trinidad & Tobago	2 : 0	(2 : 0)	20.06.01	Boston
Costa Rica – Jamaika	2 : 1	(2 : 1)	20.06.01	San Jose
Trinidad & Tobago – Jamaika	1 : 2	(1 : 1)	30.06.01	Port of Spain
Mexiko – USA	1 : 0	(1 : 0)	01.07.01	Mexico City
Honduras – Costa Rica	2 : 3	(2 : 2)	01.07.01	Tegucigalpa
Trinidad & Tobago – Costa Rica	0 : 2	(0 : 2)	01.09.01	Port of Spain
USA – Honduras	2 : 3	(1 : 1)	01.09.01	Washington
Jamaika – Mexiko	1 : 2	(1 : 0)	02.09.01	Kingston
Honduras – Jamaika	1 : 0	(0 : 0)	05.09.01	Tegucigalpa
Mexiko – Trinidad & Tobago	3 : 0	(2 : 0)	05.09.01	Mexico City
Costa Rica – USA	2 : 0	(1 : 0)	05.09.01	San Jose
Honduras – Trinidad & Tobago	0 : 1	(0 : 0)	07.10.01	San Pedro Sula
Costa Rica – Mexiko	0 : 0	(0 : 0)	07.10.01	San Jose
USA – Jamaika	2 : 1	(1 : 1)	07.10.01	Boston
Mexiko – Honduras	3 : 0	(0 : 0)	11.11.01	Mexico City
Jamaika – Costa Rica	0 : 1	(0 : 1)	11.11.01	Kingston
Trinidad & Tobago – USA	0 : 0	(0 : 0)	11.11.01	Port of Spain

Platz	Mannschaft	Spiele	S	U	N	Tore	Diff	Pkte
1	**Costa Rica**	**10**	**7**	**2**	**1**	**17 : 7**	**10**	**23**
2	Mexiko	10	5	2	3	16 : 9	7	17
3	USA	10	5	2	3	11 : 8	3	17
4	Honduras	10	4	2	4	17 : 17	0	14
5	Jamaika	10	2	2	6	7 : 14	-7	8
6	Trinidad & Tobago	10	1	2	7	5 : 18	-13	5

Die drei Erstplatzierten für WM qualifiziert

ASIEN · 1. RUNDE

ASIEN · GRUPPE 1

Oman – Laos	12 : 0	(8 : 0)	30.04.01	Muscat
Syrien – Philippinen	12 : 0	(5 : 0)	30.04.01	Aleppo
Philippinen – Syrien	1 : 5	(0 : 0)	04.05.01	Damaskus
Laos – Oman	0 : 7	(0 : 5)	04.05.01	Muscat
Syrien – Laos	11 : 0	(4 : 0)	07.05.01	Aleppo
Oman – Philippinen	7 : 0	(2 : 0)	07.05.01	Muscat
Philippinen – Oman	0 : 2	(0 : 1)	11.05.01	Muscat
Laos – Syrien	0 : 9	(0 : 3)	11.05.01	Damaskus
Syrien – Oman	3 : 3	(1 : 1)	18.05.01	Aleppo
Laos – Philippinen	2 : 0	(1 : 0)	19.05.01	Vientaine
Oman – Syrien	2 : 0	(1 : 0)	25.05.01	Muscat
Philippinen – Laos	1 : 1	(1 : 0)	26.05.01	Manila

Asien · Gruppe 1 (Abschlusstabelle)

Platz	Mannschaft	Spiele	S	U	N	Tore	Diff	Pkte
1	**Oman**	**6**	**5**	**1**	**0**	**33 : 3**	**30**	**16**
2	Syrien	6	4	1	1	40 : 6	34	13
3	Laos	6	1	1	4	3 : 40	-37	4
4	Philippinen	6	0	1	5	2 : 29	-27	1

Gruppensieger für 2. Runde qualifiziert

ASIEN · GRUPPE 2

Iran – Guam	19 : 0	(8 : 0)	24.11.00	Tabriz
Tadschikistan – Guam	16 : 0	(7 : 0)	26.11.00	Tabriz
Iran – Tadschikistan	2 : 0	(0 : 0)	28.11.00	Tabriz

Asien · Gruppe 2 (Abschlusstabelle)

Platz	Mannschaft	Spiele	S	U	N	Tore	Diff	Pkte
1	**Iran**	**2**	**2**	**0**	**0**	**21 : 0**	**21**	**6**
2	Tadschikistan	2	1	0	1	16 : 2	14	3
3	Guam	2	0	0	2	0 : 35	-35	0

Gruppensieger für 2. Runde qualifiziert

ASIEN · GRUPPE 3

Katar – Malaysia	5 : 1	(2 : 1)	04.03.01	Hongkong
Hongkong – Palästina	1 : 1	(0 : 0)	04.03.01	Hongkong
Malaysia – Hongkong	2 : 0	(0 : 0)	08.03.01	Hongkong
Palästina – Katar	1 : 2	(0 : 1)	08.03.01	Hongkong
Palästina – Malaysia	1 : 0	(1 : 0)	11.03.01	Hongkong
Katar – Hongkong	2 : 0	(1 : 0)	11.03.01	Hongkong
Malaysia – Katar	0 : 0	(0 : 0)	20.03.01	Doha
Palästina – Hongkong	1 : 0	(0 : 0)	20.03.01	Doha
Hongkong – Malaysia	2 : 1	(1 : 0)	23.03.01	Doha
Katar – Palästina	2 : 1	(2 : 1)	23.03.01	Doha
Malaysia – Palästina	4 : 3	(1 : 2)	25.03.01	Doha
Hongkong – Katar	0 : 3	(0 : 1)	25.03.01	Doha

Asien · Gruppe 3 (Abschlusstabelle)

Platz	Mannschaft	Spiele	S	U	N	Tore	Diff	Pkte
1	**Katar**	**6**	**5**	**1**	**0**	**14 : 3**	**11**	**16**
2	Palästina	6	2	1	3	8 : 9	-1	7
3	Malaysia	6	2	1	3	8 : 11	-3	7
4	Hongkong	6	1	1	4	3 : 10	-7	4

Gruppensieger für 2. Runde qualifiziert

ASIEN · GRUPPE 4

Bahrain – Kuwait	1 : 2	(0 : 0)	03.02.01	Singapur
Singapur – Kirgisistan	0 : 1	(0 : 0)	03.02.01	Singapur
Kuwait – Singapur	1 : 1	(0 : 0)	06.02.01	Singapur
Bahrain – Kirgisistan	1 : 0	(0 : 0)	06.02.01	Singapur
Kirgisistan – Kuwait	0 : 3	(0 : 0)	09.02.01	Singapur
Singapur – Bahrain	1 : 2	(0 : 2)	09.02.01	Singapur
Singapur – Kuwait	0 : 1	(0 : 0)	21.02.01	Kuwait City
Kirgisistan – Bahrain	1 : 2	(1 : 1)	21.02.01	Kuwait City
Kuwait – Kirgisistan	2 : 0	(1 : 0)	24.02.01	Kuwait City
Bahrain – Singapur	2 : 0	(2 : 0)	24.02.01	Kuwait City
Kirgisistan – Singapur	1 : 1	(0 : 0)	27.02.01	Kuwait City
Kuwait – Bahrain	0 : 1	(0 : 0)	27.02.01	Kuwait City

Asien · Gruppe 4 (Abschlusstabelle)

Platz	Mannschaft	Spiele	S	U	N	Tore	Diff	Pkte
1	**Bahrain**	**6**	**5**	**0**	**1**	**9 : 4**	**5**	**15**
2	Kuwait	6	4	1	1	9 : 3	6	13
3	Kirgisistan	6	1	1	4	3 : 9	-6	4
4	Singapur	6	0	2	4	3 : 8	-5	2

Gruppensieger für 2. Runde qualifiziert

ASIEN · GRUPPE 5

Libanon – Pakistan	6 : 0	(2 : 0)	13.05.01	Beirut
Thailand – Sri Lanka	4 : 2	(1 : 1)	13.05.01	Beirut
Libanon – Sri Lanka	4 : 0	(1 : 0)	15.05.01	Beirut
Thailand – Pakistan	3 : 0	(1 : 0)	15.05.01	Beirut
Libanon – Thailand	1 : 2	(1 : 2)	17.05.01	Beirut
Pakistan – Sri Lanka	3 : 3	(0 : 1)	17.05.01	Beirut
Pakistan – Libanon	1 : 8	(1 : 4)	26.05.01	Bangkok
Sri Lanka – Thailand	0 : 3	(0 : 1)	26.05.01	Bangkok
Pakistan – Thailand	0 : 6	(0 : 1)	28.05.01	Bangkok
Sri Lanka – Libanon	0 : 5	(0 : 2)	28.05.01	Bangkok
Sri Lanka – Pakistan	3 : 1	(2 : 1)	30.05.01	Bangkok
Thailand – Libanon	2 : 2	(0 : 1)	30.05.01	Bangkok

Asien · Gruppe 5 (Abschlusstabelle)

Platz	Mannschaft	Spiele	S	U	N	Tore	Diff	Pkte
1	**Thailand**	**6**	**5**	**1**	**0**	**20 : 5**	**15**	**16**
2	Libanon	6	4	1	1	26 : 5	21	13
3	Sri Lanka	6	1	1	4	8 : 20	-12	4
4	Pakistan	6	0	1	5	5 : 29	-24	1

Gruppensieger für 2. Runde qualifiziert

ASIEN · GRUPPE 6

Irak – Macao	8 : 0	(4 : 0)	12.04.01	Bagdad
Nepal – Kasachstan	0 : 6	(0 : 3)	12.04.01	Bagdad
Kasachstan – Macao	3 : 0	(1 : 0)	14.04.01	Bagdad
Nepal – Irak	1 : 9	(1 : 5)	14.04.01	Bagdad
Kasachstan – Irak	1 : 1	(1 : 1)	16.04.01	Bagdad
Nepal – Macao	4 : 1	(2 : 1)	16.04.01	Bagdad
Macao – Irak	0 : 5	(0 : 1)	21.04.01	Almaty
Kasachstan – Nepal	4 : 0	(1 : 0)	21.04.01	Almaty
Macao – Kasachstan	0 : 5	(0 : 0)	23.04.01	Almaty
Irak – Nepal	4 : 2	(3 : 1)	23.04.01	Almaty
Irak – Kasachstan	1 : 1	(1 : 1)	25.04.01	Almaty
Macao – Nepal	1 : 6	(0 : 1)	25.04.01	Almaty

Asien · Gruppe 6 (Abschlusstabelle)

Platz	Mannschaft	Spiele	S	U	N	Tore	Diff	Pkte
1	**Irak**	**6**	**4**	**2**	**0**	**28 : 5**	**23**	**14**
2	Kasachstan	6	4	2	0	20 : 2	18	14
3	Nepal	6	2	0	4	13 : 25	-12	6
4	Macao	6	0	0	6	2 : 31	-29	0

Gruppensieger für 2. Runde qualifiziert

ASIEN · GRUPPE 7

Usbekistan – Taiwan	7 : 0	(5 : 0)	23.04.01	Taschkent
Turkmenistan – Jordanien	2 : 0	(0 : 0)	23.04.01	Taschkent
Taiwan – Jordanien	0 : 2	(0 : 1)	25.04.01	Taschkent
Usbekistan – Turkmenistan	1 : 0	(0 : 0)	25.04.01	Taschkent
Taiwan – Turkmenistan	0 : 5	(0 : 2)	27.04.01	Taschkent
Usbekistan – Jordanien	2 : 2	(0 : 2)	27.04.01	Taschkent
Turkmenistan – Usbekistan	2 : 5	(2 : 2)	03.05.01	Amman
Jordanien – Taiwan	6 : 0	(1 : 0)	03.05.01	Amman
Jordanien – Turkmenistan	1 : 2	(1 : 1)	05.05.01	Amman
Taiwan – Usbekistan	0 : 4	(0 : 1)	05.05.01	Amman
Turkmenistan – Taiwan	1 : 0	(1 : 0)	07.05.01	Amman
Jordanien – Usbekistan	1 : 1	(0 : 0)	07.05.01	Amman

Asien · Gruppe 7 (Abschlusstabelle)

Platz	Mannschaft	Spiele	S	U	N	Tore	Diff	Pkte
1	**Usbekistan**	**6**	**4**	**2**	**0**	**20 : 5**	**15**	**14**
2	Turkmenistan	6	4	0	2	12 : 7	5	12
3	Jordanien	6	2	2	2	12 : 7	5	8
4	Taiwan	6	0	0	6	0 : 25	-25	0

Gruppensieger für 2. Runde qualifiziert

ASIEN · GRUPPE 8

Brunei – Jemen	0 : 5	(0 : 1)	07.04.01	Bandar Seri Begawan
Indien – VA Emirate	1 : 0	(0 : 0)	08.04.01	Bangalore
Brunei – VA Emirate	0 : 12	(0 : 5)	14.04.01	Bandar Seri Begawan
Indien – Jemen	1 : 1	(0 : 1)	15.04.01	Bangalore
VA Emirate – Indien	1 : 0	(0 : 0)	26.04.01	Al Ain City
Jemen – Brunei	1 : 0	(0 : 0)	27.04.01	Sana'a
Jemen – Indien	3 : 3	(2 : 2)	04.05.01	Sana'a
VA Emirate – Brunei	4 : 0	(1 : 0)	04.05.01	Dubai
Jemen – VA Emirate	2 : 1	(0 : 1)	11.05.01	Sana'a
Brunei – Indien	0 : 1	(0 : 0)	12.05.01	Bandar Seri Begawan
VA Emirate – Jemen	3 : 2	(2 : 1)	18.05.01	Al Ain City
Indien – Brunei	5 : 0	(3 : 0)	20.05.01	Kalkutta

Asien · Gruppe 8 (Abschlusstabelle)

Platz	Mannschaft	Spiele	S	U	N	Tore	Diff	Pkte
1	**VA Emirate**	**6**	**4**	**0**	**2**	**21 : 5**	**16**	**12**
2	Jemen	6	3	2	1	14 : 8	6	11
3	Indien	6	3	2	1	11 : 5	6	11
4	Brunei	6	0	0	6	0 : 28	-28	0

Gruppensieger für 2. Runde qualifiziert

ASIEN · GRUPPE 9

Malediven – Kambodscha	6 : 0	(1 : 0)	01.04.01	Male
Indonesien – Malediven	5 : 0	(2 : 0)	08.04.01	Jakarta
Kambodscha – Malediven	1 : 1	(0 : 0)	15.04.01	Phnom Penh
Indonesien – Kambodscha	6 : 0	(2 : 0)	22.04.01	Jakarta
China – Malediven	10 : 1	(4 : 0)	22.04.01	Xian
Malediven – China	0 : 1	(0 : 1)	28.04.01	Male
Kambodscha – Indonesien	0 : 2	(0 : 0)	29.04.01	Phnom Penh
Kambodscha – China	0 : 4	(0 : 2)	06.05.01	Phnom Penh
Malediven – Indonesien	0 : 2	(0 : 1)	06.05.01	Male
China – Indonesien	5 : 1	(0 : 1)	13.05.01	Kunming
China – Kambodscha	3 : 1	(2 : 1)	20.05.01	Guangzhou
Indonesien – China	0 : 2	(0 : 1)	27.05.01	Jakarta

Asien · Gruppe 9 (Abschlusstabelle)

Platz	Mannschaft	Spiele	S	U	N	Tore	Diff	Pkte
1	**China**	**6**	**6**	**0**	**0**	**25 : 3**	**22**	**18**
2	Indonesien	6	4	0	2	16 : 7	9	12
3	Malediven	6	1	1	4	8 : 19	-11	4
4	Kambodscha	6	0	1	5	2 : 22	-20	1

Gruppensieger für 2. Runde qualifiziert

ASIEN · GRUPPE 10

Vietnam – Bangladesh	0 : 0	(0 : 0)	08.02.01	Damman
Saudi-Arabien – Mongolei	6 : 0	(4 : 0)	08.02.01	Damman
Bangladesh – Saudi-Arabien	0 : 3	(0 : 1)	10.02.01	Damman
Mongolei – Vietnam	0 : 1	(0 : 1)	10.02.01	Damman
Mongolei – Bangladesh	0 : 3	(0 : 1)	12.02.01	Damman
Saudi-Arabien – Vietnam	5 : 0	(2 : 0)	12.02.01	Damman
Bangladesh – Vietnam	0 : 4	(0 : 0)	15.02.01	Damman
Mongolei – Saudi-Arabien	0 : 6	(0 : 4)	15.02.01	Damman
Vietnam – Mongolei	4 : 0	(3 : 0)	17.02.01	Damman
Saudi-Arabien – Bangladesh	6 : 0	(6 : 0)	17.02.01	Damman
Bangladesh – Mongolei	2 : 2	(1 : 1)	19.02.01	Damman
Vietnam – Saudi-Arabien	0 : 4	(0 : 1)	19.02.01	Damman

Asien · Gruppe 10 (Abschlusstabelle)

Platz	Mannschaft	Spiele	S	U	N	Tore	Diff	Pkte
1	**Saudi-Arabien**	**6**	**6**	**0**	**0**	**30 : 0**	**30**	**18**
2	Vietnam	6	3	1	2	9 : 9	0	10
3	Bangladesh	6	1	2	3	5 : 15	-10	5
4	Mongolei	6	0	1	5	2 : 22	-20	1

Gruppensieger für 2. Runde qualifiziert

ASIEN · 2. RUNDE

ASIEN · GRUPPE 1

Saudi-Arabien – Bahrain	1 : 1	(0 : 1)	17.08.01	Riadh
Irak – Thailand	4 : 0	(1 : 0)	17.08.01	Bagdad
Bahrain – Irak	2 : 0	(0 : 0)	23.08.01	Manama
Iran – Saudi-Arabien	2 : 0	(0 : 0)	24.08.01	Teheran
Saudi-Arabien – Irak	1 : 0	(1 : 0)	31.08.01	Manama
Thailand – Iran	0 : 0	(0 : 0)	01.09.01	Bangkok
Bahrain – Thailand	1 : 1	(1 : 0)	06.09.01	Manama
Irak – Iran	1 : 2	(1 : 1)	07.09.01	Bagdad
Iran – Bahrain	0 : 0	(0 : 0)	14.09.01	Teheran
Thailand – Saudi-Arabien	1 : 3	(1 : 0)	15.09.01	Bangkok
Bahrain – Saudi-Arabien	0 : 4	(0 : 3)	21.09.01	Manama
Thailand – Irak	1 : 1	(1 : 0)	22.09.01	Bangkok
Saudi-Arabien – Iran	2 : 2	(1 : 1)	28.09.01	Jeddah
Irak – Bahrain	1 : 0	(1 : 0)	28.09.01	Bagdad
Iran – Thailand	1 : 0	(1 : 0)	05.10.01	Teheran
Irak – Saudi-Arabien	1 : 2	(1 : 1)	05.10.01	Amman
Iran – Irak	2 : 1	(1 : 0)	12.10.01	Teheran
Thailand – Bahrain	1 : 1	(1 : 0)	16.10.01	Bangkok
Saudi-Arabien – Thailand	4 : 1	(1 : 0)	21.10.01	Riadh
Bahrain – Iran	3 : 1	(2 : 0)	21.10.01	Manama

Asien · Gruppe 1 (Abschlusstabelle)

Platz	Mannschaft	Spiele	S	U	N	Tore	Diff	Pkte
1	**Saudi-Arabien**	**8**	**5**	**2**	**1**	**17 : 8**	**9**	**17**
2	Iran	8	4	3	1	10 : 7	3	15
3	Bahrain	8	2	4	2	8 : 9	-1	10
4	Irak	8	2	1	5	9 : 10	-1	7
5	Thailand	8	0	4	4	5 : 15	-10	4

Gruppensieger direkt für WM, Gruppenzweiter für 3. Runde qualifiziert

ASIEN · GRUPPE 2

Katar – Oman	0 : 0	(0 : 0)	16.08.01	Doha
VA Emirate – Usbekistan	4 : 1	(3 : 1)	17.08.01	Abu Dhabi
China – VA Emirate	3 : 0	(3 : 0)	25.08.01	Shenyang
Usbekistan – Katar	2 : 1	(1 : 0)	26.08.01	Tashkent
Oman – China	0 : 2	(0 : 0)	31.08.01	Muscat
VA Emirate – Katar	0 : 2	(0 : 0)	31.08.01	Abu Dhabi
Katar – China	1 : 1	(1 : 0)	07.09.01	Doha
Usbekistan – Oman	5 : 0	(2 : 0)	08.09.01	Tashkent
Oman – VA Emirate	1 : 1	(0 : 1)	14.09.01	Muscat
China – Usbekistan	2 : 0	(0 : 0)	15.09.01	Shenyang
Oman – Katar	0 : 3	(0 : 2)	21.09.01	Muscat
Usbekistan – VA Emirate	0 : 1	(0 : 1)	22.09.01	Tashkent
VA Emirate – China	0 : 1	(0 : 1)	27.09.01	Abu Dhabi
Katar – Usbekistan	2 : 2	(1 : 1)	28.09.01	Doha
Katar – VA Emirate	1 : 2	(0 : 1)	04.10.01	Doha
China – Oman	1 : 0	(1 : 0)	07.10.01	Shenyang
Oman – Usbekistan	4 : 2	(0 : 2)	13.10.01	Muscat
China – Katar	3 : 0	(2 : 0)	13.10.01	Shenyang
Usbekistan – China	1 : 0	(0 : 0)	19.10.01	Tashkent
VA Emirate – Oman	2 : 2	(1 : 2)	19.10.01	Abu Dhabi

Asien · Gruppe 2 (Abschlusstabelle)

Platz	Mannschaft	Spiele	S	U	N	Tore	Diff	Pkte
1	**China**	**8**	**6**	**1**	**1**	**13 : 2**	**11**	**19**
2	VA Emirate	8	3	2	3	10 : 11	-1	11
3	Usbekistan	8	3	1	4	13 : 14	-1	10
4	Katar	8	2	3	3	10 : 10	0	9
5	Oman	8	1	3	4	7 : 16	-9	6

Gruppensieger direkt für WM, Gruppenzweiter für 3. Runde qualifiziert

ASIEN · 3. RUNDE

Iran – VA Emirate	1 : 0	(1 : 0)	25.10.01	Teheran
VA Emirate – Iran	0 : 3	(0 : 1)	31.10.01	Abu Dhabi

Sieger für Play-Off-Spiel gegen den Zweitplatzierten der Europa-Gruppe 2 qualifiziert

OZEANIEN-QUALIFIKATION

OZEANIEN · GRUPPE 1

Samoa – Tonga	0 : 1	(0 : 0)	07.04.01	Coffs Harbour
Fidschi-Inseln – Amerikanisch Samoa	13 : 0	(8 : 0)	07.04.01	Coffs Harbour
Amerikanisch Samoa – Samoa	0 : 8	(0 : 3)	09.04.01	Coffs Harbour
Tonga – Australien	0 :22	(0 :10)	09.04.01	Coffs Harbour
Australien – Amerikanisch Samoa	31 :0	(16 :0)	11.04.01	Coffs Harbour
Samoa – Fidschi-Inseln	1 : 6	(1 : 3)	11.04.01	Coffs Harbour
Amerikanisch Samoa – Tonga	0 : 5	(0 : 2)	14.04.01	Coffs Harbour
Fidschi-Inseln – Australien	0 : 2	(0 : 1)	14.04.01	Coffs Harbour
Australien – Samoa	11 : 0	(3 : 0)	16.04.01	Coffs Harbour
Tonga – Fidschi-Inseln	1 : 8	(0 : 4)	16.04.01	Coffs Harbour

Ozeanien · Gruppe 1 (Abschlusstabelle)

Platz	Mannschaft	Spiele	S	U	N	Tore	Diff	Pkte
1	**Australien**	**4**	**4**	**0**	**0**	**66 : 0**	**66**	**12**
2	Fidschi-Inseln	4	3	0	1	27 : 4	23	9
3	Tonga	4	2	0	2	7 : 30	-23	6
4	Samoa	4	1	0	3	9 : 18	-9	3
5	Amerikanisch Samoa	4	0	0	4	0 : 57	-57	0

Gruppensieger für Play-Off-Spiel gegen Sieger der anderen Ozeanien-Gruppe qualifiziert

OZEANIEN · GRUPPE 2

Vanuatu – Tahiti	1 : 6	(0 : 3)	04.06.01	Auckland
Salomon Inseln – Cook Inseln	9 : 1	(3 : 1)	04.06.01	Auckland
Cook Inseln – Vanuatu	1 : 8	(1 : 3)	06.06.01	Auckland
Tahiti – Neuseeland	0 : 5	(0 : 1)	06.06.01	Auckland
Neuseeland – Cook Inseln	2 : 0	(0 : 0)	08.06.01	Auckland
Vanuatu – Salomon Inseln	2 : 7	(1 : 1)	08.06.01	Auckland
Cook Inseln – Tahiti	0 : 6	(0 : 3)	11.06.01	Auckland
Salomon Inseln – Neuseeland	1 : 5	(0 : 2)	11.06.01	Auckland
Tahiti – Salomon Inseln	2 : 0	(1 : 0)	13.06.01	Auckland
Neuseeland – Vanuatu	7 : 0	(5 : 0)	13.06.01	Auckland

Ozeanien · Gruppe 2 (Abschlusstabelle)

Platz	Mannschaft	Spiele	S	U	N	Tore	Diff	Pkte
1	**Neuseeland**	**4**	**4**	**0**	**0**	**19 : 1**	**18**	**12**
2	Tahiti	4	3	0	1	14 : 6	8	9
3	Salomon Inseln	4	2	0	2	17 : 10	7	6
4	Vanuatu	4	1	0	3	11 : 21	-10	3
5	Cook Inseln	4	0	0	4	2 : 25	-23	0

Gruppensieger für Play-Off-Spiel gegen Sieger der anderen Ozeanien-Gruppe qualifiziert

PLAY-OFF-SPIEL

Neuseeland – Australien	0 : 2	(0 : 1)	20.06.01	Wellington
Australien – Neuseeland	4 : 1	(2 : 1)	24.06.01	Sydney

Sieger für Play-Off-Spiel gegen den Fünften der Südamerika-Qualifikation qualifiziert

WM 2002 IN SÜDKOREA UND JAPAN

TERMIN	31. Mai bis 30. Juni 2002
ENDRUNDENTEILNEHMER	32 Mannschaften
SPIELE	64
TORE	161
im Schnitt pro Spiel	2,52
TORSCHÜTZENKÖNIG	Ronaldo (Brasilien): 8 Treffer
ZUSCHAUER	2 666 460
im Schnitt pro Spiel	41 663

TORSCHÜTZEN

1	Ronaldo	Brasilien	8
2	Miroslav Klose	Deutschland	5
	Rivaldo	Brasilien	5
4	Jon Dahl Tomasson	Dänemark	4
	Christian Vieri	Italien	4
6	Michael Ballack	Deutschland	3
	Papa Bouba Diop	Senegal	3
	Robbie Keane	Irland	3
	Henrik Larsson	Schweden	3
	Ilhan Mansiz	Türkei	3
	Fernando Morientes	Spanien	3
	Pedro Resendes Pauleta	Portugal	3
	Raul	Spanien	3
	Marc Wilmots	Belgien	3

VON DEN 736 NOMINIERTEN SPIELERN DER 32 WM-TEILNEHMER SPIELEN IN

1	**England (ENG)**	101
2	**Italien (ITA)**	74
3	**Deutschland (GER)**	59
4	**Spanien (ESP)**	57
5	**Frankreich (FRA)**	56
6	**Belgien (BEL)**	25
	Japan (JPN)	25
	Mexiko (MEX)	25
9	**Saudi-Arabien (KSA)**	23
10	**China (CHN)**	22
11	**Portugal (POR)**	21
12	**Costa Rica (CRC)**	20
	Ekuador (ECU)	20
14	**Türkei (TUR)**	19
15	**Brasilien (BRA)**	17
	Niederlande (NED)	17
	Russland (RUS)	17
18	**Südkorea (KOR)**	16
19	**Tunesien (TUN)**	15
20	**USA (USA)**	11
21	Griechenland (GRE)	10
22	**Paraguay (PAR)**	9
	Polen (POL)	9
24	Schottland (SCO)	8
	Uruguay (URU)	8
26	**Dänemark (DEN)**	7
	Südafrika (RSA)	7
28	**Argentinien (ARG)**	5
29	**Kroatien (CRO)**	4
	Schweden (SWE)	4
	Slowenien (SVN)	4
32	**Nigeria (NGA)**	3
	Österreich (AUT)	3
	Schweiz (SUI)	3
35	Israel (ISR)	2
	Ukraine (UKR)	2
37	Jugoslawien (YUG)	1
	Katar (QAT)	1
	Marokko (MAR)	1
	Norwegen (NOR)	1
	Senegal (SEN)	1
	Slowakei (SVK)	1
	Tschechien (CZE)	1
	VA Emirate (UAE)	1
45	**Irland (IRL)**	0
	Kamerun (CMR)	0

Redaktionsschluss: 1. Juli 2002

Herausgeber:
Wolf-Dieter Poschmann

Autoren:
Jürgen Bitter
Gregor Derichs
Wolf-Dieter Poschmann
Klaus Weise
Die Texte der Botschafter
wurden aufgezeichnet von Klaus Weise,
Fotos: Eberhard Thonfeld

Projektleitung und Gesamtredaktion:
Harro Schweizer

Bildredaktion:
Eberhard Thonfeld

Fotos:
dpa Sportreport, Fotoagentur Zentralbild GmbH, Berlin
dpa-Team Japan/Südkorea: Hanns-Peter Lochmann,
Oliver Berg, Matthias Schrader, Bernd Weißbrod
dpa-Sportreport-Team:
Harry Radunz, Jürgen Strauß, Wulf-Bert Beil

Camera 4, Berlin / Thilo Wiedensohler

Zusatzfoto: IMAGO / Ulmer (1)

Statistik:
SPORTS DATA, Berlin

Layout und Produktion:
Prill Partners | producing, Berlin

Umschlaggestaltung:
Volkmar Schwengle, Buch und Werbung, Berlin

Repro-Arbeiten:
LVD GmbH, Berlin
Manfred Schürmann, Müncheberg

Druck und Bindung:
MOHN Media Mohndruck GmbH, Gütersloh

Printed in Germany 2002

ISBN 3-328-00950-7

中国必胜

あっぱれ